イスラーム 書物の歴史

Yasushi Kosugi *Kayoko Hayashi*
小杉泰・林佳世子……………【編】

名古屋大学出版会

1　ハリーリー『マカーマート』に描かれた図書館（ワースィティーの画と書による）

2　書物の外観（『神の美称と日々の祈禱』，15 世紀）

3　書物の外観（ルーミー『マスナヴィー』，15 世紀）

4　13 世紀後半のクルアーン写本（ヤークート・ムスタアスィミーの書による）

5　16 世紀後半のクルアーン写本（カラヒサーリーの書による）

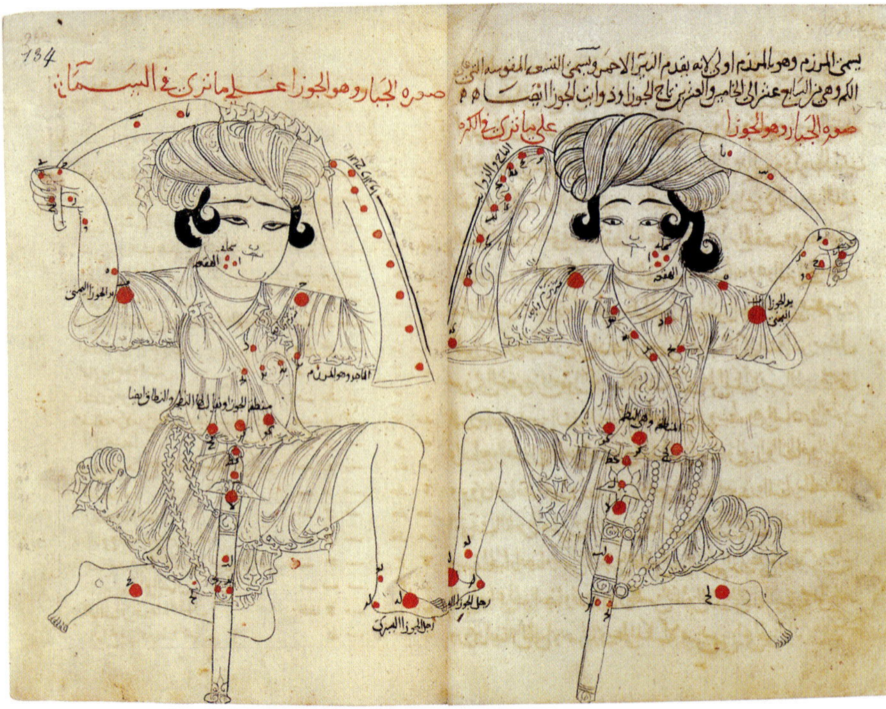

6　スーフィー『星座の書』（13 世紀）より「オリオン座」

7　イドリースィーの地理書『世界各地を深く知ることを望む者の慰みの書』（1300 年頃）より

8　サファヴィー朝の写本絵画（『王書』より「眠るルスタムと，ライオンと戦う愛馬ラフシュ」）

9　サファヴィー朝の写本装飾（サーディー『果樹園』）

10　ムガル朝のムラッカア（ジャハーンギール・アルバムより ミール・アリーの書）

11　ムガル朝のムラッカア（ジャハーンギール・アルバムより「戦場のティムール」）

12　ミュテフェッリカにより印刷された『西インド史』（18 世紀）。挿絵「ワクワクの木」の彩色は手書き

13　ミュテフェッリカにより印刷されたキャーティプ・チェレビ『世界の鏡』（18 世紀）より天体図の挿絵

イスラーム 書物の歴史

目　　次

はじめに　光は東方から……………………………………小杉　泰　1
——文字と書物の水脈

第Ⅰ部　イスラーム文明と書物文化の隆盛

第*1*章　イスラームの誕生と聖典クルアーン………………小杉　泰　10

1　アラビア半島の地勢と口承文化　10
2　グローバルな文明史の中のイスラーム　14
3　仕組みとしての「啓示」と「啓典」　18
4　書物としてのクルアーンの結集　21
おわりに——書物文化の伏流　28

第*2*章　製紙法の伝播とバグダード紙市場の繁栄…………清水和裕　31

1　製紙法の伝播　31
2　行政文書における紙の導入　37
3　ワッラークとその社会　40

第*3*章　アラビア語正書法の成立……………………………竹田敏之　46

はじめに　46
1　母音記号考案の経緯　46
2　アッバース朝期における正書法の展開　52
3　正書法の成立とラスム論の展開　57
おわりに　63

第*4*章　写本クルアーンの世界………………………………小杉麻李亜　66

はじめに　66
1　ウスマーン版の成立と初期写本　67
2　「神の言葉」を記す技術と二大書体　70
3　共有される威信としての書物　76
4　二つの「ウスマーン本」と信仰共同体にとっての写本クルアーン　79
おわりに　81

第5章　イブン・ナディームの『目録』…………………… 清水和裕　84

1　10世紀バグダードの書籍文化　84
2　『目録』とその構成　88
3　『目録』にみる歴史情報　93

第6章　アラビア文字文化圏の広がりと写本文化………… 東長　靖　99

1　広大なアラビア文字文化圏　99
2　アラビア文字文化圏の写本文化　110

第II部　華麗なる写本の世界

第1章　書物の形と制作技術………………………………後藤裕加子　116

はじめに　116
1　書物の形と製本の工程　117
2　装丁の意匠と書物の体裁　122
3　写本の制作工房としてのマドラサと書物の普及
——イル・ハン朝時代　127
4　ティムール朝の王宮図書館の工房と芸術家たち　130
5　ティムール朝時代以後の写本制作と芸術家たち　133
おわりに　134

第2章　アラビア書道の流派と書家たち………………… 竹田敏之　136

はじめに　136
1　アッバース朝における書道と巨匠たち　136
2　書道流派の拡大とその諸相　142
3　オスマン朝時代における書道芸術の隆盛　149

第3章　書物挿絵の美術…………………… ヤマンラール水野美奈子　157

はじめに　157
1　見落とされたイスラーム美術の特色　159

2　書物の挿絵 1――タズヒーブ＝文様絵画　161
3　書物の挿絵 2――物語絵（具象絵画）　167
おわりに　172

第 4 章　イスラーム科学の写本……………………………山本啓二　174

はじめに　174
1　科学写本の特徴と広がり　175
2　ギリシア語からアラビア語に翻訳された科学文献　177
3　アラビア語で書かれた科学文献　185
4　アラビア語からギリシア語・ラテン語に翻訳された科学文献　187
おわりに　188

第 5 章　アラブの歴史書と歴史家 ……………………………中町信孝　191
――マムルーク朝時代を中心に

はじめに　191
1　膨大な写本の山に分け入る　192
2　複雑な引用関係を解きほぐす　195
3　歴史書の生成過程に目を向ける　197
4　写本同士の会話に耳を傾ける　200
おわりに　205

第 6 章　神秘家たちの修行と書物……………………………東長　靖　207

1　霊魂の浄化としての修行　207
2　さまざまな古典期修行論　211
3　教団の修行論から存在論へ　215

第 7 章　サファヴィー朝のペルシア語写本………………後藤裕加子　222

はじめに　222
1　ペルシアの挿絵入り写本の始まり　223
2　ティムール朝時代の写本絵画の発展　227
3　サファヴィー朝初期の挿絵入り写本　230
4　一枚ものの作品と詩画帳　233

おわりに　237

第 *8* 章　オスマン朝の写本文化……………………………小笠原弘幸　239

はじめに　239
1　オスマン朝写本文化の展開　240
2　オスマン写本文化の精髄——王書詠みと挿絵付き豪華写本　246
3　写本文化の転換——17 世紀　249
おわりに　251

第 *9* 章　オスマン朝社会における本……………………… 林佳世子　253

はじめに　253
1　本のある光景　254
2「教科書」としての本　262
3　ラーグプ・メフメト・パシャ図書館碑文を読む
　——おわりにかえて　274

第 *10* 章　ムガル朝インドの写本と絵画 ……………………… 真下裕之　279

はじめに　279
1　ムガル朝以前のイスラーム写本と絵画　280
2　ムガル朝時代の写本と絵画の展開　282
3　写本・絵画に対する働きかけの歴史　288
おわりに　296

第 III 部　現代から未来へ——写本・印刷本・デジタル本

第 *1* 章　イスラーム写本の流通と保存…………………… 三浦　徹　300

1　写本の所在　300
2　写本の作成と伝来　305
3　写本の情報　312

第 2 章　写本研究の愉しみ（1）…………………………… 大稔哲也　318
——アラブ史の現場から

はじめに——写本研究の愉しみとは　318
1　写本と文書——エジプトの場合　322
2　写本研究の現場——参詣書写本の世界から　324
3　日本における写本利用　331
おわりに　332

第 3 章　写本研究の愉しみ（2）…………………………… 永田雄三　335
——オスマン朝史の現場から

はじめに　335
1　ある政治家の伝記的研究から　336
2「急がば回れ」——カラオスマンオウル家との出会い　341
おわりに　347

第 4 章　イスラーム世界と活版印刷………………………… 林佳世子　352

はじめに　352
1　活版印刷の展開　353
2　近代化と印刷　361
3　写本文化の印刷本への影響　368
おわりに　372

第 5 章　聖典の刊本とデジタル化…………………………小杉麻李亜　375

はじめに　375
1　刊本時代の幕開けとアズハル・レジーム　376
2　サウディアラビアによる大量配布と刊本クルアーンの検品　381
3　現代における刊本の校閲と読誦学者　385
4　刊本時代の特徴とデジタル化　387
おわりに　391

第 6 章　デジタル時代の古典復興 ……………………… 小杉　泰　396
——アラビア語メディアを中心に

はじめに　396
1　アラビア語圏における近代的印刷　396
2　コンピュータ時代のアラビア語　405
3　活版文字からフォントへ　409
4　21 世紀の古典復興へ　413

あとがき　423
図表一覧　425
人名索引　433
書名索引　442
書名ローマ字転写・邦題対応一覧　448

はじめに　光は東方から
——文字と書物の水脈

小杉　泰

書物の歴史を考える時，私たちはどうしてもグーテンベルクの印刷機が発明されて以降のことに気をとられてしまう。確かに，私たちの生活を満たしている書物はどれもきれいに大量に印刷された本である。本に埋もれて暮らす読書人を「活字中毒」と言いもする。そのような本のイメージからは，近代以前の手書きの書物は非効率の代表のように思えてしまう。

実際には，近代以前にも豊かな書籍市場が普及し，効率的に知の伝達がなされていた。手書きであるがゆえに，多品種少量生産を効率的にこなす市場が成立していたのである。そのような 8 世紀末から 18 世紀に至る「イスラームの書物」の実情を，本書ではまず語っていきたい。

確かにグーテンベルク以前の西欧では，写本は修道院などで細々と生産されるにすぎなかった。他方，当時の世界文明の先端を行くイスラーム世界では，紙と手稿本が 8 世紀末には市場を生みだし，9 世紀にはそのような市場に依存して生きる作家も登場した。

ちなみに，手書きで作られる書物は総称としては「手稿本」と呼ばれるべきであろう。それは著者による自筆本とそれを書き写した写本に分けられる。本書では「写本」の語で手稿本全体を代表させることが多いが，それはアッバース朝の新都バグダードで，紙と書物を売る市場が成立したことによる。著者の自筆本は市場に出回る写本の「種本」であり，市場では基本的に写本が売られる。

手稿本／写本のイスラーム文化は，8 世紀末頃から始まり，18 世紀まで栄え，部分的には近代的な印刷技術が導入された 19 世紀まで続いた。言いかえると，イスラーム世界ではグーテンベルク的な印刷の導入は遅れた。従来，その原因として，宗教的な保守主義や文化的な後進性が指摘されることが多かったが，本書でも明らかになるように，それは適切な理解ではない。

写本による出版よりも機械印刷による出版が優れている，という思い込みを私たちは持ちがちであるが，イスラーム世界にはきわめて効率的な写本の出版業という歴史的な実情があった。確かに，大量の印刷の場合は機械による方が生産も容易で，単価も下がる。しかし，すべての書物が大量の出版に適しているとは限らない。

機械を用いた印刷は，多額の初期投資がかかる。ヨーロッパでも，初期の活版印刷では，手書きの書物と同じくらい本の値段が高かった。また，出版コストには，印刷をする以前に，著作物が成立する段階で，著者やその補助者，さらに編集者の仕事に大きな時間とコストがかかる。

近世のオスマン朝の首都イスタンブルには，盛時に2万人もの書写従事者がいたという。そこでは客の注文に応じて，多様・多品種の書物が1冊から制作・販売されていた。

本書は，グーテンベルクに始まる近代的な印刷本／刊本に先立つ書物文化を世界的に代表するのは，イスラーム世界の手稿本による出版であったと考える。さらに，その前提には，イスラーム世界での紙の工業的な生産と大量の消費があった。

これまでは地中海世界から近代西欧へとつながる書物の歴史に注目が集まることが多かったが，真にグローバルな観点から見るならば，人類の書物の歴史をもっと拡張すべきであろう。本書が解明しようとするイスラームの書物は，その重要な一翼を担う。

* * *

ここで，東アジアの書物文化についても触れておきたい。あらためて述べるまでもなく，イスラーム世界で普及し，やがて西欧にも伝播した製紙業は，中国に発する。

紙の生産と木版印刷の歴史は，印刷された書物という点では，中国，日本の方がはるかに古い。木簡・竹簡の時代を経て，特に中国では製紙法が早くに成立し，宋代までには木版印刷によって大量の刊本さえ作られるようになった。活版印刷以前の印刷技術の発展には，科挙という中国独自の制度の影響が考えられる。その事情をわかりやすく言えば，受験参考書の需要が刊本を支えたということであろう。

近代以前の中国で木版印刷が盛んであった同時代に，イスラーム世界では写本文化が栄えた。イスラームの書物は，多品種少量生産が基本であったため，印刷に必ずしもなじまなかったと思われる。イスラーム圏でも木版印刷の痕跡は見いだされるようであるが，それが書籍市場で主流となることはなかった。

両者の大きな違いとして，中国において科挙制度によって学知が制御され，それに書物市場が大きな影響を受けたのに対して，イスラーム世界では公権力が学知に介入する要素が相対的に弱かったことがあげられる。イスラームでは，法学や神学などの主流の学問体系も，国家に対しては「私人」にあたるウラマー（イスラーム学者）が担った。国家がウラマーを官職に登用することはできたが，ウラマーもその他の文人もその再生産は彼ら自身の知的伝統の中でおこなわれた。ウラマー階層が国家から独立して形成されたことは，彼らの権威が一般信徒たちによる信任や人気に依存する傾向を生んだ。そのため，イスラーム思想の盛衰には「思想の市場」メカニズムというべき作用が働いていた。同じように書物の市場も，読書人＝購買層の需要や嗜好に左右され，多品種少量生産となっていたと考えられる。

西欧で活版印刷が勃興する以前は，世界の書物文化は，東アジアの木版印刷による書物とイスラーム世界の手稿本／写本による書物が双璧をなしていたのではないだろうか。それを確証するにはもう少し研究を進める必要があるが，少なくとも本書の内容からその様子が看取されることであろう。

前近代の西欧における写本は，50 万巻程度と言われている。イスラーム世界の写本は，現在も調査と研究が進行中であるが，現存数は 200 万〜300 万巻と推計されている。中国の書物文化と比較するに値する分量があり，「手書き」をベースにしつつ，非効率と低い生産性とは縁のない書物の世界が展開していた。

＊　＊　＊

思えば，西洋にとって長らく光は東方からやってきた。ここで，私たちに至る読書の系譜を少し思い起こしたい。まず，読書人にとって人類の文化史で最も重要な事件は，文字の発明であった。古代オリエントのアッシリア（現イラク南部）で紀元前3200年頃に開発された楔形文字は，それ以前には音声として伝達するしかなかった言語を記録する画期的な発明であり，それによって「歴史」は始まりを告げた。文字を書く媒体は粘土版であり，それは紀元前4世紀頃まで主要な情報記録装置として使われた。粘土版は材料が簡単かつ安価に手に入ることと，焼けば非常に長持ちするため，きわめて効率のよい記録媒体であった。

楔形文字とほぼ同じ頃に開発されたのが，古代エジプトの象形文字（神聖文字＝ヒエログリフ）であった。エジプトの絵文字は，シュメールでの「言語を記録する」という発明に触発されて誕生した可能性が大きいが，文字の体系としては全く異なる。エジプトの象形文字は碑文によく用いられて，今日でも各地の遺跡で石に彫られた文字を見ることができる。

エジプトの象形文字はやがて簡略化され，フェニキア文字などを経由して，アルファベットの祖先となった。その子孫であるギリシア文字やラテン文字（ローマ字）は左から右へ，ナバタイ文字やアラビア文字は右から左に横書きするが，どちらも表意文字ではなく，音素だけを表す文字体系に属する。

古代エジプトのもう一つの発明は，文字を書く媒体としてのパピルスである。葦に似たパピルス草は当時のナイル川流域の特産品で，その茎を薄く削いで，その薄片を並べて貼り合わせ，文字を書く媒体としてのパピルス紙が作られた。10世紀頃に使用が廃れてから製法は不明であったが，20世紀にエジプト人が復元に成功し，今日では土産品としてもよく売られている。「パピルス」の語が「ペーパー」の語源となったことは周知である。

現存する最古のパピルス紙は紀元前2500年頃のものであるが，パピルス紙の使用が地中海地域に広がったのはプトレマイオス朝の時代であった。そして紀元前2世紀に，同王朝が小アジアのペルガモン（現トルコ）へのパピルス紙輸出を禁じたため，代わりに同地で羊皮紙が使われるようになったと伝えられる。ちなみに，羊皮紙を「パーチメント」と呼ぶのは「ペルガモン」が語源とされている。

ペルガモンはヘレニズム都市の一つであるから，羊皮紙による手稿本は西洋の書物の先駆と考えることができる。当時はアレクサンドリアの図書館が有名であったが，ペルガモンにも大きな図書館が設立され，パピルス禁輸以降は羊皮紙を用いた写本が集積されたという。

メソポタミアを含む肥沃な三日月地帯，エジプトなどが，文字およびその記録媒体に果たした役割は大きい。さらに，この地で誕生したキリスト教は，当時発明されたばかりの「本」を名乗る聖典，すなわち「バイブル」を生み出した。ちなみに，この語は「ビブロス」という地名に由来するが，このビブロスとフェニキア文字の故地を擁する現代のレバノンにとって，その両方が誇るべき史的遺産となっている。

ここで「本」と言っているのは，私たちがすぐに思い浮かべる書物の形としての「冊子本」である。パピルス紙にしても羊皮紙にしても，紙を四角く切って重ね，一辺で留めてめくれるようにした冊子本（コデックス）は，読書人にとって文字に次ぐ発明と言うべき大発明であろう。書物は，大別して巻子（かんす）と冊子に分かれる。前者はいわゆる巻物であり，冊子本の発明以前は，巻子本が基本であった。イスラエルの民の聖典（キリスト教の旧約聖書に相当）もお経も巻物であった。しかし，私たちはふつうは巻物を「本」とは言わない。冊子本が「本」のイメージを支配している。「ページ」の概念も，冊子本と共に生まれた。

*　　*　　*

さて，7 世紀にアラビア半島で成立したイスラームは，このような古代の諸文明を継承し，新しい文明と新しい書物文化を確立するに至る。しかし出発時点においては，アラビア半島を取り囲む文明圏の影響は小さなものであった。

たとえば文字にしても，アラビア語は 4〜5 世紀に各地で短い碑文が残されているが，文書というほどのものは全く残されていない。地中海地域ではすでに 3 世紀には冊子本が普及していたが，当時のアラビア半島はまだそのような先進技術に触れていなかった。イスラームに先行しては半島を統一する国家も生まれず，アラブの諸部族が各地に割拠していた。5〜7 世紀は詩人たちの時代で，口頭伝承の詩が流布し，諸部族は武勇で勢威を競うと共に，部族の詩人たちが詩の優劣を競い合った。それによって，口頭で互いに意思疎通可能な共通のアラビア語が生まれた。

イスラームの開祖ムハンマドが登場したのはそのような時代の商業都市マッカであった。預言者と名乗った彼は，やがて聖典クルアーンとなる章句を機会毎に口頭で伝え，それが信徒の間で暗唱と朗誦を通じて広められた。およそ23年にわたる「啓示」の結果，ムハンマドの没時には一つの聖典が残された。この時点では「朗誦する書」という珍しい形の聖典であった。

それが約20年後に，一体的な聖典を維持する必要性から，獣皮紙（おそらくは鹿皮紙）を用いた書物の形に編纂された。今日伝わっているクルアーンは，その時に定まった章の配列を維持している。

イスラーム軍はムハンマドを後継した正統カリフ時代（632–61）にアラビア半島からあふれ出た。後続するウマイヤ朝（661–750）も「大征服」を継続し，広大なイスラームの版図が生み出された。東へ向かったイスラーム軍は唐支配下の中央アジアに達し，アッバース朝（749–1258）の成立直後に，タラス河畔の戦い（751年）で高仙芝将軍率いる唐軍を打ち破った。よく知られた伝承によれば，この時に捕虜となった唐軍兵士が製紙法をイスラーム世界に伝えたとする。

中国では亜熱帯の樹木を紙の素材に使ったが，乾燥地帯の西アジアではぼろ布や亜麻の繊維などを用いた。この転換で紙の原料はどこでも手に入るものとなり，製紙の技術が世界各地に広まるようになった。

紙の登場は，イスラーム圏の発展に大きな効果をもたらした。紙は軽くて丈夫な上にインクが浸みると改竄できないという点で，折り曲げに弱く縁が欠けやすいパピルスよりも，また，表面を削って改竄が可能な羊皮紙よりも，記録媒体としての信頼性がはるかに高かった。そのため，公文書に用いられてアッバース朝の巨大な官僚機構の整備を助け，商業文書に用いられて広大な地域を結ぶ貿易ネットワークを助け，そして何よりも，知識と学芸を読み書きする読書人と書物文化の形成を助けた。

ムハンマドもその弟子も一部を除いて読み書きを知らず，それまで文書も書物もない文化であった。それが，わずか1世紀半の間に，書道，書物，書籍市場などを備えた文明圏へと発展したことは，不思議といえば不思議な現象であろう。

イスラーム文明圏は，アラビア語を「聖なる言語」として共有するが，文化圏としてはペルシア語圏，トルコ語圏などを包摂し，さらに時代を下るといっそう多様な言語文化圏が含まれるようになる。本書では主として，アラビア語，ペルシア語，トルコ語の書物を扱う。

＊　＊　＊

本書には，すでに述べたように書物の歴史をグローバルに読み直すという狙いがある。それは，単に過去の歴史に向かっているだけではない。長い人類史に生起した出版をめぐる「革命的な画期」をあげるならば，文字の発明，持ち運べる記録媒体（パピルス，羊皮紙，紙など）の開発，「冊子本」の発明，近代的な印刷技術の登場などが指摘されるが，今日の私たちはそれに匹敵するような革命期に遭遇している。それはデジタル化である。

いわゆる電子書籍の中には，印刷された書物をデジタル化しただけで，ページの構成も全く同じものがある。それでも，もはやその記録媒体は紙ではなく，電子的な媒体であり，ネット上から瞬く間にダウンロードすることができる。さらに，インターネット上のハイパーテキスト（相互リンクされたテキスト）が電子書籍を構成している場合には，ページの概念もなくなっている。つながりあったハイパーテキストには，もはや自己完結した書物ではなくなっているものもある。グローバルなデジタル空間の中に膨大なテキストが相互リンクされて「e ブック」と称するのである。それが新しい形の書物であるとすれば，それは私たちがおよそ 2 千年にわたって親しんだ「本」とは次元の異なるものとなる。

このような変革期に，新しい時代の変化も見据えながら書物の歴史を編み直すことを，少なくともその重要な一翼を担うことを，本書はめざしたい。「イスラームの書物」とは，イスラーム圏で発展した書物とその文化を指す。もとより書物は狭義のイスラームだけに関わるわけではなく，聖典であるクルアーンから始まり，文学や文芸，科学，歴史，地誌など多様な分野に及び，紙の素材や書や挿絵，さらに書物を飾る装丁などにも話題は及ぶ。各章が紡ぎ出す多彩なイスラームの書物をお楽しみいただきたい。そして，人類の書物の歴史・現在・未来について，私たちといっしょに想いを凝らしていただきたい。

参考文献

井上進 2002『中国出版文化史——書物世界と知の風景』名古屋大学出版会.

樺山紘一 2011『図説 本の歴史』河出書房新社.

小杉泰 2011『イスラーム 文明と国家の形成』京都大学学術出版会.

シリングスバーグ，ピーター 2009『グーテンベルクからグーグルへ——文学テキストのデジタル化と編集文献学』（明星聖子・大久保譲・神崎正英訳）慶應義塾大学出版会.

津野海太郎 2010『電子本をバカにするなかれ——書物史の第三の革命』国書刊行会.

パーキンソン，リチャード／クワーク，スティーヴン 1999『パピルス——偉大なる発明，その製造から使用法まで』（近藤二郎訳，鈴木八司監修）學藝書林.

箕輪成男 2002『パピルスが伝えた文明——ギリシア・ローマの本屋たち』出版ニュース社.

——— 2004『紙と羊皮紙・写本の社会史』出版ニュース社.

——— 2006『中世ヨーロッパの書物——修道院出版の 900 年』出版ニュース社.

——— 2008『近世ヨーロッパの書籍業——印刷以前・以刷以後』出版ニュース社.

ミューラー，ローター 2013『メディアとしての紙の文化史』（三谷武司訳）東洋書林.

Atiyeh, George N. ed. 1995. *The Book in the Islamic World : The Written Word and Communication in the Middle East.* Albany : State University of New York Press.

Bloom, Jonathan M. 2001. *Paper before Print : The History and Impact of Paper in the Islamic World.* New Haven & London : Yale University Press.

Daniels, Peter T./Bright, William eds. 1996. *The World's Writing Systems*. Oxford & New York : Oxford University Press.

Moginet, Stefan F. 2009. *Writing Arabic : From Script to Type*. Cairo : American University in Cairo Press.

Sa'īd, Khayr Allāh. 2011. *Mawsū'a al-Warrāqa wa al-Warrāqīn fī al-Ḥaḍāra al-'Arabīya al-Islāmīya*, 3 vols. Beirut : Al-Intishār al-'Arabī.

Toorawa, Shawkat M. 2005. *Ibn Abī Ṭāhir Ṭāyfūr and Arabic Writerly Culture : A Ninth-century Bookman in Baghdad*. London & New York : RoutledgeCurzon.

第Ｉ部
イスラーム文明と書物文化の隆盛

第1章　イスラームの誕生と聖典クルアーン

小杉　泰

1　アラビア半島の地勢と口承文化

イスラームは7世紀のアラビア半島で生まれた。そのため，アラビア語がこの宗教にとって中心的な役割を果たすようになった。またアラビア語そのものも大きく発展し，人類史上それまでなかったような手稿本と写本の書物文化が生み出された。

宗教としてのイスラームの誕生，イスラーム文明の形成，世界的な貿易ネットワークの成立，モノとしての書物の生産と流通などは，わずか2世紀ほどの間にすべて起こった。イスラーム以前のアラビア半島は当時の文明の布置図から言えば「空白地帯」であったから，その空白地帯にイスラームが誕生し，まもなく空前の書物文化が生み出されたことは，いかにも唐突な印象を与える。

アラビア半島とは，「アラブ人たちの半島」を意味する。アラビア語で彼らを指す「アラブ（al-'Arab）」は集合名詞で，そこから派生する形容詞の女性形が「アラビア（アラビーヤ）」となる。したがって，アラビア人というものは存在しない。

イスラーム以前のアラブ人とは誰かと問うならば，「アラブの諸部族」と訳するのが最良の近似値であろう。現代のように，アラブ人の基準は明確には定まっていなかった。アラビア語を母語とし，アラブ人意識を持つ者をすべて「アラブ人」と呼ぶようになったのは20世紀半ばになってからである。

当時は，系譜を共有する集団としての「部族」というものがあり，それをアラブの諸系譜と認識する人びとがいた[1)]。彼らはアラビア語を話していたが，地域や部族による発音や語彙の違いもあり，単一の言語として「アラブの言葉」がい

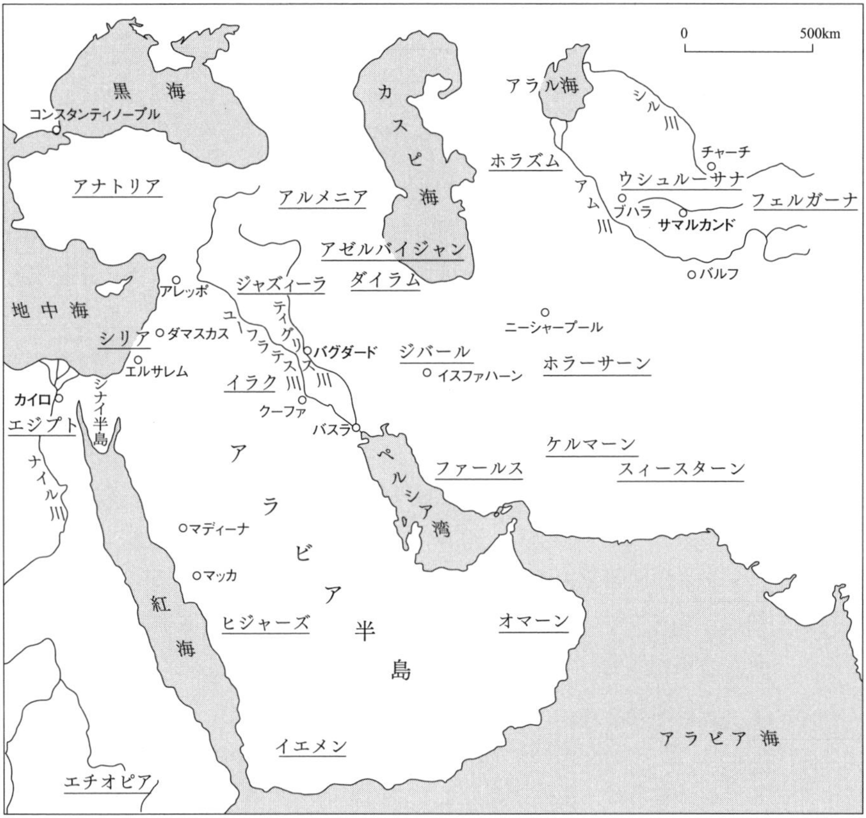

図1　西アジア・中央アジア

つ成立したかは判断に迷うところである。今日の定説では，5〜7世紀に彼らはしきりに詩作して優れた詩を流通させて，詩を媒介とする共通語が形成されたとされる。

半島を「アラブ人の島」ということがある。島ならば，四方を水に囲まれている。南のインド洋，東のペルシア湾，西の紅海，そして北に向かうとユーフラテス川がそれにあたる（図1参照）。「半島」としてみると，今日のクウェートから

1）アラブ人の系譜は，さらにイスラーム時代になって体系化される。特にアッバース朝初期における整備は今日にまで続く系譜学の基本を作った。詳しくは，［高野 2008］。

シナイ半島を結ぶ直線のあたりが境界のように見えるが，ユーフラテス川はシリア沙漠の北を東行しているから，アラブ人の「島」はシリアまでを含んでいる。実際，沙漠を行き来する人びとにとって，アラビア半島からシリア沙漠に至る間に特に境目はない。シリアにもアラブの諸部族は住んでいた。

「アラブ」という呼び名は，ローマ時代に現れる用法などを見ると，おおむね遊牧民を指していたようである。世界の遊牧民は，飼っている動物によって分類される。西アジアから北アフリカにかけての乾燥地域では，彼らはラクダ遊牧民であった［松井 2001 : 20］。ラクダは家畜動物の中で最大のもので，今から 3 千年ほど前に家畜化されたと考えられ，オリエント一帯ではこれによって物資の流通が劇的に向上した［Bulliet 1975］。

アラビア半島は，降雨があると流れが生じるワディ（涸れ谷）を除いて河川もなく，極度の乾燥地帯に属するが，水源には集住地ができる。オアシス都市が各地にあった。その一つがマッカで，イスラームの開祖となるムハンマドはここで生まれた。マッカは農業をするほどの水源がなく，その住民であるクライシュ族は商業で暮らしを立てていた。イスラームが宗教としては珍しく利得を奨励することは，商人の町で誕生したことを考えると不思議ではない。

ムハンマドが後年移住し，イスラーム共同体を建設したヤスリブ（後にマディーナと改名）は，豊かな水源を持つ農業都市である。ナツメヤシや小麦を産する。特にナツメヤシは有名で，現代に至るまでこの地の特産品として知られている。

明確な定義はないながらも，彼らが自分たちを「アラブ」と思っていたことは，人間を「アラブ」と「アジャム（‘Ajam)」に分ける表現があったことから判然とする。この場合のアラブとは明晰な言葉を話す人びとで，アジャムとはわけのわからない言葉を話す人びとを意味する。具体的にはアジャムは主としてペルシア人を指すが，当時のペルシアはサーサーン朝治下の巨大な文明圏であるから，そちらから見ればこの区分は笑止千万であろう。田舎者が自分たちの言葉はよくわかる，外国の言葉はわけがわからない，と言っているように思えたかもしれない。

いずれにしても，もっぱら系譜と言語に誇りを持ち，武力と詩作で優劣を競う部族たちがこの地に暮らしていた。当時の二大帝国であるビザンツ帝国とサーサーン朝ペルシアの周縁に位置し，物質的には質素な暮らしをしていた。周囲の文明地帯ではすでに書物（今で言う「本」，つまり四角い紙片を重ねて片側を留めたコデックス）が発明されていたが，この地にはまだ縁がなかった。

古代オリエントでは，文字を刻み記録する媒体として粘土板が使われた。シュメールで人類最古の都市文明が生まれ，前3000年頃に「粘土板による文字記録システム」が発明された［前川 1998: 12］。古代の文字を記した粘土板は，2千年ほども主要な文字記録媒体として活躍した。粘土は容易に入手できる素材である上，文字を書いた後に焼けば非常に長持ちする［箕輪 2002: 26-27］。近代以降に中東でたくさん発掘され，今なお膨大な量の粘土板文書が解読を待っている。その後はエジプトで生産されるパピルスが流通し，アリストテレスたちもパピルスを用いたと考えられる。羊皮紙は，エジプトからパピルス取引を禁じられた前2世紀のペルガモンで発明されたという。仮に羊皮紙そのものの使用がもう少し早かったとしても，羊皮紙をパーチメントと呼ぶ起原はこの地に由来する［ハンター 2009: 10］。パピルスと羊皮紙は紙片か巻物（巻子本）の形で広く用いられたが，アラビア半島の人びとには7世紀に至っても，どちらともあまり縁がなかった。ただ，パピルスの存在は知られていたようで，クルアーンに「たとえ，われ〔神〕が汝にキルタースに〔書かれた〕啓典を下したとしても」（家畜章7節）と言及のあるキルタースがそれとされる。

ムハンマドが預言者と名乗り，啓示としてのクルアーンの量が増え始めると，書記たちに章句を記録させたという。その際の記録媒体は平たい石，動物の肩胛骨，ナツメヤシの葉などであった。あたりにあるもので間に合わせていたことが，よくわかる。

当時のアラビア半島での主要な記録媒体は，記憶であった。優れた詩作は「ラーウィー（伝承者）」たちが口承で伝え，広めた。商売の契約は，証人を立てて目撃させ，後の証拠とした。

実は，イスラーム以前のアラビア語は，分析対象とすべき事例が少ないのが悩みの種である。近年は石碑が相当数発見されているが，それも4〜6世紀頃のもので，それ以上はさかのぼらない。その中に，ラフム朝の王イムルウルカイスが「全アラブの王」と称した碑文が西暦328年のものと同定されている［Dignas / Winter 2007: 168］。これはアラブを一つのものと主張した最初の事例であるものの，ラフム朝はイラクを本拠地とするサーサーン朝の属国に過ぎず，やや過大な自己主張と言うべきであろう。

イスラーム以前の詩はすべて口承で伝えられ，同時代的な史料は存在しない。文字に記録されたのはイスラーム以降のことである。すでに述べたように，当時は文字媒体によって記録する習慣がほとんどなく，識字者も数がごく限られていた。ムハンマドも読み書きを知らず，最初は口頭でクルアーンを弟子たちに伝え，覚えさせ，後年には識字者たちを書記として身辺に置くようになった。

イスラーム以前は，アラブ諸部族の大半が多神教を奉じていた。部族や地域によって異なる偶像を祀り，主要な神としていた。偶像には，巨木，石などの自然物と，ギリシアなどから輸入した彫像などが混じっていた。イブン・カルビー（821/22 没）の『偶像の書』は，クライシュ族以前の時代にマッカ住民が偶像を他から譲り受けたことを有力な説として述べている［イブン・アル＝カルビィー 1974 : 169–171］。

イスラームでは，多神教時代を「真の主」を知らないという意味で「ジャーヒリーヤ（無明時代）」と呼ぶようになる。これは宗教面から見た表現で，文化的には詩作がさかんで優れた詩が口承で流通し，共通のアラビア語が成立した時代に当たる。いずれの詩も個人の作品で，主題は恋愛，戦士や部族の栄光，挽歌，叙景などであった［小笠原 1983 : 146–180］。ギリシアのホメロス『オデュッセイア』やイランのフィルダウスィー『王書（シャー・ナーメ）』にあたるような長大な民族的叙事詩はみあたらない。

2　グローバルな文明史の中のイスラーム

以上に述べたような社会的・文化的な背景の中で，610 年頃，マッカでムハンマドが唯一神の啓示を受けたと宣言し，のちに聖典クルアーンとして結実する章句を伝え始めた[2)]。次節で引用するように，最初の章句は 5 節と短い。マッカで布教をおこなった時期は，およそ 13 年に及ぶ。全体として言えば，マッカ時代の章句は短いものが多い。

2）ムハンマドの事績については［小杉 2002］参照。また最近，ムハンマドに関する第一級の史料が長年の研究を経て邦訳された［イブン・イスハーク 2010–11］。

マッカでは新しい宗教は受け入れられず，激しい迫害の対象となった。理由の一つは，イスラームが多神教を否定して一神教を主張しただけではなく，人間の平等を唱えて，部族的系譜や富の支配に挑戦し，社会的な革命をおこそうとしたことであった。マッカのクライシュ族は系譜的な純粋さを誇りに思い，商業の成功で大商人が支配していたから，支配層はイスラームを容認しなかった。

新天地を求めたムハンマドは，弟子を連れて北方のヤスリブに移住し，ここでの入信者たちと共にイスラーム共同体を樹立した。この年（西暦 622 年）は後年にイスラーム暦（ヒジュラ暦）の紀元と定められた。ヤスリブはマディーナ（預言者の町）と改称され，ここを首都とするイスラーム国家はやがてマッカをも征服して，アラビア半島を統一するに至った。マディーナ時代はほぼ 10 年である。

ムハンマドは自らの役割が終わったことを悟り，満足のうちに世を去ったとされる。その後には，114 章 6200 節余（総語数は 7 万 7 千余）から成るクルアーンが残された。最長の章は 283 節，最短の章は 3 節と，長短には幅がある。マッカ時代の章句はクルアーン全体のおよそ 3 分の 2，マディーナ時代がその残りを占める。ムハンマドはこれを暗唱し，弟子たちにも暗唱させた。

内容とその後の形態から見てこの聖典を「書物」とみなすならば，朗誦される書物が 632 年にマディーナで成立したことになる。これを実際に獣皮紙を用いた本の形にするのは，およそ 20 年後である。ムハンマドの没後は 4 代にわたる正統カリフが統治したが，第 3 代正統カリフ・ウスマーンの命により書物の形で「正典」が作成され，その写本が主要都市に送られた。

ムハンマドは晩年にシリア遠征を用意しており，正統カリフ時代（632–61）からウマイヤ朝時代（661–750）には，イスラーム軍がアラビア半島から東西にあふれ出て，「大征服」の時代となった。その結果，およそ 130 年のうちに，東は中央アジアから西はヨーロッパのイベリア半島に至る広大なイスラーム圏が生まれた。

8 世紀半ばに成立したアッバース朝（749–1258）は，すぐに中央アジアで唐軍と戦い，勝利を得た（751 年，タラス河畔の戦い）。伝承では，これを契機に製紙法が伝わったとされ，まもなく製紙業が栄えることになった（I–2 章参照）。

新しい紙の技術は，イスラーム帝国における官庁での文書，商業における信用状や契約文書に用いられると共に，書物文化を生み出した。アッバース朝が建設した首都バグダードでは，紙と写本を売る市場が成立し，書物市場を前提とする著述家たちも誕生した。

米国の研究者 S. トゥラワは 9 世紀バグダードの著述家であったイブン・アビー・ターヒル（819-890）を取り上げて，彼は「アディーブ（文人），すなわち書き物の存在に規定される学者の好例である。バグダードの書籍市場に入ることによって，彼は書籍および書籍の制作・販売・流通・収集にまつわる職業を手に入れることができた。このようにして，イブン・アビー・ターヒルは，当時勃興していた職業的著述家であり，その延長で出版者，書籍商であるような学者たちに加わった」「書き手は，国家においては書記たちであり，王侯貴族がパトロンとなっている場では詩人，年代記作家，パトロンの弁護論者であった。その外の世界では，書き手は文芸批評家，作品集の編者，歴史家，宗教学者，哲学者，科学者であった」［Toorawa 2005 : 128］と述べている。

ムハンマド時代からここまで，わずかに 2 世紀である。ムハンマド自身も読み書きができなかったし，彼の同時代人もほとんどが無文字の生活をしていたことを思えば，そして 7 世紀の口承文学の世界でクルアーンが「朗誦される聖典」として成立したことを思えば，それを出発点としてわずか 20 年後にアラビア語で史上初の「書物」が成立し，その書物を聖典として広める文明圏が 1 世紀余りのうちに空前の版図を持つ帝国を生み出し，そこからさらに 1 世紀のうちに，世界最大の都市となった首都において書物の市場が成立し，職業的な著述家たちが書物を生産し，豊かな書物文化が栄えたことは驚くに値する。

その間には，ペルシア，インド，ギリシアの諸言語の書物が多く輸入され，それらをアラビア語に翻訳する巨大な文化運動が推進された。特に，ギリシア語の文献の収集と翻訳は徹底したものであった――「8 世紀半ば頃から 10 世紀末にかけて，ビザンツ帝国東部および近東全域で入手できた，ほとんどすべての世俗の非文学的，非歴史的ギリシア語文献がアラビア語に翻訳された」［グタス 2002 : 3］。翻訳運動の成功によって「翻訳文献が扱う全分野の学問が，バグダード社会に広く深く浸透したために，アラビア語で書かれた科学および哲学のオリジナルな著作に対する注文が，ギリシア語からの翻訳への注文と同じくらい頻繁に行なわれた」［グタス 2002 : 140］という。翻訳書に対してもオリジナルな著作に対しても大きな需要が生じて，書物を必要とする専門家や読書人が誕生し，書物市場を支えたのであった。

前近代のヨーロッパでは写本が修道院で細々と生産されていたのに対して，イスラーム文明圏では，手稿本・写本の「市場」が隆盛した。また書物市場が成立する前提として，良質の紙が大量に生産されていた。そもそも，バグダードの書物市場は「ワッラーク（「紙屋」）」と呼ばれる商人たちが百軒も並ぶ市場で，紙と共に「付加価値を付けた紙」としての写本を売買していた。

イスラーム文明圏では，中国から輸入した製紙法というテクノロジーを継受し，改良し，広めた。製紙法の導入，紙産業の隆盛は複雑な統治機構の発展を助け，識字を前提とする官僚のみならず，科学者や知識人階級の成立をも促す働きをした。

中国では亜熱帯の樹木を紙の原料としたが，中央アジア・西アジアではぼろ布や亜麻の繊維を原料とする製紙工場が建設されたという。8世紀末にはバグダードに製紙工場が造られ，各種の官庁（ディーワーン）の行政文書に膨大な紙が使われるようになった。「9〜10世紀のイスラーム世界では，エジプトのフィルアウニー（ファラオ）紙，イランのスライマーニー紙，バグダードのジャーファリー紙（宰相ジャーファルの名に由来）などが特に評判の高い上質紙として知られていた」［佐藤 2005 : 61］。

書物の発展史において，15世紀以降の西洋の活版印刷の普及が強調されるが，J. ブルームも述べているように，グーテンベルクが登場することができたのは，その前に紙が普及していたからである。西欧における紙の普及はイスラーム世界からの紙の伝播によるところが大きい。15世紀の印刷革命は，イスラーム世界から11〜12世紀に紙が伝播したからこそ起きた［Bloom 2001 : 1-2, 203］。グローバルな書物の人類史を考えるならば，「ムスリムたちがこの新しい素材〔紙〕を大規模に生産するようになり，また彼らが新しい生産法を編み出した。そうすることで，彼らはイスラームの書物の歴史だけではなく，全世界の本にとって決定的な重要性を持つ偉業を成し遂げた」［Pedersen 1984 : 59］ことを正当に評価すべきであろう。

ちなみに，クルアーンの普及と共に，その章句の意味を読解するための解釈学が発展した。初期の解釈は，ムハンマドによる字義の注釈やその高弟たちの解釈から成り，後には文法学的な解釈も発展した。最初期の啓典解釈学書は，タバリー（839-923）が残した長大な解釈書で，初期の伝承を網羅的に収録している。タバリーは歴史書でも著名で，膨大な『諸使徒と諸王の歴史』を著した。紙と書物の普及なしには，彼のような多作家の登場は考えられない。彼が86歳で没した後に弟子たちが計算したところでは，タバリーが成人してからの日数で彼が著述したページ数を割ると，毎日14ページずつ書き続けた勘定であったという。すさまじいまでの紙の消費者であり，書物の生産者であった。タバリーより少し後の時代を生き，10世紀末に没したマルズバーニーは，生涯に3万7580ページも著述したという［Pedersen 1984 : 37-38］。

3　仕組みとしての「啓示」と「啓典」

アラビア語における最初の本となるクルアーンの内容がどのように形成されたのか，そしてその結果として，イスラームがどのようなものとして誕生したのかを，本節ではムハンマド時代に戻って見てみたい。

ムハンマド時代には，クルアーンは朗誦される聖典として流布した。未だ書物の形になっていない「朗誦される書」とは奇妙な言い方であるが，ムハンマド時代にあってもクルアーンは単なる「口伝の長い言葉の連なり」ではなかった。すでに認識としては，地上に啓示される前に天上において一体の「書」が存在し，それが分割されて，切れ切れにムハンマドの許に運ばれたという考えがあった。

それによれば，ムハンマド時代の23年間は，天上のクルアーンを地上において組み立て直す過程として理解される。そのような認識がどの時点で成立したのかを判別することは容易ではないが，クルアーンの章句は早くから天上のクルアーンを示唆している。

最初にムハンマドに伝えられた言葉は，「読め！」であった。

> 読め！　「創造なされた汝の主の御名によって。かれは，凝血から人間を創られた」
> 読め！　「汝の主はもっとも尊貴なお方，かれは筆によってお教えになった方，人間に未知なることをお教えになった」（凝血章1〜5節）

読み書きを知らなかったムハンマドは，天使ジブリール（と後に判明する訪問者）に対して，「私は読む者ではありません」と答えたと伝えられる。結局は訪問者が伝える言葉を復唱することになるので，「読め！」は「誦め（朗誦せよ）！」の意味となった。

超常体験に出会って，自らの正気を疑ったらしいことは，しばらくしてからの章句からうかがえる。

> 筆と，彼ら〔天使〕が書くものにかけて
> 汝は主の恩寵によって，けっしてマジュヌーンではない（筆章 1〜2 節）

ここでいう「マジュヌーン」はジン（幽精）に取り憑かれた者を意味する。注目すべき点は，「筆と，彼ら〔天使〕が書くものにかけて」という誓言である。最初の 5 節にも「筆」が出てきたが，ここでも天における筆と天使たちが書くという行為が言及されている。

ムハンマドに啓示されたものが「クルアーン」すなわち「読まれるもの／誦まれるもの」であることは，ごく初期に明らかとなる。

> 衣をかぶる者よ，夜は〔礼拝に〕立ちなさい，わずかな時を除いて。夜の半分，あるいはそれより少しだけ少なく，あるいはそれよりも少し多く〔礼拝に立ちなさい〕。そして，ゆっくりとクルアーンを誦みなさい。（衣をかぶる者章 1〜4 節）

クルアーンの言葉が天の書から下されていることは，次のように言われる。

> まことにわれはそれ〔啓示〕をアラビア語のクルアーンとした。おそらく汝らは考えるであろう。それは，わが許の啓典の母体にあって，高貴にして叡智あふれるものである。（装飾章 3〜4 節）
> まことにそれは，護られた〔天の〕書板にある荘厳なるクルアーンである（星座章 22 節）

「書く」という動詞は，クルアーン全体で 35 回，受動形で 14 回現れ，字を書く行為を指す場合と，「（神が）定める」意味で使われる場合がある。後者も天において命令がはっきりと書かれることを示唆している。

「書く」の派生語で最も多いのは「キターブ（書）」で，250回を数える。複数形でも6回使われている。「キターブ」はその後のアラビア語では主として書物を指すようになるが，当時は「書かれたもの」としての「書」を意味し，綴じた冊子体を指していたわけではない。

「書」が天に書かれてあり，それが啓示として下される時には口承で伝えられるとすれば，「書」と「誦まれるもの」は「神の言葉」の二つの形態とみなすことができる。クルアーンの中でも，両者は通底している。

それはキターブ（書）の徴であり，明解なクルアーンである。（部屋章1節）
それはクルアーンの徴であり，明解なキターブ（書）である。（蟻章1節）

以上から，クルアーンという朗誦される聖典が，「神の言葉」が天（あるいは護持された天板）に書かれており，それを天使がムハンマドに運んできたという概念に立脚していることは明らかであろう。クルアーンはそれを「ムーサー（モーセ）の書（律法）」「ダーウード（ダビデ）の詩篇」や「イーサー（イエス・キリスト）の福音」などと同系に位置づけ，ユダヤ教徒・キリスト教徒を「啓典の民」と呼んでいる。

その意味では，イスラームはセム的一神教の系譜を正統に引くものであると同時に，その世界で共有されている宗教的認識に立脚していることがわかる。すなわち，唯一の創造神が言葉を発し，「神の言葉」は「啓示」として下され，人間界にはそれを預かる「預言者」があり，預かった言葉を公布するのが「使徒」であるというような世界観である。

その一方で，ユダヤ教の聖典としての聖書（キリスト教的に言えば旧約聖書）は巻物（巻子本）の集合であって，単一の書物ではなかったし，今日でもそうではない。キリスト教によって成立した聖書（旧約・新約を合わせて）は，当時発明されたばかりの冊子体（コデックス）の「書物」の形態をとり，「バイブル（ザ・書物）」として流布した。イスラームにおいては，それらを特定の形態に規定されない「天の書」に還元した上で，朗誦される聖典（クルアーン）を生み出した。それが冊子体の「書物」の形を取るのは，ムハンマドの没後であった。

4　書物としてのクルアーンの結集

ムハンマドが世を去ることによって，「預言者時代」は終わりを告げた。イスラームとは語義としては「帰依」「服従」を意味するが，服すべき指示は彼が生きている間は，彼を通して神の命がクルアーンとして伝えられるか，彼自身から命令や訓示がなされた。

彼の没後にどうするべきかは，明確な指示がなかった。そのため，死の直後にはイスラーム共同体の分裂の危機も生じたし，彼が本当に死んだのかについても混乱が生じた。それをとりまとめて初代のハリーファ（代理人・後継者）となったのが，ムハンマドの長年の盟友で高弟であったアブー・バクルである。ハリーファは西欧語や日本語では「カリフ」と訛音で呼ばれる。アブー・バクルを含めて四代のカリフは歴史上「正統カリフ」と称される。四人はいずれもムハンマドの高弟であった。

アブー・バクルが「ムハンマドなきあとのイスラーム」とは何かを定式化した，ということは筆者の所説として何度か述べる機会があった［小杉 2011 : 157-167］。アブー・バクルによる定式化は，聖典クルアーンとムハンマドが残した指示に従うということに尽きる。これはイスラームの基本教義となり，今日では誰でも知っていることであるが，それを最初に明示したのはアブー・バクルの貢献である。

ムハンマドの残した指示が何であり，指示の内容がどこまで適用可能であるかという解釈の問題が生まれて，やがてイスラーム法の発展につながるが，それは後日のことである。まずは，クルアーンの保全が第一の課題となった。

朗誦されるクルアーンを「書物」の形にすべきという主張を最初にしたのは，アブー・バクルを補佐していたウマル（後に第2代カリフ）であったとされる。書物としてのクルアーンの成立を扱う文献の中で，最も重要な一つはスィジスターニーの『ムスハフの書』であるが，その中に，ザイド・イブン・サービトの言葉が次のように伝えられている。

> ヤマーマの戦役の際に，アブー・バクルは私を呼び出した。彼の許にはウマルもいた。彼〔アブー・バクル〕は私に告げた――「この知らせが私に届い

た。朗誦者たちの間で戦死が激増したのである。私はほかの地でも朗誦者たちの戦死が増え，クルアーンが失われることを恐れる。そこでクルアーンを集めるのがよいと思う」。私〔ザイド〕がウマルに「アッラーの使徒〔ムハンマド〕がなさらなかったことをするのはいかがなものでしょうか」と言うと，彼は「それは，アッラーにかけて，よきことである」と答えた。彼はその見解を繰り返し，アッラーが私の胸を開いて下さり，〔それを是とする〕今と同じ見解に達した。アブー・バクルは言った――「汝は分別のある若者であり，かつてアッラーの使徒のために啓示の書記を務めていた。我われは汝に疑いをいだかないゆえ，それ〔クルアーン全体〕を書き留めよ」。彼〔語り手のザイド〕は〔続けて〕言った――アッラーにかけて，もし山を運ぶよう命じられたとしても，これほど重い責務ではなかった。……私はクルアーンを最初から最後まで集め，紙片，ナツメヤシの葉，薄い石片，人びとの胸〔記憶〕から書き留めた。[al-Sijistānī 2006 : 145-146]

果たして，ヤマーマの戦いでの暗誦者の戦死がそれほど大きな数であったのかについては，現代の研究者から疑問が出されている。仮にヤマーマの戦いそのものでの戦死者数が限られていたとしても，また一つ一つの戦役での戦死者が限られていたとしても，当時は戦役が続いており，暗誦者の戦死が累積したことは疑いを入れない。

イスラームはよく聖俗を分けないと言われるが，初期の戦役を見てもそれはよくわかる。宗教的な知識を持つ者を戦役の従事から外すことはなかったから，クルアーンの暗誦者も戦士として次々と戦場に投入された。本人にとっては，クルアーンを暗唱することもジハードに赴くことも信仰行為として等しく大事であったかもしれない。

結果として，戦役のたびに知識を持つ者が失われた。その過程が進むことを，ウマルが恐れたことは十分に理解しうる。アブー・バクルの依頼を受けて，すでにあった章句の記録を収集し，さらに記録を追加したのは，上に引用した語りにもあるように，かつてのムハンマドの書記の一人ザイド・イブン・サービトであった。記録媒体は，ムハンマド時代とさほどかわらない。紙片，ナツメヤシの葉，石片のほかに，動物の骨（特に平たい肩胛骨など）も用いられていたようである。

紛失しないように，ザイドは書き留めたものをひもで括ったとされるが，その段階では章・節の順序は必ずしもはっきりしないであろう。

この記録群は，アブー・バクルの没後には，第2代カリフとなったウマルに継承された。さらに，ウマルは自分の死に際して娘のハフサに預けた。これを私的な相続と見ることは妥当ではない。ハフサはムハンマドの妻の一人であった。妻たちは「信徒たちの母」という称号を受け，共同体内で相応の政治的・社会的地位を有する公人としての側面を持っていた。その中でも，ハフサはクルアーンに精通する3人の一人であったとされる（残りは，アーイシャ，ウンム・サルマ）。

いずれにしても，アブー・バクルの代に記録された章句は「念のための記録」に属し，公的に用いられることはなかった。第3代カリフ・ウスマーンの代に，クルアーンは最終的な「書物」の形にされた。書物の形をしたクルアーンは「ムスハフ（muṣḥaf）」と呼ばれる。ハフサが持っていたものは「スフフ（ṣuḥuf 諸紙片）」と呼ばれていた。ひもで括ってあったとしても，書き付けたものの集合であって，一冊の書物ではない。

「ムスハフ」の成立にまつわる史書の中で，特に重要なのがスィジスターニーの『ムスハフの書』であることは，すでに触れた。スィジスターニーは，スンナ派が重視する六つのハディース集の一つ，アブー・ダーウード『スンナ集』の編纂者の息子である。明らかにハディース学者としては父親の方が高く評価されているが，ムスハフに関しては子の著作が非常に多くの情報を提供している。『スンナ集』は，ムハンマドのスンナ（慣行）を集めたものだけに，その没後のクルアーンについては言及が少ない。

『ムスハフの書』の信憑性については，多少の疑義も歴史的に記録されている。現代においていくつかの版が刊行されているが，A. S. ヒラーリーは非常に丁寧な校訂・注解を付し，同書の信憑性についても得心のいく解説を付している（2006年刊）。

クルアーンの正典（公式版）を作るというウスマーンの決断について，同書は次のように述べている。

> フザイファ・イブン・ヤマーンが〔カリフの〕ウスマーンの許に来た。当時，シリアの民がイラクの民と共にアルメニアとアゼルバイジャンの境域で戦っ

ていたが，フザイファは彼らの間でクルアーンをめぐる争いを目撃し，ウスマーンに告げた――「信徒たちの指揮官〔カリフ〕よ。私は，このウンマ〔ムスリムたち〕が啓典において見解を異にするのを見た。ユダヤ教徒やキリスト教徒たちが〔聖書をめぐって〕対立したのと同じように」。〔その危機を理解したウスマーンはクルアーンの正典を作る決意をして〕ハフサに使者を送り，「私にスフフ（諸紙片）を送って下さい。それをムスハフに書き写し，その後で返却します」と依頼した。ハフサはスフフをウスマーンに送り，ウスマーンはそれをザイド，サイード・イブン・アース，アブドゥッラフマーン・イブン・ハーリス，アブドゥッラー・イブン・ズバイルに送り，諸紙片をムスハフに書き写すよう命じた。また〔ザイド以外の〕3人のクライシュ族出身者に「汝らとザイドの間で見解が異なる場合は，クライシュ族の言葉で書くように。なぜなら〔クルアーンは〕その言葉で啓示されたのだから」と告げた。彼らが諸紙片をムスハフに書き写すと，ウスマーンは全方向にそのムスハフからの写本を送り，それ以外の書かれたものを焼却するよう命じた。［al-Sijistānī 2006 : 195–196］

異なる朗誦を聞いた者たちの争いは，相手を不信仰と断罪するほどのものであったとも伝えられ，そのフザイファの報告を聞いてウスマーンは恐慌をきたしたとされている［al-Sijistānī 2006 : 199–200, 205］。

ザイドがウスマーンに依頼された任務は，書かれたすべての章句を集め，それぞれに二人の証人を確保した上で，順番に配列し一冊の本とすることであった。現代的な表現を使うならば，ザイドと3人のクライシュ族出身者は「正典編纂委員会」を形成した。ウスマーン自身もクルアーンの暗唱者であったから，その結果を自ら検証したと考えられる。獣皮紙を用いて書物の形にされたクルアーンは，上に触れたように「ムスハフ」と呼ばれるようになった。紙の素材は羊または鹿の皮であったと考えられる。

このようにして作成されたムスハフが現在にまで伝わるクルアーンであり，そのように正典の一体性が保たれていることは驚くべきことであろう。ウスマーン版のムスハフの詳細に関しては，いくつかの疑問が提起され，歴史的なクルアーン学でも現代の東洋学でも議論がなされてきた。主要な点は，(1) ムハンマド時代にはどの程度，章句が文字で記録されていたのか，(2) ザイドたちの編纂前に，すでにすべての章句が記録されていたのか（ハフサが所持していた「諸紙片」はすべての章句を含んでいたのか），(3) ウスマーン版での章や節の配列は誰が決めたのか，(4) ウスマーンが手元に置いたとされる原本のほかに，何冊の写本が作られ，どこに送られたのか，(5) ウスマーンはそれ以外のすべてのクルアーンを焼却するよう命じたが，実際にそれ以外のムスハフはすべて消滅したのか，(6) もしそうであるとすれば，イブン・ナディームの『目録』［Ibn al-Nadīm n. d.］に言及されている他の版のムスハフは何なのか，(7) 朗誦学において伝承されている朗誦の異同とウスマーン版のムスハフの関係はいかなるものであるか，というような論点である。

それぞれについて，概要を述べておこう。

(1) ムハンマドが任命した書記たちが彼の存命中から章句を記録したことは史料からはっきりしている。それはすべての章句であったのか，そうではなかったのか。両方の説があるが，暗誦者たちの戦死からアブー・バクルとウマルが章句の記録の必要性を認識したとすれば，すべてではなかった可能性が高い。それまでは暗唱による記録が第一で，書かれたものは二次的であったと考えられる。

(2) アブー・バクル時代に作られた「諸紙片」は紙片の複数形で呼ばれることから明らかなように，一体のものではなかったし，書物の形にもなっていなかった。アブー・バクルの依頼で章句の記録を収集したのもザイドであったが，後年の作業ほど徹底していたかどうかは疑問が残る。史料からは，決定的なことは言いがたい。

(3) ザイドを長とする編纂委員会が「書物」としてのクルアーンを確定した。その際に決められた章，節の順番が今日に伝わり，現代に印刷されるクルアーンもすべてそれに依拠している。その点では，この編纂作業は決定的な重要性を持っていた。しかしながら，章の順番はムハンマドの生前におおむね決まっていたであろう。断食月であるラマダーン月に毎日朗誦してクルアーン全巻を1カ月で読み終える習慣は，ムハンマド時代に作られたと考えられるからである。とはいえ，ムハンマドの没時までクルアーンは「完了」していなかったから，最終版がラマダーン月に示されたと考えることはできない[3)]。おおむね決まっていたものを最終的（かつ決定的）に確定したのは，ザイド委員会と考えられる。

(4) 史料からは，写本が何部作成されたかは厳密にはわからない。スィジスターニーの『ムスハフの書』には，「7冊のムスハフが書かれ，マッカ，シャーム〔シリア〕，イエメン，バハレーン〔今日のバハレーン島ではなく，アラビア半島東部〕，バスラ，クーファに送られ，マディーナに1冊を留めた」［al-Sijistānī 2006 : 245］とされている。後代に『クルアーン学大全』を著したスユーティー（1505没）は5冊説を述べている。ムスハフは写本だけが送られたのではなく，朗誦に秀でた者が随伴した。ザイドがマディーナで教授した一方，マッカにはアブドゥッラー・イブン・サーイブ，シリアにはムギーラ・イブン・シハーブ，クーファにはアブー・アブドゥッラフマーン・スラミー，バスラにはアーミル・イブン・アブドゥルカイスが送られたとする伝承によれば，教授者は5人なので5冊説と符合する［Ismāʻīl 1999 : 19］。

(5) ウスマーンは，正典とされた写本以外はすべて焼却するよう命じた。正典とされた以外の朗誦は朗誦学において伝承されているので，正典との異同は今日でも調べることができる。しかし，非正典の写本は残っていない。東洋学においてもその探究が19〜20世紀におこなわれたが，いずれも成功しなかった。現状から見る限り，焼却は徹底していたとみなすほかないであろう。

(6) イブン・ナディーム（詳しくはI-5章）は『目録』において，イブン・マスウードのムスハフなるものを見たことがあると述べている。また，イブン・マスウードおよびウバイイについて，彼らのクルアーンの章配列順を記録している。しかし，それらの写本は現存せず，イブン・ナディームが見たものもイブン・マスウードから伝わった真正のものか，そのように称する偽書かわからない。7世紀当時にムハンマドの高弟の何人かが自分のムスハフを作っていたことは，よく知られている。イブン・マスウード，ウバイイのほか，アブー・ムーサー・アシュアリー，ミクダード・イブン・アムル，アリー（第4代正統カリフ）などが著名である。それらはいずれもカリフの命により焼却されたと考えるのが，史料からの穏当な判断であろう。

3）ムハンマドは632年3月「別離の巡礼」と称される大巡礼をおこない，その3カ月後に没した。巡礼月はイスラーム暦12月であり，9月にあたるラマダーン月は前年末に終わっている。したがって，その時点での全巻朗誦からムハンマド没時まで半年間あり，その間の章句については全巻朗誦の対象とはなっていない。

(7)ウスマーンの命によって作成され，正典としてマディーナおよび主要都市で用いられた写本およびそれらに基づく写本は，ウスマーン版（またはウスマーン様式）と呼ばれる。それにはアルファベットの点や母音記号が記入されていなかった（母音記号の発展については，I-3章）。当時のアラビア語では，部族によって語彙や発音が多少異なっていた。ハディースによれば，ムハンマドは「クルアーンは7つのハルフ（文字）で下された。いずれで朗誦しても正しい」として部族的な方言バージョンを教えたという［小杉 2009 : 46–48］。

たとえばザイド委員会でも，マディーナ出身のザイドが「ターブーフ」と発音する箇所をマッカ出身の3人の発音に合わせて「ターブート」としたというのは，そのような違いを意味している（意味は同じ）。ウスマーン版はアルファベットの点や母音を欠いているため，異なる発音で読みうる箇所がいくつもある。さて，問題はウスマーン版が「7つのハルフ（文字)」と呼ばれる方言的な異同をすべて拾って入れたのか，一部を拾って残りを捨てたのか，一つだけに限定したのかということである。これは，古来多くの議論を呼んできた。

具体的に論じると非常に些末な内容に踏み込まざるをえないため，ここでは筆者の当面の結論を述べておこう——上述したように，アルメニア，アゼルバイジャンを攻めていたムスリム軍の中で，イラクの民とシリアの民がクルアーンの朗誦をめぐって争いを起こした。それがウスマーンによる正典化の契機となった。クルアーンは文字通り「神の言葉」であるから一字もゆるがせにできないという信仰心から，たとえば「ターブーフ」と読む者が「ターブート」と読む者を断罪するとすれば，イスラームの統一は危うくなる。武将フザイファの報告を聞いてカリフ・ウスマーンが大いなる恐れを抱いたというのも頷ける。理屈で考えれば，信徒たちにいずれも正統なクルアーンであると教えることも選択肢としては存在した。しかし，版図が広大となり信徒数も増大する中で，現実的な策として，ウスマーンは正典の統一を図ったのである。とすれば，それは方言的な異同を切り捨てる路線であったと判断される。

ただし，今日伝わっているように，ウスマーン版に適合する微細な違いも存在する。たとえば「マーリク（mālik 主，所有者)」と「マリク（malik 王)」は母音を延ばすか否かの違いだけで，いずれもウスマーン版の表記に適合する。そのため，エジプトやサウディアラビアで主流の朗誦では開扉章第4節は「審判の日の主」，モロッコなどでは「審判の日の王」と朗誦されている。このように，ウスマーン版の表記に適合する朗誦だけが残されたと考えられる。

以上に，書物としてのクルアーンの成立をめぐる主要な論点を，駆け足で検討した。

ウスマーンがザイド委員会を任命して，クルアーンを書物の形で確定することを命じ，ここに史上初のアラビア語の書物が誕生した。このことは，その後のイスラームの発展にとっても，アラビア語やアラブ文化の発展にとっても，きわめて大きな画期となった。

おわりに——書物文化の伏流

アラビア半島に住む諸部族は，7世紀まで書物を生み出さず，正書法も持たず，もっぱら口承の詩を文学形態としていた。610年頃に，マッカ郊外のヒラー山でムハンマドが，「読め！（誦め！）」に始まる5節の章句を得てから23年間でクルアーンの内容が完成し，さらに20年足らずで獣皮紙に書かれた1冊の書物としてイスラームの聖典が成立した。この過程の全体を数えても，わずか40年ほどのことである。

クルアーンはその後，人類史上最も多く読まれる書物の一つになった。また，アラビア語はここから発展し，先行文明からの翻訳運動なども経て，文明を記述する「世界語」へと成長していく。その過程で，詩や散文の文学，神学や法学などのイスラーム諸学，哲学や自然科学を含む科学全般を記述する言語となり，多くの書物を生み出した。さらに，その文化はアラビア文字で記述される諸言語に広がった。

本書の続く諸章でその実態が明らかにされるが，イスラームとアラビア文字が育んだ書物文化の出発点に，最初の書物としてのクルアーンの成立があることは疑いを入れない。それにしても，クルアーンがほぼ無文字者ばかりの社会から出発して，わずか40年の間に重厚な書物として成立したことは，歴史的に見てもほとんど類例のない現象に見える。

しかし，無から有が生じることはありえない。本章の最後に「伏流」があったという前提で，それが何かを考えてみたい。伏流とは地下の水脈である。

アラビア半島には外来河川はないが，ワーディ（涸れ谷）というものがある。日本語で「水無川」と訳されることもあるが，水無川が一年中水がないのに対して，ワーディでは雨が降ると急に水流が姿を現す。実際には地下に水脈があり，増水によって地表にも水が現れてくる。複数の水脈の合流点ではよほどの水量となることがある。

イスラームは古代オリエントおよび地中海地域の文明地帯の周縁部に位置するアラビア半島で誕生した。いわゆる「肥沃な三日月地帯」にも隣接している。半島とシリアは地続きであると最初に述べたが，人間の移動・交流においてもこの三日月地帯と半島はつながっている。三日月地帯の中で生まれた先行する一神教のユダヤ教，キリスト教，そして北の大国イランで栄えたゾロアスター教も，7世紀にはアラビア半島に浸透しつつあった。

古代オリエントは，人類史上最初に文字が発明された場所である。メソポタミアでは，粘土板に楔形文字で多くの記録が書かれた。エジプトでは，絵文字である神聖文字（ヒエログリフ）が石に彫られた。今日のアルファベットは——ローマ字系列もアラビア文字も——エジプトの文字が簡略化され，フェニキア文字を通じて西アジアから地中海一帯に広がったものとされている。ギリシアでもローマでも，その継承者としてのビザンツ帝国でも，パピルスや羊皮紙を用いて文字を書き，知識を伝達させていた。

文字文化は，アラビア半島にとって十分近くに伏流として存在していたと言えるであろう。「書物」（角形の紙片を一片だけ綴じる冊子体のコデックス）も近隣で発明され，次第に広がっていた。第3代カリフ・ウスマーンが書物としての「ムスハフ」の制作を命じた時，書物の概念そのものを発明したわけではない。伏流として広まりつつあった仕組みを，自分たちの聖典のために明示的に採用したと見るべきであろう。

総じて言えば，西アジアから地中海地域にあった伏流をイスラームが糾合し，地表の大きな流れに変えたと言うことができる。イスラーム軍がオリエントの地を征服した時に，先行文明の科学や技術が吸収され，新しいイスラーム文明が生み出されることになったのも，写本による書物文化と書物市場が栄えたのも，流れを糾合した大河が出現したものと理解することが可能であろう。

参考文献

イブン・イスハーク 2010-11『預言者ムハンマド伝』（イブン・ヒシャーム編注，後藤明／医王秀行／高田康一／高野太輔訳）岩波書店.

イブン・アル＝カルビィー 1974『偶像の書』（池田修訳）『東洋文化』54，pp. 165-202.

小笠原良治 1983『ジャーヒリーヤ詩の世界——イスラーム以前のアラビア』至文堂.

グタス，ディミトリ 2002『ギリシア思想とアラビア文化——初期アッバース朝の翻訳運動』（山本啓二訳）勁草書房.

高野太輔 2008『アラブ系譜体系の誕生と発展』山川出版社.

小杉泰 2002『ムハンマド——イスラームの源流をたずねて』山川出版社.

———— 2006『イスラーム帝国のジハード』講談社.

———— 2009『「クルアーン」——語りかけるイスラーム』岩波書店.

———— 2011『イスラーム 文明と国家の形成』京都大学学術出版会.

後藤明 1991『メッカ——イスラームの都市社会』中公新書.

佐藤次高 2005「歴史を伝える」林佳世子／桝屋友子（編）『記録と表象——史料が語るイスラーム世界』東京大学出版会.

清水和裕 2005『軍事奴隷・官僚・民衆——アッバース朝解体期のイラク社会』山川出版社.

ハンター，ダード 2009『古代製紙の歴史と技術』（久米康生訳）勉誠出版.

前川和也 1998「古代メソポタミアとシリア・パレスティナ」『岩波講座 世界歴史 2 オリエント世界』岩波書店.

松井健 2001『遊牧という文化——移動の生活戦略』吉川弘文館.

箕輪成男 2002『パピルスが伝えた文明——ギリシア・ローマの本屋たち』出版ニュース社.

Bloom, Jonathan M. 2001. *Paper before Print : The History and Impact of Paper in the Islamic World*. New Haven & London : Yale University Press.

Bulliet, Richard W. 1975. *The Camel and the Wheel*. Cambridge : Harvard University Press.

Dignas, Beate / Winter, Engelbert. 2007. *Rome and Persia in Late Antiquity : Neighbours and Rivals*. Cambridge : Cambridge University Press.

al-Ḥamad, Ghānim Qaddūrī. 1982. *Rasm al-Muṣḥaf : Dirāsa Lughawīya Tārīkhīya*. Baghdad : al-Lajna al-Waṭanīya li-l-Iḥtifāl bi-Maṭla‘ al-Qarn al-Khāmis ‘Ashar al-Hijrī.

Ibn al-Nadīm. n. d. *Al-Fihrist*. Cairo : Al-Maktaba al-Tijārīya al-Kubrā.

Ismā‘īl, Sha‘bān Muḥammad. 1999. *Rasm al-Muṣḥaf wa Ḍabṭuhu bayna al-Tawqīf wa al-Iṣṭilāḥāt al-Ḥadītha*. Cairo : Dār al-Salām / Makka : al-Maktaba al-Makkīya.

Pedersen, Johannes. 1984. *The Arabic Book*, tr. by Geoffrey French. Princeton : Princeton University Press.

Sa‘īd, Khayr Allāh. 2011. *Mawsū‘a al-Warrāqa wa al-Warrāqīn fī al-Ḥaḍāra al-‘Arabīya al-Islāmīya*, 3 vols. Beirut : Al-Intishār al-‘Arabī.

al-Sijistānī, Abū Bakr ‘Abdullāh b. Sulaymān b. al-Ash‘th. 2006. *Kitāb al-Maṣāḥif*, ed. by Abū Usāma Salīm b. ‘Īd al-Hilālī. Kuwait : Mu’assasa Ghirās l-l-Nashr wa al-Tawzī‘.

Toorawa, Shawkat M. 2005. *Ibn Abī Ṭāhir Ṭayfūr and Arabic Writerly Culture : A Ninth-century Bookman in Baghdad*. London & New York : RoutledgeCurzon.

第2章　製紙法の伝播とバグダード紙市場の繁栄

清水 和裕

1　製紙法の伝播

イスラーム文明における書籍文化の発展において，紙の導入は非常に大きな意味をもった。8世紀半ばに紙が伝来する以前，中東・西アジア社会で用いられていたのは，主に羊皮紙などの獣皮とパピルス紙であった。しかし，獣皮の生産には貴重な家畜の消費を伴い，また一匹からの生産量も限られていたため，需要に応じて供給を容易に増やすことは困難であった。またパピルスもその生産が主にナイル川周域に限られているといった限界が存在した。これに対して，獣皮よりもはるかに大量生産が容易で，パピルスと異なって産地が限定されていない紙は，比較的たやすく大量に書籍を作製する環境を用意したのである。

一般によく知られた話では，紙はタラス河畔の戦いをきっかけとして，中国よりイスラーム世界に伝来したとされる。この説の根拠は，10世紀の末に活躍したニーシャープール生まれの文人サアーリビー（1038没）が『知識の冗言』で伝える以下のような文章に求められている。

> サマルカンドの特産品には紙があり，それは前の世代が使用していたエジプトのパピルスや羊皮紙を駆逐してしまった。これは，より見栄えがよく，より柔軟で，より扱いやすく，より書き込みやすいからである。それはサマルカンドと中国でのみ作られる。『諸国と道程の書』の著者が伝えるには，ズィヤード・ブン・サーリフが捕らえてサマルカンドに連行した中国人捕虜のなかに，サマルカンドで紙の生産を行った技術者たちがいた，という。やがて紙の生産は大規模に行われるようになり，一般に使用されるようになって，

> サマルカンドの重要な輸出品となった。その価値は世界で認められ，あらゆる場所の人々がこれを使用するようになった。［Bosworth 1968 : 140］

ズィヤード・ブン・サーリフはアッバース朝の指揮官であり，彼が中国人捕虜を獲得したのは751年7月に行われたタラス河畔の戦いであるとされる。14世紀アラブの歴史家イブン・アスィール（1233没）はその年代記『完史』で以下のように伝えている。

> この年〔ヒジュラ暦133年〕フェルガナのイフシードと，チャーチの王が対立し，イフシードは中国の王に援軍を求めた。そこで〔中国の王は〕イフシードに十万の戦士を派遣し，彼らはチャーチの王を包囲した。こうして〔チャーチ王は〕中国の王に屈服し，彼と彼の部下たちを煩わせ抗うことはなくなった。この知らせがアブー・ムスリムに届くと，彼は彼らと戦うためにズィヤード・ブン・サーリフを派遣し，両者はタラス河で遭遇した。イスラーム教徒は彼らに勝利し，ほぼ5万名を殺害，約2万名を捕虜とした。残った兵は中国へ逃亡した。［世界史史料 : vol. 2, 151–152］

一方，中国側の史料『資治通鑑』は以下のように伝える。

> 高仙芝が石国〔チャーチ〕王を捕虜とすると，その子が逃れてソグディアナ諸国を訪れ，仙芝の欺計や略奪を詳細に告発した。このため諸国はみな怒って，密かにアラブを呼び寄せ共同で四鎮を攻めようとした。仙芝はこれを知ると漢族と異民族からなる3万名の兵を率い，アラブを撃つこととした。700里以上も奥深く進軍し，タラス城に至ってアラブ軍と遭遇した。五日のあいだ対峙したが，カルルク部族の兵が〔唐軍に〕叛乱し，アラブ軍とともに唐軍を挟撃した。仙芝は大敗し，将兵の大部分が死亡，わずか数千名しか生き残らなかった。［世界史史料 : vol. 2, 152］

このように，この戦いは，中央アジア西部タラス河周辺で，中国の唐軍とイスラーム帝国のアッバース朝軍のあいだで行われたものであり，アッバース朝軍の圧倒的勝利に終わった。この戦いの結果，唐は中央アジア西部の支配を放棄し，同地におけるイスラーム勢力の支配が確定的になった。すなわち，サアーリビーの伝える紙の伝播の逸話の背景には，急速にイスラーム勢力の支配下におかれつつあったソグド地域の状況が存在しているのである。紙の伝播の問題にとって重要なのは，唐とアッバース朝，中国とイスラーム帝国のあいだで揺れ動く中央アジア西部ソグド地域の状況である。逆にいえば，タラス河畔の戦い自体はさほど大きな意味をもたない。この戦いの意味は，イスラーム帝国と中国が直接に交戦した数少ない戦いであるという，非常に象徴的な側面にある。

ソグド地域は，それ以前，いわゆるシルクロードを通じて中国と密接につながっていた。最新の研究では，ソグド系突厥などと呼ばれる，遊牧文化とソグド文化をともに身につけた人々が，唐において大きな役割を果たしたことが明らかになってきている［森部 2010］。唐の歴史における大きな画期である755年の安史の乱は，安禄山と史思命によって率いられたが，安姓と史姓はともにソグド系の姓であり，安はブハラ出身者，史はキッシュ出身者が中国で用いたものであった。一方，玄奘三蔵がソグド諸国を訪れ詳細な記録を残していることからもわかるように，仏教僧をはじめとする中国人もこれらの諸国に滞在した［森安 2007］。

唐は，649年に安西四鎮を設置し，パミール高原に至る西域を本格的に支配下に収めた。さらに658年には安西都護府がクチャに移され，ソクド地域に康居都督府が設置されて，唐の支配は中央アジア西部に及んだ。この地のオアシス都市は，それぞれが独立した君主をもち小都市国家の形態をとっていたが，唐の勢力伸長に伴い，属国としてその支配を受け入れたのであった。この時代，ブハラやサマルカンドを中心としたソグド地域は常に中国と接し，その政治力の大きな影響を受け，人と物を交換していたのである。

これに対して，イスラーム帝国は，8世紀初頭ウマイヤ朝の時代に中央アジアに対する本格的な征服活動を始め，709年にブハラ，712年にサマルカンドとホラズムを支配して，さらにフェルガナ地域へと征服の足を進めている。タラス河畔の戦いは，中国との深い関わりをもつ中央アジア西部をイスラーム帝国が併呑し，イスラーム社会へと変化させていくなかで発生した「象徴的な」事件なのである。

近年イスラーム社会の紙の製造と使用について研究を進めたJ. M. ブルームは，サアーリビーの伝えるタラス河畔伝播説を強く批判し，これを単なる逸話に過ぎないとした［Bloom 2001 : 42-45］。彼の批判は，概説的な著作で論じられているため実証手続きに若干の粗さはあるものの，検討に値するものである。その論点は，(1) 伝承史料の性格の問題，(2) タラス河畔の戦い以前の紙の存在，(3) 紙の原料の違いの問題，の 3 点である。

まず第 1 点としてブルームは，サアーリビーの著作が「アラブ文学の人気ジャンル」に属する「娯楽作品」であり，各地の特徴やその地にまつわる多彩な逸話を集めたものであると指摘している。一方で，タラス河畔の戦いについては，初期のムスリム年代記がこの事件を事実上無視しているため同時代情報が存在しないことを指摘し，先に引用したイブン・アスィールの情報も後世のものにすぎず，その数字情報は信用できないなどとして，中国側の数字情報との食い違いを示している。つまるところ，ブルームはタラス河畔の戦いにまつわる情報の信頼性に疑問を投げかけているのである。

実際のところ，既に示したように『完史』の記事と『資治通鑑』の記事は大枠がさほど異なっているわけではなく，この点に関するブルームの指摘はあまり公平とは言い難い。しかし，タラス河畔の戦いと紙の伝播についての情報が同時代性に欠けるというのは確かな事実であり，サアーリビーが『知識の冗言』を記したのは，戦いより 250 年が経過した 11 世紀初頭である。サアーリビーの情報源である『諸国と道程の書』については同名の書が複数存在するが，ボズワースの示唆するようにサーマーン朝の宰相一族ジャイハーニー家の散逸した著作を指すとすれば，10 世紀初頭にブハラ周辺の中央アジア西部ソグド地域か隣接するホラーサーン地域で執筆されたものである［Pellat : EI2］。やはり時代的には 150 年ほどの差が存在し，この情報に含まれる「史実」が，ある程度の変容を経ている可能性は否定できない。しかし一方で，この情報が存在していることも否定できない事実である。

第 2 点として，タラス河畔の戦い以前に使用された紙の存在が指摘されている。これは 1932 年に中央アジアのムグ山で発見された文書群の一部であり，ブルームによれば，そのなかには「サマルカンド領主にしてソグドの王」デーワシュティーチュ（722 没）が 722–23 年のアラブの侵攻に対して助けを求めている内容の，紙製の文書が存在するという。おそらくこれはムグ山文書 A14 のことを指しているとみられる［吉田 2011 : 96］。この文書を撮影した写真からは，この文書が紙製であることが確認できる。そしてブルームは「ムグ山の紙がどこで作られたかを知る手段はないが，おそらく地元製（it is likely that they were local)」として，仏教僧がムスリムの征服以前にこの地に紙の生産法をもたらした可能性を示唆している。また紙がタラス河畔の戦い以前に存在した傍証として，バグダードの知識人イブン・ナディームが 987/88 年に著した『目録』の記事を引用する。

> ホラーサーン紙について言えば，それは亜麻から作られる。一説によれば，それはウマイヤ朝時代に生じ，また一説によればアッバース朝であるという。一説によれば，それは古いものであり，また一説によれば新しいという。さらに一説によれば，中国から来た技術者たちが中国紙をまねて作ったという。
> [Fihrist : 23 ; Dodge 1970 : 39-40]

このように，サアーリビー以前の時代にすでに紙の製法の起源については，情報が曖昧となっていたことを指摘するのである。

ムグ山文書は中央アジア史上極めて重要な発見であり，ソグド研究の発展に大きく寄与してきた。ムグ山は，サマルカンド東方 120 キロメートル，ザラフシャン川上流の現タジキスタン共和国内に存在する。吉田豊と荒川正晴によれば，この地の城址で発見された 80 点以上の文書群の大半が，ペンジケント領主であるデーワシュティーチュ時代のものである。彼は最晩年には「サマルカンド領主にしてソグドの王」の称号を持ち，ムグ山を拠点にアラブと戦った。これらの文書の大部分はソグド語で皮革や木の棒に書かれていたが，うち結婚文書などを含む 15 点は紙文書であった。この紙について吉田と荒川は「一般には中国から輸入された紙を使って書かれたとされるが，証拠があるわけではない」と指摘している［世界史史料 : vol. 3, 349-350］。

ブルームの地元製造説も本人が認めるように根拠があるわけではなく，結局のところ，ムグ山の紙については中国からの輸入品である証拠も地元製である証拠もないことになるが，アラブ征服軍と戦った「サマルカンド領主にしてソグドの王」のもとで紙が使用されていた事実は残ることになる。ちなみに，ムグ山文書には，アラビア語で書かれた羊皮紙文書が一点のみ含まれており，デーワシュティーチュが 718/19 年にアラブのアミールであるジャッラーフ・ブン・アブドゥッラーに宛てて，前サマルカンド領主タルフーン（位 704-10）の息子二人を保護するように求める内容となっている［クラチコフスキー 1969 : 302］。

第 3 点は，ブルームが最も重要なものとして指摘する技術面の問題である。彼はイスラーム圏の紙が，基本的に使用済みの亜麻のぼろ布を原材料として作製されたのに対して，中国の紙は，すでに 8 世紀までには基本的に桑など生の靭皮繊維から直接作製されるようになっており，亜麻のぼろ布などは補助的にしか用いられなかったことを指摘する。そして，もし中国人捕虜がサマルカンドで紙を作製しようとしても，彼らには生の原材料が存在せず直ちにこれに対応することは不可能であったとする。紙職人がある程度長い間中央アジアで活動して初めて，現地で入手可能な亜麻のぼろ布を原材料として応用することが可能であったはずだと主張するのである。

イスラーム社会の紙は一貫して亜麻のぼろ布を用いていることで知られており，ブルームの指摘にはある程度の説得力がある。中国で発達し洗練された製紙法は，中央アジアから西アジア・地中海の植生に技術的に適応することで，初めて大量生産が可能であり，一般での使用が広まり得たと考えられる。近年，ブルームの主張がおおむね受け入れられる背景には，上記の 3 点が合わさることによって相当の説得力を持ったということがあるであろう。

しかし，この第 3 点にしても第 1 点，第 2 点と同様に状況証拠にすぎないことは明らかである。もし仮に中国人捕虜がサマルカンドで紙を作ろうとした場合，彼らの手に入る原材料は亜麻のぼろ布以外にはなかったであろうし，中国もまた古くは亜麻のぼろ布を原材料とした歴史がある。彼らがその解答に至るのに，ブルームが主張するほどの時間が必要であったかは疑問である。おそらく捕虜たちの自身の知識のなかには，亜麻布の使用法もあったのではないであろうか。

このように，タラス河畔の戦い伝播説を批判するブルームの議論は，それなりの状況証拠を持つものの，決定的な証拠はないことになる。一方で，確かに旧来の説は，後世に伝わったジャイハーニーの散逸した記録のみに拠ったものであって，批判する余地は十分にあると言えるだろう。この問題について，より慎重な立場から言うならば，結論は「イスラーム史料はタラス河畔の戦いにおける伝播を伝承として伝えており，事実，8 世紀半ば以降イスラーム社会の各地で亜麻布を用いた紙の製造と使用が急速に始まっている」ということになるであろう。

とはいえ，紙の伝播に関する問題の核心はそちらではない。イスラーム軍の征服にさらされ抵抗を試みた「サマルカンド領主にしてソグドの王」が，一方で羊皮紙を用いてイスラーム軍と交渉を試みると共に，他方では領内で（生産地は不明であるが）紙を用いた文書を作成していたこと。すなわち，紙の使用は，中国とつながった中央アジアをイスラーム王朝が支配下に置いたことによって，イスラーム世界に伝播したという事実こそが重要であると思われる。紙の生産自体は，紙の使用が中央アジアで一般化しその利便性が知られるようになれば，ある意味で時間の問題であっただろう。それ以上に，(1) 中国との長い交流や唐の西域経営また仏僧の移動によって，中国の文物がソグド地域に根付いていたこと，(2) その文化がイスラームの中央アジア征服によって，一気にイスラームの支配域に呑み込まれ，亜麻布の使用という地域環境への適応（一種のイスラーム化）を受けた上で，イスラーム社会の各地で受容され，その文化を支える重要な柱となっていったこと，この文化融合の現象それ自体が重要なのである。そのプロセスの一齣が，タラス河畔の戦いという偶発的な事件であったかどうかは，大きな意味を持たない。イスラーム社会が征服活動によって拡大し，それによって支配下に置かれた地域の文化を，イスラームに適応させていくことが，紙の伝播という現象にあらわれている。

そして，そこではもう一つの側面として，中国文化と独自の文化そして西アジアの文化を重層的につなぐ，中央アジア西部ソグド地域の重要性もまた明らかであろう。デーワシュティーチュが名乗った「ソグドの王」はイフシード（Ikhshīd）と呼ばれるが，その名をもった人々はやがて，アッバース朝バグダードでカリフに仕え，さらにその流れを汲んだものが遠くエジプトの地に，イフシード朝と呼ばれる王朝を建設する。次節で再び触れるが，アッバース朝における，このような多様な文化の接触と異文化のイスラーム社会への適応という現象が，イスラーム社会の紙をめぐる歴史を彩っているのである。

2　行政文書における紙の導入

アッバース朝において紙がまず使用されたのは，行政文書であったといわれる。初期イスラーム社会はアラブの大征服により，ビザンツ帝国領・サーサーン朝帝国領を支配下に収めると共に現地の官僚組織を，そのまま帝国の統治組織の中に取り込んだ。このため比較的初期から高度な文書行政が施行されており，特にエジプトにはギリシア語で書かれた様々なパピルス文書が残されている。その後ウマイヤ朝中期の8世紀初頭には，文書作成の公用語がアラビア語に統一され，徴税文書，外交文書，土地所有文書などがパピルスと羊皮紙などの獣皮紙で作製された。このような文書に，アッバース朝に入ると紙が用いられた。

紙は羊皮紙に比して柔らかさなどの利便性に優れると同時に，インクが繊維に染みこむことで消しづらいという特徴を持っていた。羊皮紙の場合は，水で拭き取ることによって割合容易に文字を改変することが可能であり，これに対して紙製の文書は偽造，改変が困難であった分，文書に適していたのである［Fihrist : 23 ; Ṣubh : vol. 2, 486］。もっとも，亜麻布から作成した紙は逆にインクが染みこみすぎて広がってしまうため，これを止めるために表面を糊で加工する必要があった。この改良も，中国から紙が伝播する過程で施されたものといわれる。またパピルスは，10世紀末頃まで特にエジプトでは用いられたようである［藤本 1963 : 34 ; 佐藤 1999 : 20］。

しかし行政分野で紙が積極的に導入されたのには，もう一つの側面が存在した。すなわち，初期アッバース朝宮廷には中央アジア・ホラーサーン地域出身者が大きな役割を担っていたのである。これら非アラブ異教徒からの改宗者は一般にマウラー（もしくは複数形のマワーリー）と呼ばれ，特に，カリフの個人的な庇護下に置かれた腹心たちは「カリフのマウラー（mawlā Amīr al-Mu'minīn）」の称号を自称した。第7代カリフ・マアムーン（位 813-33）とその弟ムウタスィム（位 833-42）のもとには，特にソグド地域・ホラーサーン地域出身の有力者や王族が多数マウラーとして宮廷に奉仕していた［清水 2005 : 19-48］。つまりデーワシュティーチュと同様の背景をもつ人々が，数多くイスラームに改宗しカリフに服属して，カリフ宮廷において国家運営に関わっていたのである。マアムーンの時代には，カリフ宮廷自体が7年にわたってホラーサーンのメルヴに移っていたことも注目される。その時期にカリフの宮廷は紙の生産地サマルカンドにほど近いメルヴに存在し，やがてバグダードに帰還した。

一方それ以前，ソグド地域の南バルフ近郊のナウバハールから，アラブのアズド族のマウラーとしてイラクへ到来したハーリド・ブン・バルマク（782頃没）はもと仏教徒で高僧の家系の出身であった。このハーリドの一族であるバルマク家は第 2 代カリフ・マンスール（位 754–75）の時代からカリフの行政に大きく関わり，第 5 代ラシード（位 786–809）の時代に実質的な権力を掌握して栄耀栄華を極めた。マムルーク朝時代の伝承に拠れば，行政文書が羊皮紙から紙に変更されたのはラシードの時代であり［Ṣubḥ : vol. 2, 486］，バグダードに紙の導入を進めたのはハーリドの孫ジャアファル（803 没）［Khiṭaṭ : vol. 1, 245］もしくはジャアファルの兄ファドル（808 没）［歴史序説 : vol. 3, 845］であったとされる。またバグダードに最初の製紙場を設けたのもファドルであったとするのが一般的な説である［Huart / Grohmann : EI2］。バグダードで用いられた紙のうち，ジャアファリー紙の名はジャアファルに由来するともいう［藤本 1963 : 39］。

バルマク家による紙の導入に関する史料はなぜか同時代史料に乏しく，ラシードの息子アミーンの官庁は未だ主として羊皮紙を使っていたようである［Fihrist : 23 ; 清水 2012 : 88–93］。今後再精査される必要はあるが，バルマク家の出身地である仏教都市ナウバハールは中国僧玄奘（664 没）も訪れたバルフにほど近く，紙の利便性を熟知していた可能性は高い。

他方，紙の名でいえば，ジャアファリー紙の他に用いられた，スライマーニー紙はラシード時代のホラーサーン財務長官，タルヒー紙とターヒリー紙はマアムーンの側近であるホラーサーン名家ターヒル家の人々，ヌーヒー紙は『諸国と道程の書』の著者ジャイハーニーの仕えたサーマーン朝君主の名に由来するとされる。みなソグド地域近辺と関係をもち，特にマアムーンの縁故者ターヒル家の名が挙がる点は興味深い。唯一，ファラウーン紙のみが，エジプトから到来したものであった［藤本 1963 : 38–39］。

以上のように，バグダードにおいて紙を用いたのが，まず政府関係者であったことは，従来いわれてきたように間違いないであろう。後世の伝承や中央アジアと仏教徒の関わりから判断して，その紙の導入にバルマク家が関わったことも充分にあり得る。しかし，藤本や後藤が指摘するように紙の導入には，それなりの時間がかかったと思われる。ラシードの息子アミーンの時代に羊皮紙が官庁で用いられていたとするイブン・ナディームの証言は，150 年後のものとはいえ，紙の専門家の言葉として無視できない。そしてアミーンに勝利して，自らはしばらくメルヴにとどまりつつターヒル家勢力をバグダードにもたらしたマアムーンや，ソグド，フェルガナ，ウシュルーサナの王族とその軍事力をイラクの政界にもたらしたムゥタスィムの動きは，行政分野における紙の導入をさらに推し進めることとなったものと思われるのである。

3　ワッラークとその社会

8世紀末に紙がバグダードに導入されると，紙の生産は各地で始まり，9世紀初頭にはシリアのダマスカスとエジプトのフスタート，12世紀初頭にはモロッコのフェズ，12世紀末にはアンダルスのコルドバに製紙工場が生まれたとされる［佐藤 1999 : 20］。紙の中心的な生産地がサマルカンドであったことは13世紀まで揺るがなかったとみられるが［清水 2012 : 85］，いずれにせよ利便性の高い紙は文書のみならず各分野で羊皮紙やパピルスに置き換わっていった。そして，この動きと共にあらわれるのがワッラークと呼ばれる人々である。マムルーク朝期の職人づくしを著したスブキー（1368没）に拠れば，ワッラークとは「クルアーンやイスラーム諸学の図書，人々の文書や安堵状の書写を支援することについて，もっとも練達な仕事をする人々」であり［Subkī : 188］，書記術の百科を著したカルカシャンディー（1418没）は「ワラク（紙）にちなんで，書写を行う人をワッラークと呼ぶ」とする［Ṣubḥ : vol. 1, 487］。またイブン・ハルドゥーン（1406没）はワッラークの技術を「書写，校正，製本やその他書籍に関するあらゆることをする」［歴史序説 : vol. 3, 844］と記している。このように，ワッラークとは紙を中心として写本の作製，売買，情報提供など様々な活動に携わった「紙の専門家」［佐藤 1999 : 29］である。

史料にあらわれるワッラークの記述は，紙が一般に普及を始めた9〜10世紀に増加している。I-5章で概観するように，この時代はアラビア語文学や学問的著作が一気に花開いた時代である。それは，クルアーン学，ハディース学，法学を初めとした各種のイスラーム的学術が大成し体系化され，歴史学が生まれ，またアダブ文学と呼ばれる文芸・教養書が多数執筆される一方，科学，天文学，医学が発達し，アリストテレス哲学が隆盛を誇った時代であった。つまり，その後のイスラーム学術興隆の基礎が作られた時代である。また改宗が進むことによってペルシア語話者がアラビア文字を用いてペルシア語文学の叙述を始めたのもこの時代であった。そして，このような書籍と学術文芸活動を支えたのが，紙の一般化に加え，ワッラークという出版技術を身につけた人々の出現であった。

紙の導入とワッラークの活動に関する後藤裕加子の研究によれば，ワッラークの仕事の内容は，主に(1)筆写，(2)本作り，(3)本屋，(4)紙売りであった。特に中心的な仕事は「筆写」であり，ワッラークは有力者の専属として，有力者が所望するクルアーンや様々な著作を筆写し，主人に提供した。バルマク家のファドルはアフマド・イブン・ムハンマドというワッラークを抱えており，預言者ムハンマドの伝記を書写させたという。またジャーヒズ（868頃没），ムバッラド（900没）など9世紀に活躍したアラブ文学者にも専属のワッラークを持つ者がおり，ムバッラドのワッラークについてはイブン・ナディームが独立した節を設けて紹介しているほどである［Fihrist : 65 ; Dodge 1970 : 129-130］。また後藤は，ワッラークが本屋として多くの筆写家を抱えていた可能性を指摘し，「ワッラークと呼ばれた人々は筆写家を雇って本を作り，それを売っていた総合的な書籍業者であった」と述べている。さらに後藤は10世紀のウラマーが毎日筆写を行って，日々の賃金を得ていた例も紹介している［後藤 1992］。

ヨーロッパに現存する最古の紙製のアラビア語写本はオランダのライデン大学に所蔵されており，著名なウラマー，アブー・ウバイド・カースィム・イブン・サッラーム（837没）が執筆したハディースについての著作である。これは奥付にヒジュラ暦252年ズー・アル＝カアダ月すなわち西暦866年11月から12月という筆写年月が記されている。

このようなワッラークの店舗は，ウラマーが学問を行う場でもあり，学問を援助する場でもあった。後藤はワッラークの店でウラマーの講読会が行われたことを指摘しているが，前述のスブキーは，ワッラークが「知を求める者などに親しくし，学問の書を執筆するために紙を購入する者の側で支え，新奇な説や異端の説〔中略〕に違いないものを執筆しようとする者が紙を購入するのを妨げる」と述べており，彼らが学問的著作の執筆に多大な影響を及ぼすことを指摘している［Subkī : 188］。

中東の市場の常として，同業種の店舗は市場のなかで同じ地区に集住する傾向が見られるが，バグダードのワッラークの店舗はカルフ地区東部のワッダーフ宮殿区域にあったことが9世紀後半には確認される（図1）。この時代の文人ヤァク

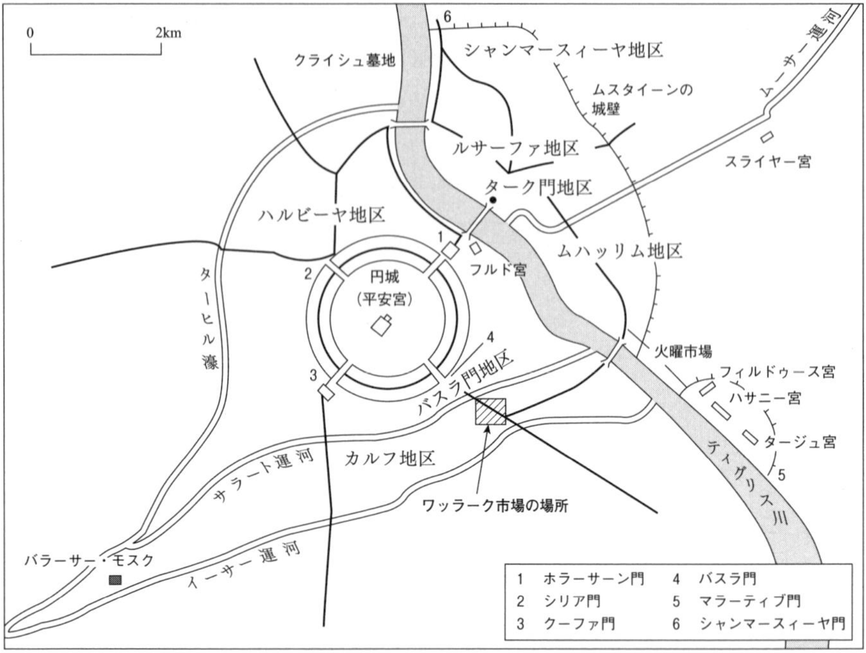

図 1　8〜10 世紀のバグダード

ービー（897 没）に拠れば，「そして信徒の長のマウラーであるワッダーフの土地が存在する。〔その土地は〕カスル・ワッダーフ（ワッダーフ宮殿）の名で知られ，〔この〕ワッダーフは武器庫長であった。そこにある市場であるが，現在ではそこにいる大部分の者が書籍を扱う者，すなわちワッラークである。そこにはワッラークの店舗が 100 以上存在する」という［Buldān : 245］。

一方，13 世紀の学者イブン・ジャウズィー（1201 没）は，1040 年生まれの学者イブン・アキール（1119 没）が子供の頃生まれ育った土地であるバグダードのターク門地区について語った文章を引用している[1)]。彼はターク門地区の諸市場について述べるなかで，「そして〔次が〕ワッラーク〔の市場〕であり，大きな市

1）イブン・アキールはハンバル学派の法学者であったが，彼がハンバル学派となったのは，ターク門地区から居を移したのちのことである。彼の父はおそらくハナフィー学派であり，当時のハナフィー学派はムウタズィラ学派にも好意的であった［Makdisi : EI2］。

場である。ここは知識人たち，詩人たちの集うところである」と記し，さらにその隣にルサーファ市場という巨大な集合市場が存在することを伝えている。

ここで注目すべきは，これらのワッラーク市場が存在した場所の意味である。前者カスル・ワッダーフ区域は，巨大な市場地区であるカルフ地区の北東部，サラート運河に架かるジャディード石橋（新石橋）の周辺に位置し，著名な円城都市の四門の一つバスラ門を城外に抜けた門前の区域である［Le Strange 1900 : 92］。円城はこの時代には行政機能を失って放棄され，バスラ門から城内にかけてバスラ門地区と呼ばれる地区が形成されつつあったとみられる。つまりカスル・ワッダーフ地区はバスラ門地区とカルフ地区の境界のカルフ地区側に存在した。一方，後者の市場はターク門地区の街区内にあり，11 世紀には旧来のルサーファ地区がターク門地区に呑み込まれていたことがわかる。

バグダードでは，9 世紀末から徐々にスンナ派とシーア派の対立が顕在化し，10 世紀初頭から半ばに至ると両者は頻繁に武力闘争を行うようになった。同時に，政治的経済的混乱から都市の荒廃が進み，10 世紀半ばまでには，両者が特定の街区に集住し，その周囲に周壁を築いて，それぞれが独立した町の様相を備えるに至った。そのなかで，カルフ地区とターク門地区は典型的なシーア派地区，バスラ門地区は典型的なスンナ派地区となった［清水 2005 : 146–162］。すなわち，二つのワッラーク市場はともにシーア派地区に存在していたことになる。後藤は，カルフ地区との関係からワッラークたちの身につけた学問にシーア派的・ムウタズィラ学派的傾向が見られることを指摘している［後藤 1992 : 137］。この指摘は正しいが，より強く宗派的色彩をもっていたのはターク門地区の方であろう。

しかし，さらに注目されるのは，紙と中央アジアとギリシア系学問の見えざる関係の問題である。紙がイスラーム社会へともたらされる 9 世紀から 11 世紀においては，濱田正美が指摘するように，イスラーム社会の学問，特にハディース学，神学，哲学に対して，中央アジアとその周辺地域出身の人々が果たした役割は非常に大きい。ハディース学を完成させたブハーリー，ムスリム，ティルミズィー，ナサーイーや哲学のイブン・スィーナーやファーラビー，数学のフワーリズミーなどはその代表的な人々である［濱田 2008］。またギリシア系学問の翻訳活動を後押ししたことで名高いマアムーンは，先述の通りカリフ位を宣言してからも 7 年間ホラーサーンの首都メルヴにとどまり，ホラーサーン，中央アジアの有力者をマウラーとして，政府の中枢を担わせるべくバグダードに送り込んだ。そして，ギリシア系学問の強い影響下に生まれた理性主義的神学であるムウタズィラ学派を公認神学としたのもマアムーンである。ギリシア系学問がイラン東部に発達していたことは，これ以前のヘレニズムや，サーサーン朝におけるギリシア系学問の興隆から容易に理解できることである。そして上述のように，ワッラークにムウタズィラ学派的傾向がみられることも指摘されている。

このように，アッバース朝が成立して中央アジアやホラーサーンとの関係が深化すると，中央アジアに存在した「紙製作の技術」と「古来の学問」の系譜が，東方の人々のバグダードさらにはイスラーム社会各地への移動にともなって，流れ込んでくることとなった。これは，ウマイヤ朝においてシリア，エジプトのビザンツ文化がイスラーム社会へ融け込んでいった現象と対をなすものといえよう。結果として，マアムーン以降の時代においては，東から来たギリシア系学問の流れが，西から将来されたギリシア系学問の諸写本と結びついて，ムウタズィラ学派を初めとするバグダードに新たな思想や科学の潮流を生み出すことにもなった。これらは「紙の技術」という有力な武器を基盤として，ワッラークなど新たな知識人たちによって進められた運動であったと言える。そして，この流れは，単に異文化がイスラームに吸収されたというものではなく，多様な文化を持った人々がその文化を身につけたままイスラームに改宗し，自らの文化をイスラーム的なものに再編成することによって，つまり異教徒文化のイスラーム化によって生まれたものであった。

中国からきた紙もまた，中央アジアや中東に適した素材と仕上げという「イスラーム化」を経て，イスラーム社会の文化を担う技術となったのである。

参考文献

クラチコフスキー，I. Y. 1969「ソグディアナからの手紙」ヤクボーフスキー他『西域の秘宝を求めて――スキタイとソグドとホレズム』（加藤九祚訳）新時代社.

後藤裕加子 1992「イスラム世界における紙の伝播と書籍業――バグダードのワッラークを中心として」『日本中東学会年報』7，pp. 113–143.

佐藤次高 1999『イスラームの生活と技術』山川出版社.

清水和裕 2005『軍事奴隷・官僚・民衆――アッバース朝解体期のイラク社会』山川出版社.

―――― 2012「紙の伝播と使用をめぐる諸問題」『史淵』149，pp. 79–97.

世界史史料：歴史学研究会（編）『世界史史料』全12巻，岩波書店，2006–13.
濱田正美 2008『中央アジアのイスラーム』山川出版社.
藤本勝次 1963「製紙法の西伝」『泊園』2，pp. 22–42.
森部豊 2010『ソグド人の東方活動と東ユーラシア世界の歴史的展開』関西大学出版部.
森安孝夫 2007『シルクロードと唐帝国』講談社.
吉田豊 2011「ソグド人の言語」曽布川寛／吉田豊（編）『ソグド人の美術と言語』臨川書店.
歴史序説：イブン・ハルドゥーン『歴史序説』（森本公誠訳）全3巻，岩波書店，1979–86.
Bloom, J. M. 2001. *Paper before Print : The History and Impact of Paper in the Islamic World*. New Haven & London : Yale University Press.
Bosworth, C. E. 1968. *The Laṭā'if al-Ma'ārif of Tha'ālibī*. Edinburgh : Edinburgh University Press.
Buldān : Ya'qūbī, Aḥmad b. Abī Ya'qūb. *Kitāb al-Buldān*, ed. by M. J. de Goeje. Leidn : E. J. Brill, 1892.
Dodge, B. 1970. *The Fihrist : A 10th Century AD Survey of Islamic Culture*. New York : Columbia University Press.
Fihrist : Ibn Nadīm, Abū al-Faraj Muḥammad b. Iṣḥāq. *Kitāb al-Fihrist*, ed. by Riḍā Tjaddud. Tehrān, 1971.
Gecek, A. 2009. *Arabic Manuscripts : A Vademecum for Readers*. Leiden : Brill.
Huart, C. L./ Grohmann. A. "Kāghid" in *Encyclopaedia of Islam* 2nd ed. Leiden : E. J. Brill.
Khiṭaṭṭ : al-Maqrīzī, Taqī al-Dīn Aḥmad b. 'Alī. *al-Mawā'iẓ wa al-I'tibār fī Dhikr al-Khiṭaṭṭ wa al-Āthār*, ed. by Amīn Fu'ād Sayyd. London : Mu'assasa al-Furqān li al-Tirāth al-Islāmī, 2002.
Le Strange, G. 1900. *Baghdad during the Abbasid Caliphate from Contemporary Arabic and Persian Sources*. Oxford : Clarendon Press.
Makdisi, G. "Ibn 'Aḳīl" in *Encyclopaedia of Islam* 2nd ed. Leiden : E. J. Brill.
Manāqib : Ibn al-Jawzī, Jamāl al-Dīn Abū al-Faraj 'Abd al-Raḥmān. *Manāqib Baghdād*, ed. by Muḥammad Zaynhum Muḥammad 'Azab. al-Qāhira : Dār 'Azīb, n. d.
Pellat, Ch. "al-Djayhānī" in *Encyclopaedia of Islam* 2nd ed. Leiden : E. J. Brill.
Ṣubḥ : al-Qalqashandī, Abū al-'Abbās Aḥmad b. 'Alī. *Ṣubḥ al-A'shā fī Ṣinā'a al-Inshā*, 14 vols. al-Qāhira : al-Maṭba'a Amīrīya, 1910–20.
Subkī : Tāj al-Dīn Abū Naṣr 'Abd al-Wahhāb. *Mu'īd al-Ni'am wa Mubīd al-Niqam*, ed. by D. W. Myhrman. London : Luzac & Co., 1908.

第3章　アラビア語正書法の成立

竹田 敏之

はじめに

本章では，アラビア語の正書法について，まず母音記号の考案から導入までの流れを跡付け，その後，アッバース朝期における写本文化に支えられた正書法の展開について，書記の技能としての正書法と，クルアーンの綴りに特化した正書法という二つの流れに注目しながら見ていく。

1　母音記号考案の経緯

1）アラビア文字と表記の特徴

アラビア文字とその読みのしくみは，日本語と大きく異なっている。例えば，日本語の仮名の「か」という文字は，音で表すとKという子音とaという母音からなっている。アラビア語の場合，カーフ（K）という文字は，Kという子音のみを表すため，それだけではKaなのか，Kiなのか，Kuなのかは分からない。にもかかわらず，母音字と組み合わせて書かない（長母音の場合を除く）。日本語の場合「か」と書いてあれば，それを「き」や「く」と読んだりする間違いはないわけだが，アラビア語の場合はKという文字だけでは，KaともKiともKuとも読みうる。この特徴はアラビア文字28文字すべてにあてはまる。例えば，KTBという3文字からなる単語を文脈の中でKuTiBa（それは書かれた）と正しく読むためには，文法規則や単語のパターンに慣れている必要があり，子供や外国人学習者にとってはしばしば困難をともなう。そこで，これを補うために登場するのが母音記号である。文字の上下に母音の a，i，u を表す記号を付すことで，読みを確定する仕組みになっている。なお，アラビア文字は右から左へと書き，語頭・語中・語尾で字形が変わる文字もある。

ك K　　كَ Ka　كِ Ki　كُ Ku

كتب K○T○B○　　كُتِبَ KuTiBa

←　→　　←　→

また，アラビア文字には同形の文字が多いのも特徴である。例えば，バー，ター，サー，ヌーン，ヤーという 4 文字は，点の位置と数によって区別するため，これらの文字が語頭や語中に現れた場合，点がなければすべて同じ文字に見えてしまう。例えば，タバイヤヌー（明らかにしなさい）とタサッバトゥー（確証しなさい）は，点がなければまったく同じ文字線となる。

بـ تـ ثـ نـ يـ（右からバー，ター，サー，ヌーン，ヤー）

تبينوا（タバイヤヌー）　تثبتوا（タサッバトゥー）　ٮٮٮوا（点なし）

現代では，この同形文字の識別点はすべての印刷物で付されている。そのため点の有無による混乱はふつうはない。一方，母音記号は，子供向けの本や正確な読みを必要とするクルアーンやハディース，さらに母音の特定が必要な古詩や辞書の一部などには振られるが，大方の印刷物では振られない。

650 年頃に成立したウスマーン版クルアーンの綴りは，この (1) 母音を表す記号がない，(2) 同形文字を区別するために文字の上下に打つ点がない，という二つの点で現代の文字体系と大きく異なっている。アラビア文字のことをアラビア語で「ハット（線)」というが，まさに当時は，「線」という呼び名にふさわしい姿であった。ウスマーン版の綴りは，母音を表記によって限定せず，子音を表す文字のみにすることで，預言者ムハンマドが誦み伝えた複数の読み方の記録を可能にし，読誦流派のいずれにとっても拠り所となる唯一のテキストとなっている。

2）最初期の母音記号

イスラーム以前の時代より詩の文化を繁栄させてきたアラビア半島において，

生粋のアラブ人は，「イウラーブ」と呼ばれる名詞の格変化を表す語尾の母音変化を，生来の言葉づかいとしていた。アラビア語は名詞語尾の母音が「ア」「イ」「ウ」のどれをとるかによって，文中での単語の文法的役割が決まる。それは，日本語の助詞の機能にも似ており，イウラーブの違いにより，その単語が主語なのか，動詞の目的語なのかといった統語関係が明示される。

7世紀にイスラームが興り，その後，急速に版図を広げていく過程で，外来の人々や文化的要素がアラビア半島にも多く混入するようになった。さらに，半島出身のアラブ人が赴く各地の軍営都市においても，非アラブ人との接触が増える中で，次第にアラビア語を母語とする者の言語使用にも変化が生じ始めた。それは，外来的な影響やイウラーブの誤用に代表される言葉づかいの変化であり，半島の生粋のアラブ人から見れば，アラビア語の純粋性が社会的に著しく低下したように映った。

一方で，アラビア語は「大征服」によってイスラーム化していく各地に，聖典クルアーンの言語として急速に広がっていった。そして，各地ではイスラームへの新参者に対するアラビア語教育が急務とされた。このような社会変動と言語文化的な状況の変化は，一方では言葉の純粋性を保持するため，もう一方では教育のために，人々が共有できる一定の文法規則を打ち立てる必要性を生んだ。これがアラブ文法学の始まりとなった。

文法学発祥の地となったのが，イスラーム史において初の軍営都市となったバスラ（638年頃）である。バスラは，イラクの南部に位置する町で湾岸からも近く，古くから外国との交易や物流が盛んな国際的商業都市として栄えていた。その後，若干遅れて第二の軍営都市クーファが，バビロニア遺跡でも知られるユーフラテス川の西岸内陸部に建設された。この両都市には，半島から多くのアラブ人が移住し，イスラーム文化を開花させ，イスラーム諸学の基礎を築いた。アラブ文法学は7世紀からおよそ2世紀にわたって，この二都市を拠点に構築され，のちに言われるところのバスラ学派対クーファ学派の「学派論争」へと展開した。

社会的変化にともなう言葉の乱れの広がりは，文法規則の確立に加え，正しい発音とクルアーンの読誦を補助するための母音記号導入のきっかけとなった。アラビア語史における第一の正書法改革とも呼ばれるこの事業に着手した人物として知られるのが，アブー・アスワド・ドゥアリー（603-688）である。預言者時代に生まれたドゥアリーは，預言者ムハンマドにはじかに接することはなかったが，第3代正統カリフ・アリーに寵愛されたことでも知られる人物である。彼はイスラーム以前の時代と預言者時代の双方を知る有能な詩人（ムハドゥラムと呼ばれる）として，その言語的天賦の才によってバスラで名を馳せていた。ドゥアリーが何ゆえに母音記号の考案に至ったのか，諸説から有名なものを挙げれば次のようである。

ウマイヤ朝（661-750）を開いたムアーウィヤ（位661-80）は，ズィヤード（673没）をバスラの総督とした。そのズィヤードのもとにドゥアリーがやってきて，「見るところ，アラブに非アラブ人（アジャム）が混ざったことで，人々の言葉が乱れています。言葉にイウラーブを付すことを私にお許しいただけませんか」と問うた。しかし，ズィヤードは当初それを認めなかった。その後ズィヤードのもとに別の男がやって来て，「私たちの父親がなくなり，子供たちを残したまま……」と本来言うべきところを，主格の「父親が（アブー）」を対格の「父親を（アバー）」に間違え，さらに対格の「子供たちを（バニーン）」を主格の「子供たちが（バヌーン）」に間違え，「私たちの父親をなくなり，子供たちが残したまま」と言って助けを請うたところ，その目に余る誤用にズィヤードは，ドゥアリーにイウラーブを示す記号の整備を任せた［al-Bazzār 1990 : 23］。

また他の伝承では次のように言われている。

ズィヤードがドゥアリーに母音記号の考案を委託したところ，ドゥアリーは当初，ウスマーン版にないものを新たに書き加えることはクルアーンの改竄にあたるのではないかと危惧し，辞退した。しかし，ある者が「アッラーとかれの使徒は多神教徒たちと無関係である」（悔悟章3節）という一節の「かれの使徒」を主格の「ウ」ではなく属格の「イ」に誦み間違えるのを聞き，ドゥアリーは強く心を痛めた。なぜなら，たった母音一つの間違いではあったが，それは「アッラーは多神教徒たちおよび，かれの使徒と無関係である」という意味になり，致命的な間違いを犯しているからであった。そうしてドゥアリーはズィヤードのもとへ戻り，母音記号考案への着手を受諾した［Ibn al-Nadīm 1985 : 87］。

ズィヤードはドゥアリーのもとに30人の書記を集め，ドゥアリー自身がその中から10名を選び，さらにその中からアブドゥルカイス族出身の者を選び，自らがクルアーンを読誦しながら，次のような記号を打たせた。

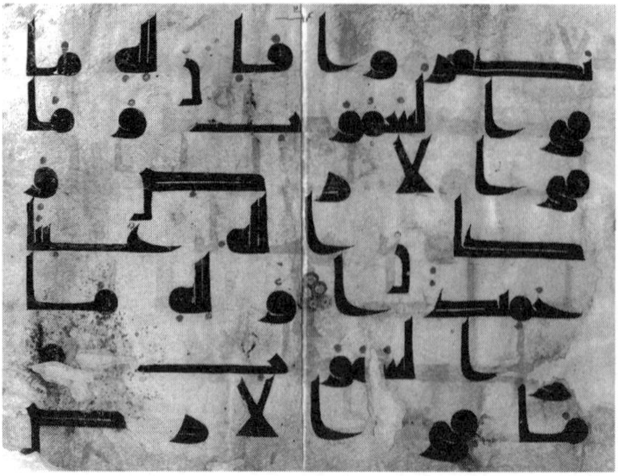

図1　ドゥアリー方式の母音記号（女性章 131-132 節，クーファ体，9 世紀頃）

「ア」の母音　　文字の上に丸点
「イ」の母音　　文字の下に丸点
「ウ」の母音　　文字の左に丸点
タンウィーン（不定を表す名詞の語末音「ン」）　　上記の位置に丸点を二つ

これらの記号は，まず単語の語尾のみに打たれた。すなわち，単語の各文字に付す現在のような母音記号ではなく，イウラーブを示す語末の母音のみに補助的に表記する丸点（ヌクタ）であった。このことから，ドゥアリーの母音記号は「イウラーブの点」とも呼ばれている。この方式は，一般文書には取り入れられることはなく，クルアーンに特化して用いられ，またウスマーン版の文字線への配慮から，丸点は文字のインクの黒色とは区別して赤色で打たれた（図1）。

3）文字の識別点

ドゥアリーによる丸点は，当初イウラーブを示す語尾のみに打たれたが，次第にクルアーンの中の必要と思われる単語の各文字にまで拡張していった。一方，同時代の一般的なアラビア文字の使用については，イウラーブや各文字に振られる母音記号はなく，さらに同形の文字（例えば前述のバーとターなど）を見分けるためにつけられる識別点の使用もごく一部の文字に限られていた。この識別点の整備が本格的に行われるようになるのは，ウマイヤ朝第5代カリフのアブドゥルマリク（位 685-705）の時代においてである。

ウマイヤ朝時代に各地に設置された官庁（ディーワーン）には，アラブ人が官僚として積極的に採用され始め，アブドゥルマリクの時代には，世俗的文書の作成がそれまでの使用言語（ギリシア語やパフラヴィー語，コプト語など）から公用語としてのアラビア語へと変更された[1]。このことが，官僚の言語，そして記録言語としてのアラビア語の重要性を高め，文字使用においても，その利便性と正確性を求める要因の一つになったと考えられる。

一方で，『人名辞典』の著者として知られる 13 世紀の法学者イブン・ハッリカーン（1282 没）は，ウスマーン版の完成からアブドゥルマリクの時代までの約 40 年間に，イラク地方でムスハフ（クルアーン写本）のタスヒーフ（書き損じ・改竄）が広まった，と伝えている［Ibn Khallikān 1969 : vol. 2, 32］。この伝承は，一般の文書作成や執筆活動について語ったものではないが，各地に送られたウスマーン版を手本に人々が書写し始めたことで生じた新たな問題に言及しており，タスヒーフという用語が象徴的である。なぜなら，ドゥアリーの考案の時期に流布し始めていたラフン（誤用・読み間違い）が「音声」に基づいているのに対し，タスヒーフは「書き記す」という行為があってこそ発生するものだからである。

アッバース朝時代の文人アスカリー（992 没）などの史書によれば，この問題に対して，694 年にイラクの総督に任命されたハッジャージュ・イブン・ユースフ（714 没）は，アブドゥルマリクの命により有能な書記たちを集めてその解決策を求めた。そして，法学者であり，アラビア語に精通したナスル・イブン・アースィム（708 没）とヤフヤー・イブン・ヤアムル（747 没）をその任務に充てた［al-‘Askarī 1963 : 13］。両者ともドゥアリーの弟子であり，文法学バスラ学派を形成した初期世代の文法家である。文字改革の任務を担った両者は，何よりもクルアーン読誦の保持とムスハフの綴りの改竄防止のために，文字の上下に打つ識別点を確立したという。

この識別点は，ドゥアリーの「イウラーブの点」に対して，「イウジャームの

1）700 年にシリア地方，697 年にイラク，741 年頃にホラーサーン地方，エジプトではアブドゥルマリクの息子アブドゥッラーの治世（705-08）に，またマグリブでは 697 年に，アラビア語が官庁の公用語となった。

点[2]」と呼ばれている。点の色は，先のドゥアリー方式が赤色であるのに対し，ウスマーン版の綴りを示す黒のインクと同じ色で，かつ小さい点，あるいは短い線で打たれた。こうした識別点はヒジュラ暦1〜2世紀のムスハフに見られ，また世俗的な文書についても，限定的ながらこの時期の碑文やパピルスで観察されている。概していえば，ウマイヤ朝期は，それまで限定的な使用に留まっていた識別点の本格的な整備と導入がなされ，徐々に一般の文字使用へと普及し始めた時代ということができよう。

2　アッバース朝期における正書法の展開

1）母音記号の革新

前節では，ドゥアリーによるイウラーブの点の考案とウマイヤ朝アブドゥルマリクの時代にかけて進展した識別点の整備までを見てきた。この段階で，特にクルアーンの書写では，イウラーブの丸点と，同形文字を区別するための識別点が，必要と思われる箇所に適宜記されることになった。この二つの補助記号は，イスラーム地域の拡大とともにムスハフの写本様式の一つとして各地に広がり，西はアンダルスまで普及を見せた。

それまでのイウラーブの点は，クルアーンの子音テキスト（文字線）と明確に区別するために，赤色で記すことが通例となっていたが，次第に文字線と同じ黒色で打つ者も出始めていた。このことは，原本であるウスマーン版への配慮から，先達の学者らが強く忌避していたことであった。さらに，重子音の部分や，伸ばす音，読まずに飛ばすアリフの部分などに目印として黄色や緑の点を置くスタイルも登場し始めた。その結果，一ページのテキストに何種類もの点が同時に散在することになり，読む者には混乱を与え，また点を打つ者にとっては大きな負担となりつつあった。

こうした問題に，バスラの文法学者ハリール（789/91没）は，新たな母音記号

2）イウジャームの原義は「アジャム（非アラブ）にすること」である。外国人や新たにアラブ化した人々が識別点を必要としていたことに，この呼び名は由来する。

を開発することで解決法を見出そうとした。文法学がバスラを中心に勃興し始めた 8 世紀中葉のことである。

ハリールは南アラブ系の系譜に属するアズド族出身，すなわち生粋のアラブ人とされる。アラビア半島東端のオマーンに生まれ，若くしてバスラに移住したのち，読誦家として知られるアブー・アムル・イブン・アラー（770 没）や文法家らに師事しアラビア語諸学を修めた。ハリールはアラブ文法学史の中でも最も高名な文法家の一人であり，今日まで最大の影響を残した人物と言われている［池田 1982 : 132］。最初期のアラビア語辞書である『アインの書』の著者であること，アラビア語の韻律学の祖であること，弟子の中から最も著名な文法書『キターブ（書）』の著者であるスィーバワイヒ（796 頃没）が出たことなど，ハリールに名声を与える要素は数多い。

ハリールは現在でいうところのフィールドワークを重視し，アラブ人（遊牧民）が用いるアラビア語を積極的に収集し，そこから一定の規則を導き出すことで文法学の基礎を築いた。言語データの収集と例証（シャワーヒド）の解析には，正確な母音の確定を必要とした。特に辞書編纂においては，語形態を明示する母音の記述が不可欠であり，こうしたこともハリールが母音記号の考案に至った理由の一つと考えられる。

では，ハリールによる母音記号と補助記号はいかなるものだったのだろうか。

それまでの点による補助記号は，イウラーブを表す丸点，文字を識別するための点，読誦の補助となる点といった異なる機能を，同型の点で表していることで複雑化の一途をたどりつつあった。またクルアーン読誦において混乱を招くこともあった。これを回避するために，ハリールは従来の丸点による母音記号を新たな記号へと改良した。一方，同形文字の上下に付す識別点は従来通り点のままにすることで母音記号との区別を明確にした。

新たに開発された母音記号は，長母音を表す文字（アリフ，ヤー，ワーウ）を縮小し文字の上下に付すものであった。さらに，詩やクルアーン読誦の際に補助となる記号については，それを意味する用語の頭文字を用いて記号とした。また，タンウィーン（語尾の N 音化）については，ドゥアリーによる 2 点を打つという方式を継承し，母音記号を二つ重ねて置くことで表した。

こうしてハリールは複数の色を使わず，一色のインクによって書写が可能にな

表1　ハリールによる母音記号と補助記号

[母音記号]

名称	由来			記号
ファトハ（ア）	アリフを斜めにした線を文字の上に付す	ا	→	◌َ
カスラ（イ）	縮小したヤー（右に折れる形）を文字の下に付す	ے(ي)	→	ے　◌ِ
ダンマ（ウ）	ワーウ	و	→	◌ُ

母音イを表すヤー ے は，時の経過とともに，右に流れる横線の部分が省略され，母音アを表す記号と同様の短い斜め線となった。

[諸記号]

名称	由来			記号
ハムザ（声門閉鎖音）	調音点がハムザに近いアインの上の部分	ع	→	ء
シャッダ（重子音）	シーンの点なし右部分	ش	→	◌ّ
マッダ（アの長母音）	ミームとダール	مد	→	◌ٓ
ワスラ（連結）	サードの右部分	ص	→	ٱ
スクーン（母音なし）	Ø音を意味する「ハフィーフ」の頭文字ハーの点なし上部分	خ	→	◌ۡ　◌ْ
タンウィーン（語尾のN音化）	母音記号を二つ重ねる	◌َ　◌ِ　◌ُ	→	◌ً　◌ٍ　◌ٌ

ミームとダールを筆記体 مد のように綴った線。時の経過とともにミームの部分が省略され，現在あるマッダ記号の形になった。
スクーンは，ۡ が次第に丸みを帯びて円となり，現在普及している ◌ْ の形となった[3]。

るよう，また同形文字の識別点と諸記号との区別が明確になるよう工夫を施し，体系的な母音記号を完成させた。ドゥアリー方式の記号が「ナクト（点）」と呼ばれるのに対し，ハリールの記号は，「シャクル（形・姿）」と一般に呼ばれる。

ハリールが考案したこの記号は，その明瞭さゆえに文法学者や文人らには歓迎

---

3) 現在，イスラーム世界で最も普及しているマディーナ版のムスハフなどでは，◌ۡ で記されている。

された。しかし意外なことに，ムスハフの正書法への導入にはそれなりの時間を要した。特にクルアーンの書写に携わる者たちは，先達（特にドゥアリーは預言者ムハンマドの教友たちに次ぐ後継世代である）の功績を敬慕し，新方式への移行には強い抵抗を示した。

その傾向は，特にマグリブやアンダルスで強く，長らくハリールの母音記号は聖典クルアーンの記号とは認知されず，「詩の記号」と呼ばれていた。例えば11世紀のアンダルスの読誦学者アブー・アムル・ダーニー（1052没）は，「詩の記号――ハリールが考案したものだが――をムスハフで使用することは避けるべきであり，サラフ（初期世代）の丸点を模範として従うべきである」[al-Dānī 1960: 22] と述べている。東方アラブ地域においてもムスハフ写本への導入から定着にはしばらく時間がかかったようで，今日確認される最古のものは，アッバース朝期の書家イブン・バウワーブ（1022没）が書写した11世紀のムスハフ（1001年）である。

かくしてハリールの記号は，まず，正確な母音の記述を必要とする詩・文学や文法学，これらを援用する啓典解釈学，そして厳密な人名の記述を求めるハディース学の著作などに導入され徐々に普及していった。こうした著作活動は，アッバース朝時代における紙の普及とそれに支えられた写本文化の興隆によって，おおいに促進された。

2）写本文化の隆盛と正書法の展開

8世紀中葉に製紙法が伝わると，アラブ地域でも紙の生産が始まった。794年にバグダードに，また900年にはエジプトにも製紙工場ができた。紙は，パピルスや羊皮紙といった従来の記録媒体に比べて安価であり，またインクが染みるため改竄しにくいという点で優れていた。そのため，クルアーンの書写はもちろん，行政，商売，婚姻などの契約文書における新たな筆記媒体として重宝された。またたく間に紙は，知識層や官僚層を中心にアッバース朝社会に広がっていき，知の記録を担う写本文化と情報の伝達を担う書類文化が普及しはじめた。

またアッバース朝時代には，イスラーム学，文学，諸科学など様々な学問がバグダードを中心に大きく発展し，著作活動が本格化した。文法学で言えば，バスラとクーファの学派論争が最高潮に達し，次第に折中派とでもいうべきバグダード学派が形成されていく。9世紀末頃のことである。この時期の著作には，すでに母音記号が多く導入されている。こうした知的活動の興隆に加え，9世紀から10世紀には，ワッラーク（本屋）やナッサーフ（書写生）と呼ばれる専門的職人たちがバグダードを中心に活躍し写本文化を支えた。

ハリール方式の母音記号が一般文書に導入され始めた8世紀後期から9世紀前半の段階では，特に文人の中には，母音記号の使用を無知の象徴とみなし，その過度な使用に対して不快感を抱く者もいたようである。例えば，アッバース朝期を代表する詩人の一人であるアブー・ヌワース（813頃没）は，自分に宛てられた書簡に母音記号が付してあったことに怒りを示し，次のように詠った［al-Ṣūlī 1923 : 61］。

文人よ，葦のペンを操る私を嘲笑し，
文字の識別点ならともかくも，イウラーブの母音記号をも記すのか。
筆が滑ってのことならいざ知らず，私の識字を疑うのか。

また第7代カリフ・マアムーン（位813-33）もまた，母音記号を見下し「黒種草子（シューニーズ）」と喩え，その使用に気を付けるよう警告したと伝えられている［Ibn ʻAbd Rabbihi 1983 : vol. 4, 255］。

しかし，写本文化が繁栄するにつれ，アッバース朝の文人アフマド・ナッターハ（903没）が「文字線は樹のごとく，母音記号は枝になる果実のごとし」［al-Nuwayrī 1922 : vol. 7, 15］と表現するように，次第にハリール方式の記号は実用性と芸術性を兼ね備えた形で整っていき，正書法の一部として受容されるようになった[4)]。

さらにイブン・ムクラ（940没）やイブン・バウワーブなどの書道家の活躍により，読みやすくかつ迅速な書写に適したナスフ体（ナスフとは「書写」を意味する）など新たな書体が開発される中で，母音記号は単なる補助記号から，アラビア文字を飾る重要な装飾的要素の一つとして位置付けられるようになった。

4）ムスハフ以外の一般の著作で，母音記号がしっかりと付されている現存最古の写本は，アブー・ウバイド著『ハディースにおける難解語』（923年書写）であり，その次に古いものとしてスィーバワイヒ著『キターブ（書）』（962年書写）が確認されている［Qaddūrī 1982 : 527］。

こうして写本文化の興隆とともに，ハリール方式は一般文書からムスハフ写本へと定着していった。また，アッバース朝時代には，それまでの口伝に加え，書き留めることで知識を伝える「書承」という新たな知の伝達方法が普及した。それを象徴するのが，師匠の講義を書き留める「イムラー」（英語のディクテーションに相当）による著作形式である。いわば講義録のようなものであるが，「アマーリー」（イムラーの複数形）に師匠の名を冠した作品[5]がアッバース朝期より多く編まれ，知的生産の一つのジャンルを形成した。

まさに「書く」という行為が知的な人々の間に浸透していき，正確な書写が職業的技能として特別な地位を得た時代であった。こうした流れから，綴りの規範に大きな関心が高まり，一方ではクルアーンの綴りに関する学問が展開し，また一方では書く者に綴りの規則を提供する「書記の作法」を主題とした分野が確立していく。次節では，ハリール以降の正書法の流れを大きくこの二つに分けて見ていくことにしよう。

3　正書法の成立とラスム論の展開

1）類推型の綴りとクルアーンの綴り

8世紀にバスラで文法学が興り，その後ハリールやスィーバワイヒといった文法家によって諸規則が体系化される中で，正書法の整備は進められた。文法家たちは，アラブ人の言葉を記述し一定の規則を導き出そうとした比較的早い時期から，綴りの規則を定めることに強い関心を持った。綴りや母音の確定は，文法書や辞書を編纂する上でも重要であった。規則を打ち立てる文法家にとって，理想の綴りとは，音と文字（母音記号）が一対一で対応することである。書かれたとおりに発音できる，あるいは発音するように書く，これが成り立てば語形態と綴りにおける類推は容易になり，いかなる語彙も正しく綴ることが可能になるからである。

5）「イムラー」という用語が「正書法」，「綴り学習」の意味で用いられるようになったのは現代に入ってからのことである。

表2　一般的な綴りとクルアーンの綴りの例

	一般的な綴り（類推型）	クルアーンの綴り（ラスム）	読み	意味［章句］
①	الصَّلَاة	الصَّلَوٰة	a⁀ṣṣalā	礼拝［2：3］
②	جَنَّة	جَنَّت	janna	天国［56：89］
③	بِأَيْدٍ	بِأَيْيْدٍ	bi-aydin	力添えで［51：47］
④	اللَّيْل	الَّيل	a⁀llayl	夜［36：27］
⑤	قَالَ	قَلَ	qāla	彼は言った［21：112］
⑥	رَأَى	رَءَا	ra'ā	彼は見た［6：76］

同綴りが複数回登場する場合，初出の章節番号を記した。

しかし，聖典クルアーンには，各所にこの種の類推が適用できない特殊な綴りが存在する。これらの綴りは第3代カリフ・ウスマーンの時代に正典化がなされた時点で確定したものである。正典として成立したウスマーン版の綴り（子音線）は「ラスム（跡）」と呼ばれ，その綴りは歴史的な規範として，変更されることはない。例えば，一般の規則では長母音の「ア」は，アリフで表記するが，クルアーンの中には，ワーウで書かれた綴りがある（表2の①）。また，アラビア語の文法規則によれば，女性名詞の単数形はターマルブータで終わるが，普通のターで書かれた綴り（②）がある。さらに，発音とは無関係の文字が追加されている単語（③）や，綴るべき文字が省略されている単語（④⑤）なども見られる。ハムザの書き方も現代の綴りと異なるもの（⑥）が多い。

このように，文法家によって打ち立てられた規範的な綴りとウスマーン版の綴りとでは，大きくその性質が異なる。概していえば，アラビア語の正書法は双方が連関しあいながら，大きく二つの流れで展開していった。特に，書くことが職業的技能となり，写本文化が盛況を呈したアッバース朝期に，双方の住み分けはより顕著になっていった。すなわち，一つは，人々に正しく綴るための規則を提供する正書法であり，もう一方は，ウスマーン版の綴り，つまり「ラスム」とそれに付随する母音記号を対象にその特徴を論じる正書法である。

前者の正書法は，先に述べたように文法家たちの知的営為による規範化の結果といえる。一度規則が確立すれば，類推によって正しい綴りが可能になることを目的としており，そのため「類推型正書法（キヤースィー）」と呼ばれる。その特徴は，ラスムの綴りが一定不変であるのに対し，学者の見解や学派の相違などから，時代や地域によって変動する余地があるということである。

一方，後者のウスマーン版の綴りに特化した正書法は，多くの学者の見解では，その綴りは絶対的なものであるため，「預言者や教友の規範まで遡る正書法（タウキーフィー）」と呼ばれる。この正書法の目的は，第一にムスハフに特有な綴りの記録と保存であり，次に特殊な綴りや記号の振り方の理由づけと解釈である。この分野は，ウスマーン版の子音線だけの綴りのみならず，ドゥアリーやハリール方式の諸記号も広く対象とした学問として一般にラスム論と呼ばれている。

では，まずアッバース朝期からの類推型正書法の展開を見てみよう。

2）書記の作法としての正書法（類推型正書法）

これまで見てきたように，アッバース朝期に官庁を中心とした書類の文化が広がり，さらに著作活動が開花した。こうした中で，正確に文書を作成できることは，社会的に必要とされる職人的技能となり，その基礎となる正書法への関心が急速に高まっていった。こうしてアッバース朝期およそ9世紀の終わり頃から，「正しい綴り方」を提供してくれる，いわば正書法のマニュアル本の類が多く著されるようになった。

このような文書作成の規範を求めたのは，行政や司法に携わる書記や著述などの知的生産に関わる文人たちであった。そして彼らに求められたものとは，教養としての正しいアラビア語の知識と，書記としての作法であった。この流れを受けて，アッバース朝期より正書法は，「書記」や「作法（アダブ）」をタイトルに冠した著作で扱われるようになった。その中でも9世紀の文人イブン・クタイバ（889没）が著した『書記の作法』は，正書法や語法，類義語の選択など，書記や文人が習得すべき事項を包括的に記述した先駆的作品として名高い。正書法については，「書法の上達法」と題した章で，文法事項とともに解説を行っている。

10世紀に入ると，この種のマニュアル本はさらに人気を博したようで，イブン・ドゥラスタワイヒ（958 没）の『書記官の書』，スーリー（947 没）の『物書きの作法』，アブー・ジャアファル・ナッハース（949 没）の『書記官の作法』などが相次いで登場した。また同時期には，バグダード学派の文法家らを中心に，「綴り（ヒジャー）」や「線・書（ハット）」を冠した正書法に関する単著も数多く編まれるようになった。

これらの著作で提示される正書法の諸規則は，多くを先達の文法家の見解に依っている。そのため，正書法を論じる著者がどの学派に属するか，あるいはどの文法家の見解を支持するかによって，その規範には時代や地域による揺れが存在する。例えば，文人イブン・クタイバは，『書記の作法』で，ra's（頭部）の綴りについて，「ワーウを一つで書く者もいれば，二つで書く者もいる。両方とも良好と判断されよう」［Ibn Qutayba 1900 : 288］と記述している。また，様々な「正しい」見解が存在することで，時にその記述が複雑になる場合もある。

10 世紀のバグダード学派の文法家ザッジャージー（949 没）は『書法』で，yastahzi'ūna（彼らは嘲笑する）の綴りを取り上げ，学派や文法家による見解の相違を列挙しながら詳論している[6)]。この議論を総括すれば，yastahzi'ūna の綴りは，（يستهزؤون）（يستهزئون）（يستهزون）（يستهزأون）[7)]となり，古典期にはそのバリエーション全てが許容されたということになる。

6）一部を要約し引用すると次のようである。「バスラ学派は，（يستهزؤون）のようにワーウをハムザの土台として書く。その根拠は，ハムザの母音に従って土台を決定する原理にある。一方，クーファ学派はヤーを土台に（يستهزئون）と書く。その根拠は，前の母音を基準に土台を決定する原理にある。この場合，前の文字の母音がイなのでヤーを土台とする。このクーファ方式は，アフファシュ（830 没）が支持する見解である。さらに，バスラ方式の場合，多くの者は同系文字の連続回避の原理から，連続するワーウのうちハムザの土台のワーウを省略して（يستهزون）と綴る。なぜハムザの土台の方のワーウかと問われれば，もう一方のワーウは複数を意味する文字であるから省略すべきではない，と答えることができよう。一方，（يستهزؤن）のように，この複数を示す方のワーウを冗字として省略する者がいるが，これは間違いである。しかし，ムバッラド（861 没）は，どちらか一方のワーウを省略することはせず，ワーウを二つで（يستهزؤون）と綴っていた。……また，クーファ学派のファッラー（822 年没）いわく，初期の学者は，ハムザが語中にあろうと，いかなる音韻環境にあろうとアリフを土台としてハムザを綴っていた。私はアブドゥッラーのムスハフ（イブン・マスウード版）で，その形態（يستهزأون）を目にしたのである……」［al-Zajjājī 2000 : 40, 45–46］。

7）現行版ムスハフ（フアード版およびマディーナ版のハフス伝承アースィム流派）の綴りは，（يستهزءون）である。

このように，類推型正書法を扱う古典には，見解の相違や学派対立が色濃く出ている記述が多い。規範に一定の権威を与える機関（現代でいうところの教育省や言語アカデミー）が不在であることも，ルールの不均一や複雑化の一因と考えられる。また，当時はまだ，「書く」という技能を職業にする者たちがきわめて専門的であり，また「書く」という行為が知識階層に限られていたことを如実に物語るものでもある。

この種の書記向けのマニュアル本は，15世紀初めのマムルーク朝時代にエジプトの学者カルカシャンディー（1418没）が著した『夜盲の黎明』をもって頂点に達する。この著書は，書記のみならず文筆家にとってのレファレンスともいうべき大著で，正書法に関わる規則はもちろん，母音記号の由来から筆の使い方，語彙の選択に至るまで，文書作成に関わる事項が多岐にわたって包括的にまとめられている。

3）ラスム論の成立

一方，ラスム論は，ちょうどバグダードを中心に東方アラブ地域でハリール方式の母音記号がムスハフ写本に定着し始めたころ，すなわち11世紀頃に，マグリブやアンダルスの学者を中心に，ムスハフの綴りや母音記号，さらに読誦に関わる諸記号を包括的に論じる学問として体系化が進んだ。

それ以前にもバスラやクーファの文法学者が，正書法の諸規則を構築していく過程で，ラスム論に関連する著作をいくつか残しているが，研究の中心地は西方アラブ世界へと移りつつあった。その背景として，次のことが考えられる。一つは，東方アラブ世界では，ハリール方式がすでに定着し，ムスハフの綴りや記号をめぐる議論は一段落したことで，書体などの芸術性の向上へと関心が移ったこと。もう一つは，11世紀に製紙法がアンダルスに伝わり，12世紀には製紙工場が始動すると，写本作成が瞬く間に活況を呈すようになったこと。そして，東方における母音記号の変革，すなわちハリール方式への移行の流れに対抗する形で，より古風な丸点によるドゥアリー方式の保持と研究に努めようという機運が高まったことである。また書体についても，西方では，初期のムスハフ写本に多く見られる角張ったクーファ書体を継承し，レトロな雰囲気漂う独自の書体を確立した。このように正書法については，西方アラブ地域の方が，古典的傾向が強くかつ保守的であった。

このラスム論の体系化に貢献した人物として最も名高いのが，ハリール方式を「詩の記号」と評したことで本章でも一度登場した，アンダルスはコルドバ出身の読誦学者アブー・アムル・ダーニーである。ダーニーは，カイラワーンやエジプト，マッカ，マディーナなどを遍歴し各地の学者に師事したのちアンダルスに戻り，半生はデニア（現スペイン・バレンシア州）に定住し，読誦学やクルアーン学の教育・研究に従事した。数多くの著作を残しており，その多くは読誦学や，クルアーン学に関するものである。特にムスハフの点や母音記号を論じた『ムフカム（決定的な書）』と，ムスハフの特殊な綴りとその諸規則を包括的に論じた『ムクニウ（納得の書）』は，現代までラスム論における最も重要な文献と位置付けられている。『ムフカム』は，ドゥアリー方式の丸点と読誦学の補助記号を中心に，学派の相違や点の色の使い分け，さらに点を打つ位置に至るまで，諸規則を詳細に論じている。一方，『ムクニウ』は，ムスハフにおける綴りについて，⑴文字の省略，⑵文字の追加，⑶ハムザの表記，⑷文字の置換，⑸分かち書き・繫ぎ書き[8]という諸原理を立てながら，語彙例を挙げて解説を行っている。

ラスム論は，ダーニーによる詳細かつ精緻な記述によって，イスラーム文化の新天地として輝きを放っていた古都コルドバで飛躍的な発展を遂げた。その後のラスム論は，この二つの著作を基礎としながら注釈付けによってさらに深化し，また一方では，暗記を目的とした詩の形式をとる要綱が数多く編まれた。ラスム論の中でも最も人口に膾炙した要綱が，「読誦学のイマーム」という異名で知られるアンダルス生まれの碩学シャーティビー（1194 没）による『アキーラ（最良の乙女）』である。298 節におよぶラーの脚韻による心地いい響きに加え，その簡にして要を得た明瞭さから，瞬く間に各地で人気を博し，子弟や後世の学者はこぞって『アキーラ』の注釈書を著した。

数ある『アキーラ』の注釈書の中でも，アンダルス出身の学者ハッラーズ（1318 没）による 450 節の要綱『マウリド・ザムアーン（渇きの源泉）』は，ムスハフの綴り学習における教科書的存在として広く普及した[9]。イブン・ハルドゥーン（1406 没）は『歴史序説』の中で，マグリブにおけるラスム論の隆盛に言及

8）an lā（أَنْ لَا）を allā（أَلَّا），in mā（إِنْ مَا）を immā（إِمَّا）で綴るなど。

し，人々がシャーティビーの『アキーラ』にかつては夢中になっていたが，ハッラーズの『マウリド』が登場するや否や，みな先達の著作には目もくれず『マウリド』の暗記に勤しんでいる当時の様子を伝えている［Ibn Khaldūn 2007 : 475］。

こうして西方アラブ世界で体系化され成熟したラスム論は，13世紀頃にはマムルーク朝のエジプトを中心に東アラブでも普及し，イスラーム教育の中心地となるアズハル学院などを拠点にさらなる解説書も編纂された[10)]。しかし，次第に伝統墨守の色彩が強くなっていき，イブン・ハルドゥーンが伝えたようなかつての綴り学習の盛況ぶりは時代とともに徐々に影をひそめていった。師から弟子への口承伝授という読誦学の伝統と隆盛の傍ら，ラスム論はクルアーン学の著作の一部として扱われるようになり，クルアーン学に携わる学者以外はあまり触れることのない専門的分野となっていった。

おわりに

最後に，正書法のその後について少しだけ述べておきたい。

書記の技術としての正書法がカルカシャンディーをもって成熟して以降，正書法に大きな変革の波が来るのは大きく二つの時期である。一つは活版印刷が導入され，エジプトのブーラーク印刷所（1821年開設）を中心に古典の校訂が盛んになり始めた19世紀中葉以降の文芸復興期（ナフダの時代）である。この時期には新聞や雑誌の出版が始まり，再び「正しい綴りは何か」という問いによって，新たな規範の整備が求められた。そして，もう一つは，学校教育が普及し識字率が向上する中で，アラブ諸国における正書法規則の整備と統一がアラビア語アカデミーなどを舞台に議論される20世紀中葉である。

他方，ラスム論については，現代に入りムスハフの刊本が誕生すると，人々の間に書物としてのクルアーンを「誦む」という営為が広まった。それは現在でも

9)『マウリド』には，後半部にさらに母音記号と補助記号に特化した154節からなる要綱『ハッラーズの符号論』がついている。

10) 13世紀のエジプトの学者ウカイリー（1226没）が著した『ラスムの正書法』などが有名である。

進行中であり，そのような流れの中で今再び，ムスハフ特有の綴りへの関心が高まりを見せている。ラスム論に関連した，古典文献の校訂が盛んに行われ，関連書籍の出版も著しく増加している。

現在，コンピューターを操りながら誰もが「書く」ようになった時代に，「正しく綴り，上手に書くこと」が再び注目される一方で，インターネットを通じて多くの貴重な写本を目にできるようになり，ドゥアリーの丸点やウスマーン版とされる写本の独特の綴りに大きな関心が集まっているのである。

参考文献

池田修 1982「バスラ学派とクーファ学派」前嶋信次他（編）『オリエント史講座 4　カリフの世界』学生社，pp. 124–140.

高階美行 2001「アラビア文字」河野六郎他（編著）『世界文字辞典』三省堂，pp. 42–59.

al-ʻAskarī, Abū Aḥmad al-Ḥasan ibn ʻAbd Allāh. 1963. *Sharḥ mā Yaqaʻ fī-hi al-Taṣḥīf wa al-Taḥrīf*, ed. by ʻAbd al-ʻAzīz Aḥmad. al-Qāhira : Maktaba wa Maṭbaʻa Muṣṭafā al-Bābī al-Ḥalabī.

al-Bazzār, Abū Ṭāhir ʻAbd al-Wāḥid. 1990. *Akhbār al-Naḥwīyīn*, ed. by Majdī Fatḥī al-Sayyid. Ṭanṭā : Dār al-Ṣaḥāba li-al-Turāth.

al-Dānī, Abū ʻAmr ʻUthmān ibn Saʻīd. 1960. *al-Muḥkam fī Naqṭ al-Maṣāḥif*, ed. by ʻIzza Ḥasan. Dimashq : Wizāra al-Thaqāfa wa al-Irshād al-Qawmī fī al-Iqlīm al-Sūrī.

————. 2005. *al-Muqniʻ fī Rasm Maṣāḥif al-Amṣār*, ed. by Ḥasan Sirrī. al-Iskandarīya : Markaz al-Iskandarīya li-al-Kitāb.

Dutton, Yasin. 1999. “Red Dots, Green Dots, Yellow Dots and Blue : Some Reflections on the Vocalisation of Early Qur’anic Manuscripts - Part I,” *Journal of Qur’anic Studies* 1. London : University of London. pp. 115–140.

Ibn ʻAbd Rabbihi, Aḥmad ibn Muḥammad. 1983. *al-ʻIqd al-Farīd*. ed. by Mufīd Muḥammad Qamīḥa. Bayrūt : Dār al-Kutub al-ʻIlmīya.

Ibn Khaldūn, ʻAbd al-Raḥmān ibn Muḥammad. 2007. *Muqaddima Ibn Khaldūn*. Bayrūt : Mu’assasa al-Maʻārif li-al-Ṭibāʻa wa al-Nashr.

Ibn Khallikān, Shams al-Dīn Abū al-ʻAbbās Aḥmad ibn Muḥammad. 1969–1972. *Wafayāt al-Aʻyān wa Anbā’ Abnā’ al-Zamān*, ed. by Iḥsān ʻAbbās. 8 vols. Bayrūt : Dār al-Thaqāfa.

Ibn al-Nadīm, Muḥammad ibn Isḥāq. 1985. *al-Fihrist*, ed. by Nāhid ʻAbbās ʻUthmān. al-Dawḥa : Dār Qaṭarī ibn al-Fujā’a.

Ibn Qutayba, ʻAbd Allāh ibn Muslim. 1900. *Ibn Kutaiba’s Adab al-Kâtib*, herausgegeben von Max Grünert. Leiden : E. J. Brill.

al-Nuwayrī, Shihāb al-Dīn Aḥmad ibn ʻAbd al-Wahhāb. 1922–1955. *Nihāya al-Arab fī Funūn al-Adab*, ed. by Fahīm Muḥammad Shaltūt et al. 18 vols. al-Qāhira : Dār al-Kutub al-Miṣrīya.

Qaddūrī, Ghānim. 1982. *Rasm al-Muṣḥaf : Dirāsa Lughawīya Tārīkhīya*. Baghdād : al-Lajna al-Waṭanīya.

al-Qalqashandī, Aḥmad ibn ʻAlī. 1987. *Ṣubḥ al-Aʻshā fī Ṣināʻa al-Inshā*. 14 vols. Bayrūt : Dār al-Fikr.

Sayyid, Ayman Fu'ād ed. 2008. *Dār al-Kutub al-Miṣrīya bayna al-Ams wa al-Yawm wa al-Ghad*. al-Qāhira : al-Hay'a al-ʻĀmma li-Dār al-Kutub wa al-Wathā'iq al-Qawmīya.

al-Shāṭibī, Abū Muḥammad al-Qāsim ibn Fīrruh. *Manẓūma ʻAqīla Atrāb al-Qaṣā'id fī Asnā al-Maqāṣid*, ed. by Ayman Rushdī Suwayd. Dimashq : Dār al-Ghawthānī.

al-Ṣūlī, Abū Bakr Muḥammad ibn Yaḥyā. 1923. *Adab al-Kuttāb*. al-Qāhira : al-Maṭbaʻa al-Salafīya.

al-Tanasī, Abū ʻAbd Allāh Muḥammad ibn ʻAbd Allāh. 2000. *al-Ṭirāz fī Sharḥ Ḍabṭ al-Kharrāz*, ed. by Aḥmad ibn Aḥmad Sharshāl. al-Madīna al-Munawwara : Mujammaʻ al-Malik Fahd li-Ṭibāʻa al-Muṣḥaf al-Sharīf.

al-Tūnisī, Ibrāhīm ibn Aḥmad al-Mārghanī. 1974. *Dalīl al-Ḥayrān : Sharḥ Mawrid al-Ẓam'ān fī Rasm wa Ḍabṭ al-Qur'ān*, ed. by ʻAbd al-Fattāḥ al-Qāḍī. al-Qāhira : Dār al-Qur'ān.

al-ʻUqaylī, Ismāʻīl ibn Ẓāfir ibn ʻAbd Allāh. 2009. *Marsūm Khaṭṭ al-Muṣḥaf*, ed. by Muḥammad ibn ʻUmar ibn ʻAbd al-ʻAzīz al-Janāynī. al-Dawḥa : Wizāra al-Awqāf wa al-Shu'ūn al-Islāmīya.

al-Zajjājī, Abū al-Qāsim. 2000. *Kitāb al-Khaṭṭ*, ed. by Ghānim Qaddūrī. ʻAmmān : Dār ʻAmmār.

第4章　写本クルアーンの世界

小杉 麻李亜

はじめに

I-1章でも述べられているように，ヒジュラ暦30年（西暦650年）頃，ムハンマドの死から18年ほど経った第3代正統カリフ・ウスマーンの治世下で，最初のクルアーン写本が完成した。この時初めてそれまでは口頭で伝達され流通していたクルアーンが，全文すべて文字で書き下された。1冊の簡素な書物の形で束ねられ，時のマディーナ政府が公定した原本となった。

この写本の完成は，同時に政府主導の大がかりで苛烈な正典化事業を伴った。当時すでに西は北アフリカ（現在のチュニジア），東は中央アジア（現在のウズベキスタン，アフガニスタン）にまで到達し広大な領域に広がりつつあったイスラーム圏全土において，この時成立したたった一つの原本を基準として，クルアーンの誦み方（音）と書き方（文字）が判定され，基準に合致しないものの廃止と焼却が命じられたのである。

その結果，ムハンマドの主要な高弟たちの幾人かが保持していたバージョン（章句の配列や発音が異なる）や地域的なバリエーション（方言が異なるため発音に幅が出る）は，ほとんど消えてしまった。正典化事業は全土に対して徹底しておこなわれ，わずか数年のうちに「正典＝ウスマーン版」の権威が確立し公共知として流通するような大きな世界が出現したことは驚きに値する。

この最初の写本以降，刊本の出現する20世紀初頭まで，さまざまな時代・地域・文化の中でクルアーンの写本は多彩に発展したが，約13世紀もの間に生産されたクルアーン写本のすべてがこの「ウスマーン版」の権威の確立した領域内での出来事であった。つまり，7世紀半ばまでに並存していたあらゆるクルアーンが，徹底した正典化事業の中で「ウスマーン版」に回収され，集約されて，合致するものは生き残り，合致しないものは消え去ることを決定づけられた。それ以降は「ウスマーン版」の範囲内でしかクルアーンが再現・生産されなくなったのである。

これほど広大な領域と時間の中で，多種多様なクルアーン写本が制作されていながらも，そのすべてが「ウスマーン版」の範囲内であるという尋常ならざる均一さが，クルアーン写本の世界には浸透していくことになった。本章では，ウスマーン版の成立以降にクルアーン写本の書物としての体裁が整備され，さらに朗誦性の再現と美的水準を兼ね備えた写本が完成した時代までを追ってみたい。時代としては初期のウマイヤ朝，アッバース朝（7〜9世紀頃）から始まり，精巧な彩色写本が成立するマムルーク朝，イル・ハン朝（13〜15世紀頃）までが中心となり，地域としてはそれらの時期にクルアーン写本が制作された主要な地域であるアラビア半島，イラク，イラン，エジプトが含まれる[1]。

1　ウスマーン版の成立と初期写本

クルアーンの正典化・書物化を命じたウスマーン・イブン・アッファーン（位644-56）は，政治的にはアブー・バクル，ウマルの後を継いだ第3代正統カリフとして知られ，為政者と見なされることが多いが，クルアーン研究の観点から言えば，実は彼自身が卓越した才能を持ったクルアーンの朗誦者（カーリウ）であ

1）一般に，精緻で華麗な写本が作られた時期・地域として，ティムール朝，オスマン朝，サファヴィー朝，ムガル朝が挙げられることが多いが，クルアーン写本の特性からすると，ややマイナーである。本章では，⑴アラブの王朝を主として扱い，⑵「神の言葉を正確に表現する（素材も書体も文法も文様も最良のものを使う）」という命題が保持されている時期のものを主たる対象とした。のちの時代にイスラーム化が進んだ非アラブ系の王朝の写本は，基本的に民族・地域色が強く，また西洋美術などの非イスラーム美術の流入による統一性の崩壊や，本来滅私性や透明性を重視されるはずの書道家や装飾家の自己表現の発露がクルアーン写本の美術的分析の上では価値を減ずるものとして問題にされることがある。地域的展開や地域間の伝播，影響関係を見る上では，ティムール朝，オスマン朝（トルコ），サファヴィー朝（イラン），ムガル朝（インド），東南アジア，中国などのクルアーン写本が重要である。

り，ムハンマドから朗誦の真髄を継承され，共同体に読誦の伝達と教育を行き渡らせることを命じられたもっとも重要な読誦学者（ムクリウ）の一人であった点が重要である[2)]。正典化事業が彼の治世に，彼の監督下でおこなわれたことはこのことと無関係ではない。

ウスマーン治世下の640年代後半，正典化のための編纂委員会が組織された。主要な朗誦者らが記憶に保持した音のクルアーンと，書きとめられた文字列とを照らし合わせながら，最終的には全文が獣皮紙を綴じた簡素な書物の形にまとめられた。

当然，この時に成立した「書物」としてのクルアーンは，「黙読する」ためのものではない。ムハンマドの存命中から7世紀半ばまでは，クルアーンはほとんどの場合，口頭の伝達によって人から人へと伝えられ，人びとは口伝えに習うことでクルアーンをそらんずることができた。多くの教友（ムハンマドの弟子）たちがクルアーンの全文を暗記した全文保持者（ハーフィズ）であった。口頭の伝達は以下のような特性を持っている。

すなわち，⑴識字者に占有されず多くの人に開かれているため，一般の人びとがこぞって口ずさみ，まねぶ。⑵口頭での再現は常にその時その時で変化し，また誰が誦んだかに大きく依存する。そのため，ムハンマドは自分の代理として読誦の教師たちを各地に送ったが，各地で人びとが実際に聴き惚れたのはムハンマドの肉声ではなく，「イブン・マスウード師の朗誦」や「アシュアリー師の朗誦」であり，自分が接した朗誦者・読誦学者の披露した誦み方や発音が，現地の人びとが触れることのできた唯一のクルアーンだった。

ウスマーンが正典化事業を決心した直接的なきっかけには，各地で一般の人びとの発音に開きが生じていたことがあったとされる。つまり，ウスマーンおよび

2）第4代正統カリフ・アリーも同様で，この二人はさらに識字能力にも精通していたため，ムハンマドが口頭で伝達したクルアーンの章句を書きとめる役割を担っていたとされる。なお，朗誦者とはクルアーンの全文を暗記し，美声と音楽的才能に恵まれ，正しい朗誦方法を師から継承した者を指す。のちの時代により専門化し，アーティスティックな職業集団となっていくため，「朗誦家」の訳語が当てられる場合もある。読誦学者はさらに高度な読誦規則に通じ，人びとに教授する立場にある人間で，のちの時代には「ウスマーン版」の範囲外の読誦諸流派（「シャーッズ」と呼ばれる非正統流派）をも修めることなどが必須となった。

マディーナ政府が制限し，歯止めをかけようと考えたのは，「音＝誦み上げられるクルアーン」の逸脱・劣化である。当時は若干の文字化がすでになされていたが，一般の人びとの間には文字としては流通しておらず，文字表記の差異を規制する必要は生じていなかった。

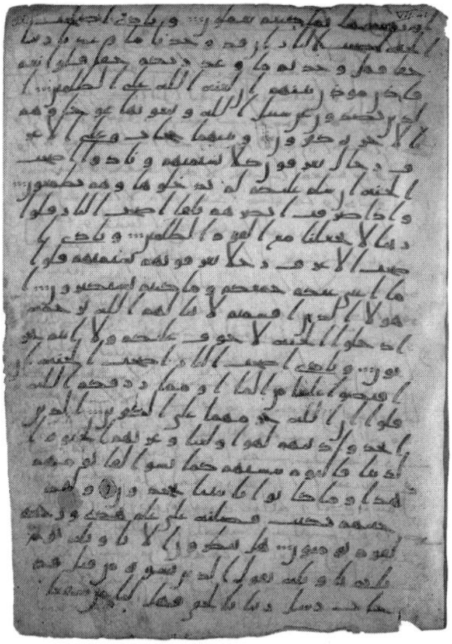

図1　初期写本（ヒジャーズ体）の例

録音手段のない時代に，遠く離れた土地の音を訂正し正しく発音させようとした時に，その手段として逆に「書物」が用いられたことは，面白い。この「書物」はそれがあるだけでは役に立たず，それを使いこなせる人間が付属していなければならない。図1は現存しているもっとも初期の写本の例であるが，本文を前もって知っていなければ，誦み起こすことができないことがわかる。文字識別点は一切なく，また母音は長母音以外が記されていない。しかも長母音自体の表記法もまだ統一されておらず，文の切れ目も判別できない。

特殊かつ未整備な書記法で記された「ウスマーン版」のコピーから，「正しい誦み方」として公認される範囲を読み取ることができるのは，師匠からの対面の相伝によってクルアーンの全文をそもそも暗記・体得していて，しかも識字能力がある者だけである。そのような人物が，この「書物」を使うためには不可欠であった。そのことは「ウスマーン版」のコピーが朗誦者とセットで各地に送られていたことがよく表している。

逆に言えば，クルアーンは確かに朗誦者によって担われるものであったが，彼らを補強するために書き文字が必要であり，彼らを助けるものとしてクルアーンの写本は生み出された。そしてそれは非常に有用な手段であったため，写本の制作は増加の一途をたどり，朗誦と写本が相補的に深く結びつきながら展開する写本クルアーンの巨大な世界が形成されていった。

初期の写本にはそのほかにいくつかの特徴がある。時期的には7世紀半ばから

9世紀初頭までの写本が似通っており，ウスマーン治世下からウマイヤ朝（661-750），およびアッバース朝（749-1258）の最初期に当たる。おおむね(1)ヒジャーズ体か(2)ヒジャーズ体から初期クーファ体への移行書体，(3)初期クーファ体のいずれかで書かれており[3)]，(1)では垂直方向に長い文字が右側に傾斜しているのが特徴的であるのに対し，(3)では傾斜が見られない。

いずれも主として獣皮紙に書かれ，東地中海地域に広がっていたキリスト教文書の影響を受けた縦長の33センチ×24センチ前後（現在のA4用紙より少し大きい）のものがいくつか発見されている。しかし，この形態はすぐに廃れ，のちの写本には使われていないため，ごく初期に特有のものである。本文が茶色インクで簡素に記されているのみで[4)]，本文以外の記号や装飾はなく，わずかに罫線がうっすらと刻まれている。

ヒジャーズはアラビア半島のマッカ，マディーナ近辺を指すが，その地域がイスラーム共同体の中心地であったのは，ムハンマド時代および正統カリフ時代のみで，正統カリフ時代の末期にはシリア総督の力が強大となり，その陣営との戦いのために第4代正統カリフ・アリーが首都をクーファに遷都したこともあって，政治の中心も文化の中心もアラビア半島の北方，現在のシリアおよびイラク方面へと移っていった。つまり，ヒジャーズ体で書かれている写本が必ずしもアラビア半島で書かれたわけではなく，クーファ体も都市としてのクーファの創建よりも起源が古いと考えられる。

2　「神の言葉」を記す技術と二大書体

写本クルアーンは，音としてのクルアーンを制御し，正しく伝達させるための

3）特に初期写本の書体について，［Déroche 1992］が書記法に基づくより詳細で厳密な分類を試みている。美術史上は通常「ヒジャーズ体」と「初期クーファ」のどちらかで表現され，移行期の細かい分類は使わない。ただし，これらの地域名を使った名称は，誤解を生むとの批判もなされている。

4）金属のタンニン酸塩から作られたもので，獣皮紙には適しているが紙には適していないため，のちの時代にはインクの種類が変わった［Bloom 2001：107-108］。

補助具として生み出された。当初の写本はマディーナ政府の見解を凝縮し体現した「物的証拠」であり，各地にはハードであるところの原本のコピーとその内容を再生（再現）することのできる朗誦者とが送られた。各地でさらに複製が進められたため，まさに道具として同型のものが大量生産されたと考えられるだろう。

残念なことにこの「ウスマーン版」の原本（マディーナに保管され，ウスマーン自身が所有したと言われる）も，そこから各重要都市（マッカ，クーファ，バスラ，ダマスカスなど）に送られたコピーの実物も残っていない[5)]。

現存するクルアーンが出現し始めるのは，9，10世紀以降にクーファ体が整い始めてからである。時代はアッバース朝前期以降に当たり，帝国の首都はバグダードであった。さらに，アッバース朝の後半の11世紀初頭までには，クーファ体を追いかけるようにしてナスフ体が写本クルアーンの世界に登場するようになり，クルアーン写本のための根幹的な二つの書体が出そろうことになった。

これらの時期の写本が面白いのは，(1)いったん「書物」として成立すると，もはや朗誦のための単なる補助具としてだけではなく，書物，すなわち視覚的に働きかけるものとしての側面が発達し，視覚的な効果を存分に増していったことが見て取れるからである。同時に，(2)初期写本においては拙い形で表現されていた朗誦性（読誦規則やクルアーン特有の発音法など）が，技術の発展によって朗誦家らの思惑通りに十全に「記譜」できるようになったことで，そもそも「写本としてのクルアーン」は何を盛り込むために作られたのか，何のための「書物」であったのかという根本的なニーズが紙面の上に露わになり，読み取れるようになったことが関心を引く。

図2はクーファ体で書かれた比較的初期の写本である。クーファ体の特徴とし

5）1960年代にアラビア半島のサナアで，ごく最初期の写本（7〜8世紀のもの）が大量に発見されたことをきっかけに，ドイツやフランスを中心に初期写本の研究が大いに発展した。その中にはX線や紫外線照射によって，獣皮紙の下層に残されていた文字列を読み取るものが含まれる。これらの発見によって，クルアーン研究史上ほぼ初めて，「非ウスマーン版」もしくは「前ウスマーン版」テキストの物証が出たが，これらの写本の年代特定やウスマーン版原本との関係はまだ明らかにされていない。一方，イスラーム圏で伝統的にウスマーン版の原本として民衆の信仰を集めている写本が二つある。ティムール朝以後に重要なイスラーム都市として大きく発展したサマルカンドで保管され，タシュケントの宗務局図書館に現存する「サマルカンド本」と，オスマン朝下のイスタンブルで保管され，現在トプカプ宮殿美術館に所蔵されている「イスタンブル本」の2冊である。

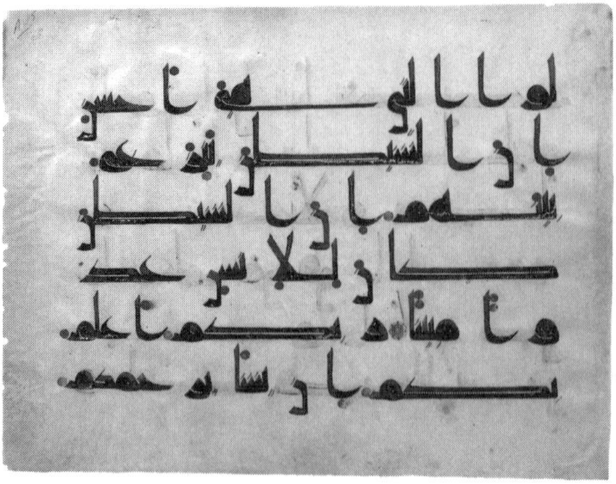

図 2　クーファ体の写本の例

て共通しているのは，(1) 文字が肉厚で，(2) 文字同士の連結がゆるやかで，(3) 文字識別点も母音の表記もごく初期段階のものである。(4) 依然として獣皮紙が使用されており，(5) 用紙は横長である。よく見かけられるのは，図 2 のように濃茶色で書かれた文字に，赤い点が所々打たれている様式のものである。

ほどなくして緑や黄色などの点も併用されるようになり[6]，本文自体に金色が使われる例も登場した。用紙自体が鮮やかな紺に染色された上に，金色で本文が書かれた 9 世紀の写本[7]や，全文が金色で書かれた 9 世紀の写本（ヌールオスマニエ・モスク図書館所蔵）は，彩色の施された例としてごく初期のものである。

さらにクーファ体から，二つの書体が派生した。クーファ体がイランに継承され洗練された「東方クーファ体」と，マグリブ地方に伝播し独自の発展を遂げた「西方クーファ体」である。11，12 世紀以降にクーファ体は東方クーファ体へと発展していった。この頃，ページ内の体裁も飛躍的に形を整え始めるが，その背景には当時の先進文明圏であったイランの技術・美術がクルアーン写本の世界に

6）これらの点がそれぞれ何を示しているかの解読に成功した画期的な著作に［Dutton 1999, 2000］がある。なお，本文と点は必ずしも同じ時に書かれたとは限らない。

7）チェスター・ビーティー図書館，ボストン美術館，バーレーン・クルアーンの館ほか所蔵。おそらくマグリブ地方で制作されたもので，写本ディーラー Sam Fogg によるとこの「ブルー・クルアーン」の大部分はチュニスに所蔵されており，その個別のページが 20 世紀初頭から市場に出回っている。アッバース朝第 7 代カリフ・マアムーン（833 没）が父ハールーン・ラシードの墓廟のために作らせたという説もある［Sam Fogg 2003 : 24］。

流入したことが大きいと考えられる。王朝はアラブ系のアッバース朝が存続していたが，10世紀末には衰退の気配が色濃く，実権はイラク・イラン地方のブワイフ朝に移っていた。また，エジプトがファーティマ朝の樹立によって独立するなど，政治・文化の中心が東西の両方で外側へと移動した。

東方クーファ体の写本の大きな特徴は，(1)版型が縦長となり，(2)紙が使われるようになった点である[8]。この頃までにはイスラーム圏の中で上質の紙が大量に生産されるようになっており，この時期以後のクルアーン写本は紙製のものが主流である。

また，(3)ページ内の体裁も整い，本文と欄外を分ける枠が導入され始めた。枠が明示的に表示されていない場合でも，ページの上下左右にしっかりと余白をとった上で，ページ中央の正方形の領域内に収まるように本文が配置されている。本文と欄外というコンセプトがここではっきりと登場していることがわかる。

さらに，(4)黒インクで書かれた本文に対して，子音識別点や母音符号が赤，黄，青，緑などの彩色で記入されるようになった[9]。図3は11世紀後半にイラクもしくはイランで書かれたものである。(5)欄外の飾りや，(6)枠内の本文の字間を埋める形で背景的な文様が描き込まれている点は，この頃から多く見られるようになった新しい様式である。図3にはないが，この頃から(7)本文に息継ぎの箇所を示す読誦記号や節の切れ目が付されるようになっていった。

書体自体も(8)文字同士の連結が自然になり，(9)デザイン化が進み，書体として完成した。前の時代のクーファ体写本と比べて，書体もページの体裁も文様も飛躍的に洗練されており，アラブ人の感覚からすると，かなりエキゾチックな印象であったのではないだろうか。

時期は少しさかのぼり，10，11世紀以降，「西方クーファ体」と呼ばれるマグリブ地方独自の書体で書かれた写本も登場し始めた。マシュリク（地中海東岸以

8）獣皮紙から紙に移行したことによって，(1)インクが変わり，また(2)文字の修正が難しくなったことが挙げられる。一般に，表面をこすれば文字を消すことができる獣皮紙に対して，文字を消すことが難しく，文書の偽造を防止できる点は紙の長所と考えられるが，クルアーンの場合は本文に書き間違いがあった場合には，修正する必要があり，写本の場合はそれが欄外や余白に書き込まれることになる。

9）母音符号の改良自体は7世紀におこなわれていたが，クーファ体の写本にはあまり導入されておらず，東方クーファ体に移行した11世紀頃の写本から見られるようになった。

図3　東方クーファ体の写本の例

東）の写本とは一見して違っており，(1)用紙の縦横の比率が同一に近いことが多く，(2)Wや，語末のM，L，Nなどの後方（左側）に大きくはらう文字の書き方に特徴があり，下弦状の半円が紙面上にいくつも連なっているのが目に付く。(3)徐々に線の太さもより細くなっていき（マシュリクのペン先の断面が線状であるのに対して，円形をしている），(4)多色の母音符号の振り方も特徴的で，色彩の明るさにも独自性が見られるようになっていく。(5)中心地ではすでに紙への移行がなされていたが，それに対してこの地域では獣皮紙が使われていた期間が長く，14世紀になっても獣皮紙の写本が見られる点も特徴的である[10]。

10）クルアーンの写本圏は，基本的には二つのエリアに分けられる。マグリブ地方（北アフリカとアンダルス）とそれ以外である。クーファ体（東方クーファ体），ナスフ体，ムハッカク体，ライハーニー体という主たる書体が出そろって以降は，イスラーム圏の中心地（アラブ，イラン，トルコ）ではそれらの書体は共通の遺産として併用されている。それに対して，マグリブ地方で使われる書体は，現在に至るまで西方クーファ体であり，正書法も読誦規則もアラブ以東とは異なった独自のものである。ちなみに，このエリアの分布は音声の世界（朗誦圏）の分布とも重なっており，大半の地域がハフス流派であるのに対して，マグリブ地方には独自のワルシュ流派が広まっている。

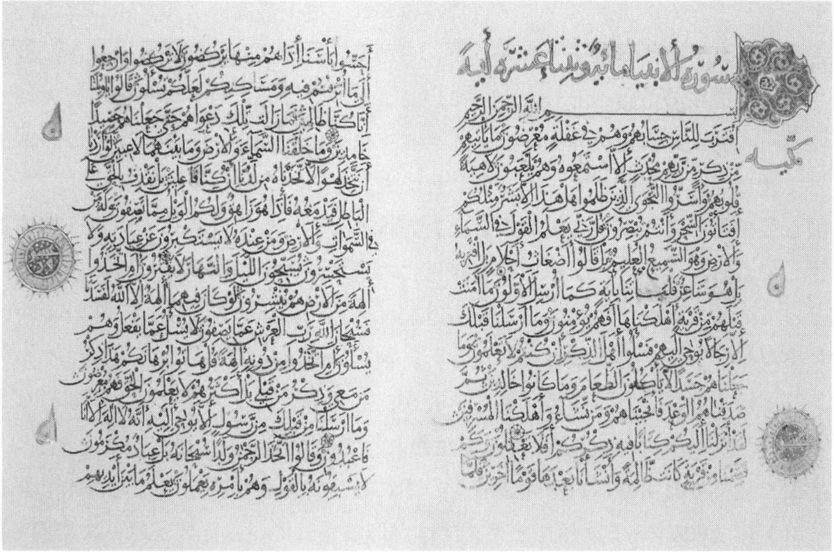

図4　ナスフ体で書かれた最初の写本クルアーン（イブン・バウワーブ筆）

クーファ体（東方クーファ体）と並んで，クルアーン写本の双璧を成すのはアッバース朝の官僚制度の中から生まれた「ナスフ体」である。この語は「書写」を意味する。ナスフ体は⑴線が細く字が小さく，流れるような筆記体で，⑵一行の文字数も一ページの行数も格段に増えた。ナスフ体写本の特徴は，⑶母音符号が完備されている点であり，文字列からそのまま誦み起こすことができる。この時代から，⑷もはや母音符号は本文に後から別の色で追加する付加的情報ではなく，本文とともに同色で書かれる本文の一部となった。⑸この時期から製本も発達し，バラバラの紙片ではなく，書物の形を保ったまま現存しているものが出始めるようになった。⑹書物自体もかなり小ぶりなものが多い。

図4は1000/01年に完成したイブン・バウワーブの手跡によるナスフ体の写本で，黒インクで流暢に書かれる文章は，漢字圏の書道にも印象が似ている。枠がないことを除けば，書体や体裁，文字数・行数は現在の刊本のフォーマットにかなり近い。やや字間・行間が狭いが，時代が下った13世紀後半頃のヤークート・ムスタアスィミーの作のナスフ体写本（口絵4）を見ると，書体としての円熟と字間・行間の適切さによって見やすさが格段に向上していることがわかる。

ヤークート・ムスタアスィミー（1298 没）は，史上最高のクルアーン写本の書家と称えられ，多くの弟子を育成した。その系譜はオスマン朝にまで続き，さらに現代の書道家の系譜へとつながっている。王朝の変わり目を生き抜いた人物で，アッバース朝末期に最後のカリフ・ムスタアスィムに仕え，王朝がモンゴル軍によって滅ぼされた後はイル・ハン朝に仕えた。

彼と彼の弟子たちによって制作された写本クルアーンは，書体が完成され頂点に達しており，クルアーンの原音を正確に再現するための「記譜」技術が完全に備わっている。同時に，神の言葉を書き記すために追求された美が精巧な書物の中に実現しており，息を飲むほど美しい。彼らの写本を探し出すことは，クルアーン写本研究者によって切望されてきたが，その背景にはアッバース朝期の写本が 13 世紀末のモンゴル侵攻によって焼かれ，あまり現存していないことがある。

本節で見てきたように，クルアーン写本にとって重要な時期は二大書体であるクーファ体（東方クーファ体）とナスフ体が形成されていったアッバース朝期で，その末期にはヤークート・ムスタアスィミーの活躍によって書体が円熟を迎えた。それ以降は装飾や視覚効果に比重が移っていくことになり，クルアーンの写本研究上の重要度は下がるが，それに反して，エジプトに興ったマムルーク朝やイランに建ったモンゴル系のイル・ハン朝（特に君主がムスリムに改宗した 14 世紀以降）の写本は多く現存しており，研究が充実している。次節ではこれらの時期の写本クルアーンについて考えてみたい。

3　共有される威信としての書物

声が社会の中で支配的なメディアとして機能している文化を，書き文字が主要なメディアとなった近代の文化から明確に区別したのは W. J. オング［Ong 2002 (1982)］である。彼の議論に立脚して表現するならば，写本クルアーンは，音声中心の文化圏における「書物」であり，文字中心の文化圏における書物の存在が知識の伝達を意味していたのとは異なり，元来は必ずしも知識の伝達を意味してはいなかった。もともとクルアーンのテキストは 1 種類しかなく（内容や語彙にヴァリアントがほとんど存在しない），その単一のテキストが朗誦家たちの間で音として伝達され，社会の中で流通していた。クルアーンを担う朗誦家やイスラーム諸学者（ウラマー）の世界では，クルアーンだけではなく知識全般が口頭で伝達されるものであった。

そのような音声中心の環境で生まれた当初の写本クルアーンは，クルアーンの完全な形（音声によって再現されるもの）の手がかりをわずかに書きつけたに過ぎない。内容には写本間で有意となる差異がないから，一つ一つの写本の内容は研究の対象にならず（内容がまったく問題にならない写本群というのはきわめて珍しい），いかに口頭の言語を書き文字によって表記していったかという書記法が主たる分析対象となってきた。

また「神の言葉を正確に表現する」という至上命題は大きな制約を生んでおり，西洋の彩色写本で見られるような挿画スペースを設けて本文の理解を助けるための視覚的表現を加えるといったことがほとんど起きず，写本クルアーンが視覚的な伝達媒体として発達することを妨げていた。

それに大きな変化が現れたのは，ナスフ体の導入であっただろう。これは元々アッバース朝の官僚によって使われていた書き文字であり，官僚とは書記（カーティブ）階層である。彼らの領域では知識の伝達は文書によっており，彼らの世界は口誦をベースに成り立っているわけではなかった。そのようないわば文字中心の領域で生まれた技術が写本クルアーンの世界に導入されることによって，写本クルアーンは一気に視覚的なものへと変貌した。音声中心の文化であったイスラームは，明らかに元来は視覚表現が弱くて拙い。そこにどちらかと言えば視覚的な技術であるナスフ体やイランの書物様式が導入されることで，視覚的な芸術性を発展させる端緒が開かれた。

ヤークート・ムスタアスィミーのナスフ体写本は，厳格で正統的な朗誦をほぼ正確に平面に再現してみせた正しい「正典」であると言えるだろう。それは非常にバランスが取れており，クルアーンの内容（神のメッセージ）の美的表現でありながら，余分な解釈や説明が含まれておらず，書き手自身の高度な技術や才能を披露したいという自我の発露も文字の上に現れていない。

それが変化するのが，マムルーク朝（1250–1517），イル・ハン朝（1256–1335）治下でのムハッカク体，ライハーニー体の多用である。この頃には，神命の表現（神性）と芸術的表現（人性）との間のバランスが崩れ始めたとも言えるし，写本

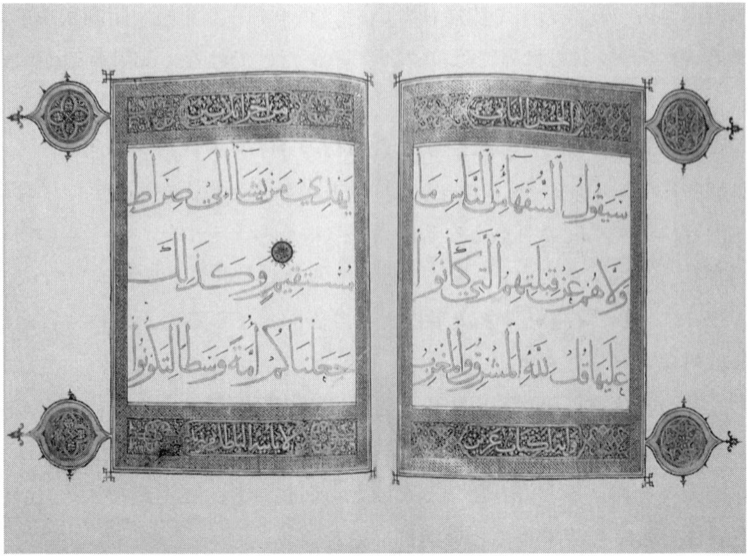

図5　ムハッカク体のイル・ハン朝写本の例（第8代君主オルジェイトゥのために作られた）

クルアーンの視覚芸術が大いに発展したとも言える。さらに，ティムール朝，オスマン朝，サファヴィー朝，ムガル朝下では装飾の比重が非常に高くなっていく。

ムハッカク体は，もともとはナスフ体を創出した10世紀の書家イブン・ムクラによって整備された書体で，ナスフ体と同じく流麗な筆記体で，ナスフ体よりも太くて力強い。「ムハッカク」は「実現された（転じて，頂点が極まった）」の意で，「ライハーニー」は「植物のバジルのように香り高い」を意味し，ムハッカクをより繊細かつ華美にした書体である。これらの書体がマムルーク朝期，イル・ハン朝期の写本では好んで用いられており，視覚効果の増大に重要な役割を担っている。

この時期の写本の特徴は，(1) 文字自体が大きく，(2) 一ページの行数が少ないことが挙げられる。図5は有名な「スルターン・オルジェイトゥのクルアーン」で，1310年に完成したイル・ハン朝写本である。縦57センチ，横40センチの大判の紙面であるにもかかわらず，本文が装飾の入ったページでは3行，通常のページでも5行しかない。

マムルーク朝，イル・ハン朝の写本が面白いのは，(3)奥付に制作についての詳細な経緯等が記されており，(4)王侯貴族が著名な工房に命じて，墓廟に捧げたり学院に寄進する目的で作らせた様子が克明にわかる点である。(5)当然これらの写本は豪奢で，高価な素材を使っており，(6)サイズも大きい（縦が50から70センチ前後)。

同時期にマムルーク朝第14代君主バイバルス2世の命で作られた「スルターン・バイバルスのクルアーン」（大英図書館所蔵）も有名である。当代随一のアブーバクル・サンダルの工房に作らせたもので，1305/06年に完成されたことが奥付からわかる。美術品として価値が高いだけではなく，7分冊のすべてが現存しており，完本の状態で所蔵されている点でも珍しい。大英図書館が力を入れて紹介していることもあって，現在世界でもっとも知名度が高い写本の一つである。

マムルーク朝期，イル・ハン朝期の写本の本文も精密で過不足がなく，朗誦を再現することが可能である。しかし，ワクフ化（所有権を停止して，共同体への寄進財とすること）されていることからもわかるように，これらの写本は公共の財産である。初期写本のように音としてのクルアーンを判別するための補助具というよりも，また，ナスフ体の小ぶりな写本のように音としてのクルアーンを正確に採録した蓄音メディアというよりも，むしろ，天上の神と地上の王権の権威を表す威信財である。ワクフは売り買いができないから，それは共同体の所有物となり，常に社会の成員に対して神的・王権的レジティマシーを提供する働きをする。図録などに掲載されることはほとんどないが，各地の所蔵館には1，2メートル前後の巨大なクルアーン写本がいくつも残されており，威信財としてのクルアーンが各地のムスリム社会で果たしていた役割をうかがうことができる。

4　二つの「ウスマーン本」と信仰共同体にとっての写本クルアーン

現在，イスラーム圏には2冊の「ウスマーン本」（ウスマーン版の原本とされるもの）が存在しており，旧オスマン朝都市のイスタンブルと，旧ティムール朝都市のタシュケントに保管されている。民衆によってウスマーンが実際に使っていた「聖遺物」として信仰されていたものが，19世紀に入って外部の研究者に知られるようになったものである。これらの「ウスマーン本」は，写本クルアーンの書承経路に疑いを挟みたい東洋学者と，ウスマーン版のレジティマシーを信じるムスリムとの間で争点になることが多く，時に激しい論争が続いてきた。

この写本について重要なのは，彼らが争っているように正典化事業時に書きとめられた原本，あるいはそこから直接複写されたコピーかどうかではない。本章で見てきたように，クルアーンの写本はそもそもの作られた目的からしても，テキストの伝承には直接は寄与していない。その時その時に朗誦の伝達を補強するために活用された補助具であったから，たとえウスマーン本につながる写本が隙間なく見つかったとしても伝達経路の裏付けにはならない。

クルアーンのテキストは基本的に書承ではなく口頭伝承であるため，ウスマーンから現代にまでテキストが正確に伝達されてきたかどうかは，口頭の伝達経路を確認する以外に方法はなく，そしてそのことは音が保存されていない以上，当然不可能である。ムスリムたちが，東洋学者と「ウスマーン本」の信憑性をめぐって論争していながらも，実は大してそのことを気にしていない（後代のものであることを東洋学者から「指摘」されても，困っていない）のは，おそらくこのためであろう。

2冊の「ウスマーン本」の存在が指し示す事実で重要なのは，いずれの王朝も非アラブの後発の王朝であり，つまりイスラームの継承者としての正統性が弱い所に「ウスマーン本」が出現した点である。それぞれの写本には，いかにしてそれがマディーナからその地に運ばれてきたかを示す「経歴」が付されている。それは実際の移動ルートを示しているというよりも，むしろイスラームがアラビア半島から自分たちの王朝へと正しく伝わってきたという正統性の物語であり，それを通して写本クルアーンが共同体にレジティマシーを与える存在として機能していることが読み取れる。

イスタンブルとタシュケントの「ウスマーン本」を含め，ウスマーン版の実在の有無を左右する最初期の写本について，ほとんど来歴や年代が明らかにならないのは，アッバース朝末やイル・ハン朝，マムルーク朝以降の写本が奥付を持っているのに対し，ごく簡素な本文以外の情報を一切持っておらず（そのため，書かれた年代は類似の書体・書記法を持つ碑文等との比較から推定される），本自体が来歴を保有できなかったことによるだろう。

つまり，紙面に記されていない情報については，その時点その時点での所有者が何と説明しているか（「父から受け継いだ」など）しか残らず，せいぜいさかのぼれてもその時点から1，2経路程度である。それらの情報は，書きとめられていないため常に一過性のもので，次の所有者に移れば来歴もまた上書きされて消えてしまう。そうでなければ，ウスマーン版の原本やその複製などといった当事者たちにとって計り知れない重要性を持つ写本が，跡形もなく消え失せた（仮にサナア写本群に紛れ込んでいたとしても人びとには知る由がない）ことが説明しがたい。いかに来歴が保存されないかは，イブン・ナディームの『目録』に登場するアリー版写本などのエピソードからも想像できる。

おわりに

1991年，クルアーン写本研究の世界に驚きが走った。チェスター・ビーティー図書館に20年間勤めてクルアーン写本研究を主導したデヴィッド・ジェイムズが，数年にわたってチェスター・ビーティー図書館の貴重な写本からページを抜き取り，不正に持ち出してディーラーに売却していたことが発覚し，逮捕されたからである。責任ある立場を悪用し，職業倫理にもとるおこないを繰り返したジェイムズに対し，研究者らは衝撃を隠せず，図書館は地元ダブリンでの信用の回復と流失したコレクションの捜索に苦労することになった。

この事件は，かつてイスラーム圏では王侯貴族の威信財であったクルアーン写本が，今や稀覯本として高値で売り買いされる「商品」に変わってしまった状況をよく表わしている。クルアーン写本は，他の美術品と同じようにオークションに出され，闇マーケットでの取引の対象となった。

前述したように，特に豪奢で貴重なクルアーン写本はその写本が存在していた社会の中では，所有権が停止され共有財化しているため，特定の個人が所有したり持ち出したりすることはできないはずであった。だが，それらの多くは実際にはイスラーム圏外に持ち出され，欧米の図書館等に所蔵され，さらにはイスラーム圏や欧米の顧客（個人や図書館・博物館）に向けて売りさばかれてしまうような事態が起こっているのである。

イスラーム圏でもこういった事態は存在し，例えば，大英図書館に長年勤め，クルアーン写本研究の世界的な権威とされたマーティン・リングズは，晩年に研究の集大成として世界最高水準の写本クルアーンを選定し直し，世界中の所蔵館を回って再調査・再撮影をおこなうという大がかりなプロジェクトを敢行した。リングズの亡き後，リングズの助手を務めていた人物から聞いたところによると，リングズの調査チームはさまざまな所蔵館を回る中で，貴重な遺産である写本クルアーンが内部の人間によって不正に流出されたり，オークションに出品されて行方がわからなくなってしまった状況を目の当たりにすることがあったという。憂うべき事態と言わざるをえない。

クルアーン写本はきわめて数が多く，その全貌はまだ明らかになっていない。本章で取り上げた美術品として価値の高い写本だけではなく，どちらかと言えば美術的には拙く実用的な側面が強い写本についてはまだほとんど調査・発掘が進められておらず，大量の写本がイスラーム圏の各地に埋蔵されていることであろう。

今後，クルアーン写本の管理や保存は，イスラーム世界の公共財としてのみならず，人類全体の文化財の一部として一層進めていかなければならない課題であり，そのための国際的ネットワーク作りも必要とされている。

参考文献

大川玲子 2005『図説 コーランの世界――写本の歴史と美のすべて』河出書房新社.

――― 2010「ウズベキスタンのウスマーン写本――『世界最古』のクルアーン（コーラン）写本」『明治学院大学国際学研究』37，pp. 87–93.

堀内勝 2002「預言者時代のコーラン読み達――第一層 Qurrā' を中心に」『中部大学国際関係学部紀要』28，pp. 71–92.

Altıkulaç, Tayyar. 2007. *Al-Muṣḥaf al-Sharif : Attributed to 'Uthmān bin 'Affān*（*The Copy at the Topkapı Palace Museum*）. Istanbul : IRCICA.

Bloom, Jonathan M. 2001. *Paper before Print : The History and Impact of Paper in the Islamic World*. New Haven & London : Yale University Press.

Déroche, François. 1992. *The Abbasid Tradition : Qur'ans of the 8th to the 10th Centuries AD*. n. p.: Nour Foundation.

Déroche, François / Noseda, Sergio Noja. 1998. *Sources de la transmission manuscrite du texte coranique I Les manuscrits de style ḥiǧāzī. Volume 1 Le manuscript arabe 328*（*a*）*de la Bibliothèque nationale de France*. Lesa : Fondazione Ferni Noja Noseda.

Dutton, Yasin. 1999, 2000. "Red Dots, Green Dots, Yellow Dots and Blue : Some Reflections on the Vocalisation of Early Qur'anic Manuscripts（Part I, II)," *Journal of Qur'anic Studies* 1(1), 2(1), pp. 115–140, 1–24.

Fraser, Marcus / Kwiatkowski, Will. 2006. *Ink and Gold : Islamic Calligraphy*. London : Sam Fogg / Berlin : Museum für Islamische Kunst.

George, Alain. 2010. *The Rise of Islamic Calligraphy*. London : SAQI.

Jeffery, Arthur ed. 1937. *Materials for the History of the Text of the Qur'ān : The Old Codices*. Leiden : E. J. Brill.

James, David. 1980. *Qur'ans and Bindings from the Chester Beatty Library : A Facsimile Exhibition*. [London] : World of Islam Festival Trust.

————. 1988. *Qur'āns of the Mamlūks*. London : Alexandria Press.

————. 1992. *The Master Scribes : Qur'ans of the 10th to 14th Centuries AD*. [London]: Nour Foundation.

Lings, Martin. 1976. *The Quranic Art of Calligraphy and Illumination*. [London]: World of Islam Festival Trust.

————. 2004. *Splendours of Qur'an Calligraphy and Illumination*. n. p.: Thesaurus Islamicus Foundation.

Lings, Martin / Safadi, Yasin Hamid. 1976. *The Qur'ān : Catalogue of an Exhibition of Qur'ān Manuscripts at the British Library 3 April-15 August 1976*. London : World of Islam Festival Publishing Company.

Ong, Walter J. 2002（1982). *Orality and Literacy : The Technologizing of the Word*（2nd ed.). New York : Routledge.（W-J. オング『声の文化と文字の文化』桜井直文ほか訳，藤原書店，1991年）

Roxburgh, David J. 2007. *Writing the Word of God : Calligraphy and the Qur'an*. Houston : The Museum of Fine Arts, Houston.

Safwat, Nabil F. 2000. *Golden Pages : Qur'ans and other Manuscripts for the Collection of Ghassan I. Shaker*. Oxford : Oxford University Press.

Salameh, Khader. 2001. *The Qur'ān Manuscripts in the Al-Haram al-Sharif Islamic Museum, Jerusalem*. Reading : Garnet Publishing / Paris : UNESCO Publishing.

Sam Fogg. 2003. *Catalogue 27 Islamic Calligraphy*. London : Sam Fogg.

Sayyid, Ayman Fuwād. 2008. *Dār al-Kutub al-Miṣrīya : Bayna al-Ams wa al-Yawm wa al-Ghad*. Cairo : Dār al-Kutub al-Miṣrīya.

Stoilova, A. / Ivanova, Z. 1995. *The Holy Qur'ān through the Centuries : A Catalogue of the Exhibition of Manuscripts and Printed Editions Preserved in the SS Cyril and Methodius National Library*. Sofia : SS Cyril and Methodius National Library, Centre for Manuscripts and Documentation, Oriental Department.

Sultan Baybars's Qur'an（CD-ROM). 2002. London : British Library Publishing.

第 *5* 章　イブン・ナディームの『目録』

清水 和裕

1　10 世紀バグダードの書籍文化

バグダードのワッラーク，イブン・ナディーム（990 頃没）が 987/88 年に脱稿した『目録（*al-Fihrist*）』は，当時イブン・ナディームが入手したか，または既に散逸していたが題名だけは知られていたあらゆる書籍を，その著作家ごとに解説した目録である（図 1）。全 10 部構成の同書には，3500 名あまりの著述家とその著書 6600 冊以上の情報が収められており，テヘラン版アラビア語校訂本の A4 判 400 ページを超える記述からは，9〜10 世紀にいたるバグダードの写本出版文化の圧倒的な規模を垣間見ることができる。

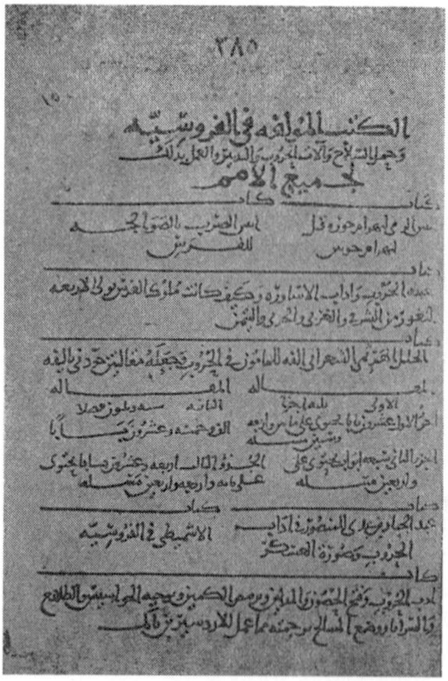

図 1　イブン・ナディームの『目録』

バグダードの出版文化にとって一つの指標となるのはアッバース朝第 6 代カリフ・マアムーンらの翻訳事業である。ハールーン・ラシードの息子としてホラーサーン地方を統治していたマアムーンは，イラクを統治するバグダードのカリフ，異母弟アミーンと対立し，ホラーサーンの中心都市メルヴから，ターヒル家などイランや中央アジアに根を張った有力家系の軍を派遣してバグダードを攻略した。アミーンを排除したマアムーンは 7 年にわたってメルヴからアッバース朝を統治したが，やがてバグダードに戻り，対ビザンツ戦争の他，ムウタズィラ学派神学の公認（より正しくは「クルアーン被造物説」の公認），ターヒル家人材の活用など革新的な政治手腕を発揮している。そして彼の主導した文化政策の一つが，翻訳事業の推進であった。彼やその弟ムウタスィムは，フナイン・ブン・イスハーク（877没），バヌー・ムーサー兄弟，サービト・ブン・クッラ（901没）といった人々を庇護して，哲学，幾何学，数学，天文学，医学，錬金術，音楽といった各分野のギリシア語古典をシリア語やギリシア語から翻訳させた。またビザンツ帝国領に使節を派遣し，多くのギリシア学問の古典原本をバグダードに招来したという。このような中で翻訳された著作には，アリストテレスの諸作の他，アルキメデス，アポッロニオス，またプトレマイオスの『アルマゲスト』，ユークリッドの著作，ガレノスの医学書などが存在していた。また，これらの翻訳者たちは，翻訳のみならず，自らの研究もまたこれらの著作の上に積み重ねていったのである。

もっとも，近年のD.グタスの研究によれば，アッバース朝カリフのこのような翻訳事業はマアムーン独自のものではなかった。それ以前第2代カリフ・マンスールの頃より，古代ペルシア帝国の文芸をパフラヴィー語からアラビア語に翻訳する活動が積極的に始められていたのである。これらの著作のなかには，ギリシア語からパフラヴィー語へ翻訳されていたギリシア系の著作もあり，いわば重訳によってペルシア帝国を通じてギリシア系の学問が翻訳される現象が生じていた［グタス 2002］。またラシードの側近で紙の導入に大きな役割を果たしたとされるバルマク家の人々も，パフラヴィー語からの著作の翻訳を後援していた。彼らの抱える筆写生のなかにはアッラーン・シュウービーという人物がおり，その名からシュウービーヤ運動すなわちペルシア文化復興運動に関わる人物であったことが知られる。ギリシア系学問がペルシア帝国からアッバース朝へ流入する傾向があったことは，中央アジアからの経路についてI-2章にも述べたとおりである。

いずれにしても，バグダードへの紙の導入からしばらく経った9世紀初頭，マアムーンの翻訳事業とほぼ時を同じくして，バグダードでは急速に学問文芸活動が華開き，クルアーン学，ハディース学，文法学，法学，神学などのイスラーム諸学から文芸エッセイに至るまで，多種多彩な著作が執筆されることとなる。これらのなかには，イスラーム成立期からアッバース朝に至る過去の口頭伝承を筆録したものも非常に多く存在する。というより，現在われわれが知ることのできる初期イスラーム史上の諸事件や，イスラームの学問上の諸問題について，初めて文字として集成されたのがこの時代であり，それ以前の情報について同時代の文字記録は，クルアーン以外ほとんど存在しない。イスラーム社会の自画像について，知のあり方について，明確に文字化され大成・集約されたのがこの時代だったのである。

こうして，イスラーム社会における「紙上の」大規模な文芸活動が始まり，イスラーム文化の最初の盛期が始まったわけであるが，実際のところ，その時期は政治経済的な衰退期の始まりでもあった。マアムーンの即位に至る兄弟間の内戦は，彼の死後，バグダードの経済的繁栄に影を投げかけ，またアッバース朝の軍事組織に大きな変革をもたらすこととなった。この結果，一時的に中央アジア系のマワーリーや軍事奴隷が政治権力を掌握するようになり，さらに内憂外患がつづくことによってイラクの経済基盤とカリフの権力基盤は徐々に蝕まれた。9世紀末には一時カリフの勢威が回復したものの，その後も地方総督の自立や独立王朝の形成がつづき，ついに10世紀前半に，カリフは財政を放棄して軍人出身の大アミールに権力を委託してしまう。さらに10世紀半ばには，カスピ海南部山岳地帯からやってきたダイラム人集団が，イラク・イランの全土を掌握し，大アミール位も得てカリフを傀儡とする時代を迎えた。これがブワイフ朝の成立であり，この時代が，イブン・ナディームの生きた時代にあたる。すなわち，『目録』が編まれた時代には，アッバース朝カリフはすでにブワイフ家の軍事勢力の支配下にあり，バグダードを中心としたイラクも軍事政権の下で，従来よりはるかに弱体化した環境にあったのである［清水 2006］。

しかし皮肉なことに，バグダードの文芸活動は，この10世紀を通じた混乱のなかで逆に爛熟の時代を迎えていった。軍人や，その軍人に仕えて財政を預かる宰相，書記官僚たちが次々と文化サークルを開いて詩人，文人を保護した。それら有力なパトロンのもとで，文人たちは庇護者を賛美する韻文散文のみならず，美文を駆使した行政文書や，歌の書，逸話集，座談集など，自らのサークルを愉しませる文学を生み出した。また，人々の都市生活を支えるイスラーム学については，その実用性だけでなく学問的な成熟が進行し，極めて多数のウラマーが自らの学的向上心，好奇心，そして名声を追うために，数多くの研究著述活動に励んだのである。説教師，物語師と呼ばれるような知識人も，宗教的な信仰心と娯楽の狭間を縫うような形で，人々に教訓的な教導話を提供し，それが紙上に書き下ろされることによって，さらに多くの人々の目に触れることとなった。

このような文芸上の一大興隆期を，A. メッツは「イスラームのルネサンス」と呼び，J. L. クレーマーは「イスラームの人文学時代」と呼んでいる［Mez 1922 ; Kraemer 1986］。バグダードにおいて，文化・学問の最盛期は，政治経済の最盛期からやや遅れて生まれてきたこととなる。イブン・ナディームの『目録』は，このようなバグダードの書籍の時代を総覧する著作とも言える。

著者イブン・ナディームについては，あまり多くのことが知られていない。彼の本名は，アブー・ファラジュ・ムハンマド・イブン・イスハーク・ワッラークなどと呼ばれる［Fück : EI2］。その職業名からわかるように，ワッラーク（I–2 章参照）であり，複数の書写生を抱え，客の注文に応じて写本を作製していた。『目録』は彼の職業上の要請もあって執筆されたものであり，この時代に，バグダードのワッラークはこれだけの質と量の書籍を取り扱うことができたという事実を示す，バグダードの書籍産業の隆盛の一つの証拠でもある。その著作内で，イブン・ナディームはたびたび「自分はこの本の某々による筆写本を目にした」と述べており，彼がこれらの現物に触れていたことを明らかにしている。

彼の名は，イブン・ナディーム（「ナディームの息子」の意味）と呼ばれる場合とナディームと呼ばれる場合がある。ナディームとは，先述した有力者の学術文芸サークルの出席者であり，しばしば飲酒や歌舞音曲の遊芸を伴ったことから，「呑み友達」「お伽衆」などと呼ばれることもある［Chejne 1965］。彼自身か彼の父もしくは先祖がナディームであったものと思われるが，情報が欠如しているためそのどちらが正しいのかの判断はできない。彼自身は少なくとも，イーサー・ブン・アリーという名の，著名な宰相の息子が主催するサークルに出入りしており，イーサーを讃える文章を残している。

彼は少なくとも 935 年までには生まれ，990 年代に死去した。のちに述べるように，『目録』における記述から，おそらく十二イマーム派の信仰を持ちムウタズィラ学派神学や哲学などのギリシア系学問に深い造詣を持っていたことがわかる。

2 『目録』とその構成

それでは『目録』の具体的な内容に分け入っていくことにしよう。

『目録』は全10章構成であり，その内容は，ほぼ以下の通りである。原典の各章題は長大なものであるため，原典冒頭部の構成紹介の部分から，B. ドッジの英訳書に付された目次も参考にして，要約している［Fihrist : 3-5 ; Dodge 1970 : iii-iv, 2-5］。また〔　〕内は清水による補いである。

I 〔諸啓典〕
1. 言語と書体
2. 旧約聖書，新約聖書などの諸啓典
3. クルアーン

II 文法学
1. バスラ学派文法学者とその著作
2. クーファ学派文法学者とその著作
3. 両派に所属した文法学者とその著作

III 歴史情報，教養書，偉人伝，系譜
1. ハバル（歴史情報）や故事の徒と系譜学者とその著作
2. 諸王，書記官僚，文書作成者，徴税官とその著作
3. 君主の飲み友達，お相手役，歌手，道化とその著作

IV 詩人とその詩
1. 前イスラーム時代と初期イスラーム時代の詩人とその詩集
2. イスラーム時代と最近の詩人

V 神学と神学者
1. 神学派の始まりとムウタズィラ学派，ムルジア派とその著作
2. シーア派，過激シーア派神学者とその著作
3. ムジュビル派〔アシュアリー派〕，ハシュウィー派〔スンナ派〕神学者とその著作
4. ハワーリジュ派神学者とその著作

5. 禁欲者，スーフィズム系の人々とその著作

VI　法学派，法学者とハディース学者

1. マーリクやマーリク学派とその著作
2. アブー・ハニーファやハナフィー学派とその著作
3. シャーフィイーやシャーフィイー学派とその著作
4. ダーウードやダーウード学派とその著作
5. シーア派法学者とその著作
6. ハディースの徒とその著作
7. アブー・ジャアファル・タバリーやジャアファリー学派とその著作
8. ハワーリジュ派法学者とその著作

VII　哲学と古の知識

1. 哲学者，自然科学者，論理学者とその著作，翻訳書，解説書：現存するもの，名のみ伝わるもの，失われたもの
2. 教育者，幾何学者，数学者，音楽家，天文学者，工芸家，工学者
3. 医学の始まり，新旧医学者とその著作，翻訳書，解説書

VIII　夜物語，おとぎ話，魔物払い，魔法，奇術

1. 夜物語，おとぎ話，絵物語の作者とその著作である夜物語や寓話
2. 魔物払い，奇術師，魔法使いとその著作
3. 編纂者も著作者もわからない多彩な内容の著作

IX　宗派や信仰

1. 現在サービア教として知られるハッラーンのカルディア教，マニ教，ダイサーン教，ホッラム教，マルキオン派，マズダク教，その他二次的な教団とその著作
2. インド，中国，その他の国々のような変わった宗派の記述

X　新旧哲学者のうち化学者，錬金術師

この構成から読み取ることができるのは，『目録』が，まさしく「イスラーム社会の知」のあり方そのものを体現しているという事実であり，またそのような知のあり方の体系そのものについて，ムスリムのあいだに一定の共通理解があったという事実である。

一般にイスラーム世界の学問については，伝承学・クルアーン学・歴史学・イスラーム法学・文学などが「固有の学問」として発展し，一方で哲学・数学・医学・天文学・論理学などギリシア・ペルシア・インド由来の学問が「外来の学問」として発展したと解説される。現在の高校世界史の教科書にもそのように明記されていることが多い。この叙述法は，おそらくイブン・ナディームの同時代人であるアブー・アブドゥッラー・フワーリズミー（987以降没）による書記百科事典『知恵の鍵』などに拠ったものと思われるが，『目録』の構成は，まさしくこの学問分類に沿ったものとなっている。すなわち，ここで示されるような「知の体系」が，当時のムスリム知識人に共通して認識された「知」と「知を体現する書籍」の布置図であったといえよう。そして10世紀のバグダードにおける既知の書籍の総体は，そのような布置図に過不足なく配置されるようなものであった。『目録』は当時の「知」の概観そのものであるといえる。

細部を検討してみよう。

まず全体は大きく分けて，IからVIまでのイスラーム「固有の学問」の著作とVIIからXまでのイスラーム以外の著作で種別されている。ただしイブン・ナディーム自身がそのようにコメントしているわけではなく，配列からそのように読み取れるということである。

このうち前半の最初は，第I章が言語・文字と啓典，第II章が文法である。イスラームの社会生活と信仰においてクルアーンがその中心に位置することは明らかである。ここではまずそのクルアーンに加え，ユダヤ教の啓典であるトーラー（律法，旧約聖書），キリスト教の啓典であるインジール（福音書，新約聖書）を含め，さらにそれにまつわる諸著作と学者が述べられている。言語・文字については，アラビア語のみならず，中国，ロシア，テュルクなどを含む諸言語とその文字について（残念ながら不正確な）図入りで述べられているが，これは全体の構成のなかで，前提となる知識を叙述していると考えられる。紙の種類やその製法についての記述もここにおかれている。また第II章ではアラビア語文法学者とその著作が挙げられているが，これは文法がクルアーンを理解する際の最も基礎的かつ核心的に重要な学問とされてきたイスラームの伝統的了解にしたがったものである。

これに続いて第III章では歴史情報，教養文学，詩が扱われている。イスラーム学的にいえば，後出する法学，神学，伝承学に，より重要性がおかれるのが普通であり，この点はナディーム職と関係のあった著者の独自性が表れている部分かもしれない。一方，歴史情報や系譜，詩はイスラーム以前から初期イスラーム期につながる社会の編成や人々のアイデンティティに関わる意味を持っており，特に政治的な意味を持つことがあったことは留意するべきであろう［高野 2008］。また王統譜や故事，貴顕の人々の逸話などは，故事来歴を扱った文学作品が特に力点をおいた主題でもあった。その意味では，この部分は10世紀バグダードの文学サークルにおける人文学的傾向を反映したものであると理解することもできる。特に，その第3節でナディームや歌手，道化などの著作を扱っていることは，イブン・ナディーム自身が彼らに親近感を持つ存在であったことを含め，歴史・系譜／宮廷／人文学そして詩という一つの知的枠組みの存在を示していると言えよう。

前半最後は神学者と法学者，伝承学者を扱っており，最もイスラーム学の学問的伝統が色濃くうかがわれる著作群が取り上げられている。興味深いのは，神学の著作においてまずムウタズィラ学派が挙げられ，次にシーア派，そしてスンナ派が挙げられているという事実と，スンナ派神学に対してムジュビル派，ハシュウィー派というシーア派的な呼称が適用されている点である。この部分には，明らかにイブン・ナディーム自身の宗派的，神学派的な傾向が現れている。

ムウタズィラ学派は，ギリシア哲学の理性主義志向などに強く影響されて成立した神学派であるといわれ，またマアムーンによって一時期公認神学派となったのち，逆に強い反発を受けて，11世紀にはカリフによって公式に非難されるなど，アッバース朝を通じて常に強い対立を生んだ神学派である。特に一部のスンナ派学者に強い批判を浴びたため，やがてシーア派とのつながりを強めたことでも知られる。10世紀にはブワイフ朝政府がシーア派を後援したため，シーア派系学問が興隆する一方で，スンナ派とシーア派の対立が激化したことも知られる。ワッラークが市場を持ったカルフ地区，ターク門地区がシーア派街区であったこと，ムウタズィラ学派と「外来の学問」と紙の到来にも何らかの関係がうかがわれることなどはI-2章で指摘したとおりである。

法学者の章について興味深いのは，ハディース学者がここに配置され，概して，イブン・ナディームによる扱いが小さいことである。かのハディース集の大成者ブハーリー（870 没）とムスリム・イブン・ハッジャージュ（875 没）の二人は，ともに極めて記述が乏しく，わずか数行にすぎない。ハディース集の根本である両『真正集』も他の著作と共にひとこと名前が挙げられるのみである。ここにも，イブン・ナディームを取り巻く知的環境の片鱗がうかがわれると言えよう。

後半は，第 VII 章で哲学と諸科学，VIII 章でお伽話など，IX 章でイスラーム，ユダヤ，キリスト教以外の宗教とその著作，X 章で錬金術が扱われる。これらは，基本的にイスラームの枠から外れた文化に根ざす著作を扱っている。

ここで一点注意を喚起しておきたいのは，フワーリズミーが「外来の学問（`ulūm al-‘ajam 非アラブの学問）」と呼んでいるものが，『目録』では「古の知識」となっている点である［Mafātīḥ : 131］。表題では「哲学と古の知識」となっているが，範疇としては両者は他と画される一つの範疇をなしていると考えてよいであろう。すなわちギリシア，ペルシア，インドなどに由来する学問は，新しい学問であるイスラームの諸学に比して「古の知識（ウルーム・カディーマ al-`ulūm al-qadīma）」と呼ばれている。ここに見られるのは，「内」と「外」という空間的な意識ではなく「新」「旧」という時間軸の意識である。ギリシア，ペルシア，インドなどは彼の意識において「外」ではなく「古」なのであって，その学問は「外」から侵入してくるものではなく，「古」より継承し，新たなるイスラームの学問とともに展開するべきものである。事実，地理的にみても，ペルシアのほぼ全土，ギリシア文化圏（キリスト教文化圏）のうちシリアとエジプト，インド文化圏のうちスィンドとアフガニスタンは，この時代にすでにイスラームの支配圏内にある。これらの地域の学問は「他者から輸入された学問」とは意識されていない。明治期の日本が欧米から学問を輸入した感覚とは，本質的に異なっていることに気をつけなければならない。

以上のように，『目録』は当時のイスラーム社会が持っていた「知の見取り図」に従って，それらを網羅する形で，バグダード社会に流通していた（一部は流通していなかったものも含む）あるゆる書籍を，位置づけ，配列し，紹介するものであった。それは全体的としては妥当なものであったが，(1) 当時の人文学的環境にあった知識人として，(2) シーア派的，ムウタズィラ学派的志向をもった人物として，一部に特徴的な部分がみられることも指摘できる。現在のわれわれがイメージするイスラーム社会の「知の見取り図」とは，微妙にずれる部分には，イブン・ナディームの生きていた社会と環境の実際のあり方が反映されているのである。

3 『目録』にみる歴史情報

『目録』は9〜10世紀にいたるバグダードの書籍文化の全貌を知るための，非常に貴重な史料である。このため，同書からは他からは知ることのできない数多くの知見を得ることができる。バグダードの文芸興隆のまさに当事者のひとりであったイブン・ナディームの伝える情報には，同時代史料としての意義を高く認めることができるのである。また『目録』は，後世のアラビア語史料にとっても重要な情報源の一つであった。13世紀の文人ヤークート（1229没）による著名な『文人事典』も『目録』に依拠した情報を伝えている［Udabā' : vol. 12, 191–192］。

そこで，以下では『目録』から得ることのできる知見として特に著名なものを，二つ紹介してみたい。

1）『アラビアン・ナイト』について

『アラビアン・ナイト』は18世紀初頭フランスのオリエンタリスト，A. ガランがフランス語訳でヨーロッパに初めて紹介した。その実態は現在も必ずしも明らかではなく，ガランの入手した『千夜一夜物語』という写本の内容に，ガラン自身が採集した逸話を加え再構成したもののようである。原型となった『千夜一夜物語』自体は，ガランの使用した写本をもとにムフスィン・マフディーが14世紀初頭に成立したとみられる形に再構成したマフディー版が，現在最も信頼できる版であると考えられており，これは250夜あまりからなっている［アーウィン 1998］。

この『千夜一夜物語』と関連する情報が『目録』第VIII章第1節のなかにみられる。この節は内容紹介に挙げたように「夜物語，寓話」などについて述べており，サマルと呼ばれる夜物語，すなわち就寝前のひとときに語る物語がこの時代に広く成立し，書籍として流通していたことを知ることができる。この節で名が挙げられるのは，ペルシア由来の『バビロンの王ニムロド』，インド起源の寓話『カリーラとディムナ』や『シンドバーズの書』，ジャーヒリーヤ時代のアラブ男女間の様々な恋物語や，精霊と人間の恋愛話などである。イブン・ナディームは「夜物語やおとぎ話は，アッバース家のカリフの時代になって熱心に求められるようになり，特にムクタディルの治世がそうであった。この結果ワッラークたちはおとぎ話を創作し，虚偽を語るようになった。このねつ造を行ったひとりがイブン・ディーラーンとして知られるアフマド・イブン・ムハンマド・イブン・ディーラーンである」と述べている［Fihrist : 367 ; Dodge 1970 : 723–724］。ワッラークは写本を制作するのみではなく，ときに自ら創作にも手を染め，巷間の需要に応えていたようである。ワッラークが写本やときに創作物として提供した物語は，主に専門の物語師によって受容され，ナディームたちが参加するようなカリフや高官の夜のサークル，また市井の人々の集まる夜会などで語られたとされている［Dodge 1970 : 712–713］。

そして，この夜物語の記述のなかでイブン・ナディームは，次のように述べている。

> このような〔ペルシアから伝えられアラビア語に翻訳された夜物語やおとぎ話の〕内容を書いた最初の本は，「千のおとぎ話」を意味する〔ペルシア語名〕ハザール・アフサーン〔正確にはアフサーネ〕である。その由来は，かつてペルシアの王のひとりが女性と結婚して一晩を過ごすと翌朝その女性を殺してしまっていた。ある時，王たちの娘のひとりで知性と機知に富んだシャフラーザードという少女と結婚すると，彼女は彼の前に来るやおとぎ話を語り始めた。そして夜が終わっても物語を終わらせなかったので，王は彼女を生かしたままにし，翌晩，物語を終わらせるように頼むことが，千夜に及んだ。この間，王は彼女と共寝し，彼女は彼の息子を出産するに至った。彼女はそれが自分の企みであることを王に明かしたが，王は彼女の知恵に感嘆し，彼女に傾倒し，彼女を生き延びさせた。この王のもとにはディーナールザードという女家令がいて，シャフラーザードに協力していた。一説によれば，この本は〔ペルシア王〕バフラームの娘フマーイーのために書かれたといわれ，またそれとは異なった情報も伝えられている。
>
> 　ムハンマド・ブン・イスハーク〔イブン・ナディーム本人〕の見解であるが，

真実は――神が望み給うならば――最初に夜物語を行ったのはアレクサンドロス大王である。彼のまわりには，彼を笑わせたり，おとぎ話を語ったりする人々がいたが，これは楽しみのためではなく，〔これらの話を教訓として〕身を慎み警戒をするためであった。これをうけて，彼ののちの王たちはハザール・アフサーンを用いた。それは千夜にわたって，二百に満たない夜物語を含んでいた。というのは，一つの夜物語は数夜にわたって語られることがあるからである。私は，その完本を何度も目にしたが，実のところ，中味のない，語る価値もない本である。［Fihrist : 363 ; Dodge 1970 : 713–714］

前半の記述は，彼より一世代上の歴史家マスウーディーが『黄金の牧場』に記述したものよりもはるかに詳細であり，明らかに現行の『千夜一夜物語』の原型を指していることがわかる［Murūj : vol. 2, 406］。一方，後半の辛辣なコメントを含む独自の記述を含め，この章の全体においてイブン・ナディームがハザール・アフサーンを，特にアッバース朝における夜物語やおとぎ話の受容の文脈で，ワッラークの出版活動とも関係する形で述べている点は非常に興味深い。これらの記述は『アラビアン・ナイト』成立に関する情報を提供するという以上に，アッバース朝時代の人々の，学問的な執筆出版活動ではなく，娯楽のような非公式な場面での書籍のあり方を示している点で重要な情報となっているのである。

2)「知恵の館」について

『目録』は，マアムーン時代の著名な「知恵の館」に関する重要な情報源ともなっており，その点では冒頭に触れたアッラーン・シュウービーと，もうひとりアブー・サフルに関する記事がまず注目される。

アッラーン・シュウービーについては，「彼の出自はペルシアである。彼は伝承の伝え手であり，部族の系譜，部族の褒貶，部族の名誉争いについての知識を持っていた。彼はバルマク家に身を捧げており，ラシードとマアムーンのために知恵の館で書写を行った。またバルマク家のために『部族褒貶の広場の書』を作り，そこでアラブ部族の実態を暴き，褒貶を明らかにした」［Fihrist : 189 ; Dodge 1970 : 230］と述べられている。

アブー・サフル・ファドル・イブン・ナウバフトについては，「ペルシアの出自。ナウバフト家の系譜については，私が『神学者の書』でふれ，詳述したとおりである。彼はハールーン・ラシードのために知恵の庫におり，この人物のためにペルシア語からアラビア語へ翻訳を行った。また〔ラシードは〕ペルシアの書物について彼の知識に頼っていた」［Fihrist : 333 ; Dodge 1970 : 651］としている。

日本のある代表的な高校参考書では「知恵の館」について，「9世紀にバグダードで建設された学問研究所。プラトンやアリストテレスのギリシア語文献のアラビア語への翻訳・研究が行われた」と解説している。マアムーンの翻訳活動と結びついて，この機関の存在は，日本人にもよく知られていると言えよう。しかし，アッバース朝におけるギリシア思想の伝播を研究したグタスは，この知恵の館の実態に関する検討を史料に基づいて行い，それがギリシア語文献の翻訳機関ではないという結論に至っている［グタス 2002 : 62-68］。彼によれば，最初期の「知恵の館」に関する記述は，イブン・ナディームの上記の二つの情報しか存在しない。そこからわかるのは，ラシードの時代に，ペルシア系の知識人が「知恵の館」と呼ばれる機構もしくは宮廷図書館に雇われており，少なくともペルシア語からアラビア語への翻訳活動が行われたという事実のみである。

さらにグタスは，イブン・ナディームの以下の二つの記述にも注目している。

> 〔サフル・イブン・ハールーン〕は〔出身地ダストミーサーンから〕バスラに移った。彼はマアムーンに熱心に仕えており，彼の知恵の庫の長官であった。知者であり，アラビア語に優れ，詩人でもあった。ペルシアの出自であり，シュウビーヤ運動に賛同し，アラブに敵対する党派心を強く持っていた。［Fihrist : 133 ; Dodge 1970 : 262］

> サラム。彼はサフル・イブン・ハールーンとともに知恵の館の長官であった。ペルシア語からアラビア語への翻訳を行った。［Fihrist : 134 ; Dodge 1970 : 263］

このように，マアムーン時代においても，「知恵の館」の中心は，ペルシア系の人物によって担われ，ペルシア語からの翻訳が行われていたことがわかる。サフルが加担していたシュウビーヤ運動とは，ペルシア系官僚によるペルシア文化の復興・イスラーム化運動であり，激しくアラブ文化に敵対したことでも知られる。先述の通り，アッラーン・シュウービーもまた，この運動に参加していたことは，その名から明らかである。

これらに加えて，グタスは，現存するギリシア語からの翻訳活動に関する史料で「知恵の館」に言及したものは一つもない，と指摘している。彼の結論は，「知恵の館」はサーサーン朝に由来する政府部局としての宮廷図書館であり，「その主要な機能は，サーサーン朝の歴史と文化についてペルシア語からアラビア語への翻訳活動とその成果の両方に場所を提供することであった」というものであり，ギリシア語翻訳運動は「知恵の館」とは別の場所で行われていたとするのである［グタス 2002 : 67］。

ナウバフトが天文学者・医者として著名であったことや，サーサーン朝においてギリシア文化が盛んに受容されていた事実，また代数学で名高いフワーリズミーや天文学者ヤフヤー・イブン・アビー・マンスール，さらに翻訳運動の中心人物バヌー・ムーサー兄弟などが，マアムーン時代に「知恵の館」に所属していたことなどを考慮すると，グタスが主張するほど「知恵の館」がギリシア語翻訳運動と無関係であったかどうかは，検討の余地が残されているであろう。しかし，少なくともイブン・ナディームの『目録』が伝える「知恵の館」の姿は，シュウビーヤ運動と関係の深いペルシア文化の拠点であり，パフラヴィー語の著作をアラビア語に翻訳して，アッバース朝カリフや要人に提供する機関であったと言えそうである。

このように，イブン・ナディームの『目録』は，広域の帝国として成立したアッバース朝が，域内の諸文化を咀嚼し，アラブ化，イスラーム化しつつ新たなイスラーム文化を形成していく，その過程を「書物」の姿を通して，われわれに垣間見せてくれるのである。

参考文献

アーウィン，ロバート 1998『必携アラビアンナイト――物語の迷宮へ』（西尾哲夫訳）平凡社.

グタス，ディミトリ 2002『ギリシア思想とアラビア文化――初期アッバース朝の翻訳活動』（山本啓二訳）勁草書房.

高野太輔 2008『アラブ系譜体系の誕生と発展』山川出版社.

清水和裕 2006「中世バグダードのサービア教徒とイスラーム的学術」『アジア遊学』86, pp. 10–20.

ペリー，ベン・エドウィン 2001『シンドバードの書の起源』（西村正身訳）未知谷.

Chejne, A. G. 1965. “The Boon-Companion in Early ‘Abbāsid Times,” *Journal of the American Oriental Society* 85, pp. 327–333.

Dodge, B. 1970. *The Fihrist : A 10th Century AD Survey of Islamic Culture*. New York : Columbia University Press.

Fihrist : Ibn Nadīm, Abū al-Faraj Muḥammad b. Iṣḥāq. *Kitāb al-Fihrist*, ed. by Riḍā Tajaddud. Tehrān, 1971.

Fück, J. W. “Ibn al-Nadīm” in *Encyclopaedia of Islam* 2nd ed. Leiden : E. J. Brill.

Kraemer, J. L. 1986. *Humanism in the Renaissance of Islam : the Cultural Rivival during the Buyid Age*. Leiden : E. J. Brill.

Mafātīḥ : al-Khuwārizmī, Abū ‘Abd Allāh Muḥammad b. Aḥmad, *Kitāb Mafātīḥ al-‘Ulūm*, ed. by G. Van Vloten, Leiden : E. J. Brill, 1968.

Murūj : al-Mas‘ūdī, Abū al-Ḥasan ‘Alī b. al-Ḥusayn. *Murūj al-Dhahab wa Ma‘ādin al-Jawhar*, ed. by C. Pellat. Tehrān : Intishārāt Sharīf al- Riḍā, 1422A.H.

Mez, A. 1922. *Die Renaissance des Islams*. Heidelberg.

Udabā’ : Yāqūt al-Ḥamawī. *Mu‘jam al-Udabā’*, ed. by Aḥmad Farīd Rifā‘ī. 20 vols. Bayrūt : Dār al-Iḥyā’ al-Tirāth.

第 6 章　アラビア文字文化圏の広がりと写本文化

東長　靖

1　広大なアラビア文字文化圏

1）アラビア文字文化圏とアラビア語文化圏

アラビア文字で書かれている中国語（漢語）があることを，ご存じだろうか。中国に住むイスラーム教徒たちのうち，漢語を母語とし，漢人と変わらぬ容貌をもち，儒教を学んできた人々が書き残してきたものである。単に過去の遺物ではなく，現在でも出版され続けている。

この例から分かるとおり，「アラビア文字文化圏」と「アラビア語文化圏」は似て非なるものである。後者は文字通り，住民の多くがアラビア語を通常用いる地域である。エジプトやチュニジアやイラクなどを思い浮かべてもらえればよい。ここでは，アラビア語の単語をアラビア語の文法に基づいて組み立て，アラビア文字で表記する。これに対して前者の「アラビア文字文化圏」は，アルファベットの一つの種類であるアラビア文字を用いて表記される文献をもつ地域であるが，単語も文法も，アラビア語と似ているとは限らない。

このことは，「中国文字（漢字）文化圏」と「中国語（漢語）文化圏」の違いを思い浮かべれば，分かりやすいだろう。日本はもちろん前者の「漢字文化圏」に属するし，韓国・朝鮮やベトナムもそうであった。しかし日本は「中国語文化圏」には属していない。日本語は中国から文字を借用し，単語も相当程度借用しているが，文法構造はまるで異なるのである。「私は／あなたを／愛しています」と「我／愛／你」の語順が異なることは，一目瞭然だろう。それにもかかわらず，日本にとっては中国が文化の先進国で学ぶべきモデルであったために，飛鳥時代から平安時代にかけて遣隋使や遣唐使を送り，中国語（漢語）文献をもちかえっただけでなく，本来中国語とはまったく異なる日本語を表記する際にも，漢字を用いるようになったのである。

「漢字文化圏」が「中国語文化圏」よりも広いのと同様に，「アラビア文字文化圏」は「アラビア語文化圏」を内包しつつも，その範囲は格段に広い。たとえば，誰もが知るとおり，中国でアラビア語はふつうに話されていない（つまり「アラビア語文化圏」に属さない）にもかかわらず，実は冒頭に述べたとおり，中国の一部は立派な「アラビア文字文化圏」なのである。

2）アラビア文字文化圏の広がり

では，アラビア文字文化圏は世界中のどのような地域に広がっているだろうか。図1をご覧いただきたい。

言うまでもなく，アラビア文字文化圏の故地はアラビア半島である。7世紀のイスラーム成立後ほどなく，アラブは大征服による領土拡大を成し遂げた。その後，長い年月をかけて，住民のアラブ化が実現していく。その結果が，ほぼ現在のアラビア語文化圏である。

他方，ペルシア（イラン）は，イスラーム勢力の侵攻を受けながらも，話し言葉をアラビア語に変えることなく，ペルシア語を保った。書き言葉としては，イスラームの聖典クルアーンがアラビア語で書かれ，イスラーム諸学がアラビア語を基礎として成り立っている以上，彼らもアラビア語に習熟せざるをえなかったが，他方いったん滅びかけた中世ペルシア語は，約2世紀間の沈黙ののち，9世紀に近世ペルシア語として息を吹き返した。この近世ペルシア語は，アラビア語とはまったく系統を異にする言語であるが，それを表記するのに用いられたのは，アラビア文字であった。

トルコ人や中央アジアに広がるテュルク系の人々も，トルコ語その他の言語（テュルク系諸語と総称する）を，アラビア文字で書き残してきた。これらテュルク系諸語は，日本語に近い文法構造をもっており，これまたアラビア語とはまったく別系統に属するにもかかわらず，である。このうちウイグル人は，現在でもアラビア文字を用いて彼らの言葉を書き表している。これを「新ウイグル語」と呼んでいる。

南アジアのウルドゥー語も，アラビア語とはまったく別系統の言語であるが，

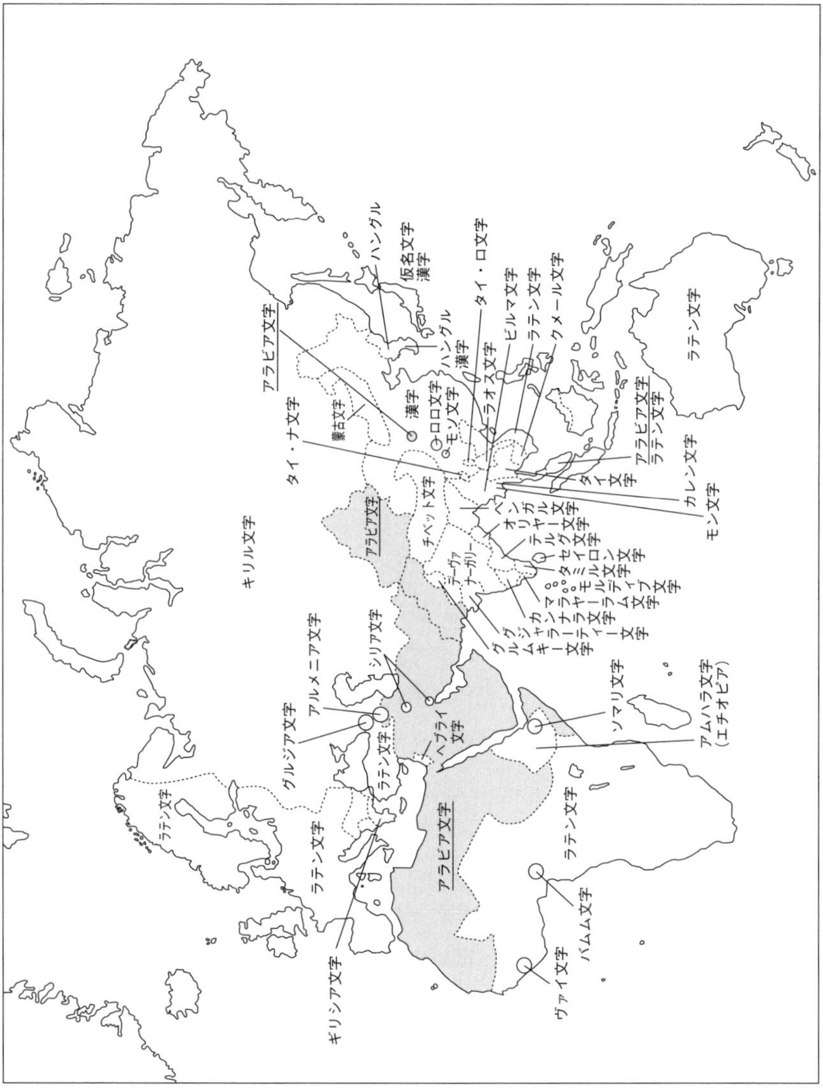
キリル文字
ラテン文字
アラビア文字
漢字
蒙古文字
チベット文字
ハングル
仮名文字
漢字
タイ・ナ文字
ロロ文字
モソ文字
タイ・ロ文字
ラオス文字
ビルマ文字
ラテン文字
クメール文字
アラビア文字
ラテン文字
タイ文字
カレン文字
モン文字
ベンガル文字
オリヤー文字
テルグ文字
カンナダ文字
タミル文字
グジャラーティー文字
グルムキー文字
デーヴァナーガリー
アルメニア文字
シリア文字
グルジア文字
ヘブライ文字
ギリシア文字
ソマリ文字
アムハラ文字
（エチオピア）
バムム文字
ヴァイ文字

図1　世界の文字分布

やはりアラビア文字を用いて表記されている。

このように，現在もアラビア文字で書かれている言語として，上述のアラビア語・ペルシア語・新ウイグル語・ウルドゥー語に加えて，南アジアのスィンド語（主としてパキスタン領内）・カシミール語（主としてパキスタン領内）・パシュトー語・アゼルバイジャン語（主としてイラン領内）・ダリー語・バルーチー語・ラフンダ語・マラヤーラム語・パンジャーブ語（主としてパキスタン領内），中央アジアのカザフ語・キルギス語（いずれも主として中国領内），アフリカのベルベル語などを挙げることができる。また，中東を中心に広がるクルド語もアラビア文字で表記されることがある。中国語（漢語）が，一部でアラビア文字によって表記されることは冒頭に述べたが，これは小児錦（シアオアルチン）と呼ばれる。これら諸語のうち，新ウイグル語・クルド語・カザフ語・キルギス語は，ほかのアラビア文字表記の言語と異なり，母音をすべて文字で表記するところに特徴がある。

他方，かつてアラビア文字で書かれた言語としては，中東のトルコ語，アフリカのウォロフ語・ハウサ語（アジャミーと呼ばれる）・フルフルデ語・カヌリ語・スワヒリ語，東南アジアのマレー語・ミナンカバウ語・スンダ語・ジャワ語（ペゴンと呼ばれる）・アチェ語・ブギス語（スランと呼ばれる）・サマ語・タウスグ語・ヤカン語・マギンダナオ語・マラナオ語・チャム語，中国の東郷語・サラ語などが挙げられる。このうちアラビア文字表記のマレー語は，マレーシアやインドネシアで今日も教えられており，ジャウィと呼ばれる。ただし，通常はラテン文字表記が用いられている。

3）アラビア文字とイスラーム

イスラームではアラビア語を神の言葉としているため，イスラーム世界は，言語的にも一元的，集約的な世界だと思われがちである。しかしそれと同時に，多言語共存を許す，あるいは促す，という側面をも持った世界ではないかと私は考えている。

たとえば，イスラーム教徒は，定めの礼拝（サラート）を1日5回することが広く知られているが，このサラートにはアラビア語を用いなければならないことになっている。アラビア語を知らない日本人の初心者の場合には「アッラー，アッラー」と言っていればよいと言われるが，それも日本語で「神様，神様」ではいけないのであり，「アッラー，アッラー」とアラビア語で言わなければならない。さて，サラートの後には，個人的な祈り（ドゥアー）を続けることがあるが，このドゥアーについてはまったく言語上の制限はなく，母語でやってよいということになっている。

したがって，常にアラビア語だけを押しつけているわけではなく，その他の要素と共存するという考え方を基本的にもっていると考えるべきだろう。それが，大きく言えば，オスマン帝国のいわゆるミッレト制に見られるような多民族多宗派共存という，イスラーム帝国の特徴と結びついていくと考えることもできるのではないだろうか。

他方，やはり言語間にはプレスティージの差があったであろうし，今もあると考えられる。イスラーム的見地からは，アラビア語はペルシア語よりもプレスティージが高いし，ペルシア語はトルコ語やウルドゥー語よりも高いということが言える。この高い低いというのは，どちらが正しいという意味ではない。たとえばトルコ語の著述家・知識人は，オスマン朝時代であればペルシア語も知っているし，アラビア語も知っていて，使いこなそうとしていた。他方，アラブ人は多くの場合，ペルシア語を知ろうともしないし，トルコ語を知ろうともしない。このような形で文化間のプレスティージに差があると考えることができよう。

ただし，プレスティージに高低差があるということと，どの言語がより強い影響力をもっていたのかという問題はまた別である。たとえば，ペルシア語文化圏とアラビア語文化圏を比べた場合，イスラーム世界全体でいえば，ペルシア語文化圏の方がより強い影響力をもってきたと私は考えている。とくに，イランから東方の南アジアや中央アジア，あるいは西でもバルカンのあたりは，すべてペルシア語文化圏である。冒頭に述べた中国（漢語世界）のムスリム知識人たちも，非常によくペルシア語を読んでいる。東南アジアやアフリカを考えた場合には，むしろアラビア語の方が優勢だが，イスラーム文化を担ってきたという意味では，ペルシア語が非常に大きな役割を果たしてきたと言ってよいであろう。

さて近代になると，イスラーム世界のあちらこちらでアラビア文字が捨てられていくという現象が見られる。このことには，脱イスラーム化の影響があったであろう。トルコにおいて一時期アラビア語のアザーン（礼拝の呼びかけ）が禁止されたことは，厳密には文字ではなくて音の問題ではあるものの，その一例である。また，近年トルコでは，神学部でもはやアラビア語を必修科目にしなくなったが，こういう宗教（イスラーム）教育の変化とアラビア文字使用の問題は関係があるであろう。

この脱イスラーム化に対して，イスラーム復興の側面に話を移せば，20 世紀初頭にカリフ制が衰退して危うくなった時に，たとえば『マナール』という雑誌が出てきて，イスラーム世界全体に向かって語りかけ，イスラームを鼓吹するというふうな現象が起こってくる。アラビア語だけではなく，たとえば東南アジアではジャウィも含まれるが，とにかくアラビア文字の印刷物（新聞や雑誌など）を媒体としてイスラームの復興を鼓吹する，といった動きがその当時に進んだのである。

現代においても，近年のイスラーム復興の流れの中で，シンボルとしてアラビア文字を採用したり，あるいはアラビア語を強調したり，という現象を見てとることができる。後者について，上に述べた文化のプレスティージ差との関係でいえば，ペルシア語を強調したり，あるいはペルシア語を媒介としつつアラビア語に戻ったりするのではなく，じかにアラビア語に回帰することがイスラーム世界各地で強調される。このことは，近現代の特徴だと思われる。

4）アラビア文字採用に伴う問題点と対応法

日本がもしも，アラビア文字文化圏に属していたらどうなっていただろうか。明治時代以降，漢字や仮名をやめて，ローマ字で日本語を表記しようという動きがあったが，結局実現しなかった。アラビア文字にするとしたら，ローマ字よりももっと大変なことになるだろう。

何よりも，アラビア語は子音だけを表記する言語なのである。つまり，母音は読む側が補って読むことになる。そこでたとえば，（アラビア文字の部分はローマ字で転写するとして）w-k-r-m-s-n というような文字列で，日本語を表記せざるを得ないことになる。なんと読むか，考えてみていただきたい（答えはこの項の最後）。

また，アラビア語には母音がア，イ，ウの 3 つしかない。そこで，ケを書きたい場合は似た音のキ，コを書きたい場合は似た音のクで表記するしかなくなる。

キックウクまります（「結構困ります」である）。

さて，アラビア文字のおおもとはフェニキア文字であるが，それに端を発するアルファベットが広まっていく過程において，母音と当該言語固有の子音をどのように表現するかについては，諸言語でさまざまな工夫がなされてきた。子音を付け足す（文字は借用もしくは応用することが多い），子音を母音に読み替える，母音文字を創出するなどの工夫が行われた。ただし，文字に関しては保守的であることが多く，元の文字のまま我慢して，読む方が苦労する場合も多かった。

それでは，アラビア文字を新たに採用した諸言語は，どのような問題点を抱え込むことになっただろうか。

まず母音に関しては，元来のアラビア文字にそれを表記する仕組みがないため，このままでは表しようがない。そこで，次のような方策がとられた。第1は，アラビア語同様に，一切の母音をいかなる形でも表記しないこと。これは，母音の数があまり多くない言語の場合には可能である。たとえば，アラビア語受容時に短母音がアラビア語同様3つしかなかったペルシア語の場合には，母音表記がなくとも，さほど困難はなかった[1)]。第2は，アラビア語で補助記号となっている母音符号をつけることである。ただし，アラビア語の母音符号というのは，漢字につけるルビのようなもので，子供に教える場合や，ぜったいに読み間違うことを避けたいクルアーンを除けば，つけないのがふつうである。したがって，このやり方は，アラビア語に習熟している人から見ると奇妙に見える（現行の日本語の本や雑誌のすべての漢字にルビがふられている様子を想像していただくとよい）。しかし実際にこの方法が，アラビア語世界以外でしばしば行われたのは，常に母音符号を付されたクルアーン程度のものしか読んだことのない，イスラーム学の素養の豊かでない人々にとって，むしろまず思いつく方策だったからであろう。第3に，アラビア語において長母音・二重母音表記に用いられた ʼ（ハムザ），w，y の文字を用いて，長母音や二重母音を表したり，あるいは短母音をこれらの文字を援用して表したりすることも行われた。ʼ（ハムザ）というのは，のどの奥を一

1）現代ペルシア語においても，教科書レベルでは /a/，/e/，/o/ という短母音3つと /ā/，/ī/，/ū/ という長母音3つがあると説明されるが，より厳密には，長短が弁別的でない母音6個（/a/，/e/，/i/，/u/，/o/，/ɑ/）からなっている。ただし，アラビア語受容当時のペルシア語における短母音は，/a/，/i/，/u/ の3つであった。

時的に閉ざしてから，開く時に出る音を表す文字であるが，日本語には正確にこれに対応する音はない。ただし，ごく大雑把に言うと，この文字を使えばア，イ，ウが表記できる。w は u，y は i ときわめて近い音なので，'-w でウーとかアウ，'-y でイーとかアイとかいった音を表現できる。

しかし，これらのいずれの方策をとったにせよ，そもそも 3 通りしか母音表記法がないこと自体が，いくつかの言語にとっては大問題であったはずである。たとえば母音の数が 5 つである日本語をアラビア文字の子音だけで表してみた場合，それを元の文にもどすことは可能であるが，時に不正確になるし，文法と語彙に関する相当の知識が要求される。

実際にイスラーム世界で用いられた言語に即して言うなら，母音が 8 つもあるトルコ語をこの文字体系で表記することには，根本的に無理があると言わざるを得ない。たとえば，オスマン朝時代に用いられたオスマン・トルコ語の例を見てみよう。「また，『敷物の端に接吻する』というが，その意味は（人の）手に接吻することである」という文は，次のように書かれる。文字は右から左に書かれている。

وحاشيهٔ بساطلرى تقبيل الونور ديرلر مراد ايسه دستينى تقبيلدر

書かれている文字をそのままローマ字に直すと次のようになる（転写は現代トルコ語式に従った）。参照の便宜のために，単語ごとに番号を付けておいた。

① v　② h-'-ş-Y-h　③ b-s-'-t-l-r-Y　④ t-k-b-Y-l　⑤ '-l-v-n-v-r　⑥ d-Y-r-l-r
⑦ m-r-'d　⑧ '-Y-s-h　⑨ d-s-t-Y-n-Y　⑩ t-q-b-y-l-d-r

実際にオスマン・トルコ語でどう読むかといえば，下記のとおりである。

① ve　② hâşiYe-i　③ bisâtlarI　④ takbÎl　⑤ olunur　⑥ dErler
⑦ murâd　⑧ İse　⑨ destİnİ　⑩ takbÎldir

このうち，たとえば y の文字がどう読まれているかを見てみると（分かりやすいように，一つ目の文字転写のなかの Y と，二つ目の現代トルコ語式転写の該当部分を大文字にしておいた），② hâşiYe-i の Ye（イェ），③ bisâtlarI の I（点のないアイはトルコ語特有の音で，日本語のウに近い），④ takbÎl の Î（イー），⑥ dErler の e（エ），

⑧ İse の İ（イ），⑨ destİnİ に 2 回現れる i（イ），⑩ takbÎldir の î（イー）であり，重複を除いても，この一文だけでイェ，ウ，イー，エの 4 通りで読まれていることが分かる。このうち，イェに関しては，y そのものは子音の y のみを示しており，ye の e の部分は，文字には示されておらず，読者が補って読むのである。このように，どの y をどのように読むかは，トルコ語の知識と，オスマン・トルコ語が学術語として大量に取り入れているアラビア語・ペルシア語（のトルコ語風の発音）に関する知識に習熟してはじめて分かるものであり，初心者にはきわめて難しいと言えるだろう。

表 1　新ウイグル語の母音表記

ئو و	o
ئۇ ۇ	u
ئۆ ۆ	ö
ئۈ ۈ	ü
ۋ	w
ئې ې	e
ئى ى	i
ي	y

こういった困難に対応すべく，大胆に文字を新たに作り出すことで，多くの母音を表記することを試みたのが，現代のウイグルであった。現代のウイグル語は，古代のウイグル語と区別して，新ウイグル語の名で呼ばれる。新ウイグル語も，トルコ語と同じく，母音を 8 つもつ。そこで彼らは，既存のアラビア文字を元に，既存の 3 つの母音文字に加えて，新たな母音文字を 5 つ作り出すことにし，合計 8 つの母音文字をもつに至ったのである（表 1 参照）。

次に，子音に関しては，アラビア文字にない子音を当該言語が持っている場合，それをどのように表記するかが問題となる。これに対しては，類似の音を表す文字に，上下の点を足して工夫することがふつう行われる。日本語の ta と da は，無声か有声かが異なるだけで，同じ口の形で発音するものだが，こういう類似の音は，「た」とそれに濁点を付けた「だ」で表記される。これと同様である。

他方，当該言語には存在しない音だが，借用原語にあるために残っている文字をどう扱うかという問題がある。たとえば，アラビア語の「‘（アイン）」という喉の奥を絞るような音は，アラビア文字を受け継いだペルシア語にもトルコ語にも，その他ほとんどの言語にも存在しなかった（日本語にももちろん存在しない）。また，アラビア語の場合，日本人にはハと聞こえる音が 3 つ存在する。このうち，喉の奥を大きく開けて息を吐く「ḥ」（寒い時に「ハーッ」と手に息を吹きかける時の音に近い）と，ドイツ語の nach の ch の音に近い「kh」は，アラビア文字を受け入れた多くの言語に存在しなかった。こういった場合，発音は，その言語に本来ある別の音に統合されることが多い（たとえば3つある h の音は，すべて一つの h——私たち日本人のハ行音に近いもの——に統合される）。しかし，音はなくなっても，元の文字自体を消し去ることはほとんど行われなかった。したがって，たとえばイスラームの預言者ムハンマドは，多くの地域では Muhammad とふつうの h で発音するにもかかわらず，文字を表す際には，上述の「ḥ」を用いて Muḥammad と書かれている。

数少ない例外は，上述した新ウイグル語で，たとえばムハンマドは مۇھەممەت と書かれる。本来のアラビア語の表記は محمد なので，相当形が変わっていることが見てとれるだろう。同様に，イスラームという呼称自体も，本来のアラビア語では إسلام と書かれ，世界中のイスラーム世界のほとんどの地域でこの表記が用いられるが，新ウイグル語では ئسلام と表記している。
（w-k-r-m-s-n の答え：「分かりません」もしくは「分かりますね」 あなたは分かりましたか？）

5）アラビア文字文化圏の検討における諸課題

本節の最後に，アラビア文字の伝播と変容といった問題を考える際に考慮すべき要素について，考えてみたい。第1に，リテラシー（識字能力）あるいは識字率の問題を挙げることができよう。一方で，識字能力のある人とない人の間の差がどういうふうに現れるのか。そのうちのどちらを重視するのかによって，文字の受容過程に大きな違いが出てくるであろう。識字能力のある人々の間でその文字を洗練していこうとする場合と，反対に識字能力のない人をなくそうという目的で文字を改革しようとする場合とでは，そこから生み出されてくる正書法はまったく違うものになる可能性が高い。

他方，識字能力のある人だけを考えてみても，イスラーム的知識人を考えているのか，西洋型の知識人を考えているのかによって，どのような正書法ができてくるのかという問題は変わってくるだろう。たとえば，上述したように，現代ウイグルでは，イスラームにとって最も重要な「イスラーム」や「ムハンマド」といった基本的な名詞ですら，元のアラビア語とまったく違う表記になってしまっている。このことは，西洋型の知識人が文字改革を担ったということを示唆しているのではないかと思われる。

第 2 に，用途の問題がある。アラビア文字を使って書かれた言語が，学者の間での意思疎通のために使われたのか，あるいは交易といった実用的な用途のために使われたのかといった違いによって，正書法の問題には大きな影響が及ぶであろう。

第 3 に，実際の歴史の中で用いられた正書法と，規範的に作られた正書法とは，区別して検討される必要があるだろう。前者ではたいていの場合，表記の仕方に相当の揺れが見られるが，後者の場合は例外を認めず，一貫した表記法を志向する傾向がある。前者を検討する場合は，歴史的に用いられてきた実際の文書や写本を用いて，その揺れや時代的変遷を追う必要があるだろう。他方，たとえば現代マレーシアでアラビア文字を使ったジャウィの教育が行われる際には，非常に規範化したジャウィの正書法というものが編み出されているが，この場合には上述したような揺れは非常に少ない。こういう 2 種類の表記法の検討は，相当違う種類の問題と考えた方がよいだろう。

第 4 に，話し言葉と書き言葉の間の関係がある。トルコ語は，オスマン朝が崩壊し，トルコ共和国になると，アラビア文字からラテン文字への文字改革を行った。この文字改革は，話し言葉と関係があったと言われている。他方，アラビア語ではもともと話し言葉と書き言葉に非常に乖離があるので，話し言葉をアラビア語で書くということは，漫画などごく一部の例外を除いて，ほとんど行われない。こういう側面においても，アラビア語とトルコ語，その他の言語の間では相違が出てくる可能性がある。

最後に第 5 の要素として，アラビア語がほかの言語から借用した単語をどう表記したかという問題も考えるに値すると思う。アラビア語がイスラーム世界で行政上の公用語になったのがいつかといえば，西暦 690 年代にウマイヤ朝のカリフ，アブドゥルマリクの時代といわれている。このことに関して，バラーズリーが『諸国征服史』の中で「おしっこ事件」とでも呼ぶべき事件を書き残している。それまでウマイヤ朝の宮廷ではギリシア語を使っていた。ある時，ギリシアの書記が書き物をする必要に迫られたが水がなかったので，おしっこをインク壷の中に入れて，それで書いたという。そのことを知ったカリフが非常に怒って，ギリシア人の書記を罰したうえで，これまでギリシア語で書かれた文書をすべてアラビア語に訳させた。それでアラビア語が中心になった，というようにバラーズリーは語っている。

おそらくは，アラビア語がペルシア語やギリシア語など，初期の官僚たちの用いていた言語から借用しているような語彙があるだろうと考えるが，そういうものが入ってきた時に，どういうふうにアラビア語で表記したのかということも，調べてみると興味深いと思われる。アラビア文字でほかの言語をどう表記するかというのは，イスラーム世界でアラビア語が中心的な位置を占めた時よりも後のことを考えているわけであるが，逆に，その前とどういうふうにつながっているのかということも考えてみる価値があるだろう。

2　アラビア文字文化圏の写本文化

1）写本と刊本

これまでの章でも見たように，アラビア語文化圏では7～8世紀に，それまで口承によって伝えられてきたものが，文字に書き残されるようになる。イスラームは7世紀に興っているから，イスラームの到来は本の到来そのものであったと言ってもよい。8世紀に中国から伝えられた製紙術はこの傾向に拍車をかけた。これ以降，アラビア文字文化圏では写本文化の華が開くこととなったのである。ちなみに，その後のアラブはヨーロッパへの紙の主要な供給地であり，その紙は「ダマスカス紙」と呼ばれた。

本の歴史のうえの大きな変化は，写本から刊本（印刷本）への転換である。すでに13世紀，モンゴルの支配下にあったイランで木版印刷が行われているが，これは同じ世紀の末には廃れてしまった。15～16世紀には，ヨーロッパでアラビア文字によるキリスト教文献の印刷が行われるようになる。同じ頃，インドのムガル帝国や，東地中海のオスマン朝にもこの印刷術がもたらされているが，いずれもこれを採用しなかった。写本やそれを飾る芸術家への配慮が働いたと同時に，クルアーンに代表される重要なイスラーム基礎文献である本は，丹念に手で写すべきものと考えられたのであろう。一般に，イスラーム世界では写本への愛好は強く，1700年頃のイスタンブルには書写生が8万人いたというし，本の印刷が始まっても今世紀初頭まで本の書写は続けられていた。イスラーム世界で印刷が始まるのは17世紀以降のことである。レバノン，イランで印刷が始まったのに続いて，18世紀にはオスマン朝，ムガル帝国でも印刷所が建設された。中東諸国で印刷が一般的になるのは19世紀のことである。

2）アラビア語写本の形と書き方

アラビア文字文化圏の写本の形と制作技術については，ペルシア語文化圏を中心としてII-1章が取り上げるので，ここではアラビア語写本を中心に瞥見してみたい。

伝統的な写本には，立派な装丁が施されているが，折り返しがあることが特徴である。本を左右に見開いた際，左側（日本語でいえば奥付のある側）の表紙が長く伸びていて，この部分を読みさしの部分にはさめるようになっていることが多い。本の表紙が栞を兼ねているわけである。

また，写本は日本語では1葉，2葉というように「葉」という数え方をするが，アラビア語ではワラク（「紙」）で数える。アラビア語は右から左に書くため，日本語同様，葉の表は，本を開いた時の左側，葉の裏側は右側にくる（ただし，日本語と違って，アラビア語は縦書きはしない）。各葉の裏側（つまり見開いた時の右側）の左下には，単語が一つ書かれている。これは，次の葉の最初の一語である。当時の写本の多くは，製本されているものに書きこんでいくのでなく，1枚1枚書いたものを最後に製本することが多く，製本前に順序が乱れてしまうこともあるため，万一そうなった場合でも，この単語を目印に並べ直すことができるようにという知恵である。

さて，アラビア語写本の場合，まず「慈愛あまねく慈悲深きアッラーの御名において」という言葉が書かれ，その後にアッラーへの賛辞，それに続いて預言者ムハンマド（およびその一族など）への神のご加護を求める言葉などが続く。この部分だけで，1葉を超すことも珍しくない。

その後に，「さて」（アンマー・バアドゥもしくはワ・バアドゥ）という決まり文句が書かれ，ようやく本文が始まることになる。まず，なぜ私はこの本を書くに

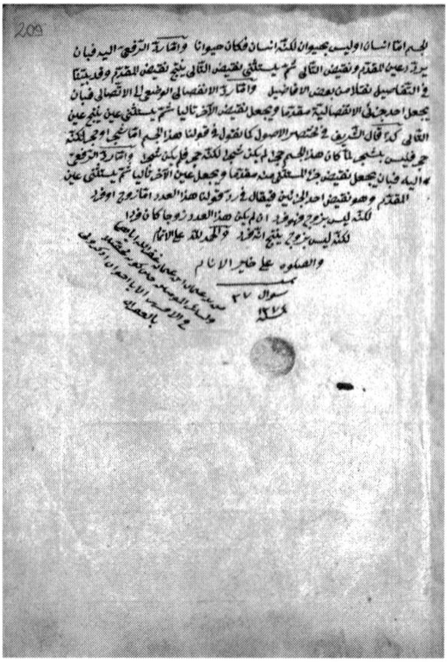

図2　写本の末尾部分。漏斗型の部分の最下部に，「この写本はヒジュラ暦 1274 年シャウワール月 27 日に脱稿した」と書かれている。

図3　写本の欄外に書き込まれた注釈

図4　アラビア語と小児錦によって書かれたクルアーン。枠内に1行おきに太く，大きな字で書かれているのが，アラビア語のクルアーン本文で，その間に小さく書かれているのが，その意味を漢訳したものを小児錦によってアラビア文字で書きとったもの。欄外には，アラビア語と小児錦を用いて，クルアーンの注釈が書かれている。

至ったか，という執筆の意図が語られることが多い。

写本の最後には跋文が書かれたあと，多くの場合，脱稿の日時や場所が書かれる。書写されたものである場合には，さらにそのあとに，書写の日時や場所も記される。この最後の方の部分は，日本語の書籍の奥付に相当するが，漏斗状の形に書かれるのが通例である（図 2）。

なお，ある書籍を写したうえで，それに注釈を付していくような場合には，欄外に書かれるのが通例であった。この場合，欄外の文字の行が斜めに書かれることが少なくない。また，欄外の場所によって，文字の向きが異なっている。これは，写本を回しながら，その欄外に注釈を書きこんでいったためである（図 3）。

3）複数の言語による写本

イスラーム世界の学術語といえば，まずはアラビア語である。そのことは，昔も今も変わらない。アラビア語はクルアーンの言語であり，言ってみれば神が選んだ言語だからである。しかし，イスラーム世界に生きる人々のうち，アラビア語を母語とする人はほんの一握りである。

そこで，アラビア語で元のテキストを書いたうえで，行間や枠外に現地語の翻訳や注釈を入れるということがしばしば行われた。たとえば，ここに掲げるのは中国で出版されたクルアーンであるが，アラビア語で記されたクルアーンの本文の行間に，漢語をアラビア文字で記したものが書かれている（図 4）。

このように，原語と現地語を同時に書き込む習慣は，現在にも残っており，この形をした印刷物も少なからず出版されている。アラビア文字文化圏の広がりと，アラビア語の重要性が，このような事例からも読み取れるだろう。

参考文献

東長靖 2002「アラビア文字による他言語表記とアラビア文字文化圏」『上智アジア学』20, pp. 25-44.

西田龍雄（編）1996『世界の文字』（講座言語第 5 巻）大修館書店.

町田和彦／黒岩高／菅原純（編）2003『中国におけるアラビア文字文化の諸相』東京外国語大学アジア・アフリカ言語文化研究所.

――――（編）2004『周縁アラビア文字文化の世界――規範と拡張』東京外国語大学アジア・アフリカ言語文化研究所.

町田和彦／菅原純（編）2005『周縁アラビア文字文化の世界――規範と拡張②』東京外国語大学アジア・アフリカ言語文化研究所.
――――（編）2006『周縁アラビア文字文化の世界――規範と拡張③』東京外国語大学アジア・アフリカ言語文化研究所.
水谷周 2010『アラビア語の歴史』国書刊行会.
森本一夫（編）2009『ペルシア語が結んだ世界――もうひとつのユーラシア史』北海道大学出版会.
Gacek, Adam. 2001. *The Arabic Manuscript Tradition : A Glossary of Technical Terms & Bibliography*. Leiden, Boston & Köln : Brill.
――――. 2008. *The Arabic Manuscript Tradition : A Glossary of Technical Terms & Bibliography, Supplement*. Leiden & Boston : Brill.
――――. 2009. *Arabic Manuscripts : A Vedemecum for Readers*. Leiden & Boston : Brill.

第II部

華麗なる写本の世界

第 *1* 章　書物の形と制作技術

後藤 裕加子

はじめに

第I部で明らかにされたように，8 世紀半ばに中国から製紙法が伝わってからイスラーム世界では書物の生産が著しく増加し，学問の発達に寄与した。中世のイスラーム世界では，宮廷図書館などの公共図書館だけでなく，宰相などの有力者が万巻単位の蔵書を有する私設図書館を持つことは珍しくなく，市内の本屋は市民の知的好奇心に応じて書籍の制作や販売を行っていた。図書館に集う知識人たちを描いた 13 世紀のアラブの写本絵画は，当時の図書館の蔵書の充実ぶりを伝えてくれる（口絵 1）。

この写本絵画はまた，中世イスラーム世界の書物の保存管理のあり方を明らかにしてくれる。当時のイスラーム世界では，すでに今日の我々に馴染みのある製本技術で書物が制作されていた。イスラーム世界で発達した製紙法や製本技術は，

図 1　オスマン朝時代の書庫

スペインやイタリア経由でヨーロッパに伝わったが，ヨーロッパで書物が概ね垂直に立てて保管されるようになったのに対し，イスラーム世界では通常書物は横に寝かせ，平積みで保管された（図 1)。保管のあり方についての思想は，イスラーム独特の装丁の形と密接に関わっている。

イスラーム世界では早くから印刷技術が伝わっていたものの，クルアーンが書かれたアラビア語とアラビア文字への尊重から，これが普及することはなく，美しい挿絵や装飾で飾られた豪華な手書き写本が多く生産された。美術的価値の高い書物の保存のために，高度な製本技術と装丁様式が発展し，写本制作は芸術にまで昇華された。王宮内の図書館には工房が付設され，分業体制のもとで写本が制作された（図 2)。写本制作には写本のテキストを美しい書体のアラビア文字で書き写す書家，テキストに相応しい挿絵を描く挿絵画家，テキストや挿絵の縁取りや余白部分を高度に様式化された文様で飾る装飾家，最後に書物に仕上げる製本家などが関わった（II-3，II-7 章参照)。

図 2　ムガル朝宮廷図書館工房の様子（右上で書家に指示する人物は図書館長か，1590-95 年頃)

この章では，特に製本技術が頂点を極めた 15 世紀のティムール朝時代（1370-1507）のペルシア語文化圏を中心に，イスラームの写本制作と，装丁を中心とした製本技術とを概観していく。

1　書物の形と製本の工程

1）書物の形と起源

アラビア語は右から左に書くため，イスラームの書物は日本の縦書きの書物と

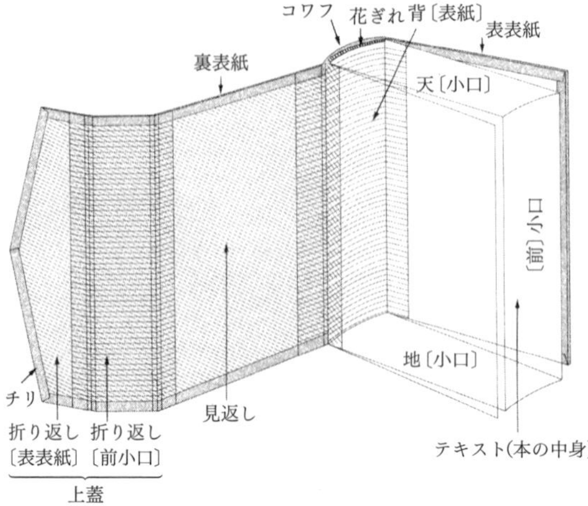

図3　写本の構造

同様に左開きになっている（図3）。近代以前のイスラームの書物は，前小口を保護するために裏表紙の左辺から前方に続く折り返しを持ち，そこからさらに延長された上蓋は表表紙に重ねられた。装丁が書籍を包み込む一種の箱のような形態となっているのが特徴である。背表紙はヨーロッパの書物と異なって平らで，革製の装丁には押し型などのさまざまな技法を用いて装飾が施された。革は山羊革のものが多い。

イスラームが征服したビザンツ帝国領のシリアやエジプトでは，今日まで伝わる書物の原型となる冊子体の書物がすでに存在していて，イスラームはその製本技術をそのまま取り入れた。製紙法が伝わる以前の書写材料であったパピルスと獣皮紙のうち，現在まで伝わる初期の冊子の多くは獣皮紙製で，基本的に巻物で保管されるパピルスには少ない。8世紀半ばに中国からイスラーム世界に製紙法が伝えられてから，紙はパピルスと獣皮紙にかわって急速に普及していくが，現存する最も古い紙製冊子は9世紀後半のものである。イスラームにおいて最初期から存在し，かつ最も重要な書物はクルアーンであるが，初期の獣皮紙製のクルアーンは未綴じのまま箱にしまわれるか，冊子体に綴じられたものが紙ばさみ状の表紙に挟まれ，おそらくはさらに箱にしまわれた。獣皮紙にクーファ体で書かれたクルアーン写本の体裁は横長であったが，書写材料や書体の変更にともなって10世紀頃からは縦長のものにかわっていく。

図4　紙の研磨（ジャハーンギール・アルバム, 1600-10年頃）

2）書物ができるまで

一冊の書物の完成までには，写本の本体そのものの制作，製本の大きく二つの工程が関わってくる。イスラーム世界では，近代に印刷技術が導入される以前の写本制作工程は，一旦完成されると基本的に大きな変化はなかった。ティムール朝時代以降の挿絵入りペルシア語写本制作を参考にして写本本体のおおまかな制作手順を見てみよう。

1）紙の準備：紙の表面には滲み止めのための澱粉か樹脂が塗られ，石やガラスで徹底的に磨かれる（図4）。紙を染色する場合には，その前に行われる。これらの準備作業は基本的に製紙工や製紙業者の仕事であるが，書家が自ら行うこともあった（図5）。

2）装飾料紙の作成：特に豪華な写本の場合には，あらかじめ紙に金や銀の箔を蒔いたり，マーブル模様などの装飾が施される。その上で，本文の行配分，章のタイトル，挿絵，ページの縁装飾などのレイアウトを決めるための罫線が引かれる。これらの作業は全て装飾家の仕事である。

3）本文の書写：書家によって本文が書写される。ティムール朝時代以降のペルシア語写本では，書体は主にナスタアリーク体が使われるようになるが，写本に利用される書体は，時代や文化圏，テキストの内容などによって異なる。

4）挿絵と装飾：あらかじめ指定されたスペースに挿絵，続いて装飾が施され

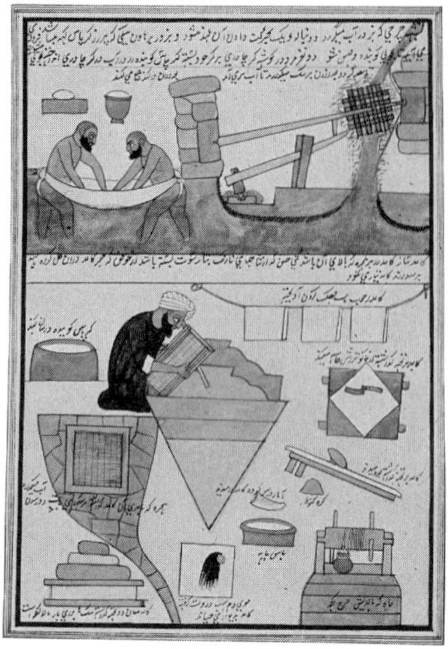

図5　製紙（「伝統的な手工業と商業を描いたカシミールの写本」より，1850–60年頃）

る。

宮廷図書館に付設された写本制作工房の場合，どのような作品の写本作成を請け負うか，どのページにどういう挿絵や装飾を入れるかといった業務全体の差配は，図書館長の職務に属した。

3）製本工程

製本技術についても，初期にその技術が確立した後は，装丁の意匠に関わる技術を除くとほとんど変化はなかったようである。一冊の写本が完成するまでの製本手順は，だいたい以下の通りである。

1）折丁：まず一枚の紙が半分（2葉），さらにその半分（4葉），という風に折られ，最高で4回，合計16葉になる。これをカットして折り目のところで重ね合わされたものが一帖を構成する。複数の帖を重ねて綴じたものが折丁（製本以前の冊子状の写本本体）となる。一帖の葉数は写本のサイズなどで異なってくるし，別途他の紙が挟まれることもあった。テキストの書写などの作業は，一般に綴じられる前の紙か，帖に綴じられた状態で行われる。

2）糸綴じ：各ページ，各帖の順番が確認された後に帖は糸（素材は亜麻や絹糸）で冊子状に綴じられる。製本のために折丁の背が槌などで均され，表紙をつける下準備がされる。

3）製本：表表紙と裏表紙（革装される前のもの）がつけられた後に化粧裁ちされ，折丁の天地が花ぎれで補強される（図6）。

4）装丁：表紙は革装（後世には紙製のものも登場する）され，意匠が施される（図7）。

図6　化粧裁ち（ジャハーンギール・アルバム，1600-10年頃）

図7　装丁（背表紙）（17～18世紀）

イスラームの装丁は，エジプトのコプト・キリスト教徒の装丁から多くを継承している。カイロのコプト博物館に保管されている6世紀のコプトの革装本には，すでに空押しや刃物でカッティングされた金彩色の組紐模様などの装飾が施されている。東トルキスタンのトルファンで発掘された，6世紀から9世紀の間の制作とされる革装丁の断片も，その幾何学模様の装飾の様式からコプトの装丁との類似性をうかがうことができるし，イスラーム時代に入ってからのエジプトの装丁も，その技術や様式を継承したものであるのは明らかである。しかしながら初期の装丁で現存するものは少なく，これを検証することは難しい。現在我々に伝えられているエジプトの装丁の多くはマムルーク朝時代（1250-1517）の13世紀以降のものである。イスラームの製本では，折丁の表紙への綴りの強度が弱かったため，写本本体が表紙から剝がれやすく，製本当初の装丁と制作年代が記された写本本体が同時に残っていることが少ないため，装丁の厳密な年代特定が難しい。現存する最古の装丁の一つは，9世紀のものとされるカイラワーンの大モスクの図書館所蔵の革表紙である。現存する初期の作例で，木製の表紙もなかったわけではないが，一般に装丁は厚紙に革を糊づけした革装で，天地の小口にも折り返しを持っていた。11 世紀以降から前小口のみに折り返しがつけられた様式に変化していった。

2　装丁の意匠と書物の体裁

1）装丁の意匠

装丁にはルレットや花型（模様をつけるための押し型）や筋型（直線や曲線をつけるための押し型）などの道具が使われ，これらの道具によって創り出される空押し（箔を施さず，熱と水だけで押し型を革に押して模様をつける技法），箔押し，彩色などから意匠が構成される。表表紙と同様の意匠は裏表紙や折り返しにも施されるが，裏表紙の意匠は表表紙よりもシンプルである。折り返しや表紙の内側には，後述の切り絵細工で表紙の意匠が再現された（図 8）。

現存する装丁からも確認できるイスラームの製本の最初の中心地は，マムルーク朝時代のエジプトとシリアであった。マムルーク朝の表紙の装丁デザインは二つに大別される。一つは全面に幾何学的な組紐紋様の装飾を施すもので，多くの場合は中央部に核になるような模様が形成されるようにデザインされている（図 9）。もう一つのデザインは，中心にメダイヨン（円形模様の意匠）を配置し，表紙の四隅にそのメダイヨンを四分割した同じ様式の模様を施すものである。上下

図 8　ムガル朝の装丁職人（ジャハーンギール・アルバム，1600-10 年頃）

に先端が尖ったペンダントがついた楕円形のメダイヨンを表紙の中央部に配置し，余白を植物文様で満たすデザインは，マムルーク朝では15世紀になって普及するようになるが，このデザインは当時，もう一つの写本制作の中心地となっていったティムール朝下の中央アジアやイランで流行していたものが伝わったのである（図10）。

図9　14世紀エジプト／シリアの革表紙装丁

やや遅れてエジプトに次ぐイスラームの製本の新たな中心地となったのは，ペルシア語文化圏に属するイランや中央アジアである。ただし初期の装丁の現物はエジプト同様にほとんど現存していないので，製本技術の発展の歴史は明らかではない。この地域の美術工芸，特に写本絵画は13世紀以降のモンゴル支配の結果，東アジアから強い影響を受けることになったが，装丁については詳しいことはわからない。中央アジアとイランにおける装丁芸術が一つの頂点を極めるのは，14世紀末に始まるティムール朝時代のことである。

ティムール（位1370–1405）は西アジア遠征の際に多くの職人や知識人を中央アジアに捕虜として連行し，首都サマルカンドを中心とした学問・芸術の振興に従事させた。次節で紹介するドゥースト・ムハンマドによれば，ティムールはジャラーイル朝（1336–1432）のスルタン・アフマド（位1382–1410）の宮廷で活躍した画家ホジャ・アブドゥルハイイをバグダードからサマルカンドに連れ帰ったことが伝えられている。ティムール自身の写本制作への関心がどの程度のものであったかは，叙述史料にも現存する写本にも記録がなく不明であるが，ティムール朝時代の製本技術も，まずはシリアの職人を通じてマムルーク朝のものが移植されたものと考えられている。ティムールを継いだ王族はいずれも熱心な芸術の支援者で，同王朝の支配領域では，程なく芸術的な装丁を伴う写本が次々と制作

図 10 『王書』裏表紙内側装丁（革に切り絵細工，16 世紀前半，タブリーズ＝ヘラート）

されるようになっていった。例えば，金箔などの箔押しはこの時代に開発されたもので，他の製本技術同様にイベリア半島経由でヨーロッパに伝わり，ヨーロッパの製本芸術に大きな影響を与えた。ティムールの四男で，ティムール朝第 3 代シャー・ルフ（位 1409–47）のために 1434/35 年に制作された写本の表紙装丁には，およそ 55 万の空押しや 4 万 3 千もの箔押しが施され，その制作には少なくとも 2 年はかかったとされている。

2）書物の体裁

14 世紀から 15 世紀にかけて，宮廷図書館の写本制作工房では職人の分業化が進んでいたが，それにともなって書物の体裁も定まっていった。折り返しのある表紙に守られた写本の最初の一葉の表ページ（1a）は装飾の専門用語で後にシャムサ（shamsa ＝太陽）と呼ばれるメダイヨンで飾られた（図 11）。このページは一種の表題ページの機能を果たし，本の題名や著者名，本の所有者の名前が記されたりした。最初の一葉の裏ページ（1b）は二葉目の表ページ（2a）とともに見開きになっていて，一種の口絵の機能を果たす（図12）。このページに全面装飾が施されている場合はサルラウフ（sarlauh）と呼ばれ，ページ上部の見出し部分にのみ装飾があるものはウンワーン（‘unwān）と呼ばれた。植物文様などで満たされた四角い見出し枠のなかには，作品の題名や著者名，またはテキストの開始や章のタイトルが，本文と区別するために大きめの文字を使って金泥や色インクで書かれた。ティムール朝時代にはアンソロジーの編集が流行したため，1冊のなかに複数の作品が含まれる場合には，それらの題名を記す目次となった。本文も見開き様式になっているのが普通で，縁取りがされて装飾で飾られたが，最初のページや挿絵のあるページに比べるとシンプルなものになっている。豪華な写本の場合は紙全体の背景に金箔の散らしや淡い色調で描かれた動植物文様が施される。本文は黒インクで書かれる。最後の一葉は奥付ページで，写本が制作された日時，場所，書家の名前が，台形もしくは三角形の枠のなかに記された。

図11　サファヴィー朝タフマースブ1世の『王書』のシャムサ（1522-35年，タブリーズ）

3）装丁芸術の発展

ティムール朝時代の写本制作は，約1世紀の間に急速な技術発展をみせた。例えばティムール朝時代末期に導入された大型の金属板を使った型押しなどが，サファヴィー朝（1501-1736）のイラン，ムガル朝（1526-1858）インド，オスマン朝（1299-1922）下のアナトリア，さらにはヨーロッパへと伝えられていく。ティムール朝は明へ使節を派遣しており（1419-22年），モンゴル時代に続き中国との交流によって中国絵画の要素がイスラームの写本芸術に取り入れられるようになった。表紙の中央のメダイヨンや四辺の縁の帯装飾に動植物や中国風の雲のモチーフが施されるものが登場し，1440年代になるとメダイヨンを廃した風景画的な

図12　アミーレ・フスラウ『五部作』見開き（1530–40年頃，タブリーズ）

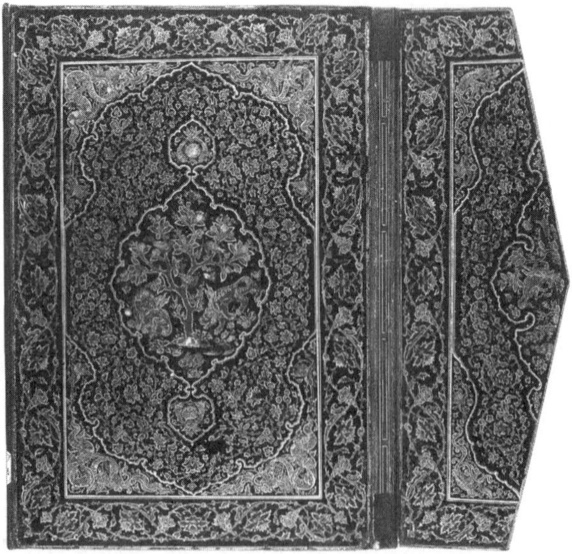

図13　アミーレ・フスラウ『八天国』裏表紙と上蓋の植物・動物文様装丁（1496年，ヘラート）

表紙の装丁も見られるようになってくる(図13)。風景画風の意匠が盛んに作成されるようになったのはサファヴィー朝時代で，その時代には厚紙（張り子）に文様を施し，漆を塗る手法で制作された装丁が多く制作されるようになるが，これも中国の技法を取り入れたもので，ティムール朝時代末期(15世紀後半）から登場したものである(図14)。絵画のデザインを模した装丁意匠については，すでに多くの研究者によって写本絵画の影響が指摘されている。これらの意匠にはデッサンが残されており，写本制作工房で画家や装飾家と装丁家が協力して写本制作にあたっていたことがうかがえる。また，切り絵細工のように，革にナイフで透かし彫りを施した細工は，すでにトルファンで発掘された断片やマムルーク朝の装丁にも使われていたが，ティムール朝時代には細工はより繊細かつ華麗なものとなり，主に表紙の裏や見返しの装飾として使用された。

図14　ナヴァーイーの詩集の漆塗り装丁（サイイド・アリー（おそらく画家のミール・サイイド・アリー）の署名入り，1540年頃，タブリーズ）

オスマン朝では15世紀には首都のエディルネ，ブルサ，イスタンブルでペルシア出身の書家，挿絵画家，製本家，装飾家が活動していたが，徐々に独自の装丁芸術を発展させていった。

3　写本の制作工房としてのマドラサと書物の普及——イル・ハン朝時代

1）知識人と書物

アッバース朝時代（749-1258）のバグダードには百軒を越える書店があったし，アッバース朝時代以降もカイロやフェズなどの都市に書店の存在が確認できるが，一般向けの書物の生産や流通については史料に記録がなく，実態は不明なことが多い。イスラーム世界では11世紀のセルジューク朝時代（1038-1194）にマドラサと呼ばれる高等教育機関が各地に建設されるようになった。マドラサの授業では，学生は指導教授のもとでのテキスト輪読の際に内容を筆写し，テキストの内容を履修し終わると，お墨付きをもらい，テキストを私有した。人に見せることを特に目的としない，個人へ強く帰属する専門の学術書などは，学生個人の筆写・製本によって普及していったのであろう。セルジューク朝の年代記作家ラーヴァンディー（1184没）は，自身がイラクで書道，製本，装飾を修得し，その技を王族や学者に伝えたと述べている。また，同じく11世紀には製本に関する専門書も著されており（イブン・バーディース（1108没）『書記の支えと見識のある人たちの装備』），知識人層が教養の一つとして製本の知識に親しんでいたことをうかがわせる。一方，マドラサは宮廷とともに，現在まで伝えられているような美術的な価値の高い挿絵入り写本や豪華な装丁の制作工房としても機能した。

オスマン朝が台頭する以前のアナトリアでは，アナトリアにおけるセルジューク朝の分家の王朝であるルーム・セルジューク朝（1075-1308）が同地のイスラーム化を進めた。同朝の首都となったコンヤに建設されたサアドゥッディーン・クバクのマドラサに，1278年に制作されたクルアーンが現存している。このクルアーンには写字生と装飾家の名が記されている。同じ年に制作された神秘主義者ルーミー（1273没）の『マスナヴィー』にも写字生と装飾家の名が記されていて，装飾家が同一人物（ムスリフ・ブン・アブドゥッラー・アルヒンディー）であることから，このマドラサが学術書を中心とした一種の写本制作工房として機能していたことは推測に難くない。

2）イル・ハン朝の写本制作

アッバース朝を滅ぼしたモンゴル軍はイラン北西部に留まり，イル・ハン朝（1258-1335）を成立させた。モンゴルの支配者たちはまもなくイスラームを受容し，イスラーム世界における支配の正統性をアピールするために，その文化・芸術を熱心に支援するようになった。この時代には大判の製紙技術が発達したこと，またパトロンの裕福さから豪華な装飾が施された大型のクルアーン写本や『世界征服者の歴史』や『ワッサーフ史』などのモンゴル史を著した歴史書，挿絵入りの叙述作品が数多く制作され，イランは写本制作の中心地となっていった。写本の挿絵には，「モンゴルの平和」のもとでビザンツ絵画や中国絵画などのさまざまな文化圏の絵画の要素が取り入れられ，特に中国絵画の要素は，これ以後のペルシア写本絵画の発展に大きく寄与することになった。

イル・ハン朝時代に制作された挿絵入り写本は大きく二つのジャンルに分けられる。一つは『集史』に代表される歴史書である。ペルシア語で書かれた『集史』においてはモンゴルの歴史とイスラーム史の統合がはかられるとともに，中国，インド，ヨーロッパなど諸民族・国家の歴史が叙述された世界史となっている。もう一つは文学作品で，文学作品は伝統的なジャンルではあったが，この時代には『王書』などのペルシア文学の作品が主な主題として取り上げられるようになっていったのが特徴である。またイル・ハン朝時代からのペルシア写本絵画では預言者ムハンマドやシーア派初代イマーム・アリーの挿絵が描かれるようになる。イスラームでは偶像崇拝禁止の思想からムハンマドが描かれることはなかったが，モンゴルの支配者はもともと信仰していた仏教やキリスト教の宗教画に親しんでおり，抵抗はなかったのであろう。

イル・ハン朝時代の学問に関わる写本の制作と書物の普及状況の一端について，最も詳しい情報を我々に伝えてくれるのは，『集史』の編纂者としても知られる宰相ラシードゥッディーン（1318没）である。彼はイル・ハン朝の政治の中心地タブリーズ近郊に自らの名前を冠したラシード区というマドラサ複合施設を，ワクフという宗教寄進制度によって建設した。マドラサ複合施設というのは，高等教育機関であるマドラサやその他の公共施設が，その維持・管理費用を生み出す経済施設となる市場や公共浴場，隊商宿などとともに建設されたのもので，11世紀にマドラサが設立されるようになって以降，イスラーム世界で普及し，都市施設の充実をもたらした。ラシード区はラシードゥッディーンの墓廟，モスク，マドラサ，写本室，管理人の住居，病院，スーフィズムの修道場，学生の宿坊，貧窮院，職員居住区などからなっていた。ラシード区の『ワクフ文書』では，諸施設の運営について詳細に規定されている。それによるとマドラサでは学生は週12時間の授業を履修し，在学中にラシードゥッディーンの著作3作から1点を筆写する義務を負っていた。写本室ではクルアーン，ハディース，ラシードゥッディーンの著作の書写と，諸都市への寄贈が指示されている。特に『集史』については，1年にアラビア語，ペルシア語各1写本の制作が指示されている。ラシードゥッディーンは多くの著作を著しており，代表作『集史』にも数多くの写本が現存するが，ラシード区で制作・寄贈されたものは 2 冊確認されている。ラシード区には製紙工房（kāghadh-khāna）も付設されていて，ここではクルアーンの制作に用いられる大型のバグダード紙が生産されていた。

4　ティムール朝の王宮図書館の工房と芸術家たち

1）ティムール朝による継承と発展

イル・ハン朝の滅亡によってイランは政治的に分裂したが，写本制作の伝統はジャラーイル朝のバグダードやタブリーズ，ムザッファル朝（1313-93）のシーラーズなど，諸地方王朝の主要都市で受け継がれた。諸王朝は自王朝の歴史を記録に残し，またジャラーイル朝の支配者のように引き続き挿絵入り写本の制作を奨励した。14〜15 世紀にかけてシーラーズで制作された挿絵入り写本は，版型が小型化したことや，紙質の低さ，素早い筆致，絵具の質の悪さなどから，主に商品として制作されたのではないかと考えられている。一方，カスピ海南岸にあるギーラーン地方のような辺境の小王朝下でも，支配者の支援のもとで制作された地方色の強い意匠の装丁や写本が残されている。

ジャラーイル朝やムザッファル朝の写本制作の伝統を受け継いだのは，14 世紀の末から 15 世紀にかけて中央アジアとイランを統一したティムール朝である。ティムール朝の王族や宰相などの支配者層は，積極的にパトロンとなって学問や芸術を支援した。ティムール朝の王族で写本制作を支援した初期の代表的な人物は，イラン高原中部ファールスの支配者イスカンダル・スルタン（位 1409-13）で，彼に献呈された 12 の写本のほとんどは，制作地として奥付にシーラーズもしくはイスファハーンの名が記されるとともに，書家の署名も入れられている。ほぼ同時期にジャラーイル朝の支配者スルタン・アフマドが亡くなっている（1410 年）ので，彼の宮廷で写本制作にたずさわっていた職人たちが，新たな支援者を求めてバグダードからシーラーズに移ったと考えられる。また，写本の挿絵の様式などから判断して，シーラーズの職人たちが同地の政変にともなってヘラートに移ったことも間違いないようである。

イル・ハン朝や同時代のアナトリアのクルアーン写本の奥付には，書家や装飾家の名前が記されているものがあるので，この頃には写本制作に関わる芸術家や職人の分業がある程度は進んでいたと推察されるが，ティムール朝時代以前に写本制作に携わった職人たちの名前や活動はほとんどわからない。初めて画家の署名が確認されるのは，ジャラーイル朝の首都バグダードで1396年に制作された詩の写本である（II-7章の図3を参照）。ティムール朝末期からは，徐々に画家や装飾家の伝記が書かれるようになり，宮廷図書館の工房における写本制作の隆盛とともに，彼らの地位が徐々に向上していったことや分業体制が確立したことをうかがうことができる。写本制作には裕福な支配者層の支援が欠かせないものであったし，彼らにとっても豪華な写本の制作は自身の権威を示す有効な手段であった。よって時の権力者が変われば，画家らが新たなパトロンのもとに移動するのは常であったろう。

2）書物制作の中心地ヘラート

ティムール朝時代の製本芸術の発展に大きく貢献したのは，ティムールの孫（シャー・ルフの息子）で，自身が能書家，愛書家でもあったバーイスングル・ミールザー（1397–1433）である。彼はサマルカンドと並ぶティムール朝の首都として栄えたヘラートに1420年頃に図書館（Kitāb-khāna）を設置し，ここは貴重な写本を制作する工房でもあった。バーイスングル・ミールザーの図書館長を務めたのは，書家ジャアファル・タブリーズィーであった。

イスタンブールのトプカプ宮殿図書館には，バフラーム・ミールザー・アルバムの名前で知られている詩画帳（アルバム）が所蔵されている。バフラーム・ミールザー（1549/50没）は，サファヴィー朝の第2代君主タフマースブ1世（位1524–76）の弟である。サファヴィー朝はティムール朝の後を継いでペルシアの写本芸術の隆盛をもたらした王朝で，バフラーム・ミールザーも芸術の支援者として知られる。このアルバムには19ページからなる報告書がともに綴じられている。この報告書は1544年に著され，著者はヘラート出身のドゥースト・ムハンマドなる人物で，自身も書家，挿絵画家として活動し，バフラーム・ミールザーから昨今の名人の作品を収集して詩画帳を制作するように命じられたという。報告書のなかで，ドゥースト・ムハンマドは過去のみならず当代の書家，画家，装飾家について紹介しており，ティムール朝時代の書家や画家の活動についても我々に詳細を伝えてくれる。

ドゥースト・ムハンマドによれば，バーイスングル・ミールザーはモンゴル（イル・ハン朝）時代からの政治・文化の中心地であったタブリーズから画家や装丁家を招聘し，持てる最高の技術を用いて写本を制作するように命じたという。図書館長ジャアファル・タブリーズィーもそのニスバ（出身地を示す一種の名字）から，おそらくタブリーズ出身者だったことが推察される。後述の『王書』を製本した装丁家マウラーナー・キワームッディーンもタブリーズから招聘され，彼は切り絵細工の考案者であったという。

ジャアファル・タブリーズィーは図書館で進行中の事業についてバーイスングル・ミールザーに報告していたが，現在伝わっている1427年の報告書『上奏』では，写本・デザイン・建築・テントなど多岐にわたる事業について報告され，そのうちの四つが製本に関わる報告である。四つの報告のうちの一つでは，現在イランのゴレスターン宮殿に所蔵されている『王書』と同定される『王書』の装丁をマウラーナー・キワームッディーンが手がけ，その進行具合が報告されている。なお，報告書では装丁家だけでなく，書家・画家・装飾家らの活躍についても記録されている。書物が装丁家によって最終的に製本される前の段階に関わる芸術家たちとその作品についてはII-3章やII-7章で詳しく紹介されるが，装飾家（ムザッヘブ）は写本だけでなく，建築や工芸品の装飾文様（タズヒーブ）も考案したので，宮廷図書館の事業が多岐にわたるのも不思議ではない。

バーイスングル・ミールザーの死後，彼の図書館のスタッフはヘラートからサマルカンドの宮廷に移され，ここで厚遇されたという。ヘラート宮廷が再び写本制作の拠点となるのは，スルタン・フサイン・バイカラー（位1470-1506）時代のことである。スルタン・フサイン・バイカラーの図書館の館長アミール・ルーフッラーは弓職人から書家，装飾家，画家へと転向した人物で，彼の弟子がティムール朝末期からサファヴィー朝時代の巨匠として有名なビフザード（1535没）である。ドゥースト・ムハンマドによれば，ビフザードは当代の画家の最高峰，装飾家・著述家の長で，ティムール朝にかわってサファヴィー朝がヘラート周辺地方を含むイランを統一した後はサファヴィー朝に仕え，サファヴィー朝の第2代タフマースブ1世の図書館長に任命された。

5　ティムール朝時代以後の写本制作と芸術家たち

1）サファヴィー朝の宮廷図書館

製本技術を含めたティムール朝の写本芸術はサファヴィー朝に継承され，またイランを経由して同王朝と同時代の王朝であるムガル朝，オスマン朝の写本芸術にも大きな影響を与えた。II-7章で概観されるように，サファヴィー朝時代には写本絵画は写本から独立して独自の発展を遂げ，画家や書家は芸術家として宮廷での地位を確立していく。一方，職人的な性格が強い製本家については，その名前も活躍も多くは伝わらないままである。

タフマースブ1世時代からアッバース1世時代にかけて活躍した年代記作家カーズィー・アフマド・クミー（1546-?）は，1597年頃に『芸術の薔薇園』という題名で知られる書家と画家の伝記を書いている。彼の父親はバフラーム・ミールザーの息子で，やはり芸術に造形が深かったイブラーヒーム・ミールザー（1574没）のマシュハドの宮廷に出仕，その宰相として仕えた。カーディー・アフマドも代々のシャーに書記として仕えた官僚であったが，マシュハドの少年時代に父親の家にはイブラーヒーム・ミールザーの図書館で活動していた画家が出入りし，彼自身も複数の画家から絵を習っていた。『芸術の薔薇園』は序章と4つの章からなり，第1章は書体（スルス体とそれ以外の類似の書体）について，第2章はタアリーク体とその書家，第3章はナスタアリーク体とその書家，第4章は画家や装飾家などの大家について書かれている。第4章で紹介されているビフザードを筆頭とする33名の芸術家のうち，画家や装飾家などを本職として同時に製本をする芸術家を除くと，本職の製本職人は1名のみである。

一方，カーディー・アフマドと同時代人の書記官僚ブダーク・ムンシーは，1576/77年頃に執筆した歴史書『歴史の宝石』のなかでシーラーズの写本制作についての記述を残している。シーラーズ市内では，どの家庭でも家族がそれぞれ挿絵，書写，装飾，製本の仕事を分業し，一つの家庭内であらゆる種類の本の制作が可能であった。写本は定まった様式に従って作成され，たくさんの挿絵の入った写本でも1年以内に完成できたという。ブダーク・ムンシーの貴重な記述は，シーラーズで14世紀半ば以来の伝統が維持され，家内工業で商品としての写本制作が続けられていたことを明らかにしてくれる。

2）オスマン朝の宮廷図書館

オスマン朝宮廷の写本制作工房でも，書家や装飾家で製本家を兼ねる者の名前が伝わるが，その活動はほとんど不明である。オスマン朝では王子の割礼式などに大がかりな祝祭が催され，職人が組合ごとに山車を出して行列に参加した。宮廷の写本工房の製本職人も他の職人同様にスルタン主催の祭礼で作品を披露し，贈物を下賜されたことが『祝祭の書』の記録や挿絵に残されている。オスマン宮廷の写本制作工房では，16 世紀前半からおよそ 100 年にわたり，ある一族が製本職人の長の位置を占めていたことがわかっている。一族の初代アフメットはスルタン・バヤズィト 2 世時代（在 1481–1512）に活動，おそらく製本職人の長に任じられていた。1526 年の宮廷職人名簿では，585 人中の 6 名が製本職人，2 名が徒弟で，合計 8 名のうち 4 名はこの一族の出身であった。

おわりに

17 世紀以降は，イスラームの芸術全般にヨーロッパの影響がしだいに顕著になってくる。写本芸術もその例に漏れず，絵画には陰影法や遠近法などの技法が，装丁や写本の装飾文様などにもヨーロッパ風の動植物が取り入れられるようになっていく。手書き写本に大きな価値を置き，数百年にわたりその伝統を保持してきたイスラーム世界の書籍文化を揺るがしたのは，19 世紀に入ってからのヨーロッパの印刷技術の本格導入である。安価な印刷本の普及は，徐々にではあるが手書き写本を駆逐していき，総合芸術としての写本制作は廃れていった。

参考文献

カンプラス，ジュゼップ 2008『西洋製本図鑑』（市川恵里訳）雄松堂出版.

杉村棟（編）1999『世界美術大全集 東洋編 第 17 巻 イスラーム』小学館.

ブルーム，J./ ブレア，S. 2001『岩波世界の美術　イスラーム美術』（桝屋友子訳）岩波書店.

ヤマンラール水野美奈子 1988「イスラームの画論と画家列伝」『オリエント』31：1，pp. 161-172.
――― 2009「ティームール朝の書家ジャアファル・バーイソンゴリーの「上申の書」和訳，解説，サライ・アルバムにおける意義」『龍谷大学紀要』30：2，pp. 67-89.
anon. 1933. "Appendix I. Dūst Muhammad's Account of Past and Present Painters," in L. Binyon / J. V. S. Wilkinson / B. Gray, *Persian Miniature Painting*, Oxford.
Aslanapa, O. 1979. "The Art of Bookbinding," in B. Gray ed., *The Arts of the Book in Central Asia*, Paris & London, pp. 59-91.
Bosch, G. / Carswell, J. / Petherbridge, G. 1981. *Islamic Bindings and Bookmaking*. Chicago.
Canby, S. R. 1993. *Persian Painting*. Northampton : Interlink Books.
―――. 1999. *The Golden Age of Persian Art*. London : The British Museum Press.
―――. 2009. *Shah 'Abbas : The Remaking of Iran*. London : The British Museum Press.
D'Ohsson, M. 1787. *Tableau général de l'Empire othoman*. t. 1, Paris : De l'Imprimerie de monsieur.
Dūst Muhammad. 1989. "Dost-Muhammad. Preface to the Bahram Mirza Album," in W. M. Thackston (selected and translated), *A Century of Princes : Sources on Timurid History and Art*. Cambridge, Massachusetts, pp. 335-350.
Ettinghausen, R. 1967. "Manuscript Illumination," in A. U. Pope ed., *A Survey of Persian Art*. vol. III, Tokyo, pp. 1937-1974.
Gratzl, E. 1967. "Book Covers," in A. U. Pope ed., *A Survey of Persian Art*. vol. V, Tokyo, pp. 1975-1994.
Gray, B. 1979. *The Arts of the Book in Central Asia : 14th-16th Centuries*. Paris & London : Serindia Publications, UNESCO.
Guy, J. / J. Britschgi eds. 2011. *Wonder of the Age : Master Painters of India 1100-1900*. New York : The Metropolitan Museum of Art.
Haldane, D. 1989. "Bookbinding," in E. Yarshater ed., *Encyclopaedia Iranica*. vol. IV. New York : Routledge & Kegan Paul, pp. 363-365.
Hoffmann, B. 2000. *Waqf im mongolischen Iran : Rašīduddīns Sorge um Nachruhm und Seelenheil*. Stuttgart : Frans Steiner Verlag.
Martin, F. R. 1912. *The Miniature Painting and Painters of Persia, India and Turkey from the 8th to the 18th Century*. 2 vols., London : Quaritch.
Qādī Ahmad (T. Minorsky tr.). 1959. *Calligraphers and Painters* : a treatise by Qāḍi Aḥmad, son of Mir Munshi (circa A. H. 1015 / A. D. 1606). Washington D. C.
Raby, J. / Tanindi, Z. 1993. *Turkish bookbinding in the 15th century : the foundation of an Ottoman court style*. London : L'Association Internationale de Bibliophilie.
Sarre, F. 1923. *Islamic Bookbindings*. London.
Thompson, J. / Canby, S. R. 2003. *Hunt for Paradise : Court Arts of Safavid Iran 1501-1576*. Milan : Skira.
Wright, E. 2012, *The Look of the Book : Manuscript Production in Shiraz 1303-1452*. Washington, D. C., Seattle & Dublin : Freer Gallery of Art / University of Washington Press / Chester Beatty Library.

第 *2* 章　アラビア書道の流派と書家たち

竹田 敏之

はじめに

本章では，アラビア書道の勃興と書道文化の展開を，各流派の形成と地域的特徴に着目しながら考察していく。時代としてはアッバース朝期から活版印刷が普及する前のオスマン朝後期までを対象とし，地域としてはアラビア語圏のイラク，マグリブ，エジプトから，アラビア文字を使用するイラン，オスマン朝トルコまでを主に扱う。また，各地の著名な書家についても具体的な事例とともに，紹介していきたい。

1　アッバース朝における書道と巨匠たち

1）アラビア文字の広がりとアラビア書道の勃興

正統カリフ時代が終焉しウマイヤ朝（661-750）が始まると，イスラームの版図は，西はイベリア半島，東は中央アジアまで拡大し，各地に聖典クルアーンとその表記文字であるアラビア文字を伝播させた。

アラビア文字を用いた芸術としての書道は，続くアッバース朝期を中心にアラビア語圏で勃興し，イスラーム文化が発展・拡大していく過程で，ペルシアやオスマン朝などアラビア文字圏でも新たな展開を見せながら発達した。アラビア書道の主眼は何よりも，「神のことば」であるクルアーンを芸術的に美しく表現することにあった。

イスラーム初期よりアラビア語の書体には大きく分ければ，角張った直線的書体と，滑らかな線による曲線的書体が存在した。前者の角張った書体は，ラクダの肩胛骨や獣皮紙を中心に固めの素材に書く際に用いられることが多く，初期のクルアーン筆写の主流であった。この書体は，639年に建設された軍営都市のクーファ（イラク中部）を拠点に広まったとされ，一般に「クーファ体」の名で知られている。その様態は格調高く，判型や文字も大きく，日常の筆記とは明らかに異なる特別な配慮のもとに，一字一句丁寧に書写されたことをうかがわせる。一方，後者は初期のクルアーン写本にも見られるが，精緻さには縛られないその流れる文字線から，ウマイヤ朝期の官庁を中心とした文書作成や書簡など，比較的速い筆記が求められる場合に用いられた書体と考えられている。

こうしたクルアーンの筆写や書体の改良を担ったのが書家である。ウマイヤ朝期からアッバース朝初期については，『目録』の著者であるイブン・ナディームや，マムルーク朝期の文人カルカシャンディーが，ダッハーク・イブン・アジュラーン（8世紀初め）や，クトゥバ（770没），アフワル・ムハッリル（没年不明）といった能書家の存在を伝えている［al-Nadīm 1985 : 34 ; al-Qalqashandī 1987 : vol. 2, 488］。しかし，いずれも筆跡は現存せず，あまり詳しいことは分かっていない。また，当時の筆記体系についても，筆や料紙のサイズに応じた書体名や，「マッカ」や「バスラ」といった地名・地域を冠した20にも及ぶ書体名が伝わっている。それに加えて，「トゥーマール」と呼ばれる馬毛24本分のサイズが規格判となり，その大きさに適した筆の使用と文字が公的に定められたことなどが伝えられているが，当時の文書の不在ゆえにこれらの実態についてはいまだ不明な点が多い。

確実なことは，8世紀半ばに製紙法が導入されて以降，それまでの素材に比べ圧倒的に薄く安価で，速い筆記に適した紙という新たな素材による書類文化が普及し始め，それに応じた書体の改良が求められていた，ということであろう。

アッバース朝期にイスラーム諸学の著作活動が本格化すると，新都のバグダードには，製紙業や書肆業に携わるワッラークや書家らが集う知的な活動空間と，写本をめぐる市場が形成されていった。こうして9世紀にはすでに高度な文字社会が存在し，バグダードを中心とした写本生産が活況を呈する中で，アラビア文字の美を追究する書道が大きく開花したのである。歴史に名を残す能書家もこのアッバース朝期に多数輩出されている。さらにアラビア書道は，写本のみならず，建築・美術・装飾などの発達とも密接に関わりながら，世界においても他の追随を許さない複合的かつ壮大な芸術体系を構築した。

それでは，次にアラビア書道の発展と諸原理の構築に貢献したアッバース朝期の巨匠たちの功績を跡付けていくことにしよう。

2）バグダード流派の形成

書家の先駆的存在として名高いのが，イブン・ムクラ（940 没）である。本名は，ムハンマド・イブン・アリーという。彼の母親の美しい黒目（ムクラ）にちなんで，その息子を意味するイブン・ムクラのあだ名で知られている。

その知名度は，能書家であるほか，波乱万丈な政治人生にもよるのかもしれない。イブン・ムクラは，アッバース朝の歴代カリフ，ムクタディル（位 908–32），カーヒル（位 932–34），ラーディー（位 934–40）の宰相として相次いで任命され，その政治的手腕によって出世の道を歩んだ。しかし，ラーディーの治世で，陰謀罪により投獄され右手を切られるという悲劇に見舞われる。書家にとって利き手である右手の切断は，致命的であったのは言うまでもない。それでも伝承によれば，獄中で亡くなる最後まで，切断された腕あるいは逆の左手で，かつてと同じような麗筆で書き続けたという。それほど書道には特別な情熱を持っていた。

イブン・ムクラの功績は，各文字の比率に一定の基準を設けることで，書道理論の基礎を打ち立てたことにある。その基準とは，バーやターといった文字の上下に付される識別点一つの大きさにある。その四角の一点を基本単位に，点 7 個分に相当するアリフ（アルファベットの一番目の文字）の高さを基準とし，各文字の長さ・太さを規定した。この基準となるアリフは，アラビア語で「ニスバ・ファーディラ（比率の基準）」と呼ばれる。さらに，このアリフを直径とした円形を，各字形の配置と範囲の説明に準用した［‘Aṭā Allāh 1993 : 17 ; Safadi 1978 : 17］。

この点と比率を基準にするという考え方は，斬新かつ画期的なものであった。なぜなら比率を知ってさえいれば，筆の太さを調整することで，大小様々なサイズの文字を同じ形で書くことが可能となったからである。結果として料紙の判型に適した文字の拡大縮小が容易になり，均衡のとれた書写が実現した。後続する書家たちはイブン・ムクラの理論を継承し，その比率などは現在に至るまで書法学習の基礎事項となっている。さらに，こうした書道理論の構築は，それまで存

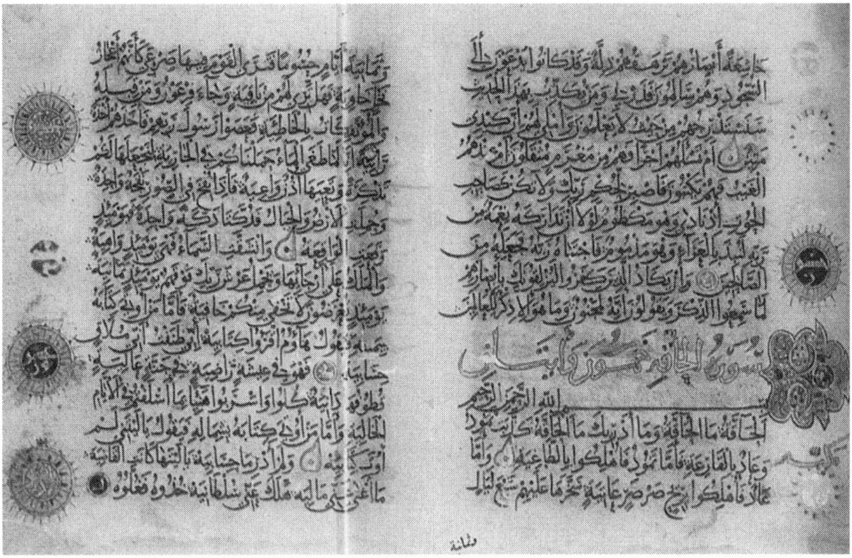

図1　イブン・バウワーブ筆写（ハリール方式の記号導入，筆章 43-52；真実の日章 1-30）

在した多数の書体にも変化をもたらした。一説によれば，イブン・ムクラは，主要な6書体（スルス，ナスフ，タウキーウ，ライハーン，ムハッカク，リカーウ）を整備した人物とも言われている。ただし，この6書体の完成は段階的なもので，イブン・ムクラの時期にはまだ早熟であり，彼にのみ帰するものではないとする見解も少なからず存在する。

このイブン・ムクラに次ぐ能書家として知られるのが，「書道の王」の異名を持つ巨匠イブン・バウワーブ（1022没）である。本名はアリー・イブン・ヒラールという。宮廷門の守衛をしていた父親の職業名にちなみ「門番の息子」を意味するイブン・バウワーブの名で知られている。書道については，イブン・ムクラの直弟子であるスィムスィマーニー（1024没）という書家に師事した。つまり，イブン・バウワーブは，イブン・ムクラの孫弟子にあたる。

このイブン・バウワーブの書跡は，1001年に書写したとされるムスハフの写本（ダブリン，チェスター・ビーティー図書館所蔵）で確認することができる［Rice 1955］。その特徴は，10世紀頃までムスハフの書写の主流であった角張った書体ではなく，ナスフ体が用いられていることである。「ナスフ」とは写すことを意味し，それは，紙の普及にともない，文書作成や一般書の書写や著述に使われる書体であった。イブン・バウワーブはこのナスフ体を，ムスハフを書写するに充分な芸術的な書体へと洗練させた。その筆跡は，均衡のとれた流麗な線で，さらに新たに導入されたハリール（789/91 没）方式の母音記号とも相まって，律動感を与える美的な調和感を醸し出している（図 1）。

こうしたイブン・バウワーブの能書を讃える声は，枚挙にいとまがない。一例をあげるならば，『赦しの書簡』で知られる文人マアッリー（1053 没）は，次のように詠っている。

> 新月が，美しきヌーンのように現れた。それは，流れる金の水を操るイブン・ヒラール（イブン・バウワーブ）による書。[Nājī 1998 : 49]

ここで言う「ヌーン」とはアラビア文字の一つで，聖典クルアーンの筆章（68 章）冒頭の誓言「ヌーンにかけて」にも登場する。その解釈は深遠で，神秘文字の一つと言われている。字線の流れは，まさに新月の弧のようであり，その象徴性と相まって書道のモチーフとしてしばしば用いられる。

またイブン・バウワーブは，書論について重要な著作を残している。それは，わずか 23 行ながら書家の精神と筆や墨などの筆写道具について論じた要綱で，ラーの脚韻を踏んでいることから『ラーイーヤ（ラーの韻文)』の名で知られる。歴史家イブン・ハルドゥーンは，『歴史序説』の書道と書記の章で，この『ラーイーヤ』の全文を引用し，書道学における最高傑作と述べている［イブン・ハルドゥーン 1980 : 840]。

11 世紀以降，アッバース朝カリフの威信低下や内政の混乱により，イスラーム文化の中心はエジプトのカイロなどへと徐々に移行しつつあった。それでも，イブン・ムクラを継承するバグダードの書道流派は，衰えるどころか書家ヤークート・ムスタアスィミー（1298 没）をもって成熟の域に達した。

ヤークートは，幼年期よりアッバース朝最後（第 37 代）のカリフ・ムスタアスィム（位 1242-58）のもとで，マムルーク（奴隷）の一人として育った。名前の「ムスタアスィミー」の部分は，このカリフの名にちなんでいる。

その書風の特徴は，均整のとれた字形に加え，その優美でしなやかな線の流れにある（口絵 4)。この線美は，筆先を斜めにカットした「ムハッラファ（傾斜を

図2　筆箱（1304年，エジプトまたはシリア）

つけた)」と呼ばれる切り口によって生み出される［Munajjid 1985 : 28–31］。旧来の筆の切り口は，平らが主流であった。確かに，イブン・バウワーブとヤークートでは，線の洗練度において格段の差がある。この新たな手法については，ヤークートによって考案されたとする見解と，それ以前から継承されてきたとする見解があるが，いずれにしても，筆先の改良が進むことで，線の太細の微妙な調整が格段に容易になった。

書家にとって三種の神器とは，この筆，墨，そして書家自身の腕といわれている［Déroche 2005 : 188］。アラビア書道の筆は私たちに馴染みのある毛筆ではなく，葦を材料とした筆である。書家自らが筆を削り，自分にあった先端を調整する。カットの流儀にもよるが，ちょうど彫刻刀の印刀のような形をしている。この様式が，今日までほぼ変わることなく継承されている。墨は，すすを中心に，粉末にした膠，緑バン（礬）に，かつては蜂蜜や，塩，オリーブ油，サフラン，レモン，生姜，ザクロの皮などを加えて調合し，色の調整を行った。さらに書家は，麝香やバラ水などを混ぜ，香りにもこだわった。筆箱（図2）から漂う墨の匂いを「書家にとっての香水」と詠んだ詩も伝わっている［al-Jabbūrī 1994 : 295］。

筆については，先端をカットする技法とそれによってできる鋭利な筆先面が，書家にとっての命であった。古くより，イブン・ムクラら書家は「筆作りは書の道の半分」「書道の極意は，筆先の削り方にあり」という言葉を残している［al-Jabbūrī 1994 : 287］。書家の中には，筆作りの細部を奥義としたため，削る時には人目を避け隠れて行っていた者も多かった。さらに，一仕事終えた筆が不要になった時には，その秘儀が他人にばれないよう筆先をつぶして処分する者もあった。

書の道を志す者は，まず師匠の筆作りを盗み学ぶことから始めなければならなかったのである。イブン・バウワーブは先述の『ラーイーヤ』で「汝の全心を突端の切断に向けよ。これは手順のもっとも肝心なところ。その秘を明かさんことを余に乞うな。げにそれは秘中の秘である」［イブン・ハルドゥーン 1980 : 841］と述べている。

さて，こうして華麗かつ典雅なヤークートの書は，東西を問わず書家の憧れとなり，そして模範となり続けた。イブン・ムクラからの流れを汲む6書体も，このヤークートによって包括的な完成を見た。何時からか人々は，ヤークートを「書家のキブラ（礼拝の際のマッカの方向で，従うべき方向の意味）」と呼ぶようになった。

バグダードは，モンゴル軍の侵攻により陥落（1285年）するが，ヤークートを求める弟子は後を絶たなかった。ヤークートはこうした多数の子弟から有能な者を選び，各作品に「ヤークート」と署名することを許したとされる。この弟子たちは通称「6人の高弟[1)]」と呼ばれる［James 1999 : 76 ; IRCICA 1996 : 36］。しかし，署名の許可は，後世において，門外の者による偽作の蔓延という新たな問題を生んだ。現在，ヤークートの署名入り写本はムスハフ写本をはじめ世界中に散在するが，ヤークート本人による筆跡か否か，その真偽を見分けるのは至難の業という。ヤークート署名の入った写本やその作成者たちは，偽作も含め「ヤークート一門（ヤークーティーヤ）」と呼ばれている［al-Bahnasī 1995 : 166］。

こうしてヤークートの書はバグダード流派の完成形として，アッバース朝終焉の後も，書道文化の拠点が分散していく中で諸方の書家を魅了し続け，とくにオスマン朝の書家たちに大きな影響を与えることになる。

2　書道流派の拡大とその諸相

本節では，バグダード以外の書道流派の広がりを見ていく。その流れは，大きく二つに分かれる。一つは，アッバース朝陥落後にイスラーム文化の中心を担う

1）6人の書家については諸説あり，詳しくは［James 1999 : 254–255］を参照のこと。

エジプトと，東のペルシア語圏を中心とする地域で，いずれもバグダード流派の系譜を継ぐ。この流れは，のちのオスマン朝における書道の隆盛につながっていく，いわば書道史の主流とも言える。一方，その流れとは別個に存在するのが，西方はマグリブとアンダルスを中心とした書道の発達である。この地域では，角張った書体（クーファ体）の流れを汲みつつも，東方では見られない特有の書体を生み出した。まずは，このマグリブ流派を瞥見し，その後で主流に戻ることにしよう。

1）マグリブ流派

マグリブ地域におけるアラビア書道の勃興は，バグダード流派の形成より前に遡る。そもそもこの地域は，ベルベル諸語を話すベルベル人（アマーズィーグ人）が占めていた。元来はアラビア文字とも無縁の世界であった。その言語社会状況は，7世紀のイスラームの大征服により大きな転機を迎える。670年にウマイヤ朝の名将ウクバ・イブン・ナーフィウは，カイラワーン（チュニジア中部）を軍営都市として建設し，北アフリカ征服の拠点とした。このカイラワーンを中心に北アフリカのイスラーム化は進み，次第に住民の母語のアラビア語化も生じた。

聖典クルアーンの伝播とともに同地域に普及したアラビア文字は，まずここカイラワーンで発達し，その後，アンダルス（イベリア半島），マグリブ（モロッコ）へと発展を見せた。

特に750年のウマイヤ朝崩壊ののち，イベリア半島に興った後ウマイヤ朝（756–1031）では，高度なイスラーム文明が繁栄し，アラビア書道もまた独自の発展を見せた。首都コルドバには，モスクやマドラサ，そして文書館などが盛んに建設され，学術都市として栄えた。さらに11世紀に製紙法が伝わるとバグダード同様，書家や書肆業に携わる職人たちが活躍する場が形成された。伝承によれば，当時のコルドバの一角には，170人もの女性書家がいてクルアーンの書写に勤しんでいたという［al-Marrākushī 1949 : 373］。

後ウマイヤ朝の崩壊とともにマグリブによる支配が強まると，両地域の学問・文化は互いに継承・融合しながら発展を見せた。特に，ムワッヒド朝（1130–1269）では，カリフによる学芸奨励のおかげで，書道やラスム学（I-3章参照）への関心が高まり，アンダルス出身のイブン・ガットゥース（1213没）といった能書家一家などがこの時代に輩出された。

こうした地域に見る書体は，総括してマグリブ体と呼ばれる。その下位範疇（バリエーション）は従来より，「フェズ」や「コルドバ」といった都市名を冠した書体名で呼ばれることが多かったが［Houdas 1886］，近年の研究［Afā et al. 2007 : 36-37］では，その用途に応じた書体形式を基準に，より細かい分類法が提示されている。

マグリブ体は，バグダード流派とは様々な点で異なっている。まず系統は，イスラーム初期にアラビア半島で用いられていた角張った書体を継承するものと考えられている。11世紀のカイラワーン写本に見られる書体は，別名「カイラワーン・クーファ体」と呼ばれるように，文字が大きく直線的で角張った形を特徴としている［ʻAbd al-Laṭīf 2001］。その後，アンダルスやマグリブで写本作製が始まり，徐々に丸みを帯びた書体（ムジャウハル体，マブスゥート体）へと発展していき，さらに世俗文書の速記に適した崩し書体（ムスナドあるいはズィマーミー体）なども生まれた。

このようにマグリブ地域でも東方同様，書体の多様化を見るが，その展開はバグダード流派が重視した伝統6書体の流れを主軸とするものではなく，全くの別の流れとしてとらえる必要がある。また概して言えば，マグリブ地域では，芸術的向上や技巧性を求めた書体の改良には関心が薄かった。むしろ芸術性は，卓越した製本術や装飾模様によって強化された。

マグリブの人々にとってイスラーム初期の書体や様式を継承することは，正統性を保守することを意味した。例えば，I-3章でも触れたが，バグダードでは，クルアーンの母音記号はイブン・バウワーブの写本に見るように，徐々に8世紀の文法家ハリールが考案した新方式へと移行していった。これに対しマグリブ・アンダルスでは初期のドゥアリー方式（丸点の記号）に固執する傾向が極めて強かった。また移行後であっても，クルアーンの本文（黒色）との区別を明確にするために，記号類への色づけが積極的に行われた。こうした傾向はしばしば，原理重視や保守的といった言葉で特徴づけられる[2)]。

マグリブ地域は文字体系においても，アルファベットの配列順や，ファーとカーフの識別点（マグリブ体では下点一つがファー，上点一つがカーフ）など，東方とは明らかに異なった特徴を持っている。書体の細部についても，スィーン・ヌー

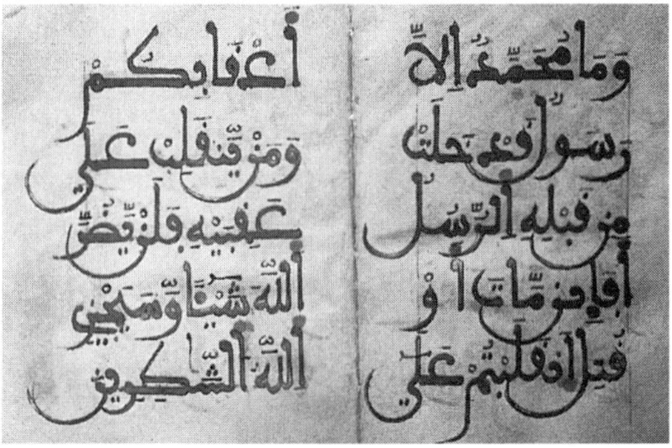

図3　マグリブ体（1303年，イムラーン家章144）

ンの尻尾を次の文字を飛び越すほどに極端に伸ばすことや，カーフ（k）の字形，前の文字を受けるアリフを上から下に書くこと，サードの文字の楕円の在り方，さらにター（ṭ）の縦線の傾斜，前方から続くラーム・アリフの連結形など，その特徴は多岐にわたる［Boogert 1989］。またバグダード流派では，筆先の改良が行われ太細のある，より芸術的な線を探究したが，マグリブでは丸い筆先で単調な太さの書体が主流となった（図3）。

一方でこのマグリブ流派では，書写する者の裁量によって各文字の形や線・点の比率は変動可能であり，東方でイブン・ムクラが打ち立てたような比率による諸規則が特に立てられることはなかった。文字の比率と美的均衡を重視し，その規則の順守を書家の絶対条件とするバグダード流派とは極めて対照的である。こうしてマグリブ地域では独特の書体の使用を中心に，バグダード流派とは異なった書道流派を形成したのであった。

2）エジプト流派

バグダード陥落の後，イスラーム世界の中心はエジプトへと移った。書道文化もまたエジプトを一つの拠点とし発展の時代を迎えることになる。特にマムルー

2）この傾向は他の分野でも見ることができる。例えば，アンダルス学派の文法家たちは，アラブの民（遊牧民）の言語様式や慣用を積極的に取り入れるクーファ学派を支持し，外来の論理学に立脚し類推を多用するバスラ学派に対しては痛烈な批判を展開した。

ク朝時代（1250–1517）には，イスラーム学の発展とともに学問的側面が強化され，書道学が確立した。

それ以前にもエジプトの書道は，トゥールーン朝（868–83）や特に装飾芸術が栄えたファーティマ朝（909–1171）時代を中心に，アッバース朝のイラクと競い合う存在ではあった。例えばトゥールーン朝時代のタブタブ・ムハッリル（「書家のタブタブ」の意）は，イブン・ムクラが頭角を現す以前，バグダードの書家たちが羨望の眼差しを向ける存在であったという。このタブタブは，王朝の創始者であるアフマド・イブン・トゥールーンに書作品を献上したことでも知られている［Jum‘a 1947 : 61］。

それでもやはり，エジプトが書道の主導的立場を獲得するのは，アッバース朝崩壊後のマムルーク朝時代においてである。その様子を歴史学者イブン・ハルドゥーンは次のように伝えている。

> カリフ帝国の滅亡とともに，バグダードはその指導的地位を失った。バグダードが書やその技術について持っていた地位は，学問全体についての地位と同様カイロに引き継がれた。［イブン・ハルドゥーン 1980 : 838］

マムルーク朝期のスルターンや有力者たちは，学芸分野に対して多大な保護と援助を行った。この時期には，装丁に装飾を施した典雅で芸術性に富んだ写本が多く作られている。また，モスクや教育施設なども積極的に建てられ，アズハル学院を中心としたイスラーム教育・学問が大いに推進された。カイロには，学徒や知識人が集まり，知的な活気が横溢した。カルカシャンディー（1418 没）の大著『夜盲の黎明』や，イブン・マンズール（1311/12 没）の編纂による辞書『アラビア語辞典』などの集大成的著作も，この時代に生まれた。こうした知的環境の中で，それまで書体の洗練や芸術性を追究してきた書道は，学問として大きな発展を見せた。再び，イブン・ハルドゥーンの記述を見てみたい。

イブン・ハルドゥーンは，教師の書き方を繰り返し摸写するという当時のマグリブにおける学習形態とカイロを比較し，次のように述べている。

> 文明を持つ都市では，書き方の教育は非常に発達しており，簡単に学べて，教育法もすぐれている。これは現在のカイロについていわれていることであ

る。［イブン・ハルドゥーン 1980 : 830］

実際この時期のエジプトでは，書学の特に理論面に主眼を置いた教本が多く編まれた。例えば，イブン・サーイグ（1441/42没）の名で知られるエジプトの書家ザイヌッディーンは，書道に関する要綱『思慮ある者の宝典』を著し，書道史から筆の削り方，さらにスルス体を中心に詳説した。また，タイイビーの名で知られる書家ムハンマド・イブン・ハサン（1502/03没）は，イブン・バウワーブの『ラーイーヤ』を載録した『功績の集成』と題する書道概説書を著し，バグダッドの書流を論じた。『ラーイーヤ』は当時のエジプトの書道教育でよく用いられたようで，その解説書もイブン・バスィース（1253没）やイブン・ワヒード（1312没）といったエジプトで活躍した書家によって編まれている。

この時期の書道に関する教本で特筆に値するのは，千行の詩でその理論や諸規則を詠った書家アーサーリー（1425没）による『主の摂理』である。千行の韻文で概要を説くことは，アラビア語圏における著述の一つの様式であり「アルフィーヤ（千行詩）」と呼ばれる。特にアンダルスの文法家イブン・マーリク（1274没）による文法学の『アルフィーヤ』が有名だが，アーサーリーの著作は，「書道のアルフィーヤ」として知られている［al-Āthārī 1979 : 224］。

このようにマムルーク朝時代に書道は学術的発展を遂げ，学問としての普及が著しく進んだ。

3）ペルシア流派

一方，東方イランを中心としたペルシア語圏でも，書道芸術が発達し，アラビア書道は一つの流派を形成した。前章で述べられているように，ティムール朝（1370–1507）では，中央アジアのヘラート（現アフガニスタン北西部）を中心に，非常に高度な写本制作が行われた。続くサファヴィー朝（1501–1736）では，草創期の首都となったタブリーズ（現イラン北西部）などが学芸都市として栄え，多くの高名な書家を輩出するとともに書道文化の発展を推進した。

これらの地域は，いずれもペルシア語を共通語とした世界である。エジプトやマグリブ地域と異なり，イスラーム化にともなうアラブ化によっても母語がアラビア語になるには至らなかった地域である。それでも文字のアラブ化は生じた。

図4　ナスタアリーク体（ミール・イマード書，1608年，神の称讃・祈禱文）

パフラヴィー文字で記されていた中世ペルシア語がアラビア文字で表記されるようになったのは，一般には9世紀半ばと言われている［縄田 2001 : 901］。一方で，イスラームの普遍語としてのアラビア語は，ペルシア語が広く使われる同地域においても宗教語・学術語として機能し続けた。例えば『医学典範』で有名なイブン・スィーナーや，中世の博学者ビールーニーはペルシア系であるが，学術的著作は主としてアラビア語による。この流れと並行する形で，クルアーン写本やイスラーム学のアラビア語文献に，母語であるペルシア語で注釈をつけるという作業が盛んに行われた。そして，その筆記に適した書体も生じた。

ペルシア語圏の書家によって形成された書流をペルシア流派と呼ぶならば，それを象徴するのが，タアリーク体（ペルシア体とも呼ばれる）の成立であろう。この書体は，バグダードで確立した伝統6書体のリカーウとタウキーウ体の混成体から12世紀頃に生まれ発展してきたものと考えられている。タアリーク体は，「解説すること」を意味するその「タアリーク」という名称が示すように，もとは何かを書写するための書体ではなく，写本の欄外に解説や注釈を書き込むための書体であった。欄外に異なる書体で書き込むことで，本文との差別化を意識的に図ったのである。

こうした注釈用の書体をさらに整備し，洗練された一書体へと仕上げたのが，ペルシア人書家ミール・アリー・タブリーズィー（1446没）である［Faẓā'ilī 1971 : 453］。タブリーズィーは本文の筆写や著作にも対応するべくタアリーク体を洗練させ，その規則を完成させた。その書体は，筆写を主たる目的とするナスフ体の名前と混成し「ナスタアリーク」と呼ばれることもある（図4）。

このタアリーク体がクルアーンの筆写に用いられることは非常にまれで，主としてペルシア文学の神髄である頌詩や抒情詩，『王書』などの文学作品に好んで使われた。流麗な線が特徴のこの書体は，筆写の流れ（右から左）と腕の角度にともない縦線が右に傾く。ナスフ体などで，アリフを典型として縦線を若干左に傾けるのとは対照的である。特に，ティムール朝期に盛んに作られた挿絵入り写本では，このタアリーク体が多く見られる。またインド亜大陸を支配したムガル朝（1526–1858）でも，ペルシア宮廷文化が栄え，宮廷語であるペルシア語やその文学作品などはこのタアリーク体によって綴られた。

ペルシア語圏が生んだタアリーク体は，同時期のアラブ地域ではほとんど知られない存在であった。それがオスマン朝期に，バグダード，エジプト，そしてペルシアの書道流派が一堂に会することで，各書体の整備や統合が進み，タアリーク体は各地に普及することになった[3)]。

3　オスマン朝時代における書道芸術の隆盛

1）オスマン朝の書家たち

1517年にマムルーク朝を滅ぼしたオスマン朝は，瞬く間にエジプト，シリア，そして二大聖地を抱えるアラビア半島，さらにアラビア書道揺籃の地であるバグダードから北アフリカまで広範にわたるアラブ地域を支配下に置いた。その版図はさらに東西へと広がり，17世紀に帝国領土は最大のものとなった。書道芸術は首都イスタンブルを中心に，諸流派が出会ういわば文化の十字路となり，16世紀から17世紀に黄金の時代を迎えた。

オスマン朝の特徴は，端的に言えば宗教の優位性にあり，言語や民族は帝国の統合原理ではなかった。それゆえ，19世紀末までは，現代の国民国家に見るような「国語」やその言語意識は存在せず，母語や地域言語を基本に多言語社会が形成された。一方，支配層の言語はオスマン・トルコ語で，政治における使用言語や教養語として機能し，アラビア文字で表記された。また，イスラームの普遍

3）タアリーク体についてより具体的には，ペルシア人書家の巨匠ミール・イマード・ハサニー（1615没）によってオスマン朝に伝わり，その後，この書体を得意としたトルコ人書家ヤサーリー（1798没）らの書作によって普及が加速し，次第にアラブ地域でも一書体として受容されるようになった。

語であるアラビア語は常に知識人に共有され，またペルシア語も文学の分野で幅広く用いられた。特に，このアラビア文字で綴られる3つの言語に精通していることは，オスマン朝時代の知識人の象徴でもあった［鈴木 1993 : 84-85］。

オスマン朝の統治者であるスルタンたちは芸術の奨励と保護に余念がなく，とりわけアラビア書道をこよなく愛した。第8代スルタン・バヤズィト2世（位1481-1512）を筆頭に，自ら書道に従事し一人の能書家として逸作を残している者も少なくない。こうしたスルタンの指導にあたる書家は，宮廷書家としても大いに活躍した。

書道芸術は，「神のことば」であるクルアーンをいかに美しく表現するかを常に主題としながら発展してきた。書道の最高美は，クルアーンの書写にあるとされる。それゆえ，その制作に従事する書家という身分は，高い技術と正確な知力が求められると同時に，常に人々から敬意を払われる存在であった。それに加え，オスマン朝時代はスルタンら支配層による書道への特別な庇護もあり，書家は極めて高尚な地位を享受することができた。

このオスマン朝時代の能書家の筆頭にあげられるのが，アマスィヤ（トルコ北部）出身のハムドゥッラー（1429-1520）である。父は，当時より有力なスーフィー教団の一つ，スフラワルディー教団の長であった。その著名な父ゆえに，ハムドゥッラーは「その長の息子」を意味する「イブン・シャイフ」の名でも知られている。このハムドゥッラーの書家としての活動を全面的に後押しした人物が，スルタン・バヤズィト2世である。バヤズィト2世はスルタンに就く以前より，ハムドゥッラーを書道の師として仰ぎ，スルタン就任後もイスタンブルの宮廷に彼を招き，活躍の場を提供するとともに手厚い保護を与えたのであった。

また，ハムドゥッラーの師匠であるマルアシー（1471没）という書家は，バグダードよりヤークート書流をオスマン朝に導入したサイラフィー（没年不詳）を師としている。ちなみに，サイラフィーは第1節で触れたヤークートの「6人の高弟」の一人とされる［James 1999 : 254-255］。さらに系譜を遡れば，バグダード流派の創始者イブン・ムクラへと至る[4]。ここでは，その経路の吟味は主題ではないが，師弟関係の系譜の在り方は，イスラームの知の伝統で重視されるもので，

4）詳細な書家の系図については［Faẓā'ilī 1971 : 384-385, 389］を参照のこと。

しばしばその人物や学知の正統性を示す根拠となる。それは書道史においても例外ではなく，諸々の文献でハムドゥッラーの系図に言及がなされるのも，彼がバグダード流派を継承する系譜にあることを示すためである。

ハムドゥッラーがバグダード流派から継承した重要なものの一つは，伝統6書体であった。しかし，ハムドゥッラーは，ヤークート書流の6書体を継承しつつも，伝統に縛られることなく独自の書風へと改良を試みた。以後，この改革路線に異を唱えるカラヒサーリー（1556没）のような伝統派の書家も現れるなか（口絵5），「6書体」という伝統そのものは，オスマン朝下のトルコ人書家たちの間に瞬く間に広まった。この「6書体」という言葉が書道用語として一般に流布したのは，このカラヒサーリーらの書作品によるところが大きい。それまでもスルスとナスフなど異なる書体を一作品に同時に用いることはあったが，6書体（あるいはタウキーウ体を除く5書体）を一つの書作品に並べて書くという書法はほとんど見られず，オスマン朝時代に一世を風靡した新書法と言える。

オスマン朝時代にはさらに書道を飾る製本・装丁技術や，紙への金彩や彩色，さらに建造物への大字書体など芸術的側面が大いに発展を見せた。それとともに，トルコ人書家による新たな様式や書体も開発された。

2）オスマン流派と新様式

17世紀以降の書道を主導したのが，ハーフィズ・オスマン（1642-1698）である。オスマンもまた，スルタン・ムスタファ2世（位1695-1703），そしてスルタン・アフメト3世（位1703-30）がまだ皇子の頃にお抱え教師として重用された宮廷書家であった。書家として自ら逸品を残したこの両スルタンの治世に，オスマン朝の書道芸術は殷賑を極めた。その中で，新たな芸術的手法や様式が考案され，書道作品に導入された。

例えば，書家オスマンの創案による「ヒルヤ」を挙げることができる。ヒルヤとは装飾書板と訳されることもあるが，バスマラ（慈愛あまねく慈悲深きアッラーの御名によって）を上部に置き，本文（預言者ムハンマドやアリーに関する叙述・描写が中心）の四方に預言者ムハンマドの一族，正統カリフなどの名前を円で囲んで書き入れ，さらに本文の下にクルアーンや祈願を置くという構図の作品，あるいはその料紙や書版をいう［Ḥanash 1998 : 148-149］。構図の部分ごとに複数の書

図5　ヒルヤ（ハーミド・アイタチ・アーミディー書，1949年）

体が用いられることもあり，そのことがヒルヤの芸術性を一層引き立てる効果となっている。ヒルヤは，17世紀以降トルコ人書家を中心に盛んに制作され，人気を博した（図5）。

オスマン朝時代の書道は，芸術的要素をひときわ強化した形で，オスマン流派とも呼べる新たな潮流を形成していった。斬新な様式による書道作品も次々と登場した。「ムサンナー」と呼ばれる左右対称の様式や，「タスウィード[5]」と呼ばれる，ぎっしり詰まった形で幾重にも重ねて綴る様式などがその代表である。

また，スルタンのサインとして公式に使用されたトゥグラー（花押）も，オスマン朝時代に普及を見た書道様式の一つである。ちなみに，トゥグラーは厳密にいえば，書体の名称ではない。トゥグラーは，あくまでデザインに新たな独創性があるのであって，書体は伝統的なスルス体に基づいているからである（あるいは後述のディーワーニー体など他の書体でも構わない）。オスマン朝時代，スルタンは即位すると，書家に自分のトゥグラーの作成を依頼するのが通例であった。トゥグラーに長けた書家としては，セリム3世（位1789–1807）の治世にトゥグラーの印璽係を命じられたムスタファ・ラーキム（1758–1826）が有名であるが，なかには，アフメト3世（位1703–30）のように自ら書家としてトゥグラーを書くスルタンもいた。トゥグラーは勅令をはじめ，公文書や貨幣，銘文や旗などにも用いられ，スルタンの象徴としてオスマン朝末期までその公式な使用は続いた[6]。

5）下書き用に何度も綴ることで，料紙を黒くしたことに由来する。
6）このトゥグラーは今なお人々を魅了しつづけ，人名やバスマラなどを書く際の一種のデザインとして普及している。例えば1980年代のエジプトの硬貨には，トゥグラーが刻印されているものがある。

3）新書体の開発と書道の伝統

トルコ人書家による新たな書体の考案については，ディーワーニー体，ルクア体を挙げることができよう。この二つの書体は，オスマン朝宮廷や行政と関連する形で考案され，実用化に至ったものである。

ディーワーニー体の基礎はメフメト2世（位1444-46/1451-81）の時代に，宮廷書家であったイブラヒム・ムニーフ（1455没）によって打ち立てられた。この書体の起源は，ペルシア流派によるタアリーク体で，ディーワーニー体はその発展系とも言われている［Ḥanash 1998 : 79］。「ディーワーニー」という名前が示しているように，オスマン朝の「ディーワーン」と呼ばれるスルタンの御前会議や政庁で使用される特別な書体であった。雄渾な筆致と壮麗な線の流れが特徴で，特にスルタンの勅令や公文書などに用いられた。さらに16世紀頃には，文字の空間に装飾記号を散りばめたジャリー・ディーワーニー体も誕生した。

一方，ルクア体はもともと，オスマン朝の書記官僚が行政文書の下書き等，非公式な用途に用いるいわば速記用の書体であった。限定的な場面の使用であったことから18世紀中葉には「大宰相府のルクア」と呼ばれていた［Derman 1999 : 846］。これを一つの書体として規則を確立し，一般に広めたのがアブデュルメジト1世（位1839-61）の時代に活躍したトルコ人書家ムムターズ・ベイ（1864没）である。さらに書道教本の先駆的著作『オスマン書体の手引き』（1875年）で知られる，メフメト・イッゼト・エフェンディ（1841-1903）によって洗練され，今日見るような書体となった［Ḥanash 1998 : 84］。ルクア体は，その簡略さと速記性から，アラブ地域を中心に広く人々に受け入れられ現在に至っている。ここで留意したいのは，現在アラブ諸国で日常用いられているいわゆる「手書き体」は，標準的な書体を崩しているのではなく，このルクア体というれっきとした一つの書体であるということである。

こうしてオスマン朝時代に新書体が編み出される一方で，ヤークートからの伝統6書体は，先述のハムドゥッラーやオスマンに代表される高名なトルコ人書家によって，その伝統を継承しつつも書風の改良と美的な洗練が続けられてきた。その流れの中で，書体の主流にも変化が生じ，19世紀頃には，主として用いられる書体は，おおよそ5つの書体となった。それは，スルス，ナスフ，タアリーク（ペルシア），そしてディーワーニーとルクアである（図6）。

図6　様々な書体

しかし，このことは古い書体が消滅していくことを意味するものではない。例えば，伝統6書体のリカーウ体とタウキーウ体は，各種の証書などで限定的に用いられる書体として，イジャーザ体の名で知られるようになった。また，ムハッカク体は18世紀頃にはスルス体の興隆に圧倒・吸収されていく一方で，バスマラに用いる代表的な書体としてその洗練形ともいえるライハーニー体とともに用いられ続けている。また，角張った書体（クーファ体）も，クルアーンの章名や，建造物の銘文や幾何学的な模様など，日常の様々な場面で使用されている。このようにアラビア文字の書体は，分岐統合の歴史を経つつも，非常に重層的な在り方をしながら使われ続けてきたのである。

オスマン朝時代の書家は「知と筆の民」という表現で尊ばれ呼ばれていたように，社会的認知においても知的階級においても極めて高い地位を享受した。18

世紀に活版印刷が本格始動しつつも，書の美と技巧の高さ，さらに人々が抱く書家の筆への信頼感こそが，当時の写本文化と書道芸術の栄華を支え続けたと言えよう。

参考文献

IRCICA＝イスラム歴史・芸術・文化研究センター（編・監修）1996『イスラム書道芸術大鑑』（本田孝一訳・解説）平凡社.

イブン・ハルドゥーン 1980『歴史序説』（森本公誠訳・解説）第2巻，岩波書店.

鈴木董 1993「オスマン語をめぐって」『史学』63(3), pp. 81–89.

縄田鉄男 2001「ペルシア文字」河野六郎他（編著）『世界文字辞典』三省堂，pp. 898–907.

ʻAbd al-Laṭīf, Muḥammad. 2001. "al-Khaṭṭ wa al-Khaṭṭāṭūn fī Tūnis," *al-Khaṭṭ al-ʻArabī : Faʻʻālīyāt Ayyām al-Khaṭṭ al-ʻArabī*. Qarṭāj : Bayt al-Ḥikma. pp. 57–82.

Afā, ʻUmar and Muḥammad al-Maghrāwī. 2007. *al-Khaṭṭ al-Maghribī : Tārīkh wa Wāqiʻ wa Āfāq*. al-Ribāṭ : Wizāra al-Awqāf wa al-Shu'ūn al-Islāmīya.

ʻAṭā Allāh, Samīr. 1993. *Rawāʼiʻ al-Khaṭṭ al-ʻArabī*. Bayrūt : Dār ʻAṭā Allāh li-al-Ṭibāʻa wa al-Nashr.

al-Āthārī, Shaʻbān ibn Muḥammad. 1979. "al-ʻInāya al-Rabbānīya fī al-Ṭarīqa al-Shaʻbānīya," *al-Mawrid*. ed. by Hilāl Nājī. Baghdād : Wizāra al-Thaqāfa wa al-Iʻlām. 8(2), pp. 221–284.

al-Bahnasī, ʻAfīf. 1995. *Muʻjam Muṣṭalaḥāt al-Khaṭṭ wa al-Khaṭṭāṭīn*. Bayrūt : Maktaba Lubnān Nāshirūn.

Bilāl, al-Budūr et al. eds. 2000. *Ḥurūf ʻArabīya*. Dubai : Nadwa al-Thaqāfa wa al-ʻUlūm. 1.

———. 2001. *Ḥurūf ʻArabīya*. Dubai : Nadwa al-Thaqāfa wa al-ʻUlūm. 2.

Boogert, Van Den. 1989. "Some Notes on Maghribi Script," *Manuscripts of the Middle East*. Leiden : Ter Lugt Press, vol. 4, pp. 30–43.

Derman, Uğur. 1999. "Fann al-Khaṭṭ ʻinda al-ʻUthmānīyīn," *fī al-Dawla al-ʻUthmānīya : Tārīkh wa Ḥadāra*. Istanbūl : IRCICA. 741–748.

Déroche, François et al. 2005. *al-Madkhal ilā ʻIlm al-Makhṭūṭ bi-al-Ḥarf al-ʻArabī*. tr. by Ayman Fu'ād Sayyid. Landan : Mu'assasa al-Furqān li-al-Turāth al-Islāmī.

Faẕā'ilī, Ḥabīb Allāh. 1971. *Aṭlas-i Khaṭṭ : Taḥqīq Dar Khuṭūṭ-i Islāmī*. Iṣfahān : Anjuman-i Āthār-i Millī-yi Iṣfahān.

Ḥanash, Idhām Muḥammad. 1998. *al-Khaṭṭ al-ʻArabī fī al-Wathāʼiq al-ʻUthmānīya*. ʻAmmān : Dār al-Manhaj.

Houdas, O. 1886. "Essai sur l'écriture maghrébine," *Nouveaux mélanges orientaux*. Paris : Ernest Leroux. pp. 85–112.

Ibn al-Nadīm, Muḥammad ibn Isḥāq. 1985. *al-Fihrist*, ed. by Nāhid ʻAbbās ʻUthmān. al-Dawḥa : Dār Qaṭarī ibn al-Fujā'a.

Ibn al-Ṣā'igh, ʻAbd al-Raḥmān ibn Yūsuf. 1997. *Risāla fī al-Khaṭṭ wa Bary al-Qalam*, ed. by Fārūq Saʻd. Bayrūt : Sharika al-Maṭbūʻāt li-al-Tawzī ʻwa al-Nashr.

al-Jabbūrī, Yaḥyā Wahīb. 1994. *al-Khaṭṭ wa al-Kitāba fī al-Ḥaḍāra al-ʻArabīya*. Bayrūt : Dār al-Gharb al-Islāmī.

James, David. 1999. *Manuscripts of the Holy Qur'ān from the Mamlūk Era*. Riyadh : King Faisal Center for Research and Islamic Studies.

Jum'a, Ibrāhīm. 1947. *Qiṣṣa al-Kitāba al-'Arabīya*. al-Qahira : Dar al-Ma'ārif.

L'art du livre arabe. 2001. *L'art du livre arabe*. Paris : Bibliothèque national de France.

al-Marrākushī, 'Abd al-Wāḥid. 1949. *al-Mu'jib fī Talkhīṣ Akhbār al-Maghrib*. al-Qāhira : Maṭba'a al-Istiqāma.

Munajjid, Ṣalāḥ al-Dīn. 1985. *Yāqūt al-Musta'ṣimī*. Bayrūt : Dār al-Kitāb al-Jadīd.

Nājī, Hilāl. 1998. *Ibn al-Bawwāb : 'Abqarī al-Khaṭṭ al-'Arabī 'abra al-'Uṣūr*. Bayrūt : Dār al-Gharb al-Islāmī.

al-Qalqashandī, Aḥmad ibn 'Alī. 1987. *Ṣubḥ al-A'shā fī Ṣinā'a al-Inshā*. 14 vols. Bayrūt : Dār al-Fikr.

Rice, D. S. 1955. *The Unique Ibn al-Bawwāb Manuscript in the Chester Beatty Library*. Dublin : Chester Beatty Library.

Riḍā, Aḥmad. 1986. *Risāla al-Khaṭṭ al-'Arabī*, ed. by Nizār Aḥmad Riḍā. Bayrūt : Dār al-Rā'id al-'Arabī.

Safadi, Yasin Hamid. 1978. *Islamic Calligraphy*. London : Thames and Hudson.

al-Ṭayyibī, Muḥammad ibn Ḥasan. 1962. *Jāmi' Maḥāsin Kitāba al-Kuttāb*, ed. by Ṣalāḥ al-Dīn al-Munajjid. Bayrūt : Dār al-Kitāb al-Jadīd.

第 3 章　書物挿絵の美術

ヤマンラール水野美奈子

はじめに

「ビスミッ・ラーヒッ・ラフマーニッ・ラヒーミ（慈愛あまねく慈悲深きアッラーの御名において）」，イスラーム世界の書物の巻頭の常套句である。バスマラと略して呼ばれるこの常套句は，書物のみでなく，イスラーム世界では物事の始まりに常に口にされる。あまりに頻繁に用いられるため，特別の注意を払うことなく見過ごしてしまいがちであるが，書物の巻頭のバスマラは特別な重みをもっている。そこには，新たな一冊の書物を著すことに対して，先ず神を讃美し，謙虚な感謝を表すると共に，書物を書き記すことへの敬虔な意志がこめられているからである。それは単に著者自身のみでなく，注文主，献上される人物，書家，画家その他書物の製作に携わるあらゆる人々の総意としての神への讃美，感謝，意志を表している。

イスラームの書物は，バスマラから始まり，序文そして本文へと続くが，その巻頭部の最上部には，「冠飾り」が置かれ，「章見出し」や「小見出し」が配された。それらはタズヒーブ（tadhhīb ペルシア語，tezhip トルコ語）と呼ばれる文様絵画で美しく装飾された。豪華な写本では，タズヒーブからのみ構成される見開きページが書物の最初に入れられる例が少なくない。バスマラの重みのある意味を支え，その写本が高い格式を有することを先ず示すのは，様々な文様モチーフから構成される重厚な文様絵画＝タズヒーブであった。

タズヒーブは文様から構成されているので，単なる装飾として見過ごされてしまうことが多い。しかし実際にはイスラーム世界の美術においては，絵画のジャンルの中で最も重要で筆頭に上げられるものである。タズヒーブは，イスラームの造形に関する二つの大きな教義的制約である「偶像崇拝の禁止」と「生物描写の回避」に抵触することがなく，聖典クルアーンを装飾することのできる絵画として享受された。写本の製作が盛んになると，タズヒーブはあらゆる種類の書物を飾り，豪華な写本では，巻頭部のみでなく本文を囲むジャドヴァル（枠＝jadval）外側の周囲にも描かれた。

学問書に図解が加わり，文学書や歴史書などに本文の物語を絵解きする絵画が加わると，イスラームの書物は，文様から構成されるタズヒーブと，物語を絵解きする具象絵画という二つのジャンルの絵画によって装飾されることになった。

本章のタイトルである書物挿絵は，通常本文の物語の名場面や歴史の重要な出来事を細密画法で精緻に描いた物語性のある具象絵画と理解されるが，イスラームの絵画概念からすると書物の挿絵には，飾りページ，巻頭装飾や文中の飾り見出しなどのタズヒーブも含まれると考えるのが妥当である。その理由は以下の二点に起因する。一つは，後に詳しく述べるが，種々の文様モチーフから構成されるタズヒーブがイスラーム世界では絵画と認識されていることである。他は，写本のページに丁寧に美しく引かれたジャドヴァルという枠の存在である。巻頭の冠飾り，諸見出し，本文，物語絵などはジャドヴァルによって明確に区切られている。仕切られた区画は独立しており，タズヒーブの描かれた区画は，具象絵画の区画と同様に独立した絵画場面であると解釈されるからである。

イスラームの書物の挿絵を，具象絵画だけでなくタズヒーブも含めて考えると，一挙に写本の世界の芸術性が広がり，華やかになる。そこには製作に携わった書家，具象絵師，文様絵師，枠取り師，装丁師のコラボレーションによって完成する総合芸術としての写本の世界が開ける。特にイスラーム諸王朝が国家的な威信をかけて作成した豪華な写本は，能書家による書，枠取り師によるページの効果的な構成，ムザッヘブ（mudhahhib）といわれた文様絵師たちが緻密に描きあげた華麗なタズヒーブ，ムサッヴェル（musavvir），ナッカーシュ（naqqāsh）などと呼ばれた具象絵師たちが細密画法で精緻に描いた物語絵，技術を駆使した表紙装飾，熟練した装丁師による製本など，様々な高度な技が調和しながら結集された高度な総合芸術であった。

本章では，イスラーム世界における独自の絵画概念を述べ，挿絵の二つのジャンルであるタズヒーブ（文様絵画）と具象絵画の特性に言及したい。

1　見落とされたイスラーム美術の特色

「イスラーム世界では，偶像崇拝の禁止が厳守され，また生物描写を回避する傾向が強いので，絵画はあまり描かれなかったし，発展もしなかった」というようなことが，まことしやかに言われていたのは，それほど昔のことではない。現在では写本の具象絵画が多数紹介されて，イスラーム世界における絵画の存在が一般的にも知られるようになった。しかし絵画として紹介されるのは，通常写本の具象的な物語絵に限られている。写本を装飾するタズヒーブが絵画として鑑賞されることは少なく，また文様絵画が拡大されて壁面，タイル，工芸品に描かれたものが絵画と解釈される傾向は一般的には少ない。

イスラーム世界の絵画に対するこのような偏った解釈が，なぜ現在においてもまかり通っているのか。おそらくその理由は，西洋美術を基準にした美術概念が世界を席巻しているからである。美術史という学問は，ヨーロッパでヨーロッパの美術を対象として成立した。そのヨーロッパの美術の概念，理論や鑑賞方法が，非ヨーロッパ文化圏の美術に適用されることによって，大きな矛盾が生じることになった。イスラーム世界のタズヒーブやそれらが拡大されたものが絵画として解釈されないのは，そうしたヨーロッパ美術の規範が，イスラームの美術にも当てはめられているからである。このような問題は，特にイスラーム世界に限られているわけではなく，身近な日本美術にも見られる現象である。

イスラーム世界の美術は，19世紀末からヨーロッパの学者の研究対象になり，綿密な調査，分類，文献資料を駆使しての考証，保存などが行われた。政治的に混迷期にあった当時のイスラーム世界の美術はこうして保護され，ヨーロッパの美術史の概念や理論による解釈をもって世界に紹介されることになった。しかし1960年代頃からイスラーム諸国の現地の研究者による研究が進むと，ヨーロッパの美術の理論や概念では対応できないイスラーム美術の側面があることが指摘されるようになった。

例えばイスラームの造形芸術の規範は書から始まり，書芸術がイスラームの造形の筆頭に挙げられるものであると考えられるが，ヨーロッパにおいては書が美術に取り上げられることはないので，ヨーロッパ的なイスラーム美術の分類では書は小さな一項目として立てられるに過ぎない。またヨーロッパでは彫刻はギリシアの人体彫刻に始まる三次元的な丸彫り彫刻を基本とするので，ヨーロッパ的視点から見るとイスラームに彫刻の分野は存在しないことになる。しかし実際には浮き彫り，透かし彫りなど建築装飾や工芸に彫刻技術を駆使した造形は非常に多い。

絵画においては，タズヒーブやタズヒーブが拡大されてタイルや陶器などの工芸の面に描かれた絵画が，ヨーロッパ的な美術の規範の中で，自らを主張する権利を失ってしまった。19 世紀ヨーロッパでは，オリエンタリズムの流れに乗って，未知のイスラーム世界の美術を飾る文様に「アラベスク」という曖昧で実体のない総称が与えられ，建築，絵画，工芸品などあらゆる造形に施された「アラベスク」をもって，イスラーム美術は装飾的であるという評価が与えられ，今日に至っている。ヨーロッパ美術において装飾文様は，建築やその他の美術工芸品を飾る副次的存在であるに過ぎず，主役を演じることはなかった。このような解釈の中で，イスラーム世界では本来絵画の筆頭に挙げられるべきタズヒーブが，その存在を忘れられることになってしまった。今日では「アラベスク」という用語こそ，イスラーム美術史においてほとんど使用されることはなくなったが，一般的にはタズヒーブやそれが拡大された絵画が絵として認識され，正当な評価を与えられるには至っていない。

ヨーロッパの美術を基準とした美術の概念や美術の見方は，現在世界中に定着してしまっている。それらを払拭することは，なかなか困難であるが，それぞれの文化圏独自の芸術や美術の理論や概念を明らかにしていくことによって，それらの芸術や美術は本来の輝きを取り戻すはずである。

絵画とは何か。これは人間の造形活動を考える上で大きな一つの研究課題である。中国では古くから画とはどのようなものか，絵画の概念の考察が盛んであった。南斉（479–502）の謝赫が著した『古画品録』における「画の六法」は，絵画に表出される精神性や画法，そして画技の伝承など中国絵画の基本的概念が整えられたものである。絵画が最高の芸術と位置づけられていた中で，晩唐の張彦遠は著作『歴代名画記』の巻頭において画の源流に触れ，絵画に対する伝統的思想を述べてから，書と画は不可分であるとする書画同源の説を繰り返す。中国では以降多くの画論・画伝が記されたが，絵画に対する基本概念が揺らぐことはなかった。しかしこのように絵画概念が古くから明確に定められた文化圏は他にないといえよう。イスラーム文化圏にも画論や画伝が残されているが，ほとんどは16世紀になってからまとめられたものであり，また十分な情報を与えてくれているわけではない。したがってイスラーム世界の絵画概念の形成には，歴史史料や文学作品などに垣間見える絵画に関する情報の収集も必須となる。それらの文献資料と現存する絵画資料を整合的に理解することも容易ではないが，ここでは，現在明らかになっている範囲のイスラームの絵画の概念に沿って二つの挿絵のジャンルについて述べたい。

2　書物の挿絵1——タズヒーブ＝文様絵画

1）クルアーンを装飾する絵画

タズヒーブは，アラビア語の「金をうめる」という語に発し，様々な植物文様や幾何文様の多様な組み合わせから構成され，イスラーム世界の書物を飾った絵画である。初期の文様絵画は金泥画として描かれたことが多かったのでこの名称が与えられたと考えられる。現存するアッバース朝期の初期，9〜10世紀のクルアーンには多くの金泥で描かれたタズヒーブの例が残されている。

イランのサファヴィー朝（1501-1736）初期においては，書画論に言及する文学作品が現れるようになった。さらに詩画帳（ムラッカア＝アルバム）が盛んに作成されるようになると，その序文の中でも書画論，書家列伝，画家列伝が著わされ，美術用語も比較的まとまった形で示されるようになった。

代表的画論や画家列伝としては，サファヴィー朝のシャー・タフマースブ（1514-1576）の弟バフラーム・ミールザー（1543-1577）が彼の工房の書家ドゥースト・ムハンマドに古今の能書家の断片を蒐集させて編纂させた詩画帳の『序文』（1544年），シャー・タフマースブのためのムラッカアにコトゥブッディーン・モハンマド・ゲッセホーンが記した『序文：書と絵画の歴史に関する書』（1556/57年），サーデキー・ベグの『絵画の規範』（1596年頃），ガーズィー・アフマド・クミーの『芸術の花園』（1606年頃）などを挙げることができる。またシャー・タフマースブ時代の役人であったアブディー・ベク・シーラーズィーは，自身の詩の作品『百様苑』（1559/60年）の中で，絵画における七法に触れている。オスマン朝においてはムスタファ・アリー・エフェンディの『芸術家列伝』（1585年頃）などがある。いずれも用語の注釈が付してあるわけではないので意味が解明されていないものも少なくないが，美術に対する考え方，製作技法，製作工程などの概要を知ることができる。そこから読み取ることのできる内容は，16世紀，17世紀に急に現れたものではなく，イスラーム世界において古くから踏襲されてきた伝統的な絵画の概念や技法がまとめられたものである。タズヒーブという用語もこのような書画論において論じられたものである

ドゥースト・ムハンマドは1544年に記した『序文』の中で書家と画家の列伝を著した。その画家列伝において，彼は当時の伝承に従い，第4代カリフのアリー（?-661）が，ナクシュとタズヒーブをもってクルアーンを装飾した最初の人物であるとしている。この場合のナクシュは，偶像崇拝が厳格に禁止され，生物描写が宗教的事物では回避されたイスラームの教義を考えれば，具象絵画であるはずはない。現存する比較的初期のクルアーンの装飾の諸例から見れば，ナクシュは，金泥によって彩色（タズヒーブ）された文様と解釈できる。現存する9〜10世紀のクルアーンの文様絵画では，幾何文様，組紐文様，蔓草文様，パルメット文様などが主流をなしている。

16〜17世紀の画論や絵画に関する記述では，筆（カラム）に二種類があり，一つは植物性（イスラーム書道で使用される葦ペンを指す）のカラム，他は動物の毛のカラムであると述べられ，また「書に六書体があるように，ナクシュには七法がある」と記されている。この書体と法に関する記述は，16世紀以降の書画論での共通認識であり，ナクシュが書に対比する造形としての絵画であることは明らかである。またナクシュの七法として挙げられているのは，文様のモチーフであることから，絵画の基本的な概念が文様絵画であったことも明白である。七つのモチーフは，著者によって多少異なるが，共通する主要モチーフは半パルメット蔓草文（エスリーミーまたはルーミー＝イスラームまたはローマ様式の文様），花蔓草文（ハターイー＝中国様式の文様），具体的な形は今日不明であるがファランギー（ヨーロッパ様式の文様）である。その他，雲文（アブル），組紐文（幾何文），ワーク（ワークの木）あるいはダーク，ニールーファル（蓮またはスイレン）などである。

偶像崇拝や生物描写に繋がることなく，クルアーンを装飾することのできる絵画としてのタズヒーブとナクシュはイスラーム初期から絵画のジャンルの筆頭に掲げられ，その地位を不動のものとした。現在では書物に描かれる文様絵画はタズヒーブの一語で表すのが通例である。

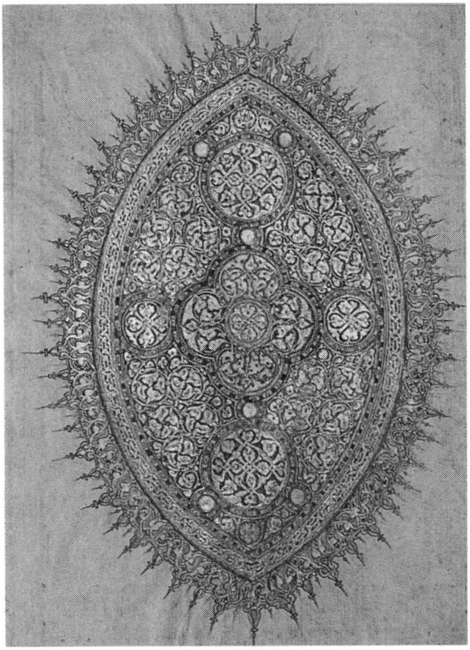
図1　『マスナヴィー』装飾ページ（1278年，コンヤ）

2）タズヒーブの歴史的展開

預言者ムハンマドの死後，アッラーの啓示が書物の形態にされるにあたり，先ず実践されたのはアラビア文字の形を整えることであった。神の啓示を表記するには美しい文字であることが必須であった。次に必要と感じられたのは美しいアラビア文字で表記された啓示に神々しさや重厚さを加味する「装飾」であった。

偶像崇拝の禁止や生物描写の回避といった教義上の制約を厳守しながらクルアーンに描かれたタズヒーブは，11世紀頃までは金色を基調とし，わずかに赤，茶，青，緑などの色彩が入れられた。図柄は様々な幾何文，組紐文，人工的に合成された植物の葉などから構成されたが，比較的大雑把なものが多かった。

アッバース朝における学問や文学の発展に伴い書物の制作が盛んになると，タズヒーブはクルアーンのみならず，あらゆる書物を飾るようになり，技術も文様モチーフも巧妙になった。ルーム・セルジューク朝（1075-1308）の1278年にコンヤで制作された『マスナヴィー』には多くの装飾ページが含まれている（図1）。タズヒーブは，ムフリス・ビン・アブドゥッラー・ヒンディーによるものである。図柄としては蔓草文（ルーミー文）の多くの変形が考案され，描法が非常に精緻になった。ジャドヴァルといわれる枠取りはページやタズヒーブの構成を定める

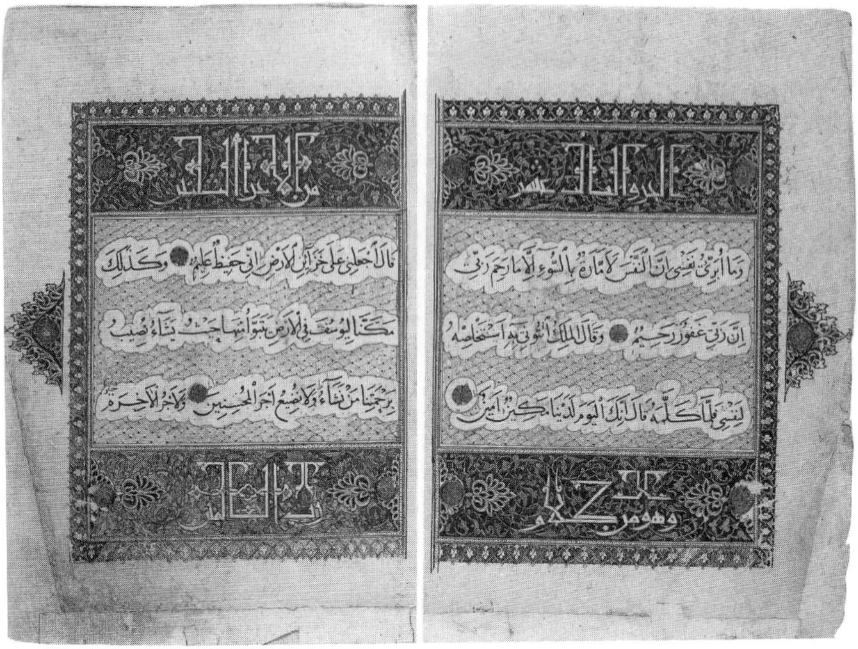

図2 『クルアーン』花文として蓮，地紋に青海波文（1338 年，マラガ）

重要な役割を持ったが，この作品では複雑な組紐文を用いた多様で豪華なジャドヴァルが引かれ，本文やタズヒーブを効果的に演出している。図柄は金彩であるが，地色には青が用いられ金彩と鮮やかなコントラストをかもし出している。ムフリスはクルアーンにも名作を残しているが，この『マスナヴィー』は，図柄，構図，色調などの観点から，アッバース朝の流れを汲むタズヒーブが頂点に達した作品ということができよう。

モンゴル人のイスラーム王朝であるイル・ハン朝（1256–1335）では，14 世紀以降タズヒーブは新たな展開を見せる。13 世紀末にイスラームに改宗したモンゴルの支配者は，豪華なクルアーンの制作に力を注いだが，その装飾には金と共に，ラピスラズリから製造された深い紺色が使用されるようになった。金色と紺色は，ティムール朝，サファヴィー朝，オスマン朝など後の時代のタズヒーブの基調色として定着することになった。また中国の文化や芸術に接していたモンゴル人はクルアーンのタズヒーブのモチーフに草花，蓮花，青海波など中国的な文様を加えた（図2）。16〜17世紀の画論がハターイーの名称で伝えるモチーフは，蓮花を含む中国風草花文を示している可能性が高い。

ティムール朝（1370–1507）の15世紀には金彩や紺と共に赤，緑，青，ピンクなど多種の色が使用され，文様モチーフの描法も更に緻密になり，タズヒーブ芸術が頂点に達したといっても過言ではない。その一例を1488年にヘラートで制作されたサーディー著『果樹園』の装飾ページに見ることができる（図3）。

図3　サーディー『果樹園』装飾ページ（1488年，ヘラート）

タズヒーブを描く専門の絵師はムザッヘブと呼ばれたが，それはタズヒーブから派生した語である。ティムール朝第3代君主シャー・ルフ（1377–1447）の皇子バーイスングル（1397–1433）の宮廷工房長の職にあった書家ジャアファル・バーイソンゴリーが記したと考えられている『上申の書』（1428年頃）は，写本製作，建築装飾，テント製作など総合的な工房の様子を伝える貴重な記録であるが，そこにもムザッヘブの記述があり，当時既に確立した画職であったことが分かる。

ティムール朝の美術の伝統を受け継いだサファヴィー朝では，タズヒーブはさらに華麗さと緻密さを増し，物語絵（具象絵画）と共にイランの書物の芸術性を高めた。

オスマン朝におけるタズヒーブもティムール朝のタズヒーブを継承したが，16世紀には人々から愛されたチューリップ，カーネーション，ヒヤシンスなどの花々が図案化されて伝統的モチーフの中に加えられたので，独特の雰囲気をもったタズヒーブ芸術が展開した。このオスマン朝独自のタズヒーブの創作は，16

図4　『クルアーン』文様絵師カラメミのタズヒーブ（1546/47年，イスタンブル）

世紀中期にカラメミという文様絵師によって考案された。彼はトプカプ宮殿に設置された宮廷工房の工房長を務めた画家であった。宮廷工房には具象絵師を始め，あらゆる造形に関わる工人が属していたが，文様絵師であった画家が工房長に任命されたことは，文様絵師の地位の高さを示すものである。スレイマン1世（1494-1566）のもとオスマン朝が最盛期を迎えた時期に，当時の能書家カラヒサーリーと文様絵師カラメミが製作したクルアーン（1546/47年，イスタンブル）（図4）において，カラメミはティムール朝以来の伝統的で古典的なタズヒーブを巧みに描きながら，そこにオスマン人が好んだアーモンド（または桃）の花樹や矢車草などの写実的な草木を加え，オスマン朝独特のタズヒーブを見事に完成させている。

タズヒーブと共に書物を飾るものに金泥画（ハッルカーリー hallkārī）がある。これは料紙装飾で，ページの枠外の余白に描かれた。モチーフは草花が多く，タズヒーブのそれより大振りで金の色調も弱く，ぼんやりと描かれ，あくまでも枠内の本文やタズヒーブをさらに引き立てるのが目的と思われる。サファヴィー朝では，森林に動物や龍，鳳凰などの空想動物が遊ぶ図柄なども見られる。

タズヒーブは，アッラーから人間に直々に与えられた「筆をもって述する術，すなわち書物を書く術」に対する神への感謝，神への讃美を表象するものである。イスラーム初期からタズヒーブは意図的に描かれ，時代と共に法則性が与えられながら発展し，クルアーンを始め，書物の中で鑑賞されることを目的として描かれた挿絵ということができよう。

3　書物の挿絵2——物語絵（具象絵画）

1）イスラーム世界の具象絵画

イスラーム世界において生物の描写を避けることが好ましいという考え方は，クルアーンの啓示に見られるのではなく，預言者ムハンマドの言行録であるハディース集に記されている。ハディース集は多数編纂されたが，ブハーリー（810-870）やムスリム（817/821-875）が編纂したそれぞれの『真正集』は，共に信頼性が高いものとされている。それらのハディースに残された生物描写の回避に関する記述の論拠には，二つの啓示が考えられる。一つはアッラーがあらゆるものの創造主であり，中でも生命の創造はアッラーにのみ帰せられるとする啓示であり，他は偶像崇拝の禁止である。ハディースにおいて，画家が，自らが描いた生物に生命を吹き込むことができないにもかかわらず，それらを描くことは，最後の審判で厳しく罰せられると繰り返し述べられている。絵を描くことは，生命の創造主であるアッラーに対する冒瀆的行為とみなされたのである。またハディースには「天使は絵画のある家には入らない」，という文言も繰り返される。これはクルアーンに繰り返される偶像崇拝の禁止の啓示と関わりがあると考えられる。そこで述べられている絵画とはイコン的で肖像画的なものが多く，それらを描くことが礼拝像製作へ繋がることを警告したものと考えられる。

偶像崇拝の禁止は啓示に明確に述べられているので一貫して遵守された。しかし生物描写の回避に関しては，宗教関係の建築，事物，書物などにおいては守られたが，世俗的な事物や書物などに関しては生物描写が許容された。

ウマイヤ朝期（661-750），異教徒の工人が宮殿の壁画に世俗的人物画や動物画を描くことはあったが，そのような例外を除くと，イスラーム世界の具象絵画はアッバース朝の学問の発展に伴う写本の具象的な挿絵に始まった。

写本の挿絵としての具象絵画は，初期には学問の書物に星座，植物，動物，機械などの形状を表す手段として遠慮がちに描かれた。しかし文学書，歴史書などの挿絵を描くことが盛んになると，絵画の技法や描法は著しく発達し，美しさを表出する描写法が考案され，イスラーム世界の具象絵画が目指す精神性や技法的な法則も明確になった。その技量の高さの引き合いに出されたのは，フィルダウスィー（934-1025）の『王書』，ニザーミー・ギャンジャヴィー（1141?-1209?）の『ホスローとシーリーン』などの文学作品に述べられたマーニー（216-277）の秀でた画芸であった。マーニーはマニ教の始祖であるが，絵画を描くことが非常に巧みで，絵画を使用しながら布教を行っていたと伝えられている。イスラーム世界でマーニーが高く評価されたのは，彼が写実性や精神性の表出に卓越していたとされる伝承に基づいている。この評価はイスラーム世界の人々が具象絵画に求めていたものが，写実性であり，精神性であったことを知るうえで興味深い。

ここで絵画における写実性とは何かという問題が生じる。先人が極めた画法を模写することが絵画習得の原則であり，模写を繰り返して伝統的な絵画様式を確立したイスラーム世界の具象絵画においては，描かれるものの様式化が進んだ。しかしこれまで，そのような絵画は，パターン化を重視する単なる華美な絵画と解釈され，実際には描かれていた写実性や精神性が見落とされて，高く評価されることはなかった。ここにもヨーロッパの絵画の写実性や鑑賞法をもってイスラーム絵画を見ることに起因する弊害を見ることができる。伝統的なイスラーム世界の具象絵画では，ヨーロッパ絵画で高く評価された科学的遠近法や陰影法，人体の解剖学的描写は用いられなかったので，写実性や精神性を目指すには遠いと考えられたのである。しかし写実性や精神性の表現にも各文化圏独自の表出方法がある。イスラームの絵画では，確かに人物，動物，植物，構図などの様式化は強いが，細部までよく観察すると，そこには時代，文化，風俗，自然，環境などを熟視した鋭い観察に基づいた写実性や人間の心理を表出する如実性に満ち溢れた絵画が多い。このような傾向は，具象絵画だけでなく文様絵画にも該当する。特に植物文様においては，一見様式化され，無機的に合成された描写の中に自然

図 5　ジャザリー『技術における理論と実践の書』暦付水時計（1206 年，ディヤルバクル）

図 6　アイユーキー『ワルカとグルシャー』「ワルカとグルシャーの別離」（13 世紀前半，コンヤ）

の観察に基づいた鋭い写実性を見出すことができる。

2）具象絵画の展開

アッバース朝初期から学問書の作成が盛んになると，内容を絵解きする図や絵が書物に描かれるようになった。スーフィーの『星座の書』（1009/10 年，シーラーズ）に描かれた星座図（口絵 6），ジャザリーの『技術における理論と実践の書』（1206 年，ディヤルバクル）（図 5），ディオスコリデスの『薬物誌』のアラビア語訳（1228/29 年，北部イラクまたはシリア）などはその好例である。

アッバース朝末期やルーム・セルジューク朝には，文学作品の制作と共に挿絵が入れられるようになった。ハリーリーが大成した『マカーマート』（1237 年，イラク）（口絵 1），アイユーキーの『ワルカとグルシャー』（13 世紀前半，コンヤ）（図 6）などは，その代表的作品である。しかしこの時代の物語絵は主題のみを描いたものであり，背景や風景はほとんど描かれなかった。

図7　フィルダウスィー『王書』「エスファンディヤールの龍退治」（1370-80 年，タブリーズ（？））

背景に空間的な広がりが導入されたのは，イル・ハン朝に入ってからであった。モンゴルの人々は，中国文化圏から様々な文物をイスラーム世界にもたらしたが，中国の絵画も例外ではなかった。中国の伝統的山水画にみる三遠（平遠，高遠，深遠）を駆使した遠近法，岩山，流水，樹木，枯木，森林，雲などの自然描写，花枝と鳥から成る花鳥画などが書物の物語絵の中に採用されることになって，具象的な挿絵は一挙に花開くことになった。イランの伝統的文学作品で，神話時代からの王の英雄叙事詩であるフィルダウスィーの『王書』は大変好まれた物語で多くの写本が作成されたが，このような中国的な絵画要素は，そのスケールの大きな物語の挿絵には格好の描法であった。

白羊朝（1378 頃-1508）のヤァクーブ・ベク（1478-1490）が編纂させたと考えられている詩画帳＝サライ・アルバムには，イル・ハン朝後半に帰せられる『王書』の「エスファンディヤールの龍退治」（14 世紀後半，タブリーズ（？））の名場面を描いた挿絵のページが収められている（図 7）。三遠法を一つの画面に併用して描き出された岩山と草原からなる広大な深山，ズタズタに切られながらもなお頭をもたげ闘争しようとする巨大な龍，悪龍を退治し疲労困憊したエスファンディヤール，心配そうに彼に寄り添う従者，深山に繰り広げられた人間と龍の壮絶な戦いの過酷な情景を表している。それは，中国的な絵画の描法をもってして初めて可能な壮大な物語絵である。

ティムール朝になると中国的な絵画要素はイスラーム化され華麗な挿絵の世界へ変容していく。この時代の後半に活躍したビフザード（1455?-1535）は，その人物描写における写実性や精神性が高く評価され，画論，列伝，文学作品などにおいてイスラームの具象絵画の祖として，マーニーと並び称された巨匠である。サーディー（1210 頃–1292 頃）の『果樹園』（1488 年頃）（図 8）において，ビフザードは，ズライハーの館で彼女の誘惑から逃れようとする預言者ユースフを描いている。ユースフの顔は預言者であるので白い布で隠されているが，逃げようとするユースフ，彼を必死で捉えようとするズライハーの表情やしぐさ，すべての扉が硬く閉ざされた館，逃げ場のない閉ざされた空間は緊迫した場面をつぶさに描き出している。単なる写実を超えた描写である。

図 8　サーディー『果樹園』「ユースフへの誘惑」（1488 年，ヘラート）

ティムール朝で著しく発展した書物の具象絵画は，イランではサファヴィー朝に，西のイスラーム世界ではオスマン朝に受け継がれた。サファヴィー朝では伝統的な文学作品の制作が盛んであったが，そこではティムール朝の具象絵画がさらに緻密で華美な細密画に変容した（II–7 章も参照）。

オスマン朝では，16 世紀以降イスラーム世界に君臨した歴代のスルタン（支配者）が自らの偉業を後世に残すために歴史書の作成に力を注いだ。描かれた挿絵は精密さを誇張するよりは，できるだけ多くの歴史的情報を絵画から発信することを目的とした。同一画面に複数の時間帯の出来事が描き込まれ，三次元的空間の描写を完全に無視した屋内は，たくさんの物語の展開を可能にした（II–8 章も参照）。

おわりに

本章では，文様絵画であるタズヒーブが絵画の筆頭に挙げられるジャンルであること，タズヒーブが書物の挿絵であること，具象絵画（物語絵）においてはイスラーム絵画に独自の遠近法，空間表現，描法，モチーフの選択などが存在し，その目指すところが写実性や精神性であることに言及した。書物の挿絵はサイズが小さいので見落とされやすいが，ヨーロッパ絵画とは異なったイスラーム絵画特有の概念が確立していることに留意して鑑賞する必要がある。

参考文献

杉村棟（編）1999『世界美術大全集　東洋 17　イスラーム』小学館.

張彦遠，長廣敏雄（訳注）『歴代名画記』1977，平凡社.

牧野信也（訳）2001『ハディース』中公文庫.

護雅夫（監修）1980『トプカプ宮殿』トプカプ宮殿全集刊行会.

ヤマンラール水野美奈子 1988「イスラームの画論と画家列伝」『オリエント』31(1)，pp. 161-172.

――― 2003「神への讃美――イスラームにおける美の認識」前田富士男（編）『伝統と象徴――美術史のマトリックス』沖積舎，pp. 309-321.

――― 2005「絵画が伝える情報」林佳世子／桝屋友子（編）『記録と表象――史料が語るイスラーム世界』東京大学出版会，pp. 295-321.

――― 2009「ティームール朝の書家ジャアファル・バーイソンゴリーの「上申の書」」『龍谷紀要』30(2)，pp. 67-89.

Bürgel, J. C. 1988. *The feather of Simurgh*. New York & London : New York University Press.

Dickson, M. B. / Welch, S. C. 1981. *The Houghton Shahnameh*. Cambridge, Massachusetts & London : Harvard University Press.

İpşiroğlu, M. Ş. 1971. *Das Bild im Islam*. Wıen.

Kültür ve sanat Dergisi 8, Türkiye İş Bankası.

Kültür ve Turizm Bakanlığı ed. 2010. *1400. Yılında Kur'an-ı Kerim : Türk ve İslam Eserleri Müzesi Kleksiyonu*. Istanbul : Antik A. Ş.

Lenz, T. W./ Lowry, G. D. 1989. *Timur and the Princely Vision*. Washington : Smithonian Institution Press.

Özcan, A. R. ed. 2009. *Hat ve tezhip sanatı*. Ankara : Kültür ve Turizm Bakanlığı, Kütüphaneler ve yayımlar Genel Müdürlüğü.

Porter, I. 2000. "From the 'theory of the two Qalams to the 'Seven principles of painting' : Theory, terminology, and practice in Persian Classical Painting," *Muqarnas* 17, pp. 109-118.

Seki, Y. 1997. *Golestān-e khiāl*. Tehran : Iranian Cultural Heritage Organization.

Tanındı, Z. 2008. "Gilding and Binding in the Muslim World," *Arts and Crafts in the Muslim World*, Proceeding of the International Congress on Islamic Arts and Crafts, Isfahan, 04-09 October, 2002. prep. by N. T. Maarouf-'s. Çavuşoğlu, Istanbul, pp. 394-412.

Thackston, W. M. 2001. "Album prefaces and other documents on the history of Calligraphers and painters," *Muqarnas* 10.

第4章　イスラーム科学の写本

山本 啓二

はじめに

一般にイスラーム科学と言えば，8世紀から15世紀頃にかけてイスラーム圏で行われた科学的営みを指している。それは主として，8世紀から10世紀にいたるギリシア語科学文献のアラビア語への翻訳を契機として始まったと言うことはできるが，その衰退については未だに定説がない。イスラーム科学の各分野が，いつ，どこで，いかなる原因で衰退したのかを十分に説明することのできる説が提示できない状態が続いているのである。そもそもその原因が解明できない以上，何をもって「衰退」と考えるのかさえも疑問になってくる。したがって，限られた資料を基にイスラーム科学の個別現象について述べることはできても，その全体像あるいは一般的特徴を知るには，単に科学的営みだけでなく，当時のイスラーム社会全体のしくみも解明していかなければならないと言えるだろう。これは将来に残された大きな課題である。

一般にイスラームの科学者はギリシアの学者を深い尊敬や畏敬の念をもって見ていたが，だからといって，ギリシアの先行者の単なる追従者ではなかった。彼らはガレノスやプトレマイオスのような権威者を，間違いを犯す可能性のある人間として見ていた。だから，彼らは膨大な観測結果を集め，プトレマイオスによる天文学的パラメータをより精確にすることに努め，ついにはコペルニクスのモデルに比せられる惑星モデルをも生み出したのである。

科学的探究の範囲は，主にギリシア語文献によって伝えられた範囲，すなわち数学，音楽，天文学，占星術，気象学，光学，動物学，植物学，農学，鉱物学，錬金術，医学，獣医学，薬物学と広範囲にわたった。それは，イスラーム独自の伝承されてきた学問（クルアーン学，ハディース学，文法学など）に対して，合理的学問と言えるものであり，自然学的学問（医学，植物学，気象学など）と数学的学問（数学，天文学，音楽など）からなっている。実は後者にはさらに哲学（論理学，形而上学など）が含まれており，イスラームにおける科学の歴史は哲学の歴史と非常に密接に関わっている。例えば，ラーズィー（925 没），イブン・スィーナー（1037 没），イブン・ルシュド（1198 没）のように，医者でありながら同時に哲学者であったという，後に大きな影響力を及ぼした学者が存在していることも，そのことを証明している。

哲学者のファーラービー（950 没）は，イスラーム神学の弁証法的議論がギリシア哲学の証明方法よりも決定的に劣っているという考えを公然と述べ，ラーズィーは，すべての啓示宗教に対して異教的見解を持っていた。そして神に関する根本的な問題や神と世界の関係に対するイブン・ルシュドの立場は，正統な宗教学者の怒りを招くものであった。こうしたことから，科学と神学の関係は決して良好なものではなかったと想像される。ところが，神学者のガザーリー（1111 没）は，神学と法学の研究のためにギリシア論理学の基礎知識を利用すべきであると信じ，論理学を有益な道具にほかならないと理解していた。そして，彼がアリストテレス論理学を宗教的知識の教育カリキュラムに導入することによって，アリストテレス哲学の他の部分がさまざまな宗教分野に深く浸透するという結果をもたらすことにもなったのである。したがって，科学と神学の関係は，時代によって複雑な様相を呈していると言えるだろう。

また科学と技術の関係について言えば，科学が実践的な技術と結びついた例をいくつか挙げることができる。数学を応用した遺産の分配，天文学を応用したキブラや新月の決定，力学を応用した揚水機，そして医学・薬学を応用した医療行為などである。

1　科学写本の特徴と広がり

科学写本が他の分野の写本と特に異なる特徴があったとは思えない。科学写本もまた他の分野の写本と同じく，文頭に「慈愛あまねく慈悲深きアッラーの御名

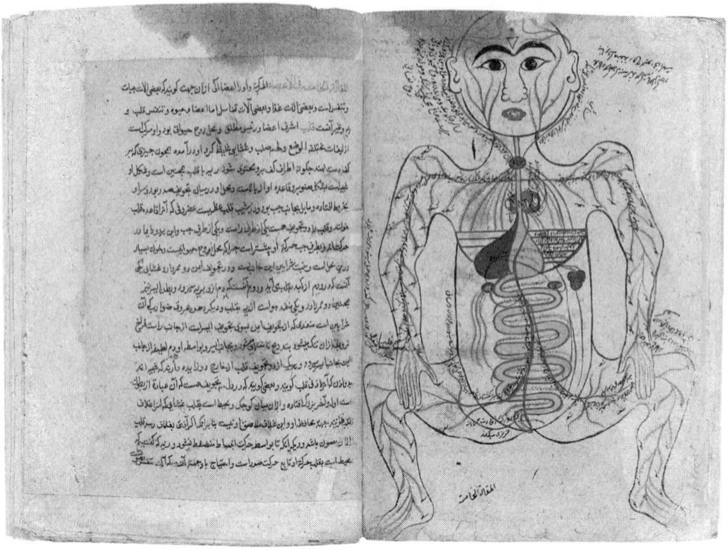

図1　マンスール・イブン・イリヤス『解剖学』の自筆本（1411年）。ペルシア語で書かれている。

において」という決まり文句を掲げているが，それは写本を作るという行為に対して神の祝福を願うためであり，内容そのものが神の啓示によるという意味ではない。

イスラーム科学の写本と言う場合には，厳密には，アラビア語の文献だけでなく，アラビア語からその他の言語に翻訳されたものも含まれる。例えば，アラビア語で書かれた文献がラテン語に翻訳され，今ではそのラテン語写本しか残っていないという場合，ラテン語写本もまたイスラーム科学を伝える貴重な資料なのである。したがって，科学写本はその成立過程によって大きく3つに区分される。すなわち，(1) ギリシア語，シリア語，パフラヴィー語（中世ペルシア語），サンスクリットからアラビア語に翻訳されたもの，(2) アラビア語で書かれたもの，(3) (1) と (2) のアラビア語文献からヘブライ語，ペルシア語，トルコ語，ギリシア語，ラテン語，中国語などに翻訳されたものである。ここでは，これらのうち，ギリシア語から（場合によってはシリア語を介して）アラビア語に翻訳された文献と，アラビア語で書かれた文献を中心に扱う。

ヨーロッパでは15世紀に活版印刷術が発明されて以降写本制作が下火になっていったのに対して，イスラーム世界では少なくとも20世紀初めまでは写本が作られ続けたという点に特徴がある。また，写本の素材として用いられたものが，西欧のような羊皮紙ではなく紙が主流だったことから，写本の寿命は比較的短かったと考えられる。

科学写本は現在，西はモロッコから東はインドに至るイスラーム諸国と欧米各国の図書館に散在している。多数の写本を所蔵している都市としては，カイロ(国立図書館)，イスタンブル（複数のモスク附属の図書館)，ダマスカス（ザーヒリーヤ図書館，アサド図書館)，テヘラン（複数の図書館)，インドのラームプル（ラザー図書館)，ハイデラバード（複数の図書館)，パトナー（フダーバフシュ東洋公共図書館)，また欧米では，エスコリアル（王立図書館)，ダブリン（チェスター・ビーティー図書館)，オックスフォード（ボドリアン図書館)，ロンドン（大英図書館)，パリ（国立図書館)，ベルリン（国立図書館)，フィレンツェ（ラウレンツィアーナ図書館)，ローマ（バチカン図書館)，プリンストン（大学図書館）などを挙げることができる。このようなアラビア語写本の散在は，文化遺産争奪の歴史をも物語っている。例えば，マグレブで作られた数多くの写本は，モロッコの王立図書館などにあっても不思議ではないのだが，実際には，重要な科学写本の多くはパリやスペインのエスコリアルの図書館に所蔵されているのである。通常は図書館ごとに写本カタログが作成されているが，ダマスカスのアサド図書館のように，極めて貴重な写本を多数所蔵していることが予想されるにもかかわらず，未だに科学写本のカタログが出版されていない図書館もある。トルコ，イラン，インドといった国々にも数多くのアラビア語写本が存在しているということは，少なくとも15世紀までのイスラーム世界でアラビア語が学術言語としていかに優勢であったか，そしてその後もアラビア語写本がいかに綿々と書き継がれてきたかを物語っている。

2　ギリシア語からアラビア語に翻訳された科学文献

ギリシア語からアラビア語に翻訳された科学文献は，すでに述べたように広い範囲にわたっている。その中でも量的に大きな比重を占めるのは，数学，天文学，医学である。それにはある理由が考えられる。すなわち，科学活動を保護することになる支配階級が，天文学者や医者を自分の周りに置いておきたかったということである。礼拝時間とマッカの方角を天文学的に決定することのできる教育をうけた者は，イスラーム世界のあらゆる場所で必要とされていた。

10 世紀の書誌家イブン・ナディームの『目録』（I-5 章参照）には，ギリシア語などで書かれた文献をアラビア語に翻訳した人物が 64 人，そしてギリシア人を含めアラビア語写本の形で著作を残した人物が 229 人挙げられている（哲学が 33 人，数学・天文学が 146 人，医学が 50 人）。こうした史料を基にして，19 世紀から，ギリシア語で書かれた科学文献がどれほどアラビア語に翻訳されたかということについて研究がなされてきた。

まず，G. フリューゲルが「ギリシア人著作家のアラビア語訳に関する論述」（1841 年）というラテン語論文で，91 人のギリシア語著作の翻訳者と研究者を概観し，次に，J. ヴェンリヒが同じくラテン語で書いた「ギリシア語著作家の諸版とシリア語，アラビア語，アルメニア語，ペルシア語の注解に関する論文」（1842 年）の第 1 部で，ギリシア語の非宗教文献のシリア語，アラビア語，アルメニア語，ペルシア語への翻訳書について詳細に述べて，第 2 部ではそれらの言語に翻訳されたギリシアの著述家とその著作を一覧表にしている。

その後，M. シュタインシュナイダーがアラビア語訳と翻訳者に関する文献学的研究を次々と雑誌に発表し，それらは 1960 年に『ギリシア語からのアラビア語の翻訳書』という一冊の本として出版された。そこではもっぱら哲学，数学，天文学，医学の分野が扱われている。

20 世紀後半になると，ギリシア語からの翻訳とアラビア語の著作の両方がまとめて扱われるようになる。M. ウルマンは『イスラームの医学』（1970 年）と『イスラームにおける自然科学と秘術』（1972 年）で，医学，動物学，植物学，鉱物学，錬金術，占星術，魔術，農学を扱っている。また，F. セズギンは『アラビア語文献の歴史』第 3 巻「医学，薬学，動物学，獣医学」（1970 年），第 4 巻「錬金術，化学，植物学，農学」（1971 年），第 5 巻「数学」（1974 年），第 6 巻「天文学」（1978 年），第 7 巻「占星術，気象学」（1979 年）を公刊し，その後の科学史研究に計り知れない貢献をなしている。

これらの成果をもとにG. エンドレスが『アラビア文献学概説』の第2巻と第3巻（1987, 1992年）で発表した論文は，各文献を統合し歴史的に位置づけたという点で注目すべき研究であり，翻訳書，翻訳者，そして各分野におけるアラビア語の著作について，広範にわたる研究と参考文献を提供している。しかし，この論文が書かれてから今日までの20年間にも，各分野の研究にさらなる進展があったことは言うまでもない。

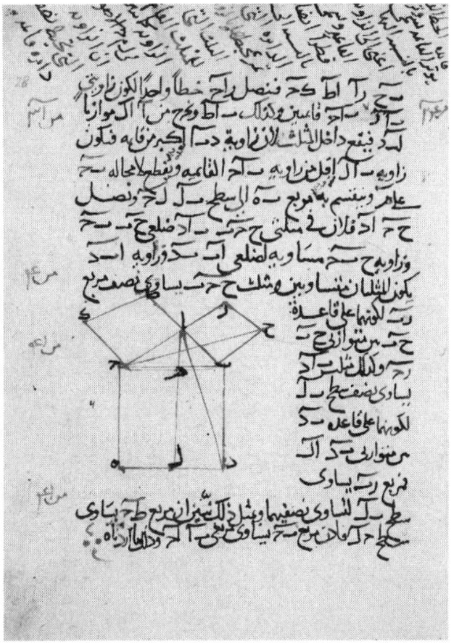

図2　ユークリッド『原論』のアラビア語写本（1258年）。13世紀の数学者ナスィールッディーン・トゥースィーによる編纂。ピュタゴラスの定理が説明されている。

以上の参考文献に見られる科学文献のうち，アラビア語写本として現存している，特に，数学，天文学，医学の分野のおもな著作を以下に列挙しよう。その中には，ギリシア語版では失われたが，アラビア語版で残っている文献も含まれている。なお，アラビア語の校訂版が出版されている場合は，その年代を（　）内に示した。

＜数学＞

- ユークリッド（前3世紀）：(1)「原論」，(2)「デドメナ」，(3)「光学」（1998年），(4)「図形分割論」アラビア語訳のみで残存，(5)「天文現象論」，(6)「天秤について」
- アルキメデス（前3世紀）：(1)「球と円柱」，(2)「円の計測」，(3)「ストマキオン図形の部分」，(4)「接する円について」アラビア語訳のみで残存
- アポッロニオス（前3世紀）：「円錐曲線論」（I～VII巻）（1990年），V～VII巻はアラビア語訳のみで残存
- ヒュプスィクレス（前2世紀）：(1)「原論」（XIV～XV巻のみ），(2)「星の出」（1966年）

・ディオクレス（前1〜2世紀）：「燃焼鏡」（1976年）アラビア語訳のみで残存
・ヘロン（1世紀）：「機械術」アラビア語訳のみで残存
・テオドシオス（前1世紀）：(1)「球面学」（2000, 2010年），(2)「居住地について」（2011年），(3)「昼と夜について」
・メネラオス（1世紀）：「球面学」アラビア語訳のみで残存
・ニコマコス（1世紀）：「数論入門」（1959年）
・プトレマイオス（2世紀）：(1)「平面球形図」（2007年），(2)「アストロラーブ」
・パッポス（4世紀）：(1)「ユークリッド原論第10巻への注釈」アラビア語訳のみで残存，(2)「数学集成」
・ディオファントス（4世紀）：「数論」（1982年），もともと全13巻からなるが，最初の3巻と何巻目かは不明の3巻の計6巻がギリシア語で残っている。また，第4巻目から7巻目までがアラビア語訳のみで残っている。

＜天文学・占星術＞

・アウトリュコス（前4世紀）：(1)「運動する天球」，(2)「星の出没」
・アリスタルコス（前3世紀）：「太陽と月の大きさと距離」
・プトレマイオス（2世紀）：(1)「アルマゲスト」（1986年，VII〜VIII巻のみ出版），(2)「惑星仮説」（1967年），(3)「テトラビブロス」，(4)「地理学」
・アフロディシアスのアレクサンドロス（2〜3世紀）：(1)「天球論」，(2)「天球の順序」，(3)「摂理について」
・ドロテオス（1世紀）：「占星術詩」（1976年）
・ヘルメス：(1)「南のシリウスの出による判断」，(2)「占星術に関する質問の書」，(3)「85章の書」
・アリストテレス（前4世紀）：(1)「気象論」（1967, 2000年），(2)「宇宙論」偽作（1985年），(3)「自然学」（1964-65年），(4)「動物誌（1〜10）」（1977年），(5)「動物部分論（11〜14）」（1979年），(6)「動物発生論（15〜19）」（1971年），(7)「自然の質問」（1999年）
・エウトキオス（5〜6世紀）：「テトラビブロス第1部の注解」

＜医学＞

・ヒッポクラテス（前5世紀）：(1)「箴言」（1832年），(2)「予後」（1886年），

図3　ディオスコリデス『薬物誌』のアラビア語訳写本（1224年）。

⑶「急性の病気」（1966年），⑷「伝染病」，⑸「診療所」（1968年），⑹「空気，水，場所」（1969年），⑺「食餌法」（1971年），⑻「医学の本分」

・ディオスコリデス（1世紀）：「薬物誌」（1952–57年）

・ガレノス（2世紀）：⑴「自著について」，⑵「初心者のための諸学派」（1977年），⑶「医術」（1988年），⑷「初心者のための脈」（1985年），⑸「グラウコンの治療法」，⑹「不均衡な状態」，⑺「筋肉の解剖」，⑻「神経の解剖」，⑼「血管の解剖」，⑽「ヒッポクラテスによる元素」（1986年），⑾「混合について」，⑿「自然の諸力」，⒀「病気の種類と原因，症状の違いと原因」，⒁「病んだ部位」，⒂「脈について」，⒃「熱の違い」（2004年），⒄「発作」，⒅「分利日」（2011年），⒆「治療法」，⒇「解剖の手順」（1906，1986年），(21)「脈の用途」，(22)「血液は血管の中に含まれるか」，(23)「下剤の力」，(24)「各部位の用途」，(25)「身体の最大の構成」，(26)「良い習慣」，(27)「不均衡な状態」，(28)「単体薬の力」，(29)「非自然的な腫瘍」，(30)「精液」，(31)「麻痺状態」，(32)「食物の力」，(33)「ヒッポクラテスの見解による急病における食物の関り」，(34)「場所による薬剤の複合」，(35)「健康を維持すること」，(36)「医学のすすめ」，(37)「概論あるいは医師」

アラビア語の科学写本は現存するものに限ってもその数は膨大であり，各研究者は科学の各分野の写本を扱うだけで手いっぱいの状態である。例えば，上述のウルマンは医学の分野で，そしてD. キングは天文学の分野で，それぞれ多数の写本に基づいて大きな業績を残しているが，未だに科学写本全体の特徴などを概観できる段階には達していない。したがって，ここでは主に筆者の経験に基づく，限られた範囲の科学写本，あるいは写本研究について具体的に述べたいと思う。

実際に，ギリシア語文献のアラビア語訳写本がどれだけ現存しているかを調査した過程を，プトレマイオスの占星術書『テトラビブロス』を例にとって説明してみよう。まず，写本情報が載っている現代の書誌文献のうち，今のところ最も詳しいセズギンによる『アラビア語文献の歴史』にあたってみる。フランクフルトにあるセズギンが所長を務めるアラビア・イスラーム科学史研究所の一室には，世界中から集められた写本カタログが納められている。それらをすべて網羅した著者別・著作別の写本カタログを作る仕事は，想像しただけでも気が遠くなりそうな作業である。セズギンは直接写本を見ている場合もあるが，多くはカタログの記述にそのまま従っている。『アラビア語文献の歴史』は現在まで索引を含めて 10 巻が刊行されており，その第 7 巻で占星術が扱われている。そして『テトラビブロス（*Kitāb al-arbaʻ maqālāt fī al-aḥkām*）』の項目には，次の 12 写本が挙げられている。

1. イスタンブル大学図書館 6141
2. ダブリン，チェスター・ビーティー図書館 4566
3. ウプサラ大学図書館 203
4. カイロ，国立図書館，ミーカート 123
5. カイロ，国立図書館，ミーカート 1054
6. カイロ，ハリール・アーガー，ミーカート 5
7. ダマスカス，ザーヒリーヤ図書館 7974
8. フィレンツェ，ラウレンツィアーナ図書館 321
9. テヘラン，アスガル・マフダウィー 486
10. ハイデラバード，アーサフ図書館 79
11. ハイデラバード，サイーディーヤ図書館 33
12. ナジャフ，イマーム・ハキーム図書館 236

前述のイブン・ナディームの『目録』には，『テトラビブロス』が 9 世紀に 2 度アラビア語に翻訳され，その訳に対して複数の注釈が書かれたことが記されている。さらに，最初の翻訳はウマル・イブン・ファッルハーン（815 没）によって注釈が書かれ，2度目の翻訳は後にフナイン・イブン・イスハーク（873没）によって改訂されたと書いてある。以後，便宜上，前者を「ウマル版」，後者を「フナイン版」として言及する。

次に，以上のことを考慮しながら，セズギンの写本情報が本当に正しいかどうかを実際に写本かそのコピーにあたって調べてみなければならない。一般に，各カタログの作成者は写本の表題だけで判断し，テキストの内容まで調べていないことがしばしばあるからである。写本調査の結果，上記の12写本のうち，3，4，6が最初の翻訳に基づくウマル版であり，2，5，7，9，12が2番目の翻訳に基づくフナイン版だということが判明した。3にはウマル自身の長文の序文も付けられている。しかし，1は『テトラビブロス』（全4部）の第2部の初めまではウマル版ともフナイン版とも異なるテキストであり，その後は『テトラビブロス』とは全く別のものであった。また，8はプトレマイオスに帰されてはいるが明らかに占星術に関する偽作であり，10と11は，表題に反して実際にはクーシュヤール（1030没）の『占星術入門』であることが判明した。わざわざインドまで行って目的の写本が別物であること，すなわちカタログが間違っていることを確認することも，写本研究の醍醐味の一つだと言えよう。

さらに，フナイン版には以下の4写本が存在することがわかった。

13. テヘラン，ダーニシュガーフ 830
14. ロンドン，大英図書館 9115
15. エスコリアル，王立図書館 1829
16. フィレンツェ，ラウレンツィアーナ図書館 352

16はウルマンに記載があったが，13，14，15は，いかなる書誌文献にも『テトラビブロス』そのものとして記載されていなかったので，半ば偶然に個別の写本カタログで見つけてから，実際に写本の内容を確認する以外に方法はなかった。なお15は，エスコリアル図書館のカタログではバッターニー（929/30没）による『テトラビブロス注解』とされている。結局，現在その存在が確認された写本は，ウマル版が3種，フナイン版が9種ということになる。

アラビア語の両版をギリシア語原典と比較すると，ウマル版には相違箇所がかなり多く見られるのに対して，フナイン版は比較的原典に近いことがわかった。

『テトラビブロス』に限らず，パフラヴィー語の科学文献はまったくと言っていいほど残っておらず，また，現在唯一残っている『テトラビブロス』のシリア語写本は，アラビア語版よりも年代が比較的新しいと想定されることなどから判断して，ウマル版はパフラヴィー語訳を介している可能性が高く，またフナイン版はシリア語訳を介することなく，直接ギリシア語から翻訳されたと考えられる。フナイン版のアラビア語訳の基になったギリシア語写本は残っていないが，遅くとも9世紀のもののはずである。一方，現存する『テトラビブロス』の最古のギリシア語写本は12世紀のものである。言い換えれば，アラビア語写本には，現存するギリシア語写本にはない，9世紀以前のギリシア語写本の情報が含まれているかもしれない。したがって，ギリシア語テキストの研究に，アラビア語訳が参考になる可能性があるのである。実際に，プトレマイオスの『アルマゲスト』をギリシア語から英訳したG. トゥーマーは，翻訳にあたってギリシア語写本（3種類）の他にアラビア語写本（6種類）とアラビア語版からの13世紀のラテン語訳も参照している。

アラビア語訳への翻訳時期が9世紀なのに対して，年代のわかっている現存最古のラウレンツィアーナ写本は15世紀（上記の16）のものである。そこには600年の，そして『目録』が書かれてからも500年の隔たりがある。

11世紀に『テトラビブロス』の全文について注解を施したエジプトの医者，アリー・イブン・リドワーン（1061没）は，フナイン版を用いていた。リドワーンはプトレマイオスのテキストそのものも引用しているので，彼の注解は本文の数倍もの量になるが，その写本は『テトラビブロス』自体よりも数多く残っている。この注解は13世紀にラテン語に翻訳され，1493年にヴェネツィアで出版されている。こうしたことは『テトラビブロス』そのものが注釈なしでは理解しにくい内容だったことを暗示している。『テトラビブロス』の特に後半部分は医学に関する内容であり，医者のリドワーンはその部分に最も関心を抱き注釈を施したかったに違いない。ちなみに，16世紀に『テトラビブロス』の注釈をラテン語で書いたジローラモ・カルダーノもまた医者であった。アラビア語版の『テトラビブロス』自体もまた，1138年にティヴォリのプラトーネによってフナイン版からラテン語に訳され，それは1484年，1493年（ともにヴェネツィア），そして1533年（バーゼル）に出版され，大学医学部の教科書の一つとして使われた。

リドワーンは新しくても11世紀のフナイン版に基づいたはずであり，またティヴォリのプラトーネのラテン語版は同じく12世紀の写本を使ったはずである。したがって，それらは現在われわれが見ることのできるどの写本よりも古い写本，すなわちオリジナルに近い写本だと言うことができる。これは，上で述べたギリシア語版とアラビア語版の関係と同じである。リドワーンが引用しているテキストやラテン語版もまた，フナイン版の研究にとって貴重な資料だと言える。

以上見てきたように，アラビア語写本で残されているギリシアの古典を発掘する作業は，きわめて時間と労力を要する仕事であり，著作の数に比べれば，まだまだ研究者の数は少ないというのが現状である。それでも，数は少なくとも年々着実にアラビア語の校訂版が公刊されている。

3　アラビア語で書かれた科学文献

アラビア語で書かれた科学写本の分野について言えば，イブン・ナディームの『目録』によれば，やはり数学，天文学，医学が主流を占めている。

8世紀から10世紀にかけておもにギリシア語からアラビア語に翻訳された科学文献は，イスラーム世界に新たな科学的営為をもたらし，その結果，ムスリムは数世紀にわたって諸科学の各分野において独自の進展を見せるに至った。何よりも，現在残されている膨大な写本群がそのことを物語っている。このような科学文献は，早くも10世紀からギリシア語やラテン語に翻訳され始め，12世紀半ばからほぼ1世紀の間に，スペインやシチリアを通じて本格的にヨーロッパに伝えられた。ラテン語訳された天文学と占星術文献の研究が不完全ながらF. カーモディによってなされたが，その仕事を大幅に改訂するプロジェクトが現在ヨーロッパで進行中である。

かつては，H. ズーターの『アラブ人の数学者と天文学者，およびその著作』（1900年）やC. ブロッケルマンの『アラビア語文献の歴史』（1937–49年）によって，アラビア語で書かれたイスラーム科学文献の情報を得ることができたが，最近では，B. ローゼンフェルトとE. イサノールによる『イスラーム文明の数学者，天文学者，その他の学者，およびその著作（7〜19世紀）』（2003年）が利用でき

図 4　ジャザリー『技術における理論と実践の書』の写本（1354 年）。飲み物を注ぐ自動人形。

るようになった。これはおもに次の 3 つの部分からなっている。⑴活躍した年代がわかっている数学者，天文学者，その他の学者（7 世紀から 19 世紀までの 1440 人を年代順に配列）。⑵活躍した年代がわからない数学者，天文学者，その他の学者（288 人を人名のアルファベット順に配列）。⑶現在に至るまでの学者・研究者の著作・論文のリスト（人名のアルファベット順に配列）。

本章ではイスラーム科学そのものについて詳しく述べることも，多くの科学文献を挙げることもできないので，その偉大な業績によって歴史に名を刻んだ学者の名前だけでも一部挙げておこう。

まず，数学の分野ではフワーリズミー（850 没），カラジー（1025 没），ウマル・ハイヤーム（1131 没），シャラフッディーン・トゥースィー（1213 没），カーシー（1436 没），天文学ではバッターニー，イブン・ユーヌス（1009 没），ビールーニー（1048 没），ナスィールッディーン・トゥースィー（1274 没），イブン・シャーティル（1375 没），ウルグ・ベク（1449 没），占星術ではアブー・マアシャル（886 没），光学ではキンディー（873 年），イブン・ハイサム（1041 没），そして医学ではラーズィー（925 没），イブン・スィーナー（1037 没）などである。

ここで天文学写本の一例として，スーフィー（986 没）の『星座の書』を挙げよう。その特徴は，40 近くにも及ぶ写本数の多さと，写本にギリシア星座の図が描かれていることである（口絵 6）。ちなみに，現存する科学写本の中でその数が 40 を越える著作は，間違いなく横綱級である。

そもそもギリシア星座はプトレマイオスの天文学書『アルマゲスト』の第 7，8 巻に載っている星表によってイスラーム世界に知られるようになったが，そこには星座図は描かれていなかった。またアラビア語写本以前の現存するいかなる言語の写本にもギリシア星座の図は描かれていない。ただアラトス（前4〜3世紀）の『パイノメナ』に星座の説明がなされているだけである。『パイノメナ』はアラビア語に翻訳されムスリムに知られていたことは確かであるが，現存してはいない。したがって，アラビア語写本にあるものが最古のギリシア星座図だということになる。スーフィーの著作はラテン語に翻訳されることはなかったが，その図像は明らかにヨーロッパに影響を及ぼしていた。1428年にラテン語で書かれた写本（ゴータのフリーデンシュタイン城所蔵）がそのことを見事に示している。例えば，スーフィーははくちょう座に「めんどり」を当てているが，ゴータ写本もまさにそれを受け継いでいるのである。現代人に馴染みのギリシア風の図像は，近代になって星座図を刊行したJ. ヘヴェリウスやJ. フラムスティードによるものが最初である。

4 アラビア語からギリシア語・ラテン語に翻訳された科学文献

ギリシア語からアラビア語に翻訳されたり，アラビア語で書かれた科学文献は，11世紀以後他の言語（ギリシア語，ペルシア語，ラテン語，カスティーリャ語，ヘブライ語，トルコ語など）に翻訳され始めた。その中でも主なものだけを挙げると，まず11世紀には，コンスタンティノープルで少なくとも天文学と占星術の文献がギリシア語に翻訳されたことが，現在までの研究で明らかになっている。12世紀後半には，イベリア半島でさまざまな分野の多くの文献がラテン語に翻訳された。さらに13世紀になるとカスティーリャ王国のアルフォンソ賢王のもとで，やはり天文学と占星術を中心にカスティーリャ語やラテン語に翻訳された。

次に，ヨーロッパの図書館に，イスラーム科学を伝えるギリシア語とラテン語の文献が多数保存されていることを示す事例を挙げよう。

1000年頃から15世紀までのビザンツ時代に，天文学書および占星術書がアラビア語からギリシア語に翻訳されていたことを示すギリシア語写本がいくつか残されている。こうしたギリシア語訳が次に述べるラテン語訳の場合と大きく異なるのは，翻訳者，翻訳年代，翻訳に至った状況などを示す情報が極めて乏しく，一作品の写本そのものの数も少なく，広く流布したとは思われないことである。

こうしたことから，今までビザンツ史家は科学文献のギリシア語への翻訳についてあまり積極的に論じることはなかったが，近年，科学史家の方がこの方面の研究を進めている。

それに対してラテン語文献の事例は膨大な数にのぼり，ヨーロッパ科学の根幹を形づくっていくことになるわけだが，ここではほんの一例を挙げるに留めたい。10 世紀のシリアに政権を樹立したハムダーン朝のサイフッダウラ（967 没）は文化の保護者としても有名で，彼の宮廷は，詩人のムタナッビーや『歌の書』の著者イスファハーニーなどの多くの文人で賑わっていた。そしてその中には天文学者のカビースィーも含まれていた。カビースィー自身はイスラーム科学史において特に目立つ存在ではなく，せいぜい彼の書いたものの中では，簡略化し過ぎることも詳し過ぎることもなくまとめられた『占星術入門』という手引書が流布していただけである。しかし，その名を世に広く轟かせたのは，なんとそのラテン語訳であった。12 世紀にアルカビティウスというラテン名をもって翻訳されたこの著作は，またたくまに写本の形でヨーロッパ中に広まった。Ch. バーネットの調査によれば，現在確認されているラテン語写本の数は 211 にのぼり，さらに 15 世紀に 4 回，16 世紀に 8 回にわたって出版されていた。またそれを注解した写本数だけでも 51 に及び，さらにラテン語から英語，フランス語，ドイツ語，ヘブライ語，カスティーリャ語にまで翻訳されていたのである。

おわりに

一般に，アラビア語の科学文献の校訂は，19 世紀以降おもに欧米の学者によってなされてきた。1940，50 年代にインドのハイデラバードでいくつか出版されたことがあったが，中東諸国での独自の研究に基づく出版はあまり例がない。ベイルートなどから出版された科学文献は，たいていすでに出版済みの版の焼き直しにすぎなかった。また最近になって，シリア（2003 年）とヨルダン（2004 年）でビールーニーの『占星術教程の書』が相次いで出版されたが，いずれも複数の写本を用いた学問的な校訂版ではなく，1934 年にロンドンで出版された一写本のファクシミリ版に基づいたものであり，何のことわりもなくテキストが直されている。

最後に，フランクフルトにあるゲーテ大学の科学史教授を勤めた，上述のキングがイスラーム天文学史における先駆的な研究を行ったフランスの研究者A. セディヨについて述べたことばを紹介して，本章を終わりたいと思う。イギリス人のキングは少年時代をカイロで過ごし，天文台長であった父親の影響を受けて天文学や天文器具に興味を抱き，ついにはイスラーム天文学史の泰斗となった研究者である。「パリの国立図書館にあったアラビア語とペルシア語の科学関係の豊かな写本コレクションを利用することのできたセディヨは，1845年に次のように書いている。『毎日新たな発見があり，東方の写本の徹底的な研究が極めて重要であることを思い知らされる』。セディヨは，イスラーム世界の天文器具の重要性も認識していた。しかし，その後のイスラーム科学史家には，それを認識していた者はほとんどいなかった。ヨーロッパ，アメリカ，中東の図書館や博物館などで現在利用できる写本や器具の膨大な数と，現在この分野で研究している数少ない人員を考えると，セディヨの言葉は1世紀半前どころか今でも当てはまるのである」［ウォーカー 2008 : 200］。

参考文献

ウォーカー，クリストファー（編）2008『望遠鏡以前の天文学』（山本啓二／川和田晶子訳）恒星社厚生閣.

グタス，ディミトリ 2002『ギリシア思想とアラビア文化』（山本啓二訳）勁草書房.

フュック，ヨーハン 2002『アラブ・イスラム研究誌』（井村行子訳）法政大学出版局.

Brockelmann, C. 1937–49. *Geschichte der arabischen Literatur*, 5 vols. Leiden : E. J. Brill.

Burnett, C./ Yamamoto, K./ Yano, M. 2004. *Al-Qabīṣī* (*Alcabitius*) *: The Introduction to Astrology*. London : The Warburg Institute.

Carmody, F. J. 1956. *Arabic astronomical and astrological sciences in Latin translation*. Berkeley & Los Angeles : University of California Press.

Djebbar, Ahmed. 2001. *Une histoire de la science arabe*. Paris : Édition du Seuil.

——— ed. 2005. *L'âge d'or des sciences arabes.* Actes Sud.

Endress, G. 1987. "Die wissenschaftliche Literatur," in H. Gätje ed., *Grundriss der arabischen Philologie*, vol. 2. Wiesbaden : Dr. Ludwig Reichert Verlag, pp. 400–506.

———. 1992. "Die wissenschaftliche Literatur," in W. Fischer ed., *Grundriss der arabischen Philologie*, vol. 3. Wiesbaden : Dr. Ludwig Reichert Verlag, pp. 3–152.

Ibn al-Nadīm. 1970. *The Fihrist of al-Nadīm*, tr. B. Dodge, 2 vols. New York & London : Columbia University Press.

Rosenfeld, B. 2004. “A Supplement to *Mathematicians, Astronomers, and other Scholars of Islamic Civilisation and their Works* (*7th–19th c.*),” *Suhayl* 4, pp. 87–139.

Rosenfeld, B. / Ihsanoğlu, E. 2003. *Mathematicians, Astronomers, and other Scholars of Islamic Civilisation and their Works* (*7th–19th c.*). Istanbul : Research Centre for Islamic History Art and Culture.

Sezgin, F. 1970. *Geschichte des arabischen Schrifttums*, III, Medizin, Farmazie, Zoologie, Tierheilkunde. Leiden : E. J. Brill.

———. 1971. *Geschichte des arabischen Schrifttums*, IV, Alchimie, Chemie, Botanik, Agrikultur. Leiden : E. J. Brill.

———. 1974. *Geschichte des arabischen Schrifttums*, V, Mathematik. Leiden : E. J. Brill.

———. 1978. *Geschichte des arabischen Schrifttums*, VI, Astronomie. Leiden : E. J. Brill.

———. 1979. *Geschichte des arabischen Schrifttums*, VII, Astrologie, Meteologie und Verwandtes. Leiden : E. J. Brill.

Steinschneider, Moritz. 1960. *Die arabischen Übersetzungen aus dem Griechischen*. Graz : Akademische Druck- und Verlagsanstalt.

Suter, Heinrich. 1981. *Die Mathematiker und Astronomen der Araber und ihre Werke*. Amsterdam : APA Oriental Press.

Ullmann, M. 1970. *Die Medizin in Islam*. Leiden : E. J. Brill.

———. 1972. *Natur- und Geheimwissenschaft in Islam*. Leiden : E. J. Brill.

第5章　アラブの歴史書と歴史家
――マムルーク朝時代を中心に

中町　信孝

はじめに

中国で発明された紙の製法が8世紀半ばにイスラーム世界に伝播し，その後サマルカンド，バグダード，ダマスカス，カイロなどの大都市で自前の紙が生産されるようになったことを背景にして，アラビア文字による「豊かな書の世界」が誕生した。中でも，アラブの歴史書の元祖と言われるタバリー（923没）の著した年代記『諸使徒と諸王の歴史』は，人類の祖であるアダムの時代から著者の生きた時代である915年までの情報を含む人類史であるが，このような浩瀚な歴史書が成立した背景には豊富な紙の供給があった［佐藤 2005］。

タバリーが扱った地理的範囲は当時のイスラーム世界全体であったが，この領域にはかつてのペルシア帝国やギリシア・ローマの古代文明世界全体がほぼ収まる。彼の時代のムスリムの世界認識には，これら先行する諸文明の世界像が色濃く反映されていた［羽田 2005］。さらにイスラームで重視された，預言者ムハンマドの言行，およびその伝承を伝える人物についての情報を網羅する伝記集への需要もあった［谷口 2005］。これらの知的伝統が，紙という新しい媒体と出会うことによって結実したのが，タバリーの人類史であったと言えるだろう。

その後，イスラーム世界が拡大しつつ諸王朝へと分裂するにともない，著される歴史書にも様々なヴァリエーションが登場する。一つには，人類全体の歴史（世界史）よりは狭い範囲の記述に特化する傾向である。『ニーシャープール史』『バグダード史』『ダマスカス史』など大都市の名前を冠した膨大な地方史が10世紀以降多く執筆された。またセルジューク朝やアイユーブ朝など，各王朝単位で完結した王朝史が執筆されることもあった。サラディンやバイバルス等，高名な君主に捧げられた伝記なども，その君主の在位中の出来事を記した王朝史の一つと見なしてもよいだろう。さらにすでにある浩瀚な歴史書を補完するような作品が編まれる傾向も生じた。名高い歴史書には原著者が没した後の最新情報を盛り込むべく，後進の歴史家たちが競って補遺（dhayl）を作り，また膨大な作品を短縮した要約（mukhtaṣar）や抜粋（muntaqā）も頻繁に作られたのである。これらの一方で，タバリーに匹敵するような人類史もその後続々と現れた。イブン・アスィール（1160–1233）の『完史』，イブン・カスィール（1300–1373）の『始まりと終わり』，アイニー（1361–1451）の『世人の歴史における真珠の首飾り』などである。

このような歴史叙述の伝統が積み重ねられ，黄金時代とも呼びうる発展を遂げたのが，13〜15 世紀にかけて東アラブ世界を支配したマムルーク朝（1250–1517）時代である。この時代には，外来の支配エリートであるマムルークたちの宮廷に多くの知識人が集い，おのおのの歴史書を執筆しては発表し，その量は膨大な数に上った。

本章では，この黄金時代における歴史書を通して，それらを執筆した歴史家の営みを眺めてみたい。もとよりこの時代の歴史書・歴史家を総覧することが本章の目的ではないので，ここに登場する例は必ずしもこの時代を代表する有名な歴史書・歴史家ばかりではない。むしろ本章では，マムルーク朝に関する歴史文献学（historiography）の最新の成果を取り上げながら，イスラーム世界の知識人による歴史書執筆の様々な事例を紹介したい。

1　膨大な写本の山に分け入る

マムルーク朝時代にはきわめて多くの歴史書が著され，それらは数多くの写本として流布した。たとえば，この時代を代表する歴史家マクリーズィー（1364–1442）の年代記『諸王朝の知識の道の書』には，世界各地に 120 点を超える写本が現存している（ここでは自筆本も写本に含める）。また，それと同世代の歴史家アイニーの著した年代記にも 90 点近くの写本が現存し，同じく世界中の図書館に分散して保存されている。そもそもこの時代は，マクリーズィーやアイニーに留まらず多くの歴史家を輩出した時代であるから，彼らの著した歴史書の総数は莫大な数に上る。しかもそれぞれが多くの書写生の手によって書写されているのだから，それら歴史書の写本がどれくらい現存するのかは見当がつかないくらいである。

それだけ大量の歴史書が存在していながら，歴史研究者にとってはまことに残念なことに，それらのうちで現在において校訂・出版されているものはそれほど多くない。そのため，この時代の一次史料を参照しようとすれば，依然として膨大な写本の山の中に分け入らねばならない状況なのである。しかもそれらの写本群は，世界各地の図書館・研究機関に分散しており，同じタイトルの歴史書ひとそろいが同じ場所にまとめて所蔵されているということはきわめてまれである。というのも，16世紀初頭にオスマン朝がアラブ地域を征服した際に多くのアラビア語写本が接収され，イスタンブルの宮廷図書館などに保管されるようになったが，その後18世紀以降，ヨーロッパ列強による中東の植民地化により現地に残っていた写本の多くも持ち去られた。これらの行為を通してアラビア語の写本は，それらが書かれた当地以外にも，トルコ，ヨーロッパ各国に分散することとなったからである。

写本の保存状況に関する困難の他にももう一つ，アラブの歴史書の持つ記述の特徴ゆえの困難もある。それは，当時の歴史書における情報の引用関係の複雑さ，曖昧さである。この時代の歴史家たちは，既存の歴史書から記述を引用することが多く，時には自分の生きた同時代のことであっても他の本からの引用で済ませることさえあった。引用の際には一字一句正確に書き写すこともあれば，おおまかな要約のみを載せることもあった。そして多くの場合，自分がどの本から引用したかを明確にはせず，また地の文と引用文とをはっきりと区別することもしなかった。そのため，歴史書の中でどれがオリジナルな情報なのかを見分けるのは非常に困難である。

むろん，他の書物からの引用ということについては歴史書に限らず，他のジャンルの書物でも行われうるものだろう。しかし，ハディース学などイスラームの根幹に関わる事柄については，情報の伝達経路（イスナード）が特に重視されたために，出典が不明のまま引用されることはまれであったのに対し，歴史書にはそこまでの厳密さは求められない傾向があった。現代の感覚で言えば「剽窃」ともみなされるような複雑で曖昧な引用は，歴史書独特のものであったと言ってもよいだろう。

このような二重に困難な研究状況の中で，アラブ歴史書の利用になんとか正しい道筋をつけるべく登場したのが，D. リトルの『マムルーク朝歴史文献学入門』［Little 1970］である。リトルは伝統的な歴史文献学の手法に則り，最も信頼に足る史料はどれであるかを確定するために，現存する歴史書の「レペルトリウム（総目録）」の作成を目指した。彼の研究の概要はこうである。まずマムルーク朝前期に対象を絞り，そのうちのヒジュラ暦 694（西暦 1294/95）年，699（1299/1300）年，705（1305/06）年の 3 カ年をサンプルとして，その時期の情報を書き記す 27 人の歴史家の記述を抜き出す。次に各年の記述を，たとえば「宰相だれそれの任命」「スルターンのシリア遠征」等というトピックごとに分類して整理する。そして複数の歴史書で同じトピックを扱った箇所を逐語比較することにより，どちらがどちらを引用・抜粋したのか，どちらがオリジナルに近い記述なのかを判断するのである。

こうした比較検討を積み重ねた結果，リトルが導き出した結論は以下のとおりである。当該時期においては，マムルーク出身の高位軍人であったバイバルス・マンスーリー（1324/25 没），ダマスカスで活動した知識人のひとりジャザリー（1260-1338），下級軍人であったユースフィー（1277-1358）という 3 人の歴史家の作品が，情報においてオリジナリティーを有しており，それ以外の歴史家は多かれ少なかれこの 3 人の記述をコピーしたに過ぎない。しかし，これら 3 者の歴史書が必ずしも完全な形で伝来しているわけではないため，必要に応じてそれらのコピー，孫コピーに相当する後代の歴史書をも参照せねばならない。さらにリトルはこの結論を踏まえ，今後のマムルーク朝史料の校訂・出版は，これら 3 者の歴史書を優先すべきであるとの提言まで行った。

リトルの研究は，「原典遡源」と呼ばれるきわめてオーソドックスな文献学の目的意識に貫かれている。それは，もっともオリジナルなテキスト，すなわち「原典」はどれかを探求する姿勢であり，その原典を一番の根っことしてコピー，孫コピーへと枝分かれしていく樹形図を描き出そうとする態度である。かりに原典にあたる本が今では散逸してしまっていたとしても，枝葉の部分に当たる現存テキストを用いてあるべき原典の姿を復元することが，ある程度は可能となる。

このような原典遡源の研究は，リトル以降も後進の手によっていっそう厳密な研究が進められており，リトルの手法をならってヒジュラ暦778（1376/77）年，793（1390/91）年，804（1401/02）年の3カ年の記述を分析したS. G. マスードの『チェルケス時代初期の年代記』[Massoud 2007] などが出ている。また，リトルの上掲書の頃には写本でしか参照できなかったいくつかの重要史料も次々と校訂・出版され，リトルの企図した「レペルトリウム」作成，樹形図の構築は着実に実を結んでいると言える。

2　複雑な引用関係を解きほぐす

しかし，リトルが明快に描き出した結論の中には，他の研究者によって疑問を投げかけられている部分も少なくない。その一例が，ジャザリーとその同時代人ユーニーニー（1242-1326）との関係についてである。

リトルは先に見たとおり，自らがサンプルとした3カ年の記述からジャザリーこそが原典であり，ユーニーニーはそこから引用して歴史書を書いたとする。しかし，ジャザリーとユーニーニーという二人の歴史家の間には，ほぼ同じ時期のシリア地方を生活の場としていたという共通点はあるものの，師弟関係や交友関係などの具体的な関係性は確認できない。そもそも両者の生年を比べればユーニーニーの方が18歳年長であり，そんなユーニーニーが年若いジャザリーの歴史書をそれほどまでに引用するものだろうかという疑問も生じる。さらに，リトルとは異なる年代の記述を分析した文献学研究の成果によれば，逆にジャザリーの方がユーニーニーを引用していると見られる箇所も見つかり，この両者の間では情報は一方通行ではなく，「相互引用関係」があると見る研究者もいるのである。

この論争に一つの解答を提示したのは，L. グオの『マムルーク朝初期シリアの歴史文献学』[Guo 1998] であった。ユーニーニーによる歴史書の写本を総点検したグオは，ユーニーニーの弟子にあたりジャザリーとも交流のあった歴史家ビルザーリー（1267-1339）の存在に注目した。というのも，ユーニーニーの歴史書写本の一部には，奥付に「この巻はビルザーリーによって読み上げられた」との但し書きが付されたものがあり，ビルザーリーが口述という形でユーニーニー写本の転写と流布に関わっていたことがうかがえるのである。

この現象を理解するには，中世アラブにおける写本作成の実態を知る必要がある。印刷術が普及する前のアラブ世界では，本の複製はもっぱら手書きの書写によっていたことは言うまでもない。その場合，原著者が自らの作品を声に出して読み上げるのをその弟子が聞いて書き写し，できた複製本を原著者がチェックするという方法が一般的であった［佐藤 2008］。作品の読みあげが行われる場を授業とするならば，授業中に書き取られた講義録が写本として残されることになり，知識の伝授と写本の作成が同時に行われていたということになる。そして，本の書写によって知識を習得した弟子は，自らの弟子，つまり原著者にとっての孫弟子に対しても同様の方法で知識を伝授し，その結果また新たな写本ができあがる。こうして知識が世代間に伝承されるとともに，写本も作成されるが，この過程で，口述する者が新たな知見を元のテキストに付け足し，それがそのまま書き残されることもままあったのである。

ここでユーニーニー写本に話を戻すと，ビルザーリーの行ったことは次のように理解できる。彼は自分の師匠であるユーニーニーの歴史書を弟子の前で口述し筆記させた。そのときに，自らがよく知るジャザリー由来の情報を大量に付け加えさせた。しかし自らはその歴史書の作者と名乗ることはせず，写本のタイトルページには作者としてユーニーニーの名をそのまま残した。そのため，できあがったテキストでは，ユーニーニーの地の文とジャザリーからの引用が混在し，あたかもユーニーニーがジャザリーを引用したように見えるのである。いわばビルザーリーはこの写本にとって，編集者としての役割を果たしたと言えるだろう。

このように見ると，従来の文献学が追究してきたオリジナルなテキスト，唯一無二の「原典」なるものを措定することは可能なのだろうか，という疑問が生じる。原典遡源の立場から求められてきた「原典」というものそれ自体が，原著者による加筆のみならず書写者・編集者による改訂を経ることによって，いくらでも伸び縮みするテキストだったのである。代わって注目すべきは，それぞれの書物がどのような編集過程を経て作成されるかという，テキスト生成のプロセスであろう。

3　歴史書の生成過程に目を向ける

大量のマムルーク朝時代写本の中には，著者自筆の本も数多く残っている。その中でも近年マムルーク朝歴史文献学の領域で最も注目を集めている自筆本と言えば，マクリーズィーの一連の自筆本であろう。

1997年，ベルギーのリエージュ大学図書館で，それまで著者不明とされていた一冊の写本が，歴史家マクリーズィーの筆跡で書かれたものであることが判明した。しかもそれは完結した一つの作品ではなく，断片的な文章の寄せ集めであった。この自筆本を発見したF. ボーダンは，寄せ集めの記事の一つ一つを解読し，それらが一体何であるのかを詳細に分析した［Bauden 2008］。彼によると，209葉からなるこの本は，もともとばらばらの紙切れであったものを，文字が書かれた後で冊子状にとじ合わせた本であるという。書かれた内容は，他の作品からの要約や抜粋，あるいは覚え書きであり，出典は歴史書から動物学，クルアーン解釈書から貨幣学に関するものまで様々である。元の文章をそのままに書き写した箇所もあれば，大きく言い換えを行った箇所もあり，いずれの場合もマクリーズィーは，読書の過程で書き留めたこれらの文章を，後に自著を執筆する際に参照していたと考えられる。この本は，いわばマクリーズィーにとっての読書メモ，あるいは整理カードのようなものであり，マクリーズィーが具体的にどのような手順で著作をものしていたのかがうかがえる貴重な史料となっている（図1）。

中世アラブの歴史家でこのようなメモ帳的史料が残っている例はきわめてまれであるが，次に見るイブン・カーディー・シュフバ（1377–1448）の場合も，自筆本の分析から執筆プロセスが明らかになった例である。彼はシリアで活躍した歴史家であり，自ら執筆した年代記以外にも，イブン・フラート（1334–1405）やイブン・ドゥクマーク（1345–1407）など先行する歴史書の「抜粋」を残している。さて，最近になってダブリンのチェスター・ビーティー図書館で発見されたイブン・カーディー・シュフバの筆になる写本は，彼の師であるイブン・ヒッジー（1350–1413）が著した『補遺』に新たな情報を付け足して著した作品であることが明らかになった。D. C. レイスマンの研究によれば，ここで付け足された情報とは，イブン・カーディー・シュフバが「抜粋」を作成したイブン・フラートお

図1　リエージュ大学図書館蔵の，マクリーズィーの筆跡によるメモ帳とされる写本

よびイブン・ドゥクマークから引用した情報であった［Reisman 1998］。つまり彼は，先行する年代記から必要な情報を抜き出してそれぞれの「抜粋」を作成し，後にそれら「抜粋」を参照しながら『補遺』の改訂版を著したのである。

さらに，菊池忠純が分析したアブドゥルバースィト・ハナフィー（1440–1514）による年代記『生涯の出来事と諸伝記における微笑む庭園』の執筆手順も，当時の歴史家の執筆手順の一例として興味深い。菊池の研究は，『微笑む庭園』本文とそれに先行する様々な年代記とを比較することで，『微笑む庭園』の成立過程を解き明かした［菊池 2001］。中でもイブン・ハジャル（1372–1448）の『生涯の諸情報についてのひと抱えの通知』のトプカプ宮殿所蔵写本，アフメット3世コレクション2941番には，その欄外にアブドゥルバースィトの筆跡による大量の欄外書き込みが見られることから，それが彼が実際に手にとって利用した写本であることが分かる。その書き込み内容は，イブン・ハジャルの本文に含まれない情報を，他の歴史書の引用などによって補ったものであるという。そして『微笑む庭園』の本文でアブドゥルバースィトは，『ひと抱えの通知』の記述を元に，欄外書き込みの内容をも加味して新たな叙述を完成させているのである（図2）。

以上に紹介した3つのケースは，いずれも歴史家が自ら書き残した自筆本を用いて，それぞれの歴史家の執筆手順を具体的に再構成したものである。常にメモ帳やカードを携帯し，必要な情報をすべてそれらに書き留めるというマクリーズィーの執筆スタイルに対し，イブン・カーディー・シュフバは各歴史書1点につき1冊ずつ抜粋を作成し，のちにそれらを用いて自著を執筆するという方法をとっている。アブドゥルバースィト・ハナフィーの場合は，他の本からの抜粋を直接1冊の写本の欄外に書き留めていた。このような執筆スタイルの違いは，これらの歴史家の執筆目的の違いに起因する。マクリーズィーの執筆活動は，単なる年代記だけに留まらず，地誌や人名辞典など様々なジャンルにまたがる多彩なものであった。そのためカード状の情報ツールの利用が不可欠であったのであろう。その一方，イブン・カーディー・シュフバやアブドゥルバースィトには，先行する歴史書の補遺を作成するという，きわめて限定的な目的があった。そのために両者は，はじめに基礎となる年代記作品を定め，そこに載っていない情報を他のいくつかの歴史書から補うだけでよかったのである。

図2　アブドゥルバースィト・ハナフィーによる書き込みのあるイブン・ハジャル『生涯の諸情報についてのひと抱えの通知』

また別の見方をするならば，これらの違いはそれぞれの著者の原典へのアクセシビリティの違いも示していると言えるが，それを考えるにはまず，当時の書物がどのように集積され管理されていたかを知る必要があろう。

マムルーク朝時代においては支配層は宗教的寄進制度であるワクフ制度を利用して，学院（マドラサ）や道場（ハーンカー）をこぞって建設した。それらの宗教教育施設には，書庫が付設されることが多く，そこに収められた書物はワクフ財として管理されていた。当時の書物はアッバース朝時代などに見られた王宮付属の図書館にではなく，このようなワクフ施設に保存されたものが大半だったのである。ワクフの条件を規定するワクフ文書をひもとくと，当時の書物がどのように管理されていたかを示す具体的な記述がしばしば見られる［Amīn 1980］。たとえば，当該施設に寄宿する学生や職を得た学者以外には本の閲覧を認めないという例もあれば，学識があり信頼の置ける者であれば誰にでも閲覧を許可するという例もある。また，本の施設外への持ち出しを一切禁じる例もあれば，相当額の担保金を納めれば期限付きで貸し出しを認める例もある。このように，施設によって本の管理の基準は様々ではあるが，当時の書物が必ずしもすべての人びとにとって等しくアクセスの容易なものでは決してなく，むしろ本の閲覧や貸し出しには一定の制限が設けられることが常であったことがうかがえるだろう。

さてこのような状況に照らして，先に見た3人の執筆スタイルを考えるならば，まず収集した情報を常に手元のメモ帳に書き留めていたマクリーズィーは，社会的地位がそれほど高くはなかったために，常に原典を参照できるような環境に身を置いてはいなかったことがうかがえる。イブン・カーディー・シュフバの場合も，既存の作品の抜粋を作成することで，自分が常に参照できる資料集を保持する必要があったものと思われる。一方，原典を常に手元に置いておき，情報を原典の余白に直接書き込むことができたアブドゥルバースィトは，例外的に恵まれた執筆環境に身を置いていたと言えるだろう。

このように，自筆を含む写本を用いた研究は，原典遡源というゴールを超えて，歴史書のテキストの生成過程を知ることにつながる。それは同時に，作者，すなわち歴史家たちがどのような場で，どのような手順で執筆活動を行ったのかという，社会的な行為を再現することでもある。

4　写本同士の会話に耳を傾ける

以上に見た諸研究は文献学的な手法を用いながらも，原典遡源を究極の目的としてきた従来の文献学とは異なり，他のテキストからの引用関係に注目することで，テキストの生成過程や歴史家の知的実践を分析の俎上に載せている。次はさらに，具体的な一つの事件に関する記述に注目し，歴史家同士の間での情報伝達がどのように行われていたのかを詳しく見てみたい。取り上げるのは，1399年にマムルーク朝行政官僚のトップに当たる書記長職に任命された，医者のファトフッラーフ（1357/58–1413）なる人物に関する記述である。

この当時を代表する歴史家の一人であるアイニーは，いくつかのバージョンの異なる年代記でこのファトフッラーフの任命について書き記している。その一つは，パリのフランス国立図書館が所蔵する，著者の自筆を含む複数の筆跡が入り交じる下書き（muswadda）写本，もう一つはトプカプ宮殿図書館が所蔵する自筆

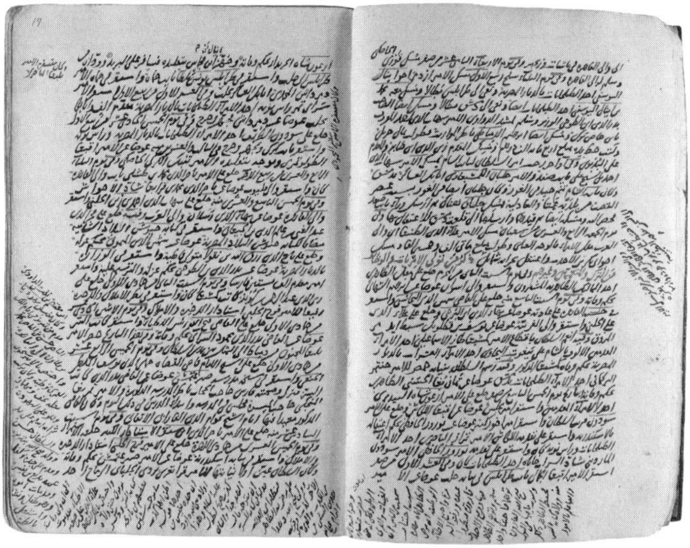

図3　トプカプ宮殿図書館蔵のアイニー『真珠の首飾り』自筆本

本である。後者は筆跡の丁寧さ，書き損じの少なさから，著者による清書（mubyaḍḍa）版と考えられるが，欄外に著者による書き込みも所々見られ，アイニーによる執筆プロセスがうかがえる［中町 2006］（図3）。どちらの写本も彼の代表作である年代記『真珠の首飾り』の一部であると考えられてきたが，記述内容が大きく異なる部分もあり，それぞれの執筆年代から，パリ写本は『真珠の首飾り』以前にアイニーが執筆した別の歴史書の一部であると考えうる［中町 2012］。しかし，ファトフッラーフの任命については両記事とも本文中の記述は一致しており，以下のように書かれている。

> 5月11日月曜，医者の長である法官のファトフッラーフ・ブン・ムウタスィム・ブン・ナフィース・ダーウーディーに賜衣が与えられた。そして彼は，法官のバドルッディーン・マフムード・サラーイーが亡くなったため，それに代わって書記長職に就いた。［*ʻIqd/BNF*: 14a ; *ʻIqd/TS*: 17a］

事件の生じた日付，当の人物の名前，前任者の名前などを淡々と記した無味乾燥なものである。しかし，トプカプ自筆本のみに注目すると，ページ下部の欄外を長い書き込みが埋め尽くしていることが見て取れる。そして注目すべきはこの文章の中間あたり，「そして彼は……に就いた（wa-staqarra)」という表現の直前にV字型の「挿入記号」が記されていることである。その記号によって，欄外の文章がその位置に挿入されることが指示されているのである。やや長くなるが，欄外書き込みの内容を以下に訳出しよう。なお括弧内の番号は筆者が便宜的に付けた。

(1)〔祖父の〕ナフィースはユダヤ教徒で，ナースィル・ハサン[1]治世にタブリーズからカイロへと渡来し，武官のシャイフーンに気に入られて彼に治療を施し，ユダヤ教徒でありながら蹄と拍車を付けてラバに乗っていた。その後スルターン・ハサンの手でイスラームに改宗した。

(2)ファトフッラーフはタブリーズで生まれて祖父の元にやって来，叔父のバディーウ・ブン・ナフィースが彼を養ったが，父は彼が子供の頃に亡くなっていた。成長して医術にたずさわり，ついにアラーウッディーン・アリーの没後に医者の長の職に就いた。そしてザーヒル王バルクーク[2]に気に入られてついには書記長職に任じられた。

(3)ある者がその歴史書の中で，彼について二つのことを語っているが，私はそれらは虚偽であるように思う。その一つは，彼の祖父ナフィースが預言者ダビデの子孫であるということ。これは，〔両者を隔てる〕時間が非常に長いことから明らかに嘘である。二つ目は，ある人が書記長職を求めて〔賄賂として〕1キンタールの金を払ったが，ザーヒル王はそれを喜ばず，ファトフッラーフを任命したとのこと。この後者は虚偽か，虚偽に近いものである。この二つを正しいとした者は，ファトフッラーフの側近，近親者であり，彼のもとで土占いをし不可視のことを語っていた。

(4)私が聞いた人々によれば，ザーヒル王が彼をこの職に選んだ理由とは〔以下のとおりである〕。ある時彼が病を得て，医者たちを彼のもとに集めると，彼らはフラスコを差し出した。彼らはそれを観察して意見が分かれ，ザ

1）前期（バフリー）マムルーク朝第22代君主。在位1347–51，54–61年。カイロ城塞のふもとにある巨大な学院を建立したことで有名である。
2）後期（チェルケス）マムルーク朝初代君主。在位1382–89，90–99年。

ーヒル王は大いに不信感を強めた。ファトフッラーフはフラスコを手に取り，中に入っていた尿を飲んだので，ザーヒル王はそのことで彼を気に留め，書記長職に就かせたのである。神は万事よく知り給う。［*'Iqd/TS*: 16b-17a］

一見して分かるようにこの欄外には，本文中で触れられた人物に関する補足情報が長々と書き足されており，それはパリ写本には記載されていない内容となっている。その内容は⑴祖父ナフィースの出自，⑵ファトフッラーフ自身の経歴，⑶「ある者」による二つの逸話とそれらへの批判，⑷アイニー自身が述べる新情報，と要約できる。「ある者」が伝える二つの逸話は，ファトフッラーフが預言者ダビデにまで遡る高貴な出自を持つことや，君主からの覚えもめでたかったことなど，彼を肯定的にとらえる内容と言えるだろう。それに対してアイニーは，それらを「虚偽」として退けつつ，ファトフッラーフが君主の尿を飲んで信頼を勝ち得たとする逸話を伝えているが，ここにはファトフッラーフを否定的に述べようとする意図さえ読みとれよう。さらには肯定的な逸話を伝える「ある者」を，「土占い」という正統的なイスラームからは逸脱する行為と結びつけて貶めている点も興味深い。それでは，果たしてこの「ある者」とはいったい誰なのだろうか。

文献学者のカルムートによれば，この「ある者」とは本章でもたびたび取り上げてきた歴史家マクリーズィーのことであるという。確かにアイニーは，年代記の別の箇所でもマクリーズィーのことを「歴史書の執筆に携わりながら，土占いをしていた」と形容している［*'Iqd/Qarmūṭ*: 2/574］。それでは今度は，マクリーズィーの年代記『道の書』の中で，同じファトフッラーフの書記長就任を述べるくだりを見てみよう。

⑴その月11日月曜，医者の長であるファトフッラーフ・ブン・ムウタスィム・ブン・ナフィース・ダーウーディーが呼び出され，賜衣が与えられた。そして彼は，法官のカリスターニーが亡くなったため，それに代わって書記長職に就いた。

⑵このファトフッラーフ〔の祖父の〕ナフィースは，預言者ダビデの子孫であるところのユダヤ教徒であった。ナースィル・ハサン治世にタブリーズからカイロへと渡来し，武官のシャイフーンに気に入られて彼に医療を施し，

ユダヤ教徒でありながら蹄と拍車を付けてラバに乗るようになった。その後スルターン・ハサンの手でイスラームに改宗した。

(3) ファトフッラーフはタブリーズで生まれて祖父の元にやって来，叔父のバディーウ・ブン・ナフィースが彼を養ったが，父は彼が子供の頃に亡くなっていた。成長して医術にたずさわり，ついに我らの師，アラーウッディーン・アリーの没後に医者の長の職に就き，ザーヒル王に気に入られた。

(4) 彼は彼を書記長職に任じたが，それは金1キンタールで〔ある者に〕乞われたあとだった。彼（バルクーク）はその者をはねつけてファトフッラーフを選んだが，それは書記技術の知識とは異なる彼の知識ゆえであり，「私が彼に教えよう」と言って，それを布告した。人々は彼に感謝した。[*Sulūk*: 3/927]

このように，アイニーが批判していた二つの情報は，マクリーズィーが(2)と(4)で語っている内容に一致している。アイニーの婉曲な表現がマクリーズィーのことを指していたのは確かであろう。

実はアイニーとマクリーズィーとの間には，実社会においてもムフタスィブ（市場監督官）の職をめぐって争い合うライバル関係があったことが知られている。その一方，ここで描かれているファトフッラーフは，マクリーズィーにとっては庇護者とも呼びうる人物であり，両者の間には親しい交際があった。このことから，マクリーズィーがファトフッラーフを肯定的に描くこと，またアイニーがマクリーズィーおよびファトフッラーフを否定的に描くことには，実社会での両者の関係が歴史叙述に影を落としていると考えることもできよう。

さらに，マクリーズィーの(1)と，アイニーの本文の記述では，人名の表記を除いて細かな表現まで酷似しているのだが，このことは何を意味するのだろうか。両者が共通の情報源から引用したものとも考え得るが，一方が他方から引用した可能性もあるだろう。そうなると，マクリーズィーがより執筆年の古いアイニーのパリ写本バージョンから引用した可能性が高い。はじめにアイニーが書いた記述を，マクリーズィーが引用しつつ膨らませ，さらにそれをアイニーが批判的に引用する。二人の著者の間での引用関係はまさに「相互引用」であったと考え得る。それぞれの歴史書の著者たちが互いの写本を通じ，会話を交わしているようにも見える。ある時は相手の伝える情報に同意してそのまま引用し，またある時は不同意を表明しつつ，さらに互いの社会的な関係を反映するかのような批判の文句を書き連ねているのである。

おわりに

原典遡源を究極の目標とする文献学の考え方では，オリジナルのテキストこそが最重要であり，それを書き写したり抜粋したりした二次的，三次的テキストは史料的価値の劣るものとして，あまり重視されなかった。しかし本章で扱ってきた例は，他のテキストから引用するという行為それ自体にも，見過ごすことのできない重要な意味があるということを示している。

ここで想起されるのは，すべての文学テキストはその作品に先立つテキストから「織り上げられたもの」であるという，「インターテクスチュアリティ」の概念である。ポスト構造主義の文学理論から出たこの概念では，テキストは現実世界の諸事件を直接反映したものではなく，すでに存在するテキストの塑性加工に過ぎないとされる。つまりはテキストが意味を持つのは，他のテキストとの関係性においてのみであるというのである［イーグルトン 1997］。

確かに，マムルーク朝の歴史書を眺めていると，膨大な歴史書・歴史家を輩出したこの時代の歴史叙述を論じるのに，引用という行為を捨象することは困難ではないかと思わされる。引用とは，テキストが他のテキストのことを語ることに他ならないが，この時代の歴史叙述においては時に相互引用という，テキスト同士が会話を交わすような状況にさえも行き当たる。それだけ引用という行為が，この時代の歴史叙述を特徴付けているということである。

本章冒頭で述べたとおり，アラブの歴史叙述はタバリーを嚆矢とする人類史の伝統を受け継ぎつつも，一方では地方史・王朝史へと細分化し，他方では数多くの補遺・抜粋を生んできたが，こうしてできた歴史書の中で，先行する歴史書に言及しないものはない。言い換えるならばアラブの歴史叙述の発展は，とりもなおさず他の歴史書からの引用の集積の結果であると言える。引用という行為に注目し，そこに現れる歴史家の知的実践の痕跡を写本史料から読み取ることは，アラブの歴史，ひいては歴史を語ることの新たな意味を私たちに提示してくれるのではないだろうか。

参考文献

イーグルトン，T. 1997『文学とは何か——現代批評理論への招待』（大橋洋一訳）岩波書店.

菊池忠純 2001「マムルーク朝時代15世紀末の一史書の成立過程について——'Abd al-Bāsiṭ al-Ḥanafī のイスラム暦848年／西暦1444年4月20日から1445年4月8日の叙述の検討を通じて」『東洋史研究』59(3)，pp. 34–81.

佐藤次高 2005「歴史を伝える」林佳世子／桝屋友子（編）『記録と表象——史料が語るイスラーム世界』東京大学出版会，pp. 55–79.

——— 2008「写本（イスラムの）」樺山紘一（編）『歴史学事典15 コミュニケーション』弘文堂，pp. 293–295.

谷口淳一 2005「人物を伝える——アラビア語伝記文学」『記録と表象』pp. 113–140.

中町信孝 2006「アイニーに帰せられた4年代記の成立年代と執筆意図」『西南アジア研究』65，pp. 41–55.

——— 2012「マムルーク朝期の非著名知識人のライフコース——アフマド・アイニーに関する事例研究」『東洋史研究』70(4)，pp. 32–67.

羽田正 2005「ムスリムの地理的知見と世界像」『記録と表象』pp. 81–112.

Amīn, Muḥammad Muḥammad. 1980. *Al-Awqāf wal-Ḥayāh al-Ijtimā'ī fī Miṣr 648–923H / 1250–1517M : Dirāsa Ta'rīkhiyya Wathā'iqiyya*. Cairo : Dār al-Nahḍa al-'Arabiyya bil-Qāhira.

Bauden, Frederic. 2008. "Maqriziana II : Discovery of an Autograph Manuscript of al-Maqrīzī : Towards a Better Understanding of His Working Method. Analysis," *Mamluk Studies Review* 12 (1), pp. 51–118.

Guo, Li. 1998. *Early Mamluk Syrian Historiography : Al-Yūnīnī's Dhayl Mir'āt al-Zamān*. Leiden : E. J. Brill.

'Iqd/BNF : al-'Ayni, *'Iqd al-Jumān fī Ta'rīkh Ahl al-Zamān*. Bibliothèque Nationale de France, MS Arabe 1544.

'Iqd/TS : ———, ———. Topkapı Sarayi Müzesi Kütüphanesi, MS Ahmet III 2911/a19.

'Iqd/Qarmūṭ : ———, ———, ed. 'Abd al-Rāziq al-Ṭanṭāwī al-Qarmūṭ, 2 vols. Cairo, 1985–1989.

Little, Donald P. 1970. *An Introduction to Mamluk Historiography : An Analysis of Arabic Annalistic and Biographical Sources for the Reign of al-Malik an-Nāṣir Muḥammad ibn Qalā'ūn*. Wiesbaden : F. Steiner.

Massoud, Sami G. 2007. *The Chronicles and Annalistic Sources of the Early Mamluk Circassian Period*. Leiden : Brill.

Reisman, David C. 1998. "A Holograph MS of Ibn Qāḍī Shuhbah's "Dhayl"," *Mamluk Studies Review* 2, pp. 19–49.

Sulūk : Al-Maqrīzī, *Kitāb al-Sulūk li-Ma'rifat Duwal al-Mulūk*, ed. by Sa'īd 'Abd al-Fattāḥ 'Āshūr. vol. 3, Cairo, 1972.

第 6 章　神秘家たちの修行と書物

東 長　靖

1　霊魂の浄化としての修行

1）エゴからの解放

イスラームは，私たちがふつうに理解する「宗教」とは何か違う，という感想をもつ人が多い。たとえば，人類の平和と愛を説くべき「宗教」のはずなのに，なぜイスラームの国々では戦争やテロが絶えないのか？　煩悩とは切り離されたところに成立する「宗教」のはずなのに，なぜ開祖ムハンマドには 10 人を超える奥さんがおり，今でも 4 人妻が認められているのか？　世界の「宗教」が実際にこれまでたどってきた歴史をひもとけば，武力に訴えてきたことは多々あったし，現代日本のお坊さんで一生不犯のかたを探す方が難しいだろうと思うが，それはある意味で，本来の理想とは違う，堕落形態なのだと理解することも可能だろう。しかしイスラームの場合は，「宗教」の理想のために，武力行使はありうる選択肢だし，妻帯をし子供を設けることもすべてのムスリムに強く奨励される。このことは，個人の心の救いだけを「宗教」と理解するのでなく，共同体全体が理想的社会を目指そうとする「宗教」という見方をもってイスラームを理解しなければいけないことを示している。

しかし他方，イスラームは個人の心の平安や隣人愛などどうでもいいと思っているわけではなく，それもまた重要な要素である，ということも忘れてはならないだろう。本章でとりあげる神秘家たち――より正確には，スーフィーたち――は，なかでもそのようなイスラームの霊性を代表する存在である。彼らの思想や営為を，スーフィズムと呼ぶ。

神秘家は，二項対立的な利害の世界を離れ，唯一の真理の世界を目指す。イス

図1　スーフィー教団のシャイフ（リーダー）。白い帽子をかぶってる人（ボスニア・ヘルツェゴビナ，サラエボ）。

ラームの場合，真理とは神アッラーにほかならないので，神との神秘的合一を果たそうと彼らはしてきた。この目的のために，自分だけがよければよいという利己心・エゴからの脱却を修行の第一としている。この利己心をアラビア語でナフスと呼ぶ。イスラーム世界ではこれまで，多くの修行に関する本が書かれてきたが，このナフスの浄化をタイトルに掲げるものが多く見受けられる。神秘家が真理に向かって修行し，向上していくことは，霊魂の内奥を切り開いていくこととパラレルである。この意味で，修行論と霊魂論は表裏一体をなしていると考えるべきである。

以下，修行論・霊魂論を中心にスーフィーたちが書物として遺した説を紹介するが，神秘主義であるがゆえに，究極的真理は論理や言語を超えたところに成立することには留意しておく必要がある。したがって，修行の初歩の段階は比較的くわしく説明しうるが，修行が進んでいくにつれ，ことばでは説明しにくくなってくる。それゆえ，実際にはこれらの書物だけを読んで修行者が独習したと考えるべきではなく，しかるべき導師（図1）の指導のもとに修行に励むことが通例であった。また，通常の論理を超えた一元的な真理の体験そのものを文字化すること，論理化すること自体は，ある種の矛盾をはらんでいる。しかし，たとえば禅がそれゆえに論理的な説明をむしろ避け，語録のような象徴的な述べ方を好んだのと比べれば，イスラーム神秘主義はまだしも論理的説明に信を置いていると考えられる。

2）修行階梯と心的境位

前項で述べたように，修行論と霊魂論は表裏一体の関係にあるが，スーフィズムが9世紀中ごろに成立してほどなく，前者については修行階梯（マカーマート）論，後者については心的境位（アフワール）論が語られ始めるようになった。

たとえば，エジプトのズンヌーン・ミスリー（861没）は8もしくは19の段階，ヤフヤー・イブン・ムアーズ（872没）は7もしくは4の段階を挙げるが，これらの説は，まだスーフィズムがはっきりと姿を現す前に活躍したシーア派イマーム，ジャアファル・サーディク（765没）の書いた『クルアーン注釈』を基礎としているとされる。ただし，彼らの修行階梯論，心的境位論はいまだ雑然としており，さまざまな説が不整合なままに述べられている。

これらを整理し，体系だった論に仕立て上げたのが，10世紀半ばから12世紀半ばにかけて活躍したスーフィズム古典マニュアルの作者たちである。この時代のサッラージュ（988没）は『閃光の書』において，修行階梯については，悔悟に始まり，自省，禁欲，清貧，忍耐，神への絶対的信頼，満足に至る7段階，心的境位については，用心から，神への近さ，愛，畏れ，希望，希求，親密，静謐，瞑想，確信に至る10段階，という形できれいに整理した。もっとも，この時代に至っても，整理の仕方は論者によってさまざまで，それぞれマニュアル作者として有名なクシャイリー（1072没）は『クシャイリーの論攷』のなかで50，『旅人たちの宿駅』を著したアンサーリー（1089没）は100の修行階梯を挙げるが，後者のうち，前者と一致しているのは30のみで，詳細についてはいまだ違いがあった。しかしいずれも，禁欲から火獄への恐怖，楽園への望みを経て，神の愛に至るという基本構図にのっとったうえのバリエーションと見ることができる。

修行階梯と心的境位の相関関係について，同じくマニュアル作者のひとり，フジュウィーリー（1072頃没）は『覆われたものの開示』のなかで，前者が人間の努力によって得られるものであるのに対して，後者は神から与えられるものであり，その両者が表裏一体となっているという明晰な説明を提示している。つまり，修行者が来し方を見つめて悔い改めたり，自分を省みたり，欲望を制したり，清貧に甘んじたり，といった努力をすれば，それに対する神からの恩寵の形で，神を近くに感じられたり，神の愛を実感できたり，といった精神状態が得られ，徐々に表層意識から深層意識へと魂が開かれていくというのである。この場合，修行者の主体的な努力である修行階梯は具体的に記述されるのが通例であるが，神から受動的に与えられる心的境位の内容は修行マニュアルにはあまり明確に書かれないことが多かった。

3）神秘的霊魂論の成立

上述の心的境位論と関わりつつも，神秘的霊魂論はさらなる展開を見せていった。第1項でとりあげた利己心（ナフス）が，修行を始める前のふつうの人間のもっている霊魂の状態である。このナフスという語は元来，霊魂をさす一般的な語であったが，神秘的霊魂論において単独で用いられた場合は，とくに悪しき魂を指す。私たちを悟りからへだてる煩悩である。

人が修行道に入り，神に思念を集中し始めると，神を知る心（カルブ）が目覚めるようになる。「知る」といっても，理性的な頭の働きでは，神を真に知ることはできない。心は，世界の万物の本質を，ひいては神の本質を，直接的に知るのである。

もっとも，「知る」という行為は，いずれにせよ主体と客体の区別に基づいているといわざるをえない。そこで，さらに高い段階に措定されるのが，霊（ルーフ）である。これは，神を愛する霊魂であるが，この高次の魂は，人間が神を一方的に愛するだけでなく，神に愛される存在であり，さらには，愛する者と愛される者という区別をも超えていくこととなる。

このような3段階の霊魂論は，一般的に霊魂を指す場合のナフス（霊魂）というふつうのことばを用いて，次のように言い換えられることもあった。すなわち，低次の利己心は「（人間に悪を）命じる霊魂（ナフス・アンマーラ）」，中間的な心は「（そのように悪に染まっていく自分を）非難する霊魂（ナフス・ラウワーマ）」，高次の霊は「（凪いだ海面のように落ち着いた精神状態を表す）平安な霊魂（ナフス・ムトマインナ）」とも呼ばれたのである。これらの表現はいずれも，聖典クルアーンにその典拠がある。

この時期の霊魂論では，高次の霊のさらにうえに，心の内奥を意味するスィッル（文字どおりには「神秘」）を措定することもしばしば行われた。こういった一連の用語はすべて，精妙な霊的存在をさしているため，スーフィズムの霊魂論はしばしば，精妙なるものを意味する「ラターイフ」という語を用いて，ラターイフ論と総称されることになった。この語は，第3節第3項で述べる教団における霊魂論においては，さらに別の意味を付与されることになっていく。

2　さまざまな古典期修行論

1）隠遁の行

ここで古典期というのは，スーフィズムが9世紀半ばごろに成立してから，それが民衆的な広がりをもち始める12世紀半ばまでのあいだの時期である。言ってみれば，理想を追い求める一部の知的エリートがスーフィズムを担っていた時代である。彼らは，イスラーム世界が版図を広げ，政治的・経済的に繁栄していくなかで，内面への道を歩もうとした。

霊的な隠遁について初めて述べたのは，シャキーク・バルヒー（810没）というスーフィーである。彼は『礼拝の作法』という小さい論攷を著した。そのなかで彼は，神への道の4つの段階——禁欲，畏れ，切望，愛——を述べている。その内容はあくまで，彼の個人的体験に基づくものであったが，同じく真理への道を歩もうとする共通の目的をもつ他の人が使えるように再整理して提示したのである。

シャキークの議論の概要は以下のとおりである。4つの段階はそれぞれ40日ずつ，合計160日からなる。第1段階の禁欲については，腹の3分の1のみを食事で満たし，残りは礼拝とクルアーン読誦で満たすべきだと主張する。肉体的快楽を精神的快楽に変えていこうとするのである。彼によれば，40日間このようにして食欲を抑制できれば，心から闇が消え去り，光で満たされるようになるという。

第2段階は神への畏れである。私たちは自分勝手に生きているが，神はいつも私たちの姿を見ておられる。このことに思いを致すならば，そのような勝手な生き方が許されるはずはない。そういう放縦な生き方を続けていくならば，神は私たちを火獄へと落とされることだろう。したがってこの神への畏れは，現世における自分を否定するという姿勢と深い関連をもつことになる。

第3段階は楽園を望むことである。前段階の畏れが暗いイマージュに包まれて

図 2　トルコ・ブルサのウフターデ廟。奥のトルコ人留学生（当時）の坐っているスペースがハルワ用の部屋。

いたのに対し，今度は明るい側面に眼を注ごうとする。ここでは，現世のあらゆることに無関心になって，したがって神への畏れも忘れ去ってしまう。そうして，ただただ楽園のみを拝み見る時，修行者は希望に包まれる。

第 4 段階は神の愛である。これは，誰でもがたどり着ける階位ではない。この段階までくれば，心が神の愛の光で満たされ，これまで感じてきた火獄への畏れや楽園への望みを忘れ去るのである。この段階の 40 日間を終えると，神の愛が彼の心からあふれ出てくるようになるという。

さて，以上に述べたのは，欲望にまみれたこの世から離れ，霊的な世界に向かおうとする隠遁の段階の説明であるが，スーフィーたちは古くから，実際に世間を遠ざけ，隠遁の行に励んできた。それをハルワとかウズラと呼ぶ。いずれも，隠遁と訳してよいだろう。彼らは，たとえば40 日といったふうに日数を限って，人ひとりが入れるだけの部屋に閉じこもり，ひたすら瞑想の修行に打ち込んだ。この間，最小限の食事のみをとり，眠りも最小限にとどめて，修行に励むのである（図 2）。

2）唱名の行

仏教には，特定の句を唱えることによる救いを求める流れが存在する。仏の名を唱える念仏はその代表例である。同様にイスラームのスーフィズムにも，神の名を繰り返し唱える修行が存在する。それはズィクルと呼ばれ，不断に神を想い

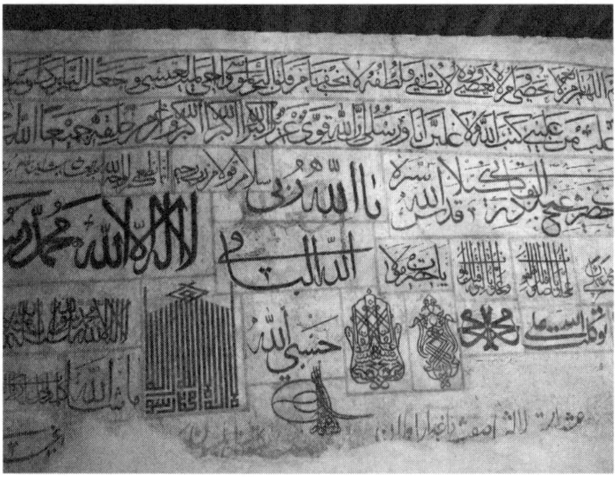

図3　壁面を覆い尽くす神を讃えることば。あるテッケ（スーフィー修道場）にて（ボスニア・ヘルツェゴビナ，サラエボ）。

起こすこと，神の名を唱えることを意味する。より具体的には，神の名を含む唱句（図3）を唱える修行法そのものをズィクルという。よく用いられる代表的な唱句は，「アッラー」，「アッラー以外に神はない」，「アッラーに讃えあれ」，「アッラーに称賛あれ」，「アッラーは偉大なり」などである。

聖典クルアーンの中でも，すでにズィクルの語は，神を想起すること，神名を唱えること，という意味で用いられている。もっともそのことは，術語としてのズィクルが，クルアーンにおいて成立していたことを意味しない。その用法はより多岐にわたっており，時には礼拝と同じ意味で用いられたり，神の啓示クルアーンそのものを指したり，神が人を想うことを意味したりもしている。

イスラームの開祖である7世紀のムハンマドも，神名を唱えることについて語っている。イスラームでは，神には99の美しい名があるとしているが，ムハンマドによれば，その名を唱える者は楽園に入れるという。また，「アッラーに讃えあれ，彼に称賛あれ」と100回唱えれば，すべての罪が許されるとも彼は語っている。

聖典クルアーンやムハンマドの言行録をもとに，ズィクルを術語として確立したのは，10〜12世紀の神秘家たちであった。「ズィクルの実相は，神以外のすべてを忘れることにある」「神を常にズィクルすることなくして，神に到達することはできない」といった言葉は，神に思念を集中する修行としてのズィクルの性格をよく表している。この時期に，修行法としてのズィクルも確立したと考えられる。

古典期スーフィズムの掉尾を飾り，スンナ派イスラームのなかでスーフィズムに確固たる地位を与える名著『宗教諸学の再興』を著したガザーリー（1111 没）は，心を神のみに集中する方法としてズィクルを重視した。彼は，神の名を唱えることを「舌によるズィクル」，神を想い起こすことを「心によるズィクル」と呼び，外面的な肉体を使った修行である前者を，内面的な霊魂の集中である後者の前提とした。神の名を含む唱句を繰り返し唱え続けると，神のみを考える状態に至る。もはや何をしていても，心が神の傍から離れず，その結果，世間の些事から解放されるようになる。この段階までくれば，自分の舌で語ろうとしなくても，言葉そのものが自然に語り出すという。そこでは，心臓の鼓動がそのままズィクルとなる。つまり，我々が生きているということが，そのままとりも直さず，神を想い起こし，神を称賛することにつながっているのである。

3）祈りの歌と踊り

神を想起し，その名を唱える修行はまた，歌や踊りを伴った形で実践されることもあった。そのような形の修行法を，アラビア語でサマーウという。その起源は古く，すでに 9 世紀中葉，当時のアッバース朝の首都バグダードのスーフィーたちの間で見ることができる。つづく 10 世紀には，古典マニュアルの作者のひとり，スラミー（1021 没）が，サマーウについての初の専論『サマーウの書』を著している。同じく古典マニュアルの作者であったマッキー（998 没），サッラージュ，カラーバーズィー（994 頃没），クシャイリー，ガザーリーらも，ハディースに則る形でサマーウを論じた。

彼らはいずれもサマーウを擁護する立場をとったが，それは，イスラームが時に音楽に対して懐疑的であったからである。神に専心すべきなのに，音楽を聴くと心が神から逸れてしまう，といったことがその論拠に挙げられる。

しかしスーフィズムは，ズィクルと密接に結びつく形で，この修行法を発展させてきた。むしろそれは，真に神に専心するために必要な修行だと彼らは主張する。後代のスーフィーたちは，社会的・儀礼的側面をも考慮に入れ，より合理的に論じるようになり，徐々にサマーウはスーフィーの慣行として当然のものとなり，非難の対象にはならなくなった。

図4　トルコ・メヴレヴィー教団のセマーを描いた絵

サマーウは，イスラーム世界の各地でさまざまな形で実践されてきているが，私たちに最もなじみが深いのは，トルコのメヴレヴィー教団による旋回舞踊であろう。トルコ語ではセマー（図4）と発音されている。メヴレヴィー教団は，スーフィズムが民衆のあいだに広まった13世紀に活躍したペルシア神秘主義詩人ルーミー（1273没）を開祖とする。この教団に属する修行者たちは，白くてゆったりした服を身にまとい，最初はゆっくりと，そして徐々に速度をあげて旋回し続ける。その背後では，悲しげな音色を響かせる葦笛などの楽器が，舞踊と呼応する。音楽に合わせて踊り続けながら，修行者たちは次第に，宇宙と，あるいは神との一体感を感じていくのである。

3　教団の修行論から存在論へ

1）ズィクル論の展開

12世紀ごろになると，スーフィズムは民衆のあいだに広まり始めた。具体的には，スーフィズムの修行を積んだ人々が聖者として崇められるようになる聖者信仰と，この聖者の周りに人々が集まって集団的に修行を行うようになったスーフィー教団とが，この時期に生まれたのである。

後者のスーフィー教団は，アラビア語でタリーカという。タリーカは元来，「道」を意味する語であるが，後に「修行道」を意味するようになった。日本の「茶道」，「香道」，「柔道」，「剣道」といった場合の「道」と同じ用法である。さらにこれが転じて，そのような修行道を共に進む人々の共同体，すなわち「スーフィー教団」を意味するようになったのである。

古典期に，一部の知的エリートとその数少ない弟子たちの小さなサークルのなかで成立した修行論は，このスーフィー教団のなかで大きな展開を遂げることとなった。古典期にはどちらかといえば，修行の功徳や意味に重点が置かれて説明されていたが，この時代になると，大勢の修行者を実際に教え導く必要性から，より実践的な修行マニュアルとなっていったのである。

たとえば，北アフリカを中心に広がるシャーズィリー教団の第3代導師であったイブン・アター・アッラー（1309没）は，ズィクルの専論を書いた最初の人として知られる。『救いの鍵と霊の灯』という題名のこの本のなかで彼は，ズィクルを「心を神の許に常に置くことによって，不注意・忘れやすさから浄化すること」と定義する。ズィクルは多層的な構造をなしており，まずは舌によるズィクルから始めるが，徐々に，心，魂，霊，知性，神秘（内的意識を意味する）が，順次用いられるようになる。ズィクルを始める前には絶対的な誠実さをもつこと，衣服・食事においては厳格にイスラーム法を順守することが重要である。

具体的なズィクルの修行法は以下のように描かれる。まず，天使とジン（イスラームで存在が信じられる精霊）を迎えるために，場に甘い香りを焚き込め，聖都マッカの方角に顔を向けて両脚を組む。この際，掌は両ももの上に置き，眼を閉じて，師の姿をまざまざと思い浮かべるようにする。次いで，「アッラー以外に神はない」という唱句を，へそから上に唱え挙げるが，唱句の前半部「神はない」を言いながら，心からアッラー以外のあらゆるものを消し去り，後半部「アッラー以外に」を言いながら，ほかのものが何も残らないように心そのものに至る（「神はない」が「アッラー以外に」よりも先に来るのは，アラビア語の語順が日本語と異なるためである）。

この「アッラー以外に神はない」よりも頻繁にズィクルにおいて用いられる唱句は，「アッラー」という神の名そのものである。「アッラー」という名前を含めて，アッラーは99の名前をもつといわれるが，それらは，それぞれにより特化された意味をもち，その効能もより特化されている。そのなかには初心者にふさわしいものもあるし，上級者にふさわしいものもある。たとえば，ある種の心臓病には「与えるお方（ムウティー）」が効き，「益を与えるお方（ナーフィウ）」は効かないという。「誠実なお方（サーディク）」という唱句は誠実さをもたらすが，まだ心がおおわれた者（初心者）には誠実な舌を，スーフィー（修行過程にある者）には誠実な心を，霊知者（上級者）には誠実な完成を，それぞれもたらす。「寛恕なるお方（アフー）」は，一般人のズィクルには効果があるが，上級者の場合には役に立たない。なぜなら，この名は罪に対して寛恕であることを意味するものだが，スーフィーには罪も徳もないからである。このように，非常に具体的な個々のズィクルについての説明が，この時代の実践的修行マニュアルを特徴づけるものである。こういったマニュアルは，教団が多くの初心者をかかえるようになったこともあって，あくまで実際に指導してくれる師匠が共にいて初めて用いられるもの，という性格を強めていくこととなった。

2）無声のズィクルと有声のズィクル

ズィクルは，スーフィズム全般に共通して古くから存在する修行法であったが，この時代になると，教団ごとにさまざまなバリエーションが生じてきた。逆にいえば，ズィクルをはじめとする修行法の違いが，教団の違いに結びつくようになってきたのである。

最も有名なズィクル法の分類は，有声のズィクルと無声のズィクルというものである。読んで字のごとく，前者は大きく声を出して唱句を唱え，後者は無言で，心のなかだけで唱句を唱えるものである。一説によると，心には肉体の門と霊魂の門とがあり，有声のズィクルは前者の門を，無声のズィクルは後者を開くものだという。この2種類のズィクルのうち，中央アジアのクブラヴィー教団やナクシュバンディー教団の多くは，無声のズィクルをより好んだことが知られている。また，中国西北部では，もともと有声のズィクルを行っていたが，イエメンやアラビア半島から帰ってきた人々が無声のズィクルを主張して，論争を引き起こした事例などが報告されている。

また，ズィクルを唱える際のリズムも，教団ごとに異なっていた。あるいは2拍，あるいは3拍，あるいは4拍，といった具合であり，ズィクルを聴けば，ど

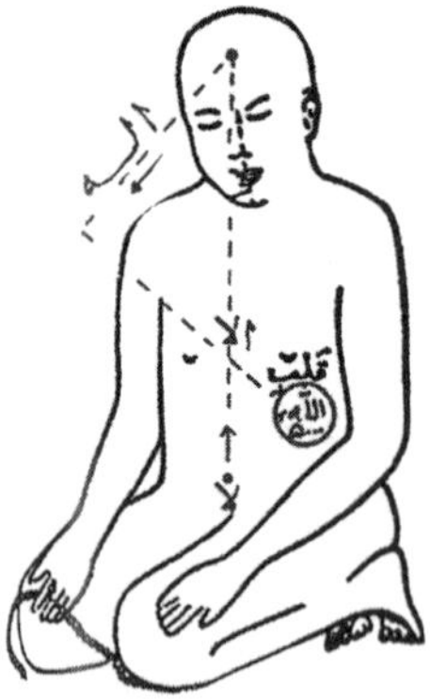

図5　ある教団のズィクルの仕方。「アッラー以外に神はない」ということばを→のように意識の集中点を動かしながら唱える。

のタリーカかをある程度言い当てられるようになった。

17〜18世紀になると，スーフィーたちも，巡礼を含む広範囲の旅行を行うようになり，結果的に複数の教団からズィクルを学ぶことが可能になった。この時期のマニュアルには，複数教団の瞑想法が幅広く記述されている。たとえば，北アフリカに広がったサヌースィー教団の開祖ムハンマド・サヌースィー（1859没）は，『40の道（タリーカ）の清らかな泉』という著書のなかで，多くの国の40の教団のズィクルを，順次説明している。ムガル朝期の代表的なスーフィーであるシャー・ワリーウッラー（1762没）らも同様の著作を遺している。

教団で行われるようになった集団のズィクルは通常，クルアーン読誦と，教団開祖の作った祈りの言葉を唱えることから始まる。ここでは二つほど，ズィクルの際の調息（呼吸法）に着目しながら，実際の修行の仕方を紹介しておこう。

北アフリカ中心のシャーズィリー教団では，「アッラー以外に神はない」という唱句を唱える際，まず左胸の辺りに気を集中し，ついで胸の左下，右下，右上と移していき，また左胸に戻す。他方，イランのニーマトッラーヒー教団では，「アッラー以外に神はない」という唱句の前半（前述したように，アラビア語の文法の関係で「神はない」の部分が先に来る）を，左胸から右肩に一度投げ出すようにして唱える。その後，「アッラー以外に」という後半部を，右肩から左胸に戻しながら唱え，最後に心臓の真ん中に打ち込むように発音していたという。同じ唱句を用いてズィクルを行っていても，意識や息を集中するポイントが教団ごとに異なることが分かるだろう（図5）。

3）瞑想法と霊魂論

こういったズィクルの修行のなかで，瞑想の技術が徐々に開発されていった。瞑想は神秘主義にとって重要だが，その過程は見えにくく，研究はまだ十分に進んでいるとはいえない。そういったなかで，瞑想のシステムを最も包括的に説明しているのが，ナジュムッディーン・クブラー（1220没）やスィムナーニー（1336没）といったクブラヴィー教団に属するスーフィーたちである。

彼らは，ズィクルへの思念の集中を，心の層の分析と結びつけて説明する。結果として，霊魂と身体の複合は身体の精妙な中心という形で表現されるようになった。この身体の精妙な中心を呼ぶのに彼らは，古典期霊魂論ですでに用いられていた「ラターイフ」ということばを用いた（第1節第3項参照）。しかしそれは，単に霊魂の層を表すだけではなく，その各層がそれぞれ，人間の型・諸預言者・色と対応する，と考えられるようになる。たとえば色についていえば，修行者が修行の過程で色つきの光を見ることは元来まれではなかったが，彼らは，この光をズィクルに本質的に伴うべきものと見なすようになり，師はこの光を積極的に利用して弟子の訓練にあたった。たとえば，灰色は魂の入れ物としての肉体を，青は本能ともいうべき下等な霊魂を表し，赤，白光，黄，黒の順でより高次な霊魂が示され，最後にあらわれる緑が，霊魂の完成態である真実在を表していると解釈されたのである。

インドのナクシュバンディー教団では，15〜19世紀にこういった対応関係の説明がさらに発展し，身体との対応も述べられるようになった。低次の魂（ナフス）は臍下に，心（カルブ）は左胸から指二つ分下に，そして高次の霊（ルーフ）は右胸から指二つ分下にある，などという風に説明されたのである。

4）存在顕現としてのズィクル

最初に述べたように，修行論と霊魂論は相即関係にある。他方，修行論と人間論の関係については，修行が完成した者が聖者になる，と考えている。もともと神の許にいたはずのわれわれ人間であるが，堕落した結果，通常はけだもののような人間（「動物人間」）になりさがっていると考え，修行によって再び神の許へと戻っていってはじめて，本来あるべき理想的な人間（「完全人間」）になる，という考え方もなされるようになっていく。

それだけではなく，スーフィーたちの修行は，この世界の存在そのものとも直結している，と考えられるようになっていった。修行論と存在論の対応である。分別知に基づく表層意識の分厚い層が，修行によって切り開かれていくと，修行者は深層意識に到達し，彼我の区別を認識しなくなる。こうして，新たな地平が開けて，修行者が悟りの境地に到達すると，神の名を唱える修行であったはずのズィクルは，神が不断に人に現れ続けているという実相へと姿を変える。神秘主義哲学の頂点を極めたイブン・アラビー（1240没）は，その著書『叡智の台座』の中で，概略次のようなことを述べている。

神をズィクルする者は，神と共に坐すことになるが，同時にそれは神が彼と共に坐って下さるということである。また，クルアーンで「まことにアッラーのズィクルは最も大いなることである」と述べられているのは，通常理解されているように，人がアッラーをズィクルすることではなくて，逆にアッラーが僕の願いに応えようとして下されるズィクルのことである。

このように語ることでイブン・アラビーは，これまで人間の側の主体的な努力・修行として捉えられてきたズィクルを，神から与えられるものとして，また神と人との相互関係の中において，捉え直そうとする。これ以前の修行論でも，ある一定の限界を超えると，人間の主体性は失われ，神の側からの働きかけにゆだねるしかないと認識されてきていたが，イブン・アラビーの場合は，この神の側からの働きかけが，単に修行者を導くことに留まるのでなく，むしろ神の顕現と結びつくという点が重要である。

すなわち，人が神をズィクルする（想起する，呼びかける）時，神は同時に人をズィクルしている。それは，慈悲をもって，神が人の前に姿を現すことを意味する。世界を，絶対一者の顕現という形で理解するこの神秘家にとって，人と神との間のダイナミックなズィクルのやりとりは，単なる修行論の枠を超えて，この世界の存在論的な実相を明らかにするものだったのである。

参考文献

井筒俊彦 1980『イスラーム哲学の原像』岩波新書.

鎌田繁 1983「ズィクルをめぐるイブン・アラビーの冥想」『宗教研究』57(3)（通巻258号），pp. 1-21.

ザルコンヌ，ティエリー 2011『スーフィー——イスラームの神秘主義者たち』（「知の再発見」双書152）（東長靖監修，遠藤ゆかり訳）創元社.

東長靖 2002「ズィクル」『事典・哲学の木』講談社，pp. 587-589.

———— 2013『イスラームとスーフィズム——神秘主義・聖者信仰・道徳』名古屋大学出版会.

中村廣治郎 1982『ガザーリーの祈禱論——イスラム神秘主義における修行』大明堂.
ニコルソン，R. A. 1996『イスラムの神秘主義——スーフィズム入門』（新版）（中村廣治郎訳）平凡社ライブラリー.
Ernst, Carl W. 1997. *The Shambhala Guide to Sufism*. Boston & London : Shambhala.
Nakamura, Kojiro. 1971. “A Structural Analysis of *Dhikr* and *Nembutsu*,” *Orient* 7, pp. 75–96.
Nakamura, Kojiro（trans.）. 1990. *al-Ghazali on Invocations & Supplications : Book IX of the Revival of the Religious Sciences*. Cambridge : The Islamic Texts Society.
Netton, I. R. 2000. *Sufi Ritual : The Parallel Universe*. Richmond, Surrey : Curzon.

第 7 章　サファヴィー朝のペルシア語写本

後藤 裕加子

はじめに

イスラーム世界でもっとも重要な言語は，クルアーンが書かれたアラビア語であるのは言うまでもないが，ペルシア語もイスラーム世界のリンガ・フランカとして，歴史上重要な役割を果たした。アラブ・イスラーム軍によるサーサーン朝（224–651）の滅亡以後，ペルシア語が使用されていた同朝領域周辺では，2 世紀にわたってペルシア語による著作活動が途絶えてしまうが，トランスオキシアナ地方にイラン系地主が建てたサーマーン朝（875–999）のもとでイラン・イスラーム文化が開花し，書き言葉としてのペルシア語が復活を果たした。

ペルシア語を母語とする定住民は，セルジューク朝（1038–1194）の成立以降にイラン高原や中央アジアを支配したトルコ・モンゴル遊牧系諸王朝のもとで書記官僚として活躍し，ペルシア語は文学作品などの叙述作品を著すだけでなく，行政用語，宮廷用語として重んじられた。ムガル朝（1526–1858）に到るまでのインド代々のイスラーム王朝でも書き言葉はペルシア語であったし，オスマン朝（1299–1922）でも初期にはペルシア語で歴史書が書かれ，書き言葉としてのオスマン・トルコ語確立の過程では多くのペルシア語の語彙が取り入れられた。

このようにペルシア語が教養語として通用したイラン，中央アジア，アフガニスタン，北インドに，アナトリアを含む広大な「ペルシア語文化圏」は，ペルシア語を媒介として様々な文化要素を共有した。そのような共通の文化の一つとして，イスラーム独特の絵画芸術分野としての写本絵画を挙げることができる。13 世紀のモンゴル支配時代以降，イランを中心に豪華な挿絵入り写本の制作が盛んとなり，時代ごとに拠点を移し，各地域が相互に影響を及ぼしあいながら，ペルシア語文化圏内で際立った発展を遂げ，数々の芸術性の高い作品を残した。

挿絵入りの写本は高価な芸術品であり，主に宮廷や豊かな支配者層の図書館に付属の工房で制作されるものであった。この章ではまずそれらの図書館で制作された挿絵入りペルシア語写本に焦点を絞り，写本絵画（Persian Miniature Painting）の発展をモンゴル時代から概観した上で，その一つの頂点を創出したサファヴィー朝時代（1501-1736）のペルシア語写本の美を紹介していく。

1　ペルシアの挿絵入り写本の始まり

1）モンゴルの支配者とイラン・イスラーム文化

イスラームで西洋的な絵画芸術が発展しなかったことについては，偶像崇拝禁止の思想などから，しばしば指摘されているところである。ただし，科学書や文学書の挿絵としての絵画は，アッバース朝時代（750-1258）に紙を書写材料とする書物の制作の増加とともに登場したし，クルアーン写本には動物や人間などの具象的な対象が描かれることは決してなかったとはいえ，抽象化された植物文様やアラビア文字からなる文様装飾は，革紙の書物の時代からすでに採用され，特筆すべき発展を遂げていく。

挿絵絵画があくまでも書物の補助的な情報提供媒体から，芸術としての変化を遂げる転換期を迎えたのは，アッバース朝を滅亡させた後に西アジアに留まり，イラン高原を中心にモンゴルの支配を確立したイル・ハン朝時代（1258-1335）のことである。同朝の時代には挿絵入り写本が多く制作されるようになるが，制作された書物のジャンルは歴史書と文学書の二つに大別される（II-1章参照）。例えば文学作品のジャンルで，以後のペルシア語文化圏で好んで挿絵入り写本が制作されるようになっていった代表例として，フィルダウスィー（934-1025）の『王書』が挙げられる。イスラーム以前のイランの神話や伝説，歴史を散文で詠み，約6万対句からなるイランの国民的な民族叙事詩は，ガズナ朝（977-1186）のスルタン・マフムード（位998-1030）に献呈された。現存する最古の写本は13世紀半ばのものであるが，この写本には挿絵は入っていない。イル・ハン朝のアブー・サイード・ハーン（位1316-35）時代の写本は2巻400ページ以上からな

図1　『集史』「ムハンマドの誕生」(1315年，タブリーズ)

り，200枚以上の挿絵が入っていたという。

もともと異教徒であったモンゴルの支配時代に挿絵入りの写本が多く制作されるようになった理由としては，(1)イスラーム化したモンゴルの支配者層が，熱心な信徒・イスラームの正統な支配者として，クルアーン写本制作をはじめとするイスラームの学問・文化の支援者となったこと，(2)本来よそ者のモンゴル人はイスラームの歴史やペルシアの文学作品，それらが語られるアラビア語やペルシア語などの語学の素養がなく，書物が語る内容を理解するための補助資料として挿絵が求められたこと，(3)イスラームに改宗する以前に信仰していたキリスト教や仏教の宗教画に親しんでおり，偶像崇拝につながるとして避けられていた預言者ムハンマドをはじめとする人物像の描写にも抵抗がなかったこと，などが挙げられよう。

2）イル・ハン朝時代の挿絵入り写本

ユーラシア大陸の大半を支配したモンゴル時代のペルシアの写本絵画には，アラブ，ペルシア，ビザンツ，中国などさまざまな文化圏の絵画の影響を見いだすことができる。例えば『集史』のなかの預言者ムハンマドの誕生の挿絵は，そのモチーフや構図からキリスト生誕図から構想を得ていたことがわかる（図1)。特に中国絵画の要素が取り入れられて，固有の絵画様式の発展が見られるようになるのは，イル・ハン朝がイスラーム化した13世紀の後半から14世紀初めにかけてのことである。それまでの写本の挿絵は主題を描くことに主眼が置かれ，背景には何も描かれなかったが，中国風に描かれた岩や草木が構成する風景によって地平に奥行きが与えられ，絵の具の色使いは赤，青，緑，金泥などが多用されて豊かになり，彩色されないまま残されていた背景の空や大地も塗り潰されるようになってくる（II-3 章の図 7 参照）。

図 2 フィルダウスィー『王書』「馬に蹴り殺されるヤズデギルド王」（1341 年（イーンジュー時代），シーラーズ）

挿絵の大きさについていえば，著者のラシードゥッディーンが存命していた 1315 年に制作された『集史』写本においては，支配者の肖像を除けば，挿絵はだいたい横に 3 分割されたページの中央部に本文が上下を挟むように配置され，大きさがページ全体の 3 分の 1 を越えることはなかった。前述のアブー・サイード・ハーン時代の『王書』では，挿絵の配分はページ全体の 3 分の 1 を越えていて，写本における挿絵の重要度が増したことを窺わせる。

3）ジャラーイル朝の挿絵入り写本

イル・ハン朝の事実上最後のハーンとなったアブー・サイード・ハーンの死後の混乱から，その後継王朝の一つで，バグダードを本拠地として独立したジャラーイル朝（1336–1432）が，イル・ハン朝の政治の中心地タブリーズを占領する 14 世紀半ばまでの画家の活動の様子は明らかではない。南部のファールス地方で独立したイーンジュー家（1303–57）は都シーラーズの写本制作を支援し，イスファハーンから勢力を拡大してイーンジュー家を滅ぼしたムザッファル朝

図3　ハージュ・キルマーニー『フマーユーンとフマーイ』「フマーイを見張るフマーユーン」（1396年（ジャラーイル朝時代），バグダード）

（1313–93）もこれを継承した。イル・ハン朝時代からサファヴィー朝時代の前半まで，遊牧系統一王朝の支配の中心地であったイラン北西部において，タブリーズの画家がモンゴル時代の画風を継承・発展させていったのに対して，イラン北西部からは遠く離れたシーラーズ派の画風は，モンゴル時代の画風の影響をあまり受けず，黄色や赤の鮮やかな彩色を特徴とする（図2）。サーディー（1292没）やハーフィズ（1390没）といったペルシアの大詩人を生んだシーラーズは，商業用の挿絵入り写本制作の中心地となり，インドやアナトリアに売られた写本は，それぞれの地の写本絵画の発展を促した。

ジャラーイル朝を通じてイル・ハン朝時代からサファヴィー朝初期まで画家の系譜の連続性を明らかにしてくれるのが，サファヴィー朝時代の画家ドゥースト・ムハンマド（II-1，II-3章を参照）である。ドゥースト・ムハンマドによれば，当時（16世紀前半）通用していた画法は，アブー・サイード・ハーン時代にウスタード・アフマド・ムーサーにより確立されたという。残念ながらウスタード・アフマド・ムーサーの作品は詩画帳（アルバム）に断片的に残されているに過ぎない。ウスタード・アフマド・ムーサー自身は自身の父親に画業を習っており，彼の弟子のひとりはジャラーイル朝の支配者スルタン・ウワイス（位1356–74）に仕えたシャムスッディーンで，その弟子ホジャ・アブドゥルハイイはスルタン・アフマド（位1382–1410）に仕え，彼に絵を教えた。スルタン・アフマドは芸術の支援者として知られ，彼の時代に描かれた写本挿絵はイル・ハン朝の作風をより完成の域に近づけた。またシャムスッディーンの別の弟子ジュナイドの名は，1396年にバグダードでスルタン・アフマドのために制作された詩の写本に残されている。書家ミール・アリー・イブン・イルヤースが前半を書写したこの写本は，画家の署名が残る現存最古のペルシア写本としても知られる（図3）。

ジャラーイル朝時代の挿絵は構造の奥行きが保たれ，本文の領域を浸食して枠を越えて上下に延長された挿絵や，ページの大部分を挿絵が占めるものが登場する。色彩の豊かさはそのままに，樹木や草花の描写は中国様式の模倣から脱却して，より自然なものとなる。人物は絵全体のなかでの比率や配置が考慮され，より細身に描かれるようになっていくのが特徴である。ジャラーイル朝時代に完成された挿絵の様式は，一方でイラン北西部のトゥルクメン系王朝（白羊朝）を経由して，もう一方でティムール朝を経由してサファヴィー朝に受け継がれていく。

2　ティムール朝時代の写本絵画の発展

1）ティムール朝初期の挿絵入り写本

挿絵だけでなく，書，装飾，装丁などからなる写本制作を総合的な芸術にまで昇華させたのは，14世紀末から15世紀前半にかけて，短期間ながら中央アジアとイランを統一したティムール朝（1370-1507）であった。同じ遊牧系の統一王朝であっても，ティムール朝の支配者たちは最初からイスラーム教徒であり，都市の文化に価値を見いだしていたという点で，イル・ハン朝とは大きく異なっていた。創始者ティムール（位1370-1405）は数度にわたる西アジア遠征でムザッファル朝を滅亡させ，ジャラーイル朝のスルタン・アフマドはエジプトのマムルーク朝（1250-1517）への亡命を余儀なくされた。ティムールは制圧したイランやシリアの諸都市から知識人や職人を捕虜として中央アジアに連れ帰り，首都サマルカンドや故郷シャフリサブズの建設事業や文化事業に従事させた。スルタン・アフマドに仕えた画家ホジャ・アブドゥルハイイもティムールによってバグダードからサマルカンドに連行されており，ジャラーイル朝の画風を同地に伝えたと思われる。また，ティムールは自らの息子や孫をイランの諸地域の支配のために派遣したが，ティムール朝王族はいずれも芸術の熱心な支援者であり，伝統的な写本制作の中心地タブリーズやシーラーズでは，彼らの保護のもとで引き続き挿絵入り写本が制作された。

ティムール朝時代の挿絵入り写本は，まず 14 世紀末から 15 世紀初頭にかけて，イラン南部ファールス地方の統治に派遣されたイスカンダル・スルタン（位 1409–13）のもとで制作された。この時代のシーラーズ写本の挿絵には，すでにムザッファル朝とジャラーイル朝の両方の画風の折衷を見ることができる。例えば，男性の尖った顎髭や高い位置に設定された地平線はムザッファル朝の，植物や岩などの描写や細身の人物像はジャラーイル朝の画法の要素である。1414 年に第 3 代シャー・ルフ（位 1409–47）は甥のイスカンダル・スルタンを排除してシーラーズを接収し，同地の芸術家の一部を自らの本拠地ヘラートに移した。

2）ヘラート派の形成と写本絵画の発展

これに先立つ 1405 年にティムールが死亡した後に起こった後継者争いは，四男のシャー・ルフの勝利で終わったが，彼はサマルカンドの統治は息子ウルグ・ベクに任せて，自らの領地ヘラートに留まったため，この後のティムール朝ではサマルカンド政権とヘラート政権の二つの政権が併存することになった。タブリーズを含むイラン北西部はほどなくティムール朝の手を離れたが，神秘主義詩人ジャーミー（1492 没）や文人宰相ナヴァーイー（1501 没）を生んだヘラートは，ティムール朝の学問や芸術の中心地として栄えた。歴史家ハーフィズ・アブルー（1430 没）によって書かれた『集史』の続編など，ティムール朝時代には創始者ティムールや後継者の事績を伝える年代記が多数執筆された。『集史続編』には挿絵も入れられたが，ティムール朝時代はイル・ハン朝時代のように歴史書の挿絵入り写本の制作が一潮流を形成するまでに到らず，『王書』やサーディーの『果樹園』，ニザーミー（1209 没）の『五部作』などの名高い古典文学作品が，挿絵入り豪華写本の対象として好まれた。画風に関しては，タブリーズ派とシーラーズ派の両方を取り入れて，ヘラート派が形成されていった。中国への使節派遣によって，中国画の技法や要素，様式などもあらためて受容され，ティムール朝芸術の発展に大きな影響を与えた。

1419 年から父シャー・ルフに代わってヘラートを治めたバーイスングル・ミールザー（1397–1433）の図書館では，書家で図書館長のジャアファル・タブリーズィーのもとで数々の挿絵入り写本や素描が制作され，挿絵はより洗練されたものとなっていく。挿絵部分とテキスト部分のバランスが保たれ，写本装飾の発展にともない，枠内にナスタアリーク体で書かれたテキストは雲型の装飾で縁取りされるようになっていく。

15 世紀の後半には，ヘラート政権のスルタン・フサイン・バイカラー（位 1470–1506）のもとで，ティムール朝の宮廷文化が隆盛を迎えた。写本絵画の分野でも，最も有名なペルシア人画家のひとりであるビフザード（1535 没）が登場し，類い稀な作品を生み出していく。ビフザードは幼い頃に父母を亡くし，スルタン・フサイン・バイカラーの図書館で働いていたアミール・ルーフッラーのもとで育ち，その弟子となった。それまでティムール朝下で制作された挿絵入り写本には，書家の署名はあっても画家の署名はなく，ティムール朝時代から書かれるようになっていた画家伝に画家の名前は伝えられていても，彼らがどのような作品を描いたのか，また現存する作品が誰の作品かなど，わからないことの方が多い。しかしビフザードは自らが描いた挿絵のいくつかに署名を残しており，写本絵画が独立した芸術の一分野として認められ，画家の地位が向上していたことを明らかにしてくれる。ビフザードはその後半生にサファヴィー朝宮廷に迎えられ，タフマースブ 1 世の図書館長に任命されるが，彼個人の代表作はティムール朝時代のヘラートで描かれている。1488 年にスルタン・フサイン・バイカラーのために制作された『果樹園』は，当代の書家スルタン・アリー・マシュハディーがナスタアリーク体で書写し，挿絵をビフザードが手がけた。金箔を散らした料紙に描かれた挿絵（うち 4 枚がビフザードの署名入り）は，入念に考えられた構図，細部まで描き込まれた人物や建物や動植物，はっきりとした色遣いながら全体に落ち着いた配色に特徴があり，おそらく 20 歳代後半だったビフザードの画家としての成熟を見ることができる（II-3 章の図 8 参照）。

一方，15 世紀半ばからイラン北西部や南部を勢力下に治めていったトゥルクメン系王朝の黒羊朝（1375 頃–1469）や白羊朝（1378 頃–1508）の君主も挿絵入り写本の制作に熱意を示し，ティムール朝の画風も取り入れながらも，より自由闊達で派手なタブリーズ派の画法を発展させていった。

3　サファヴィー朝初期の挿絵入り写本

1）イスマーイール1世時代の写本絵画

サファヴィー朝初代シャーのイスマーイール1世（位 1501-24）は，1501 年に白羊朝の首都タブリーズを占領してサファヴィー朝を建国した。このことは，彼がイル・ハン朝時代，ジャラーイル朝時代，白羊朝時代と 200 年以上にわたってタブリーズで続いてきた写本芸術の伝統と，シャイヒーやスルタン・ムハンマドなどの名のある画家が活動していた白羊朝の図書館を継承したことを意味する。

イスマーイール1世は自身も詩作をなす教養人であったが，彼の挿絵入り写本への興味は彼が幼少期を過ごし，教育を受けたギーラーンで養われたものと考えられている。サファヴィー家はもともとイスラーム神秘主義教団サファヴィー教団の教主の家系で，建国前はトゥルクメン諸部族民のなかに信者を増やし，白羊朝王族とも婚姻関係を持ったが，その世俗権力志向から白羊朝から逐われることになった。幼いイスマーイールが亡命時代を過ごしたカスピ海南岸のギーラーン地方は，イラン高原の統一政権からは地理的には隔絶した辺境地帯にあったが，豊かな農業生産にも支えられ，半独立状態と繁栄を享受していた。イスマーイールを保護した小王朝の王族キヤー家のもとで制作された「大頭（big-head）」の『王書』は，トゥルクメン系の特徴を有しながらも，独特の画風の挿絵で知られている。

イスマーイール1世時代にタブリーズの宮廷で描かれた挿絵の人物は細身で，絵全体の構図のなかに自然におさまるような小さめの比率で描かれている。男性はサファヴィー朝の有力軍事支配者層を形成するキジルバシュ（サファヴィー教団の熱心な信者となったトゥルクメン系遊牧民）のトレードマークであった，赤い棒を芯に巻かれたターバン（キジルバシュ）を被っている（II-1 章の図 14 参照）。同時期にヘラートで描かれた挿絵の男性像はキジルバシュのターバンを被っていないので，イラン全域をほぼ統一したとはいえ，サファヴィー朝のシーア派信仰の影響力が，必ずしも東部のヘラートまで貫徹していなかったことがわかり興味深い。

2) タフマースブ 1 世とサファヴィー朝の写本絵画の発展

トゥルクメン派の画風と洗練されたヘラート派とを融合させ，サファヴィー朝独自のペルシア絵画が誕生したのは，第 2 代シャー・タフマースブ 1 世時代（位 1524-76）であった。ヘラート派の大家ビフザードがサファヴィー朝に仕えるようになった経緯については史料によって異なり，明らかではないが，任命文書によると彼はイスマーイール 1 世によって 1522 年に図書館長に任命された。しかし，いくつかのサファヴィー朝の記録はビフザードとタフマースブ 1 世との関係を示唆している。実際にタフマースブは王子時代の 1516 年から主にヘラートで過ごした後，1522 年にタブリーズに帰還しているし，ビフザードが活躍したのもタフマースブ 1 世時代のことである。タフマースブ 1 世は青年時代に写本芸術を含む芸術に強い関心を持ち，自らも当時のタブリーズのトゥルクメン派の大家スルタン・ムハンマドから絵を学んでいる。また，彼の弟バフラーム・ミールザー（1549/50 没）も，芸術家を支援したことで有名である。

サファヴィー朝では 12 イマーム・シーア派をあらたに国教としたため，シーア派研究が促進される過程でシーア派の神学書や法学書が書かれた。王朝の威光を記録する年代記も次々に著されるようになったが，挿絵が入るのは稀で，宮廷図書館の工房で制作された豪華な挿絵入り写本は，もっぱら有名な古典文芸作品や詩の作品を題材とした。タフマースブ 1 世時代の挿絵入り写本で最も有名なものは，1535 年まで 10 年以上の年月をかけて制作された 2 巻本の『王書』である。写本は大型の判型で全 380 葉からなり，金箔が散らされた料紙に描かれた 258 枚の挿絵を含む。この写本はタフマースブ 1 世のタブリーズ帰還後すぐに王宮図書館で制作が開始されたと考えられる。美術史家の推察では，タフマースブ 1 世は父イスマーイルのために制作されていたタブリーズ派の挿絵入り『王書』が気に入らなかったので，あらためて『王書』の制作を指示したという。図書館業務全体の総括をビフザード，『王書』制作は前半期ではスルタン・ムハンマドが，後半期ではミール・ムサッウィルが監督し，約 15 名の画家，少なくとも 2 名の書家の他に，装飾家や装丁家などの職人が関わった一大事業であった。彼らのなかには後の時代に大家となった若手や，後にインドに移住した画家らがいた。

この『王書』の挿絵のなかでも特に優れた作品と見なされているものには，スルタン・ムハンマドの作品とされているものが多い。「ガユーマルスの宮廷」に

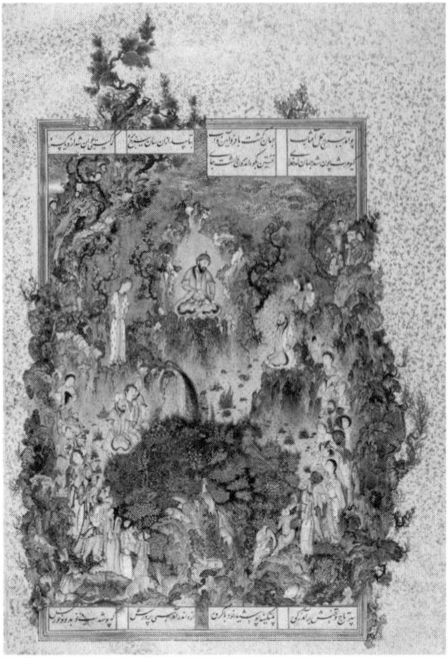

図4　スルタン・ムハンマド画『王書』「ガユーマルスの宮廷」（1525-35年，タブリーズ）

は画家の署名はないが，ドゥースト・ムハンマドの記述からスルタン・ムハンマドの作品であることが確認されているものである（図4）。彼のイスマーイール1世時代の作品（おそらく制作が中止された『王書』の挿絵）とされるものと比べると，ページの四隅の余白部分と間の仕切り枠との比率，および挿絵とテキストの比率，枠中での挿絵の構図やテキストの配置が十分に考慮され，トゥルクメン派の鮮やかな色調や粗さのある画風は影を潜め，ヘラート派の合理的で繊細な画風を取り入れて，自らの画法を確立していったことがわかる。タフマースブ1世の命による『王書』制作事業を通じて，その完成に到る年月の間にヘラート派とトゥルクメン派の融合が進み，サファヴィー朝様式のペルシア絵画が育まれていったといえよう。芸術家の伝記や書画論が著されるようになったのも，この頃のことである。

タブリーズはオスマン帝国との国境に近く，常に強力な隣国からの侵入の危険に曝されていたため，タフマースブ1世は16世紀の半ば以降にカズウィーンに遷都した。カズウィーンにタフマースブ1世が建設したチェヘル・ソトゥーン宮殿は，『王書』の制作に携わった画家ムザッファル・アリーの壁画で飾られただけでなく，シャー自らの手による壁画も描かれていたという。カズウィーンのチェヘル・ソトゥーン宮殿には一部が現存するのみであるが，最盛期のシャー・アッバース時代（位1587-1629）以降の首都イスファハーンに建設されたチェヘル・ソトゥーン宮殿には，同王朝時代中期の華やかな壁画が数多く残されている。近代以前のイスラーム世界では建築物に壁画が描かれるのは稀であったが，サファヴィー朝時代は写本絵画という枠を越えた絵画芸術が生み出された特筆すべき時代であり，その原点もタフマースブ1世時代に帰することができる。

3）ペルシア写本絵画の広まり

長い統治時代の晩年に深く信仰に帰依するようになったタフマースブ1世は芸術への熱意を失ってしまい，『王書』の豪華写本は1568年頃にオスマン朝のスルタン・セリム2世（位1566-74）に贈られた。写本は幾人もの所有者を経る間にばらばらにされ，宝石で飾られていたという装丁も失われた。美しい挿絵や豪華な装飾で飾られた写本は高価な芸術品であり，王侯同士の贈り物として交換されたり，戦利品として収奪の対象となったのである。また，タフマースブ1世時代にはムガル帝国第2代皇帝フマーユーン（位1530-56）がスール朝に逐われてサファヴィー朝宮廷に亡命していたが，彼がサファヴィー朝の支援を得てインド奪還のために帰還する際には，ミール・ムサッウィルとその息子ミール・サイイド・アリー，ドゥースト・ムハンマドなどの画家が同行した。あらたな活躍の場を求めて，イラン東北部ホラーサーン地方のマシュハドにあった，バフラーム・ミールザーの息子イブラーヒーム・ミールザー（1574没）の宮廷に移動した芸術家たちもいる。こうしてサファヴィー朝のペルシア写本絵画は，国内のみならず，周辺地域に伝えられていったのである。

4　一枚ものの作品と詩画帳

1）一枚絵の普及

タフマースブ1世が亡くなると，その後に2代にわたって政治的には混乱の時代が続いた。第3代シャー・イスマーイール2世（位1576-78）は，反抗的な性格をタフマースブ1世に疎まれ，父王の崩御の時まで約20年にわたり投獄されていた。即位の後も，懐疑心から男系王族を次々に殺害し，最終的には自らも暗殺されてしまった。イスマーイール2世の統治時代はわずか1年半ではあったが，その間に彼は書家と画家の伝記『芸術の薔薇園』（II-1章参照）の著者でもあるカーズィー・アフマド・クミー（1546-1582/83）にサファヴィー朝年代記『歴史の精粋』の執筆を命じ，おそらく挿絵入り『王書』写本の制作も着手されている。

イスマーイール2世の長兄のムハンマド・フダーバンダ（位1578–87）は，眼病を患っていたために王位には不適格とされ，弟による殺害を免れていた。彼はイスマーイール2世の死後に，次代シャー候補が乏しいなかで第4代シャーに据えられた。視力の乏しいスルタン・ムハンマド・フダーバンダは，それゆえに国政だけでなく，芸術への関心も薄かった。芸術家はあらたな庇護と経済手段を求めて，首都カズウィーンからヘラートやマシュハドなど国内の有力者のもとへ移るか，またはムガル帝国宮廷やオスマン帝国宮廷に新天地を求めた。

すでにタフマースブ1世時代に見られたものの，ムハンマド・フダーバンダ時代から顕著になった傾向に，挿絵にかわる一枚ものの単独作品の制作がある。このジャンルが盛んになりつつあった背景には，絵そのものの価値が認められ，画家が芸術家として認められるようになっていたことが挙げられる。また，写本の挿絵は時代を経るに従ってより繊細で複雑になっていったが，このころ挿絵はテキストとは別の料紙に描かれて，後から写本に挿入されるようになっていた。君主からの支援を期待できない不遇の時代に，画家たちは自ら顧客を探し，経済手段を確保しなければならなかったが，豪華な挿絵入り写本を注文したり入手したりできるのが支配者などの一部の富裕層に限られたなかで，一枚絵の作品はより安価で，多くの人にとってより入手しやすかったことも，一枚絵の普及の大きな理由となったであろう。一枚絵に描かれたのは肖像画や写本の挿絵でお馴染みであった人物画を取り入れた風景画などであるが，現存するムハンマド・フダーバンダ時代の一枚絵の作品は，政治的混乱や経済的困窮を反映しているのであろうか，素描などのシンプルな作品が多い。

2）アッバース1世時代の写本芸術の発展

ホラーサーン地方の統治に派遣されていたアッバース1世（位1587–1629）は，同地の有力キジルバシュの支援を得て首都カズウィーンに進軍し，父シャー・ムハンマド・フダーバンダを廃位させて，第5代シャーとなった。彼はキジルバシュ諸集団の勢力を抑えて諸改革を実現し，サファヴィー朝の最盛期を実現した。即位後しばらくして遷都（1597年）したイスファハーンは，「イスファハーンは世界の半分」と称えられるまでに繁栄し，サファヴィー朝の政治・経済・文化の中心地となった。アッバース1世の即位によって，各地に散っていた芸術家も宮廷に戻り，イスファハーン派を形成していく。

アッバース1世時代も一枚絵の流行は続き，徐々に豪華さを増していく。アッバース1世の統治時代の初期に完成したカーズィー・アフマド・クミーの『歴史の精粋』の写本のように挿絵入りの歴史書の作例もなくはないが，サファヴィー朝を代表する年代記であるイスカンダル・ベク・ムンシーの『世界を飾るアッバースの歴史』でさえも，挿絵入りの写本は確認されていない。『王書』などの文学作品は引き続き制作されてはいるが，芸術作品としての挿絵入り写本は，17世紀に入ってから徐々に価値を失い，その制作は規模，質，数の面で低下は否めなかった。

図5　リザー・アッバーシー画（署名入り）「酌人」（1629/30年，イスファハーン）

16世紀の初めにもビフザードやスルタン・ムハンマドのような著名な画家は存在したが，17世紀に入ると画家が自分の作品に署名を入れることが常態となった。名前を知られた画家のなかで，アッバース1世の宮廷で最も有名となったのは，画家アリー・アスガルを父に持つリザー・アッバーシー（1635没）である。彼は宮仕えを嫌って一時期放浪生活を送ったアウトサイダーであったが，主君アッバース1世の覚えめでたく，その名を賜ってアッバーシーを名乗る栄誉を受けた。写本の挿絵も手がけたが，彼の代表的な作品のほとんどは肖像画であった。彼が描いたのは宮廷画家が対象とした貴人ばかりでなく，貧しいスーフィー行者や農民などの市井の人々を好んで描き（図5），ヨーロッパ絵画に触発されて，イスラームではタブーの裸婦の絵も残している。

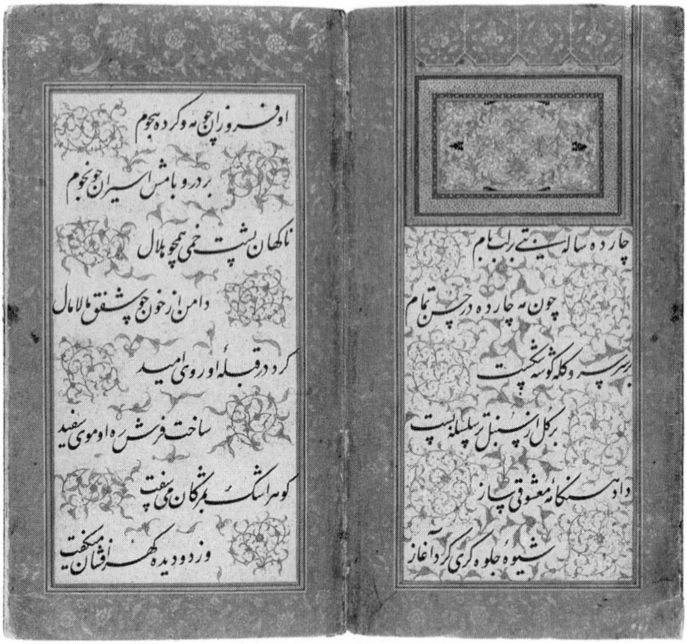

図6　アリー・リザー・アッバーシー書写による詩集（1598年，イスファハーン）

3）書の一枚作品と詩画帳の流行

書家たちも写本のためにテキストを書写するだけでなく，数行の詩を書いて，絵画と同じように一枚ものの作品とした。カーズィー・アフマド・クミーの『芸術の薔薇園』の全4章中3章が書家に関するものであることからもわかるように，美しいアラビア文字を書く書家は常に高い敬意を払われてきた。アッバース1世の愛顧を受けた書家にアリー・リザー・アッバーシー（1628/29没）がいる。彼はナスタアリーク体だけでなく，スルス体も能くし，クルアーンの書写や首都カズウィーンの金曜モスクの碑文を手がけた。一時宮廷を離れ，大将軍ファルハード・ハーン・カラマーンルーに仕えたが，1598年には王宮の図書館長に任命され，イスファハーンへの遷都後には王の広場に面して建設された王のモスクやシャイフ・ルトフォッラー・モスクのアラビア語装飾を任せられた（図6）。彼のライバルのミール・イマード（1615没）は預言者ムハンマドの家系に生まれた，ナスタアリーク体の大家で，娘ガウハル・シャードも書家として名を残した数少ない女性の一人である。愛好者たちにとって美しい書は憧憬の的で，遠くインドにまで愛好者がおり，書道家の経済的自立の手段ともなった（II-2章の図4参照）。

書道作品や絵画作品はしばしば非常に細密かつ豪華な装飾で縁取りされたが，これは同じ紙に描かれたのではなく，あらかじめ装飾が施された料紙に作品が表装されたものである。芸術作品の愛好者たちは自らの好みに従って一枚ものの絵画作品や書の作品を一冊の詩画帳（アルバム）に製本した。作品は後から表装されたものであったので，所有者は後から作品を入れ替えることができた。これは装飾家が凝った装飾を施した料紙からなる詩画帳そのものにも，一種の芸術品としての価値があったということであろう。

おわりに

アッバース1世死後のサファヴィー朝史は，政治的には安定したものの，ダイナミズムには欠けた時代と見なされるが，美術史家からはペルシアの写本絵画も同じような道を辿ったと考えられている。画家や書家個人やその作品が重視され，詩画帳の制作が盛んになるなか，かつてのタフマースプ1世時代のような大規模な挿絵入り豪華写本の制作事業は手がけられなくなる。また，リザー・アッバーシーによって確立されたサファヴィー朝様式が踏襲されるなか，サファヴィー朝後期の宮廷図書館の芸術家，特に画家にとっては，あらたに流入してきたヨーロッパ絵画の消化と統合が大きな課題となって立ちはだかった。しかし，かつてイル・ハン朝やティムール朝の画家たちが中国絵画とイスラーム絵画の画風や技法を統合し，独自の画風を発展させていったのに対し，二つの異なった文化圏の画法の統合という課題は，解決されることがないままサファヴィー朝は衰え，群雄割拠の時代を経て，次のカージャール朝（1796-1925）に引き継がれることになった。

参考文献

黒柳徹男 1977『ペルシア文芸思潮』近藤出版社.

杉村棟（編）1999『世界美術大全集 東洋編 第17巻 イスラーム』小学館.

ブルーム，J./ブレア，S. 2001『岩波世界の美術　イスラーム美術』（桝屋友子訳）岩波書店.

ヤマンラール水野美奈子 1998「イスラームの画論と画家列伝」『オリエント』31(1)，pp. 161-172.

――――― 2009「ティームール朝の書家ジャアファル・バーイソンゴリーの「上申の書」和訳，解説，サライ・アルバムにおける意義」『龍谷大学紀要』30(2)，pp. 67-89.

Bahari, E. 1996. *Bihzad : Master of Persian Painting*, London & New York : Tauris.

Canby, S. R. 1993. *Persian Painting*. Northampton : Interlink Books.

―――――. 1996. *The Rebellious Reformer : The Drawings and Paintings of Riza-yi Abbasi of Isfahan*. London, Azimuth Editions.

―――――. 2009. *Shah 'Abbas : The Remaking of Iran*. London : The British Museum Press.

―――――. (introduction) 2011. *The Shahnama of Shah Tahmasp : the Persian Book of Kings*. New York : The Metropolitan Museum of Art.

Dūst Muhammad. 1989. "Dost-Muhammad. Preface to the Bahram Mirza Album," in W. M. Thackston (selected and translated), *A Century of Princes : Sources on Timurid History and Art*. Cambridge, Massachusetts, pp. 335-350.

Ettinghausen, R. 1967. "Manuscript Illumination," in A. U. Pope ed., *A Survey of Persian Art*. vol. III Tokyo, pp. 1937-1974.

Golombek L./ Subtelny M. 1992. *Timurid Art and Culture : Iran and Central Asia in the Fifteenth Century*. Leiden, New York & Köln : Brill.

Gray, B. 1979. *The Arts of the Book in Central Asia : 14th-16th Centuries*. Paris & London.

Hillenbrand, R. ed. 2000. *Persian Painting from the Mongols to the Qajars*. London & New York : Tauris.

Martin, F. R. 1912. *The Miniature Painting and Painters of Persia, India and Turkey from the 8th to the 18th Century*. 2 vols., London : Quaritch.

Melville, Ch. 2011. "The illustration of history in Safavid manuscript painting," in C. P. Mitchell ed., *New Perspectives on Safavid Iran : Empire and Society*. London & New York : Routledge, pp. 163-197.

Qādī Ahmad (T. Minorsky tr.). 1959. *Calligraphers and Painters* : a treatise by Qāḍi Aḥmad, son of Mir Munshi (circa A. H. 1015/A. D. 1606). Washington D. C.

Tompson, J./ Canby, S. R. 2003. *Hunt for Paradise : Court Arts of Safavid Iran 1501-1576*. Milan : Skira.

―――――. 1933. "Appendie I. Dūst Muhammad's Account of Past and Present Painters," in L. Binyon / J. V. S. Wilkinson / B. Gray, *Persian Miniature Painting*. Oxford.

Wright, E. 2012. *The Look of the Book : Manuscript Production in Shiraz 1303-1452*. Washington, D. C., Seattle & Dublin : Freer Gallery of Art / University of Washington Press / Chester Beatty Library.

第 *8* 章　オスマン朝の写本文化

小笠原 弘幸

はじめに

キリスト教文化圏とイスラーム文化圏の狭間に位置したオスマン朝揺籃の地アナトリアは，セルジューク朝（1038–1194）がビザンツ帝国を打ち破ったマンズィケルトの戦い（1071 年）以降，徐々にトルコ系ムスリム諸王朝の影響下に置かれるようになった。しかしセルジューク朝，そしてアナトリアを支配したセルジューク朝の分家ルーム・セルジューク朝（1075–1308）では，支配者がトルコ系出身であるにもかかわらずペルシア語が公式の言語として用いられていた。トルコ語の文語としての成熟が遅かったためであり，当時の年代記史料はすべてペルシア語で著されている。モンゴルの侵入によってルーム・セルジューク朝が衰退した後には，アナトリアはトルコ系遊牧民が建てた小国が群雄割拠する戦国時代を迎えた。そのなかでいち早く台頭した，オスマン朝のライバルであったカラマン君侯国（1256–1487）ではトルコ語が公用語とされたものの，伝存する文学作品や文書史料はない。

13 世紀末にアナトリア北西部に登場したオスマン朝（1299 頃–1922）では当初からトルコ語が文章語として用いられ，トルコ語で文学作品や文書がものされた。しかし現在のトルコ共和国所在の諸図書館が所有する写本は，トルコ語に限られない。トルコ共和国国内には主にオスマン・トルコ語，アラビア語そしてペルシア語で書かれた 30 万点以上の写本があり，この中東諸言語による写本のコレクションは世界的に見ても有数である。そのうち 16 万点がイスタンブルの諸図書館に所蔵されており，イスタンブル最大の写本図書館であるスレイマニエ図書館所蔵写本は 1 万 1120 点を数える。

トルコ語に限定されないオスマン写本文化の発展は，オスマン朝が20世紀初頭に至るまで600年の長きにわたり存続し，アジア・アフリカ・ヨーロッパの三大陸にまたがる版図を支配したことによるところが大きい。帝都イスタンブルには，支配領域各地から多数の写本が将来された。また写本文化の先進地域であるイランの影響は大きく，ペルシア語の写本も長いあいだ将来・作成された。

本章ではこの多様なオスマン写本文化の世界を，宮廷がパトロンとなって作成させた写本に焦点を当てつつ見ていきたい。第1節では，オスマン朝の黎明期からオスマン朝のいわゆる「最盛期」を現出させたスレイマン1世時代までの展開を，第2節では，16世紀後半に盛んに作成された豪華写本について取り上げる。第3節では，17世紀の写本の性質を追うことで，この時代に起こった転換を示してみたい。なお18世紀初頭にはオスマン朝に印刷術が導入され，書物文化におおきな影響を与えるが，それについては本書II-9章を参照されたい。

1　オスマン朝写本文化の展開

1）オスマン写本文化の黎明と展開

オスマン朝の名祖である初代君主オスマン1世（位1299?-1326）は，トルコ系遊牧民やムスリムのみならず，キリスト教徒戦士も含む軍事集団を束ねるリーダーであった。伝説的な内容を伝える初期年代記によれば，オスマンがイスラームの聖者のもとを訪れた際，クルアーンを見てその神聖さに打たれたというエピソードが，唯一書物と関係するものである。オスマンは無学で税金についての知識すら無く，また残した遺産もごく僅かであったという。こうした描写はオスマンの清貧さという徳を強調するレトリックであって史実とは限らないが，写本のような文化活動との関わりは極めて薄かったのは間違いない。

第2代君主オルハン（位1326-59）の治世は，オスマン朝が伝説から歴史へ移り変わった時代であり，同時代史料として貨幣やワクフ文書が伝わっている。このオルハンの時代に，はじめてオスマン朝においてイスラーム学院が建てられた。学院で教え，また学んだウラマーたちは，当然のことながら書物と関わった。オスマン朝外から招聘されたウラマーはイスラーム諸学に関する写本を携えてきた

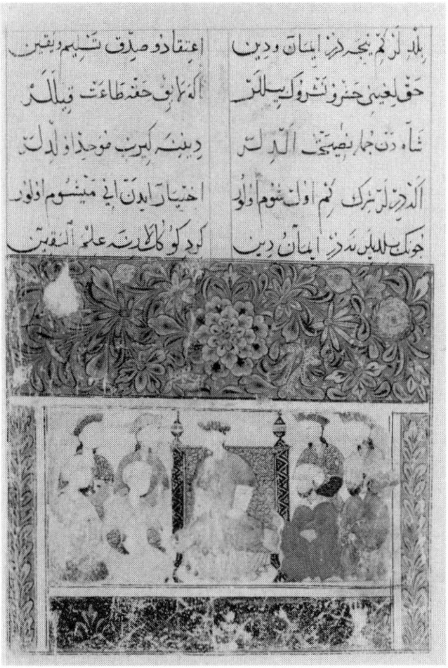

図 1　アフメディー『アレクサンドロスの書』

であろうし，学院でテキストの再生産も行われたであろう。オスマン朝最古の歴史叙述——ただし現存しない——を著したヤフシー・ファキーフも，オルハン時代のウラマーであった。オルハン以降，オスマン朝は着実に発展を遂げるが，現在にまで伝わる写本はほとんどが 15 世紀以降のものである。というのも，オスマン朝は 1402 年のアンカラの戦いにおいてティムール帝国に敗北して滅亡寸前にまで至り，黎明期にあったオスマン朝の文化も大きな打撃を受けたからである。そのためアンカラの戦いより古い伝存写本は極めて少ない。

一時は滅亡の瀬戸際に立たされたオスマン朝であったが，第 5 代君主メフメト 1 世（位 1403–21），第 6 代君主ムラト 2 世（位 1421–51）の時代にアンカラの戦いの衝撃から立ち直ることに成功した。そして第 7 代君主「征服王」メフメト 2 世（位 1451–81）はビザンツ帝国の首都コンスタンティノープルを征服し，名実ともにオスマン朝を「帝国」というべき国家へと発展させた。彼は征服者としてだけではなく，同時に文化の庇護者であったことでも有名である。ヴェネツィア人画家ジェンティーレ・ベッリーニを招聘して描かせた肖像画（ロンドン，ナショナル・ギャラリー蔵）に代表されるように，彼の西洋趣味はつとに知られている。のみならず彼は伝統的な写本文化にも理解を示しており，オスマン朝において細密画法による挿絵付きの写本がはじめて作成されたのもこの時代である。イスラーム文化圏においても人気の高いアレクサンドロス大王の伝説を描いたアフメディー『アレクサンドロスの書』（図 1）や，詩人キャーティビー『キャーティビー詩集』の写本にこうした挿絵が付された。またメフメト 2 世は，宮廷専属の文人として王書詠みという役職も任

図2 『八天国』トプカプ宮殿図書館の宝物庫分類 1655 番写本

命している。王書詠みは，この時点では制度として定着しなかったが，次節で取り上げるように 16 世紀半ばに復活し，オスマン写本文化の最も華々しい時代を担うことになる。

数々の遠征を敢行した父と異なって，第 8 代君主バヤズィト 2 世（位 1481-1512）は目立った対外活動を行わなかった。しかし「聖王」という異名のとおり宗教的静謐さを好んだ彼の時代には，法令集が整備されるなど内政が充実し文化が栄えた。特に，古い時代のさまざまな歴史伝承が編纂され，またあらたに美文の歴史書が著された。

前者の例としては，素朴なトルコ語で書かれた著者不明の『オスマン朝史』が挙げられよう。この作品は，トルコ共和国のみならず，ヨーロッパにも多数の写本が存在する。異本が多く，写本によって伝える伝承が異なるケースも少なくないのがこの作品の特徴である。それぞれの写本は決して豪華ではなく，殴り書き

図 3 『八天国』スレイマニエ図書館エサド分類 2199 および 2198 番の著者自筆本

のような写本も存在する。しかし美的な価値はともかくとして，原初のオスマン朝の人々が抱いていたさまざまな歴史意識を反映しているこの作品は，初期オスマン史の一級史料である。

後者の代表例は，イドリス・ビトリスィーが，バヤズィト 2 世の君命によって著した美文のペルシア語によるオスマン朝史『八天国』である。彼はもともとペルシア語文化圏に属する白羊朝（1378 頃-1508）の文人であり，オスマン朝に亡命し仕えるようになった人物である。この作はのちに多数書かれたオスマン朝史のモデルとなった作品として知られ，イスタンブル所在のものだけで 39 点という多数の写本が作成されている［İmazawa 2005 : 872］。たとえばトプカプ宮殿図書館の宝物庫分類 1655 番写本は，宮廷に献呈された豪華写本である。華麗なテズヒプ（文様）で飾られかつ書家の手で流麗に書かれたこの写本は，挿絵こそ付されていないものの「官選史書」に相応しいつくりとなっている（図 2）。また著者自筆写本も伝わっている（スレイマニエ図書館エサド分類 2199 および 2198 番）。こちらは著者の達筆ぶりはよく伝わるものの，装飾的な観点から言えば簡素である。しかし多数の欄外書き込みから著者の思考の過程が読み取れることから，史料的価値は高い（図 3)。

2）発展する写本文化

父とは異なり武断派であった第 9 代君主「厳正王」セリム 1 世（位 1512–20）は，その短い治世の間，チャルディランの戦いでイランのサファヴィー朝を破り，続いてシリア・エジプトを支配するマムルーク朝を征服した。マッカとマディーナというイスラームの二大聖地を庇護下に置いたオスマン朝はこれ以降，「辺境」出身ゆえの特徴であった宗教的融通無碍さを捨てて，正統スンナ派ムスリムの盟主として振る舞うようになる。こうして対外的に大きな成果を上げたセリムの時代であったが，短い治世であったためか著された作品は少ない。しかしセリム自身は読書愛好家であった。写本文化の先進地域であったイラン西部を征服した際には，多数のペルシア語写本を持ち帰ったのみならず，画家や職人をイスタンブルに連れ帰って宮廷工房で雇い入れた。マムルーク朝遠征でも，セリムは遠征先から大量に写本を持ち帰った。その際には，宮廷図書館に入れるべき書物，中程度の重要な書物，図書館に納める価値が無く売りに出されるべき書物，というように重要度によって写本がランク付けされ，システマティックな移管が行われた［Erünsal 1991 : 39］。

オスマン朝のいわゆる「最盛期」は，第 10 代君主スレイマン 1 世の時代（位 1520–66）とされる。オスマン朝では「立法王」，ヨーロッパでは「壮麗王」の異名を持つ彼の治世は，ハンガリーの征服，東地中海の制海権の確立，そしてハプスブルグ帝国の首都ウィーンを包囲するなどの対外的成功のみならず，国内的にもスンナ派ムスリムの盟主に相応しい法制度が整備された時代であった。スレイマン時代をオスマン朝の頂点とし，以降を衰退期と見なすかつての歴史観は，その後もオスマン朝が着実な発展を遂げたことを示す実証的研究の蓄積によって現在ほぼ駆逐されている。しかしスレイマンの時代にこそ，オスマン朝が世界史の最重要アクターであったことは異論がないところであろう。そしてそのスレイマンや大宰相などの高官たちは，写本も含めたオスマン文化のパトロンでもあった。

スレイマン時代に作成された挿絵付きの豪華写本を挙げると，スレイマンのイラク遠征を扱い，通過した都市の描写の正確さから地理書としての価値も高いマ

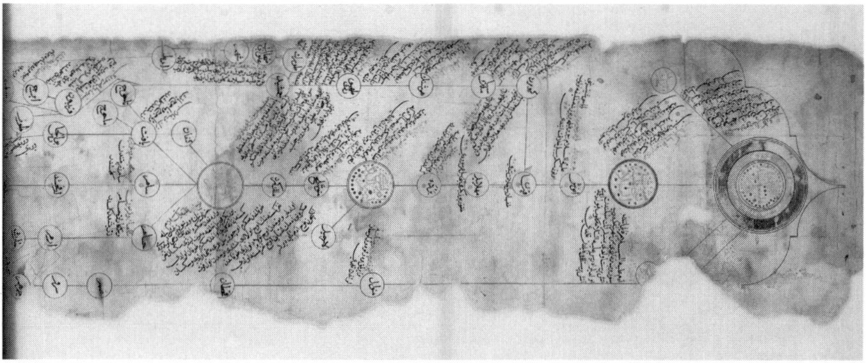

図 4 『系譜書』の巻子本

トラクチュ・ナスーフ『両イラク駅亭記』，海軍提督ピーリー・レイスによる航海術の書で，最古のアメリカ大陸地図を含んでいることで名高い『海洋の書』，セリム 1 世やスレイマン 1 世の事績を讃えた『セリム帝紀』『スレイマン帝紀』などが作成された（いずれもオスマン・トルコ語）。こうしてオスマン朝は，オスマンの時代を遠く離れ，豪華写本を自身で作成する文化の発信地となったのである。

一方で，16 世紀を通じてイランからの写本の流入も続いた。フィルダウスィー『王書』やニザーミー『五部作』，サーディー『薔薇園』などの古典ペルシア語文学の挿絵付き写本が，君主や高官たちによって収集された。たとえば『王書』の挿絵付き写本はトプカプ宮殿に 42 点存在するが，そのすべてがイランで作成されたものである。イラン写本は当初戦利品として獲得されたが，時代が降るにつれ購入されたり，オスマン朝を訪れるサファヴィー朝使節の贈り物としてもたらされた。特に好まれたのが，イランの都市シーラーズにおいて作成された写本であり，シーラーズはオスマン朝写本市場の主要供給源であった［Uluç 1999 : 86–87, 101–102］。またサファヴィー朝からオスマン朝に移住した画家や装飾家，書家，製本職人も存在した［Çağman / Tanındı 1996 : 142］。

こうして発展したオスマン写本文化は，その形態の多様性にも特徴がある。たとえば，オスマン王家の系譜を最初の人類アダムにまで遡って図示した『系譜書』とよばれる作品は巻子本，いわゆる巻物の形式を取った（図 4）。巻子本の写本は，イスラーム文化圏では珍しい。また巻子本は痛みやすく，保存という観点からは難があったため，巻子本を折りたたんで製本し直した折本の写本も作られた。ほかには，本来別々に作成された複数の写本を合冊した雑記集あるいは論説集とよばれるものも多い。

2　オスマン写本文化の精髄——王書詠みと挿絵付き豪華写本

1）王書詠み

政治的にも文化的にも華やかなスレイマンの時代だったが，オスマン写本文化にとってより重要だったのは，スレイマンの2代後に即位した遙かに知名度の低い君主の時代であった。第12代君主，ムラト3世（位1574–95）である。彼は戦場に一度も出ることがなかったが，文化事業のパトロンとして積極的に活動した。彼の治世は，浩瀚な世界史書や豪華写本が多数作成され，「歴史叙述の爆発的な発展」とすら評される時代であった。それを担ったのは，王書詠み（Şehnameci）の存在である。

王書詠みの名は，ペルシア語の叙事詩でありイスラーム文化圏で人気を博したフィルダウスィー著『王書』（1010年成立）から取られている。前述のように，メフメト2世によって創設された王書詠みはすぐに途絶えるものの，スレイマン治世末期の16世紀半ばに復活し，17世紀初頭までの50年のあいだに5名が連続して任命された。彼らはオスマン・トルコ語やペルシア語の韻文もしくは散文で計15点の作品を著し，その作品はしばしば宮廷画家による挿絵で飾られた。トプカプ宮殿内に建てられた専用の宮廷工房では，書家，画家，装飾家，製本職人からなる12人程度のスタッフが，王書詠みの活動を支えた。

連続して任命されるようになってからの初代王書詠みはアーリフ，第2代はエフラートゥンという人物であり，両名ともサファヴィー朝出身の文人である。そしてもっとも有名な王書詠みが，主としてメフメト3世時代に活躍した第3代のセイイド・ロクマン（任1569–96/97）である。やはりイラン文化圏のアゼルバイジャン出身であるロクマンは，高名な画家ナッカーシュ・オスマン（「ナッカーシュ」は「絵師」の意）と組み，多くの挿絵付きの作品を著した。彼は王書詠みた

図 5　『技の書』

ちの総作品 15 点のうち実に 10 作品を著し，うち 5 点がペルシア語韻文，4 点がトルコ語散文，1 点がトルコ語韻文であった［Woodhead 1983 : 157-161］。

ロクマンの代表作といえば，まず何より『技の書』全 2 巻を挙げねばなるまい。トプカプ宮殿博物館付属図書館（宝物庫分類 1523，1524）に所蔵されているこの作品は，オスマン 1 世からスレイマン 1 世までのオスマン朝歴代君主の事績や優れた技を，オスマン・トルコ語で説明したものである。テズヒプが施された縦 485 ミリ，横 305 ミリの紙葉に，流麗なターリク体でもってロクマンの文章を記したのは，当代一流の書家ボスナル・シナンである。この作品に含まれる合計 110 点の挿絵は，ナッカーシュ・オスマンとその弟子たちによって描かれた。トプカプ宮殿における御前会議の様子などが詳細に描かれた挿絵は，美的価値のみならず史料的価値も高い。この作品の作成にはロクマン以外に合計 69 名の職人が携わり，完成に当たってはそれぞれに官職や下賜品が与えられた。王書詠み，書家そして画家たちが総力を結集して作成したこの『技の書』は，オスマン朝写本史における豪華写本の粋といえる（図5）。

ロクマンによるほかの作品としては，歴代オスマン朝君主たちの姿を絵入りで解説した『容貌の書』も有名である。この作品所収の挿絵は，のちにオスマン君主の肖像が描かれる際のモデルとなったことから，オスマン肖像画史の画期をなした書とされる［Woodhead 2007 : 75］。またオスマン王家の系譜書である『諸史の精髄』の原本（トルコ・イスラーム美術博物館所蔵写本1973番）は縦65センチで横42センチ，99葉からなる巨大な写本であり，諸預言者を描いた43点，オスマン朝君主を描いた12点の挿絵が収録されている。こうしてロクマンの任官時に，豪華写本の作成は隆盛を極めた。

2）読者としての貴顕たち

王書詠みによる作品の写本は，基本的に一点物かごく僅かな複製が作成されるに留まり，トプカプ宮殿において君主が楽しむためのものであった。ただし，高官たちも王書詠みの写本を授かる栄誉に浴す機会があった。巨大な豪華本である『諸史の精髄』は原本の他に写本が2点作成されている。一点はトプカプ宮殿付属図書館所蔵（宝物庫分類1321番），もう一点はアイルランドのダブリンにあるチェスター・ビーティー図書館所蔵（414番）であり，前者は大宰相スィヤヴシュ・パシャ，後者は黒人宦官長官メフメト・アーのために作成され，献呈された。後者の写本は一回り小さく，これはメフメト・アーの身分が相対的に低いことを示している。メフメト・アーへの献呈本は，その身分から，ハレムで後宮の女性たちによっても閲覧されたと思われる。

また『諸史の精髄』の普及版として作成されたと考えられる挿絵付き『系譜書』小型写本のウィーン王立図書館所蔵写本（AF50）には，17世紀後半に大宰相を務めたメルズィフォンル・カラ・ムスタファ・パシャへの賛辞が付されており，この写本がカラ・ムスタファに献呈されたことを窺わせる。カラ・ムスタファは1683年に第2次ウィーン包囲を敢行したものの失敗し，処刑された大宰相である。この写本はカラ・ムスタファが遠征に持参したが，敗走時にオーストリアの戦利品となりそのままウィーン王立図書館の所蔵となったと思われる。またいずれの作品か判然としないが，皇子メフメト（のちのメフメト3世，位1595-1603）の割礼の儀式のさい，「挿絵付きの系譜書」が大宰相スィナン・パシャから皇子に贈られたという記録も残っている。挿絵付きの写本を所持することは，高官にとってステータス・シンボルであり，また君主の側から見れば，価値ある下賜品だったのである［Bağcı 2000 : 197］。

3　写本文化の転換——17 世紀

1）王書詠みから修史官へ

16 世紀後半に隆盛を極めたオスマン朝の豪華写本文化だが，17 世紀に入ると挿絵付き豪華写本の点数は減少する。ロクマンのあとの王書詠みには目立った活躍はなく，オスマン 2 世（位 1618-22）の時代を最後に途絶える。以降も挿絵付き写本は作成され続けるが，一部の作品を除くと小規模なものが多い。さらにサファヴィー朝が政治的，文化的に衰退したこともあり，挿絵付き写本のイランからの供給も止まる。

それでは豪華写本の点数の少なさをもって，17 世紀のオスマン朝では写本文化が衰退したと捉えるべきなのだろうか。しかし文献目録を繙くと，17 世紀においても書物の執筆活動は決して途絶えてはいないことがわかる。その代表が，近世イスラーム文化圏最大の文人キャーティプ・チェレビの活躍であろう。彼の代表的な作品としては，イスラーム文化圏の書誌を網羅した浩瀚な文献目録である『思考の発見』，ヨーロッパの地理書の情報を利用——日本についての節すらある——することでイスラーム地理学の転機となった『世界の鏡』，世界史書『歴史暦』，オスマン朝史書『諸史要約』などがある。また同時期に活躍した文人では「千の学知」の異名を持つヒュセイン・ヘザルフェンも有名であり，世界史書『諸王史提要』，オスマン朝の制度を概観した『オスマン諸法概要』を著している（『思考の発見』のみアラビア語，ほかはすべてオスマン・トルコ語）。文筆活動は，むしろ活発化していたとすらいえるのである。

そして 18 世紀初頭には，オスマン史学史の画期をなす修史官（vaka-nüvis）制度が創設される。1717 年に，ウラマーにして文人であるラーシト・メフメト・エフェンディがオスマン帝国の同時代史を書き記すように命令されたのがその契機である。以降，修史官はオスマン帝国の滅亡まで連綿と任命され続け，散文のオスマン・トルコ語によるオスマン帝国史を書き継ぐようになる。

公的に任命されて作品を著すという意味では修史官と王書詠みは似ているが，その作品の性質はまったく異なる。修史官は，行政組織の各部局より情報を提供され，遠征や事件，任官を記録し，年初ごとに前年の事件をまとめた書を献呈した。それがある程度あつまると，編年体の一つの作品としてまとめられた。修史官年代記の内容は基本的に無味乾燥で，序文などの一部を除くと文章的な技巧を凝らしたものではない。その写本も，丁寧なつくりではあるものの挿絵などが付されることはない。

こうした「華麗ならざる」修史官年代記の編纂目的は二つあった。一つは，王書詠みの作品と同様に，支配者を讃えるためである。遠征や寄進の記事では，君主や大宰相の栄光や徳行が賛美されている。そしてもう一つの用途は，政治家や官僚が，特定の年の特定の事件についての情報を簡便に知るためのいわば「ハンドブック」的な役割であり，王書詠みの作品にはないものであった。修史官ラーシトは序文で「詠み手の検索の手間をはぶくために史書を編年体で編んだ」旨を記している。物語的な叙述をとった王書詠みの作品よりも，修史官年代記は実用に配慮した形式をとったのである［小笠原 2012］。

こうした傾向の作品は，修史官年代記の登場以前にも存在した。たとえば，16世紀半ばに著されたコンパクトな世界史書であるキュチュク・ニシャンジュ著『ニシャンジュ史』は，各君主の治世ごとに生年や没年，征服地や征服年が箇条書きでまとめられており，やはりハンドブック的な役割を担ったと考えられる。また16世紀末に書記セラーニキーが著した『セラーニキー史』は，任官の記録などを詳細に記した編年体の史書であった。修史官年代記は，こうした系統の作品の伝統を継いでいる。すなわち「華麗なる」王書詠みの写本と「華麗ならざる」修史官年代記の写本は，根本的にその目的が異なるのである。

2）挿絵付き写本の広がり

また挿絵付きの写本が，貴顕たち以外に親しまれるようになったのもこの時代である。さきにも触れた挿絵付き『系譜書』小型写本には，バグダードで作成されたものが存在する。当時のバグダードでは，王書詠みの作品ほど豪華ではないものの，写本や写本絵画制作が盛んであった。このことは，君主や中央の支配エリートとは異なる地方名士などが写本を購入するようになったことを示している。つまり地方の名望家や中産階級が購買層として台頭することによって，地方における芸術活動が一定の発展をみたと考えられるのである。ヨーロッパでは，さして大きな町でなくとも巨大な伽藍を備えた大聖堂や良質のコレクションを備えた美術館がある。それに対して帝都イスタンブルに富と権力が一極集中していたオスマン帝国では，地方都市で文化活動のパトロンとなりえた層が多かったとはいえない。しかしながらバグダード作成の挿絵付き『系譜書』小型写本の存在は，オスマン帝国の地方文化史に興味深い事例を提供してくれるのである。

おわりに

オスマン帝国では17世紀に豪華写本の点数が減少したが，それをもってして写本文化の衰退と捉えるべきではない。写本文化が君主や一部の高官に独占されるのではなく，官僚層や富裕層など，より広い読み手に共有されるようになり，また作品の目的が多様化したゆえに写本文化の転換が起こったとみなすべきであろう。

とはいえ豪華写本の作成が完全に途絶えたわけではなく，18世紀初頭にはオスマン朝写本絵画史における最後の巨匠レヴニーが登場し，『祝祭の書』をはじめとした写本を作成している。しかし豪華写本を飾り続けてきた細密画法による絵画は，19世紀には西洋風の油絵に取って代わられ，完全に衰退するに至る。むろんこの時代においても，手書きの書物という意味での写本の作成は続いた。特に歴史家や文学者の草稿やノートは，かつての美しい写本とは異なった意味で貴重な写本といえる。たとえば19世紀後半に修史官ジェヴデトが次代の修史官のために残した『覚書』写本（アタテュルク図書館蔵）は，同時代の事件について彼自身による見聞を記した自筆ノートであり，美的価値は無きに等しいが近代オスマン帝国史の一級史料である（図6)。「華麗なる」写本の時代は昔日のものとなったが，それでもなお写本が完全に途絶えることはなかったのである。

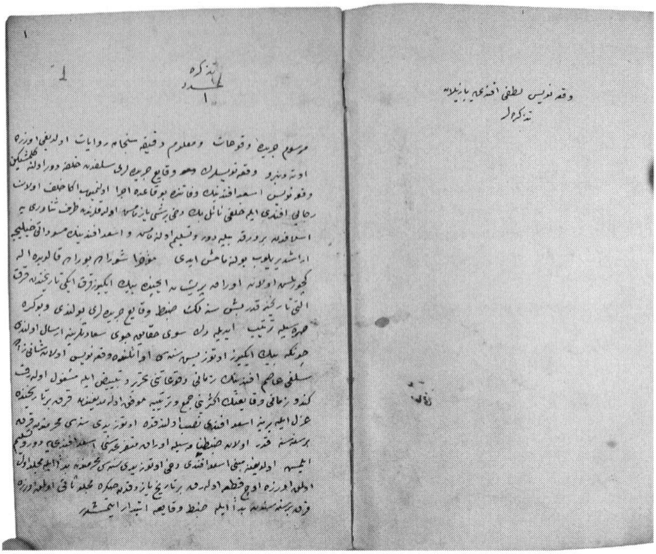

図6　ジェヴデト『覚書』写本

参考文献

小笠原弘幸 2012「オスマン帝国における官僚制と修史」小名康之（編）『近世・近代における文書行政——その比較史的研究』有志舎，pp. 42–69.

Bağcı, S. 2000. “From Adam to Mehmed III : Silsilenâme,” in S. Kangal ed., *The Sultans Portrait : Picturing the House of Osman*. Istanbul : İşbank, pp. 188–201.

Bağcı, S. et al. 2006. *Osmanlı Resim Sanatı*. Istanbul : T.C. Kültür ve Turizm Bakanlığı Yayınları.

Çağman, F./ Z. Tanındı. 1996. “Remarks on Some Manuscripts from the Topkapı Palace Treasury in the Context of Ottoman-Safavid Relation,” *Muqarnas* 13, pp. 132–148.

Erünsal, İ. E. 1991. *Türk Kütüphaneleri Tarihi : Kuruluştan Tanzimat' a kadar Osmanlı Vakıf Kütüphaneleri*. Ankara : Atatürk Kültür, Dil ve Tarih Yüksek Kurumu.

İmazawa, K. 2005. “İdris-i Bitlisî'nin Heşt Bihişt'inin İki Tip Nüshası Üzerine Bir İnceleme,” *Belleten* LXIX/256, pp. 859–896.

Uluç, L. 1999. “Ottoman Book Collectors and Illustrated Sixteenth Century Shiraz Manuscripts,” *Revue des mondes musulmans et de la Méditerranée* 87–88, p. 85–107.

Woodhead, C. 1983. “An Experiment in Official Historiography : the Post of Şehnameci in the Ottoman Empire, c. 1555–1605,” *Wiener Zeitschrift für die Kunde des Morgenlandes* 75, pp. 157–182.

————. 2007. “Reading Ottoman Şehnames : Official Historiography in the Late Sixteenth Century,” *Studia Islamica* 104–105, pp. 67–80.

第9章　オスマン朝社会における本

林 佳世子

はじめに

西アジアのイスラーム世界にオスマン朝があった時代，隣りのヨーロッパでは「大航海時代」ならぬ，「大印刷時代」が進行し，本の流通量が飛躍的に増加しつつあった［樺山 2011 : 46］。この技術はすぐにオスマン朝にも伝えられたが，一部の非ムスリムのコミュニティで用いられたに留まり，社会全体で積極的に導入されることはなかった。その理由は様々に議論されてきたが，主な理由は限られた需要にあったのだろう。イスラーム世界では確固たる本の伝統があった上，当時必要とされた本の量は手書きにより生産可能だったからである[1)]。オスマン朝において印刷技術が本格的に導入されるのは，本やその他の印刷物に新しい需要の生まれた19世紀初頭のことである。

それでは，手書きという限られた生産方法でどのような種類の本がつくられ，オスマン朝社会の中でどのように流通していたのだろうか。それを検討することにより，印刷技術の導入がなぜ見送られたのかも確認することができるだろう。本章では，オスマン朝時代の本の流通（第1節），そしてその主要な部分を占めるマドラサでの教科書類について（第2節）見ていく。これにより，オスマン朝社会のなかで流通していた「普通の本」（前章で見た豪華写本ではなく）がどのようなものであったのかを明らかにしたい。

1）たとえば，［Saveb 2007］，［ロリ 2007］など。本書III-4章参照。

1　本のある光景

1）売られている本

新たに本を求めようとした人は，まず本を扱う商売人と接触したことだろう。オスマン朝で本を扱う商売には，本を生産して販売する本屋と，主として古書を売買する本屋の2つがあった。前者はムジェッリド，すなわち製本屋である。書写者によって写されたものを製本して本に仕立てるのが仕事だった。製本屋自身が書写者を抱え，注文により本を作成することもあった。これに対し古書を扱う本屋はサッハーフと呼ばれ，様々な理由で市場にでた古書を販売した。

こうした人々の様子を，エヴリヤ・チェレビの旅行記の記述から見てみよう。オスマン朝では，王家の祝い事に際して町の人々が職業ごとに行進し，それぞれの仕事を象徴する山車を引いてパフォーマンスを演じたことが知られている。このうちエヴリヤ・チェレビは1638年に行われたムラト4世の祝い事の様子を記録している。行進は職業ごとにすすみ，本屋（ムジェッリド）たちはクルアーン暗誦者6000人，代書屋500人につづき，ウラマー集団の一部として登場する。

> 本屋（ムジェッリド）のギルドの行進。（イスタンブルにおける本屋の）店舗の数は50，その人数は300人。彼らはウラマーの服装を着，実際，ウラマーたちの奉仕者であるので，カザスケル（軍法官）の監督の下で行進する。木の山車の上に作った彼らの店に何千もの本を飾り行列をつくって行進した。…… [Evliya Çelebi 2006 : 259]

エヴリヤ・チェレビの挙げる数字は規模のイメージを伝えるにすぎないが，300人という数はイスタンブルの諸ギルドのなかで中サイズのものである。本屋の集団が「ウラマーへの奉仕者」とされ，ウラマーを統括するカザスケルの監督の下でウラマーの格好をして行進しているのは興味深い。本の生産がウラマーの世界の出来事ととらえられていたことの現れであろう。

これに対し，古本屋（サッハーフ）は商人たちの一部として行進している。

> 古本屋（サッハーフ）のギルド。彼らの店は60軒，その人数は200人である。しかし，

> 行商をしている古本屋の数も多い。……彼らもまた，山車の店舗を何千ものさまざまな本で飾っている。行商の古本屋たちは，「私が売る『交点』も，『真珠』と『始まり』もよくできている。しかし，『発見者』を見出し，『ムハンマドの道』から離れるな，さあ，本を手に取れ」と叫び，袋に一杯詰めた本をかかえて行進する。［Evliya Çelebi 2006 : 330］

古本屋たちが連呼しているのは彼らの商品の名前である。『交点』，『真珠』，『始まり』，『発見者』はイスラーム諸学の本の通称，『ムハンマドの道』はアナトリア出身のウラマー，ビルギヴィー（1573 没）の作品である。いずれも，オスマン朝時代のベストセラーといえるものであった。これらの本がウラマーのための本であったことは，ウラマーの卵であるマドラサの学生たちが同様の本をもって行進している，以下の記述から伺える。

> その数，12000 人。（イスタンブルの学徒とは）数限りない，熱く信じ込んだ人々である。そのうちの 12000 人が彼らの組長（ケメルバシュ）とその下にいる学生，年長のもの，若者頭とともに行進した。さまざまなフェルトの帽子の一番上に色とりどりの花を飾り，手には，『クドゥーリー』，『交点』，『発見者』，『カドゥハーン』のような書物をもち，腰には血しぶきをあげる剣，つり帯，矢筒に入れた弓，矢をさげ，一部のものはすばらしい対句や詩を詠んでいる。みな徒歩で，ただし組長らはアラブ馬に乗り，議論を挑むかのように行進し，（トプカプ宮殿から外をのぞむ）アライキョシュク宮の下にくると，聖句「神のため，求められる聖戦をなせ」のクルアーンの教えを注釈する［クルアーン「巡礼章」78 節］。するとスルタン・ムラト・ハーンはお喜びになり，マドラサ学徒の集団（ターイフェ）に，3 袋の金貨を下賜された。そして彼らは祝福と称賛の声とともに，行進したのであった。［Evliya Çelebi 2006 : 260–261］

ここでのマドラサ学徒の姿は，学問をするには程遠く，「片手に本，片手に剣」の好戦的ないでたちである。17 世紀中葉のイスタンブルでは教条主義の嵐が吹き荒れ，下層のウラマーたちはその影響下にあったことが知られている。ビルギヴィーの著作に影響されたいわゆるカドゥザーデ派の流行である。マドラサ学徒がそうした流行の影響下にあったことがうかがえる記述だが，彼らが手にしていたのは，『クドゥーリー』，『交点』，『発見者』，『カドゥハーン』などの本だった。いずれもオスマン朝下のマドラサで教科書として使われた著名な本である。前述の古本屋たちが掲げていた本のタイトルとも重なっている。マドラサの学生たちが古本屋の主要な「顧客」だったことがわかる[2)]。

2）マドラサにある本——ガーズィー・ヒュスレヴ図書館に見る

以上から確認されることは，オスマン朝下で本に関わる商売はウラマーの世界と密接に結び付いていたということである。本屋が制作し，古本屋が売る本の主流はいずれもイスラームの教育と学問に関するものだった。ではこれらのイスラーム関係の本は，オスマン朝時代の本全体のなかでどのような位置をしめていたのだろうか。文学や歴史など，直接にはイスラームやウラマーの教育に関わらないジャンルの本と比較して，その点数の分布はどのようになっていたのだろうか。

これを確かめるには，本の全点数を知る必要があるが，それはむずかしい。当面の手掛かりとなるのは，写本を収めた図書館の蔵書構成である。その一つとして，現在のボスニア・ヘルツェゴビナ共和国の首都サラエヴォにあるガーズィー・ヒュスレヴ図書館の写本蔵書をみてみよう。ボスニアは 15 世紀にオスマン朝によって征服され，サラエヴォの町は支配者たるオスマン官人らによって建設された。ガーズィー・ヒュスレヴ図書館も，15 世紀末にバヤズィト 2 世時代の軍人ガーズィー・ヒュスレヴが建設したモスクやマドラサの蔵書に起源をもつ。17 世紀末にハプスブルグ帝国プリンツ・オイゲンの軍に焼きはらわれ当初の蔵書の大半は失われたと言われるが，その後の努力で再び膨大な数の本が集積された。これは，オスマン朝下でイスラーム化がすすんだボスニアにおいて，イスラーム的な学問がさかんに行われた結果に他ならない。さらに 20 世紀に入ると，ボスニア各地のマドラサ，ザーヴィエ（神秘主義教団の修道場），個人から多数の本が同図書館に寄贈され，現在の蔵書が形成された。

こうした来歴から，ガーズィー・ヒュスレヴ図書館の蔵書は，（偶然と散逸の影響があるとはいえ）オスマン朝下でイスラーム化の進んだ「新天地」ボスニアで

2）オスマン朝時代の本屋とその経済情況については，［Erünsal 2013］に詳しい。

の知的活動の全体像をうかがわせる。出版された写本カタログでの分類に従い整理すると，その内訳は次のようになっている[3)]。

イスラーム諸学（クルアーン学，クルアーン注釈学，伝承学，神学など）	2217（24％）
イスラーム法学・法源学	2451（26％）
アラビア語文法・修辞学	2075（22％）
哲学・論理学・倫理学・天文学・数学・医学	1571（17％）
文学	616　（7％）
歴史・地理	135　（1％）
神秘主義	279　（3％）

ここからわかることは，ボスニア全土の本が集まってきたとはいえ，モスクやマドラサに付属するものとして出発した図書館らしく，イスラーム諸学の本が点数的には他を圧倒しているということである。クルアーン学，クルアーン注釈学，伝承学，神学，イスラーム法学，アラビア語学の書の合計が，全体の 72％を占める。加えて，哲学，論理学，科学もマドラサで教育された科目である。一方，文学，歴史・地理，神秘主義は，通常，マドラサ教育の外にあった。後者の分野の本の集積が限定的であることがわかるだろう。

こうした状況はもちろんボスニアに限ったことではない。18 世紀に至るまでオスマン朝の図書館はモスクやマドラサに付属するものに限られ，その主たる利用者はマドラサの学生たちだった。そこでの蔵書の構成は，このガーズィー・ヒュスレヴ図書館と似通っていた［Erünsal 2008 : 439-443］。オスマン朝時代の本の点数の分布は，圧倒的にマドラサ教育に関係するイスラーム諸学の本にかたよっていたとみて，まちがいないだろう。

3）［*Catalogue of Arabic, Turkish, Persian and Bosnian MSS in the Ghazi Husrev-Bey Library in Sarajevo*, 1998-2008］より集計した。ただし，合冊された写本は代表作により分類されているため，この割合の算出は厳密なものとはいえない。

3）個人のもっていた本——財産目録から

同じことは，個人の蔵書についてもいえるのだろうか。あるいは，そもそもオスマン朝時代，人々は個人としてどの程度本を所有していたのだろうか。この問いには遺産目録（テレケ・デフテリ）と呼ばれる史料から情報をえることができる。

遺産目録とは，人が財産を残して死亡したときに町のカーディーによって調査，作成された記録である。鍋や絨毯，衣服のような動産から，住宅や果樹園などの不動産，所有した奴隷，貸付金までが列挙された。遺産の額を算出し，借金その他を清算し，法にのっとり相続人の間で相続を行うことがその目的だった。そして，もし本をもっていた人ならば，それも動産の一部として挙げられた。遺産とされた本の一部は相続人に渡り，一部は売却され古本屋の手に渡ったことだろう。

ここでは，遺産目録を扱った 4 つの研究を参照する[4]。15〜17 世紀のブルサ［Özdeğer 1988］，17 世紀イスタンブルの支配階層（軍人，ウラマー，およびその家族の女性）［Öztürk 1995］，18，19 世紀のボスニアのアーヤーン（地方名士）［Nagata 1985］，17〜19 世紀のソフィア［Sabev 2003］についてのデータである。データの数に限りはあるものの，本を遺産として残した人のおおよその状況は見えてくる。

まず，オスマン朝の古都ブルサの住民 31 人の遺産目録を紹介した［Özdeğer 1988 : 185-204］によれば，31 人のうち遺産に本が含まれるのは，わずか 6 名である。うち 4 人はクルアーン 1 冊だけを残している（1499 没のハジの敬称を持つ人物，1500 没のホジャの敬称を持つ人物，1500 没のサイイドの敬称を持つ人物，1500 没の馬具商）。この他，「トルコ語の本」とされるものを 1 冊残したものが 1 名（1489 没の薬屋），同じく「トルコ語の本」2 冊を残したものが 1 名（1500 没のサイイドの敬称を持つ人物）いる。ここから早急な結論は導けないが，本が財産に占める割合が非常に低いこと，「トルコ語の本」という表現で宗教関係以外の書物を総称していたことがうかがえる。なお，クルアーンのみを所有していた人が

4）各地の財産目録の現れる本を時代別，地域別に整理することは本の流通状況を知る上で重要な手がかりとなるはずだが，現在の研究状況ではそれは難しい。また，本はワクフ財とされることが多く，その場合は財産目録に現れない。

文字を読めたかどうかは定かでない。宗教的なシンボルとしての所有であった可能性も高いだろう。

1500年前後のこのデータにくらべ，17世紀のイスタンブルの支配階層の人々は，より多く本を遺産として残しているようである［Öztürk 1995 : 174-184］。調査対象とされた1000人の故人のうち，女性31人を含む240人の遺産に本が含まれるからである。この240人の遺産総額は平均を上回り，本の所有者が富裕な層に偏っていることがわかる。240人のうち79人はウラマーなど文人に付せられるエフェンディ，27人はチェレビの敬称をつけて言及されており，少なくとも240人のうち約半数はウラマー階層に属していることが推測される。

1595年から1609年の間に死去した66人についてより詳細にみていくと，66人のうち17人が本を残している。17人のうち8人は明らかにウラマーの職にあり，それぞれ10冊，12冊，24冊，90冊，108冊，128冊，130冊という数の本を残している（1名は不明）。若干の文学作品を含むものの，その大半は法学などイスラーム諸学の本が占め，蔵書がウラマーとしての職務に密接に関わるものだったことをうかがわせる。

ウラマー以外の9名のうち5名は女性である。二人の女性がクルアーン1冊ずつを残し，他の3人はそれぞれ「古い2冊の本」，「トルコ語の本12冊」，「占いの本1冊，史書1冊」を残している。残る軍人と見られる男性4名が残した本の数は，それぞれ1冊，2冊，4冊，8冊と僅かである。この中にはクルアーン4冊，詩集（ジョンク），法学書，トルコ語の本3冊が含まれる。

以上の情報から，17世紀初頭に本を相当数所有していたのはウラマーに限られること，そしてその内容は彼らの職業に関わるイスラーム関係のものであったことがわかる。イスラーム諸学や法学以外の本が所有されることは，ここでも非常に少なかったのである。この情況はソフィアについてのデータから見ても変わらない［Sabev 2003］。1671年から1833年の間に死亡した1111人の財産目録のうち，180人（16％）分に本が含まれる。しかしそのうち130人は1冊か2冊をもっていたにすぎず，6冊以上をもつ30人の多くは，やはりウラマーだった。

しかし，18世紀になると一部地域の状況は変わってくる。18世紀のサラエヴォの地方名士36名の遺産目録を出版した永田によると，36人のうち10人が本を残している［Nagata 1985］。うち，ウラマーの職にあるもの5人は214冊，83

図1　ラーグプ・メフメト・パシャ図書館の内部

冊，219冊，2冊の本を残している（1名の所有数は不明）。残る5名のうち，軍人の職にあるもの3名の残した本の数はごくわずかだが，1762年没の皮革商は73冊，1774年没の服地商は124冊と，注目される数の蔵書を残している。18世紀後半にオスマン朝の各地で台頭してきた地方有力者たちが教育や学問にも関心を示し，都市の有力者の間には「蔵書家」の現れていることが見て取れる。本の所有が事実上，ウラマーに独占されていた状況はこのころから変化をはじめているのである。

4）図書館に収められた本——ラーグプ・メフメト・パシャ蔵書

地方有力者の間に蔵書をもつ人々が現れはじめた18世紀，首都のイスタンブルでも本への関心が高まり本のコレクションをつくることや，それを図書館として人々に開放することが一種のブームとなっていた[5]。そこには，18世紀イスタンブルに徴税権売買等で富を蓄えた新富裕層が誕生していた事情がある。彼らは富を芸術や奢侈的な生活に投資したが，本の収集もその一部だったとみられている。ヨーロッパから訪れ，大量の本を購入して帰っていくヨーロッパ人の行動に触発された面もあったかもしれない。

こうした中でとくに有名な図書館を創ったのは，書記官僚出身でオスマン朝の

5）18世紀の図書館ブームについては，［Erünsal 2008］などに詳しい。

大宰相をつとめたラーグプ・メフメト・パシャである。当代一の知識人といわれ，その博識と美文や詩作でも知られた人物であった。18 世紀の多くの政治家たちがそうであったように，ラーグプ・メフメト・パシャも蔵書家として知られ，存命中にワクフ寄進の一環として図書館をつくり，自身の蔵書をそこに寄進した[6]。彼の死後に作成され，トプカプ宮殿博物館に伝わる蔵書目録によると，904 点の書物の名が挙げられている［TSMA D-3307］。そこには，寄進者であるラーグプ・メフメト・パシャ自身の『ディーワーン（詩集)』と美文集『セフィーナ・ラーギブ』を含み，文人にふさわしく文学関係の本も少なくない。しかし，全体の蔵書の構成は，前述のガーズィー・ヒュスレヴ図書館の構成と類似している。

イスラーム諸学（クルアーン学，クルアーン注釈学，伝承学，神学など）	260（29％）
イスラーム法学，法源学	170（19％）
アラビア語文法・修辞学	137（15％）
哲学・論理学・倫理学・天文学・数学・医学	110（12％）
文学	116（13％）
歴史・地理	69（8％）
神秘主義	42（4％）

ここでも，クルアーン注釈学，伝承学，法学，法源学，アラビア語文法というイスラーム諸学の書物が 63％，外来の学問といわれる哲学や科学が 12％を占めている。18 世紀のイスタンブルでも，本と言えばイスラームに関係するものだったのである。こうした蔵書の構成は，おそらく，ラーグプ・メフメト・パシャ自身がクルアーン注釈書やイスラーム法学の書ばかりを好んで読んだことを意味するものではないだろう。なぜなら，モッラー・グーラーニ（1488 没）のクルアーン注釈書は 4 セット，エブースード（1574 没）のクルアーン注釈書は 3 セット収められ，寄進者よりも，利用者たるイスラーム学徒の便を考えた構成となって

6）1780 年代にイスタンブルに滞在し，『トルコ人の文学』を著したヴェネチアの使節トデリーニによれば，同図書館には 1173 写本があり，彼が訪問した日には 7 人の閲覧者，二人の書写者が図書館にいたという［Toderini 2003 : 181–183］。

いるからである。イスタンブルに18世紀に建設された図書館の多くは，現在同様，利用者のための閲覧や貸出のサービスを提供し，ラーグプ・メフメト・パシャ図書館の場合，日給120銀貨の主席司書，日給110銀貨の次席司書や助手たちが，その運営にあたっていた［TSMA D-3307 : 19a］。

2 「教科書」としての本

1）マドラサ・カリキュラムと教科書

以上のデータが示すように，オスマン朝下の本の量的な分布はイスラーム関係の分野に大きく偏るものだった。これは，先のエヴリヤ・チェレビ旅行記の行進の場面に掲げられた本の種類とも一致する。背景には，本が生産され，利用され，蓄積された場所が，主にマドラサというイスラーム的な教育機関であったことが深く関係している。では実際の教育の現場では具体的にどのような本が使われたのだろうか。ここからは，オスマン朝時代のベストセラーであったマドラサの教科書類をみていきたい。

中世以来のイスラーム世界のマドラサでの教育は，ある先生について特定のテキストを学ぶ形ですすみ，当該のテキストをマスターしたことを示すイジャーザ（免状）の習得が教育のステップを示したことはよく知られている。この原則はオスマン朝でも損なわれることはなかったものの，学ばれるべきテキストがゆるやかながら固定していた点にオスマン朝下の「教育」の特徴がある。すなわち，半ば公定の「教科書」が使われていたのである。

これは，オスマン朝下では，ウラマーは一種の専門的知識をもった官吏であったため，決められたカリキュラムにしたがって一定の（あるいは，最低限の）知識を身につけることが求められていたからに他ならない。彼らに求められたのは，郡レベルの政府の出先機関ともいえるカーディー法廷を主宰し，民法分野での係争を調停し，さらに公証役場的な機能を果たすことであった。オスマン朝のカーディーには，主力法学派であるハナフィー派のスタンダードな法判断とその根拠を理解し，恣意的な判断を行わず，どこでもいつでも安定した判決を下すことが求められた。

そのために必要だったのが解釈の統一であり，重視されたのが依拠すべき教科書だった。こうして，オスマン朝での教育ではそれぞれの分野の教育における標準的な教科書が定められ，一定の強制力をもって教育に用いられた。

「強制力」は，マドラサのカリキュラムに関する史料が，「法令（カーヌーンナーメ）」と称されるテキストとして今日に伝来していることからもうかがわれる。最も古いものは「メフメト2世の法令」と呼ばれている。中央アジアからオスマン朝にまねかれ，オスマン朝の教育システムの基礎をかためたアリー・クシュチュ（1474没）の発案とされ，15世紀のスルタン，メフメト2世（位1451–81）の名を冠するが，現存するテキストは16世紀末に書かれたアーリー著の歴史書『歴史の真髄』に収められたものである。このため，伝来する「法令」の内容はアーリーの時代，すなわち16世紀の状況を反映したものと考えられている。

それによると16世紀当時，マドラサでの教育は次のように秩序づけられている。

> マドラサの最も下のランクは，（教授の）日給が20，25銀貨のものである。学生は，ここでの学問を修めたのち，（ウラマーとしての）仕事につけることとなる。これらのマドラサは（『信仰綱要解説』の教育にちなみ）「綱要解説のマドラサ」と呼ばれる。このマドラサの上には，（教授の日給が）30銀貨のマドラサがある。このマドラサでは，修辞学について『学問の鍵注釈』を学ぶことが求められている。その結果，このレベルのマドラサは，「鍵のマドラサ」と呼ばれるようになった。この上には，（教授の日給が）40銀貨，50銀貨のマドラサが定められた。日給40銀貨のマドラサ，王家関係以外の日給50銀貨のマドラサ，王家関係の日給50銀貨のマドラサという序列があり，（最後のものは）オスマン家の王子たちや，皇女，大宰相その他の高官らが建てたものである。王家関係の日給40銀貨および王家関係以外の日給50銀貨のマドラサでは，最初に，修辞学について『学問の鍵注釈』を，次には神学について『神学教程注釈』，上級になると，法学について『正道』を学び，各教授は，授業の前に，『スンナの灯火』と『夜明け』，または，ムスリム師やブハーリー師のハディース集からいくつかのハディースを読みあげたのち，授業をはじめるようにと命じられた。王家関係の俸給50銀貨のマドラサは，

> オスマン家の皇母，王子，皇女らの名を冠するものであり，授業は，はじめに法学を『正道』で，中間では法源学を『示唆』で，上級になると（クルアーンを）『発見者』と『カドゥ・ベイザーヴィー』で学ぶことが適切とされた。[İzgi 1997 : 63–64]

このように，オスマン朝では，マドラサの教育上の秩序は，教授への俸給額とそこで学ばれるべき教科書により序列化されていた。すなわち，『信仰綱要解説』などが教育される第1段階，『学問の鍵注釈』などが教えられる第2段階，『学問の鍵注釈』，『教程注釈』，『正道』などが教えられる第3段階，『正道』，『示唆』，『発見者』，『カドゥ・ベイザーヴィー』などが教えられる第4段階へと進む，ということになる。「綱要解説のマドラサ」や「鍵のマドラサ」より上のレベルのマドラサは「示唆のマドラサ」と呼ばれることもある [İzgi 1997 : 67]。教科書の名がマドラサの教育レベルを示していることからみて，特定のテキスト（教科書）を順次学んでいくことこそがすなわち教育とされていたことがわかる。

オスマン朝のウラマーに自由な学究の道が閉ざされていたわけではないが，「法令」に示されるような標準的な教科書で学びその学説に従ったものだけに，ウラマー官吏としての道が開かれていた[7]。

2）教科書ラインナップ

次に，主要な教科書を見ていこう。マドラサで教えられる教科は，アラビア語文法，論理学，修辞，神学，法学，伝承学，クルアーン解釈学などである。下位のレベルのマドラサは，クルアーンを暗誦し礼拝や教義の基礎をすでに学んだ若者を受け入れた。その学生は任官資格の所得をめざし，そこから都市の上位レベルのマドラサまで階層的に整備された教育システムを進んでいったのである。授業は，概ね先に挙げた科目を教科書にしたがい順次学ぶものとされていた。オスマン朝のウラマーの卵にとって，出発点は，アラビア語の習得であった。

7）この他に17世紀初頭に書かれたとされる法令も伝わる [İzgi 1997 : 66–67]。オスマン朝のマドラサについては，[松尾 1996] を参照。

①アラビア語文法

アラビア語の語形や文法・統語についての学問は，イスラームにおけるアラビア語の重要性から「道具の学問」とされ，不可欠なものとして重視された。

この分野での教科書はレベルや分量の異なる多数のものがある。オスマン朝下では，まず，語形論（サルフ）ではイブン・ハージブ（1249 没）の『満足』，著者不詳の『意図』や『規範』などの古典が重視された。実際の教育には，ビルギヴィーやアリー・クシュチュなどオスマン朝下で活躍した学者によるこれらの書への注釈書が活用された。一方，アラビア語の統語論（ナフヴ）の入門書としてはビルギヴィーによる『作用語』がアラビア語非母語話者への教育で重用された。その次のレベルで利用されることの多かったのが『ジャーミー』である。これは詩人として名高いヘラート出身のモッラー・ジャーミー（1492 没）が，イブン・ハージブの文法書『充足』に対して書いた注釈書『光の効能』を指す。『充足』自身も，教科書として重視された。上級では『智を富ませるもの』が活用された。これはイブン・ヒシャーム（1360 没）の作で，スユーティー（1505 没）をはじめ多くの学者により注釈が書かれ，それらも教科書として使われた。

②論理学

アラビア語と並んで「道具の学問」とされる論理学（マントゥク）の教育における基本図書はアブハリー（1265 没）の『イサーグージー』であった。ポルピュリオス（304 頃没）によるアリストテレス『範疇論』の解説書（『エイサゴーゲー』）と同名のこの書は，ポルピュリオスのものと同様，論理学の基本項目を網羅し，簡潔に説明する。論理学はまず第一に同書により学ばれた。また，原典とならんでオスマン朝下で書かれたモッラー・フェナーリー（1431 没）の『イサーグージー注釈』やその解説にあたる『クル・アフメド』，セイイド・ムハンマドによる『イサーグージー』を韻文化したテキストなども教科書として広く用いられていた。

③修辞学

アラビア語の修辞（バラーガト）の分野では，15，16 世紀にはサッカーキー（1229 没）の『学問の鍵』と，それへの注釈書が最も広く用いられた。なかでもカズヴィーニー（1338 没）による『鍵の注釈』はオリジナルを越えて利用されている。また，『鍵の注釈』への解説書であるタフターザーニー（1390 没）の著作『長編』と『短編』も広く用いられた。「メフメト 2 世の法令」で第二レベルのマドラサの総称「鍵の注釈のマドラサ」にいう『鍵の注釈』とは，これらの著作を指す。

④神学

神学の基本図書『信仰綱要解説』は，ナスィールッディーン・トゥースィー（1274 没）の『信仰綱要』に対するイスファハーニー（1345 没）の注釈書を，さらにジュルジャーニー（1413 没）が解説した本を指し，オスマン朝下では最も広く用いられた。前述のようにオスマン朝のマドサラの最下位のレベルは，この「綱要解説のマドラサ」の名で呼ばれている。神やその奇跡，人間の知識や信仰に関する神学的理解の基礎がこのテキストを通じて学ばれたからに他ならない。解説書の著者ジュルジャーニーはイラン出身の大学者で，ティムール朝下で哲学，神学等の分野で活躍した人物である。

神学のより上級のテキストとしてはイージー（1356 没）『神学教程』が挙げられる。アシュアリー派の神学の基本となる神や存在，知について論じる同書は，『信仰綱要解説』同様，ジュルジャーニーによる『神学教程注釈』を通じて学ばれた。

ただし，マドラサ教育における神学の位置は，常に「微妙」であった。かねてより神学・哲学と信仰を対立させて，神学・哲学を不要・不適切とする立場がくすぶり続けていたからである。また，オスマン朝における実用的な法学重視の風潮も神学への逆風だった。17 世紀の知識人キャーティプ・チェレビ（1657 没）は『正義の秤』で次のように述べる。

> かつて，征服者スルタン・メフメト［2 世］は「8 つのマドサラ」をつくり，法令に従い教育を行えと寄進文書に残した。そして，［ジュルジャーニーの］『綱要解説』や『教程注釈』が教えられるようにと定めた。しかし，のちの人々はこれらの授業は哲学的なものであるとして排除し，［法学の］『正道』や［『正道』の注釈書である］『慈悲』を学ぶことを適当とした。しかし，

［神学を学ばずに］これらだけに終始することは適切でないことから，結果として哲学が消えただけでなく，『正道』も『慈悲』も理解されることがなくなった。これにより，オスマン朝の知の市場には不況が訪れた。［Katip Çelebi 1972 : 20–21］

実際には，神学や哲学がマドラサのカリキュラムから消えることはなかったが，常に批判的な言説に囲まれ，オスマン朝のもとで神学や哲学が新しい展開を生むことはなかった。同じく知的な学問と位置付けられた前述の論理学なども同様だった。18世紀に書かれたマドラサ教育についての報告書『7つの星』は，上述の『教程注釈』について，「70章からなる本である。しかし，この本はざっと読むように。じっくり読んでいては寿命がいくらあってもたりない」と書いている[8)]。

⑤イスラーム法学

マドラサにおける教育の中で最も重視されたのは法学だった。法学は，法そのものを扱う法学（フィクフ）の学問と，その根拠や方法論を扱う法源学（ウスール）の学問に分かれる。イスラーム法官の養成を目的としたオスマン朝下のマドラサ教育にあっては，これらを学ぶことこそが学習の根幹であったといってもいいだろう。

主な教科書としては，法学には『クドゥーリー』，『カドゥハーン』，『正道』，『真珠』，『交点』，法源学では『示唆』がある。

『クドゥーリー』はハナフィー学派の基本を説いたクドゥーリー（1037没）の『提要』を指し，長く同学派の教科書となってきた著作である。『カドゥハーン』は，フェルガナ出身の法学者カドゥハーン（1196没）による『ファトヴァの書』を指す。様々な問題に関するハナフィー学派の主たる見解をファトヴァ（法的見解）集の形式で明らかにしている。『正道』は，上述の『クドゥーリー』とシャイバーニー（805没）の『小全集』の2著作にある問題をまとめたマルギーナーニー（1197没）の『初歩』と称される作品の，著者マルギーナーニー自身による

8)『7つの星』は，1741年に在イスタンブル・フランス大使の求めに応じてオスマン政府の委員会が作成した教育に関する報告書である（パリ国立図書館蔵）。本章ではイズギによる紹介によった［İzgi 2007 : 69–76］。

注釈である。ハナフィー学派法学の基本書であり，オスマン朝でも教科書としての地位を保ちつづけた。

しかし，こうしたオスマン朝以前に確立していたハナフィー学派法学の権威あるテキスト以上にオスマン朝のマドラサで用いられたのは，オスマン朝時代に著された『真珠』と『交点』の2書であった。『真珠』こと『賢人たちの真珠』は，メフメト2世時代の法学者モッラー・ヒュスレヴ（1480没）の作で，メフメト2世に献上された。著者自身の『判決の始まり』と題する本に対する注釈である。一方，アレッポ出身で首都イスタンブルで活躍したハレビー（1549没）による『海の交点』は，通常，『交点』と呼ばれる。諸問題に関し，『クドゥーリー』，『正道』など過去の重要な法学書の見解を網羅的にまとめ，著者自身の判断も示したものである。『交点』は，オスマン朝全土で最も広く用いられ，オスマン朝下の法体系は『交点』によると称されるほどであった。19世紀に近代化の一環として，イスラーム法が明文化され『メジェッレ（オスマン民法典）』が作成されるに際しても，その法の多くは，『交点』から採用された。

法源学の分野では，タフターザーニーがサドゥルッシャリーア（1347没）の『説明』に対して書いた解説『示唆』が最も重要視されている。もともと『説明』は，サドゥルッシャリーアが自身の『法源の精査』に対して書いた注釈書である。『示唆』と『説明』の間には神学上の見解に相違があり，2書を比べて論じる知識と弁論はマドラサ教育で学生の能力を測る一つの指針とされたという。このため，オスマン時代には，2書に関する多数の解説の書が著された。イブン・ケマル（1534没）による『示唆解説』はその代表作であり，モッラー・フェナーリーの『美辞の章』とならんで，オスマン朝下では教科書として重用された。

このように，『示唆』を中核にした教育は，マドラサ教育には必須のものとされた。マドラサのランクをあらわす際，前述「鍵のマドラサ」の上位のマドラサが「示唆のマドラサ」と呼ばれているのは，その現れである。

⑥伝承学

こうした諸学問を修めたのち，最後に学ぶのが伝承学（ハディース）とクルアーン解釈学（タフスィール）だった。これらはより高次の学問とされ，マドラサ教育の頂点と考えられていた。このため，それを教えるハディース学館と呼ばれる独立したマドサラが別途，設置されることもあった。

伝承学の権威であるブハーリー（869没）とムスリム・イブン・ハッジャージュ（875没）によるそれぞれのハディース集『真正集』はオスマン朝でも根本テキストだった。さらに，これらの根本ハディースから4931のハディースを選びテーマで並べたバガヴィー（1117没）編の『スンナの灯火』や，「真正」なハディース2246（2267とも）を文法的な要素で分類したサーガーニー（1252没）編の『預言者の光の夜明け』も，マドラサのテキストとして用いられた。先にひいたように，「メフメト2世の法令」では，マドラサでは授業に先立ち，これらの本からいくつかのハディースが読まれることが求められている。

⑦クルアーン解釈学

前述の報告書『7つの星』は，「クルアーン解釈学の学習は，最も高次の願いであり最も大きな望みである。……解釈学を学ぶには，語彙，語形，統語，語源，修辞，表現，詠唱，神学，法学，（クルアーンにおける前言の）廃棄，ハディースが源となっており，学生は，この諸学の全てをそれぞれ既に修得しているのである。そうしたうえで，解釈学を先生から学び始める」と記し，クルアーン解釈学が，マドラサ教育の最後に行われるものであることを謳っている。

クルアーン解釈学のなかで，オスマン朝下で広く読まれ，先に挙げたエヴリヤ・チェレビのギルドの行進で古本屋もマドラサ学生も掲げていたのが『啓示の真理を発見するもの』，通称『発見者』である。ムウタズィラ派神学者としても知られるザマフシャリー（1144没）の作である同書は，文法や語彙，意味のみならず，クルアーンの文学的な価値を記す。これとあわせて広く使われたのが，『ベイザーヴィー（バイダーウィー）』である。これは，シャーフィー派法学者バイダーウィー（1286没）によって書かれた『啓示の光と解釈の秘密』を指し，『発見者』の要約ともいえるものである。『ベイザーヴィー』は，同書以前のクルアーン解釈を総合するものとして名声を博した。『7つの星』は，イスタンブルのマドラサで最も教えられるのは『ベイザーヴィー』であると強調している。[İzgi 1997 : 74]。

以上，オスマン朝時代のマドラサで用いられた教科書類の一部を紹介した。オスマン朝以前に，イランや中央アジア，アラブ世界でアラビア語で書かれた書がその多くを占めること，しかし注釈書や解説の形で，オスマン朝時代の著作も教科書のラインナップに含まれていたことがわかるだろう。これらのなかには時代により人気に変化のあったものも含まれるが，その多くは，オスマン朝のマドラサ制度が整う16世紀から19世紀まで継続して使われた。

3）注釈と解説

以上の教科書のラインナップからも明らかなように，主にマドラサでの教育に係る著作では「注釈」と「解説」の書が大きな位置をしめていた。著名な著作には時代を越えて多数の注釈書，解説書が書き続けられ，その連鎖により原典の解釈が更新されていったのである。ここには，テキストの解釈を通じて継承されていく学問のあり方が反映している。一つの教科書がマドラサで何世紀も使われ，一見停滞しているかのように見えるイスラーム諸学だが，実際には，注釈という営みを通じて一定の変化が続いていたのである。本章でここまで注釈と訳してきたのはシャルフという語である。解説はハーシヤに対応する。では，シャルフやハーシヤの書には，どのような特徴があったのだろうか。ここでは，その特徴を見ておこう。

注釈（シャルフ）は，原典の単語や文章，さらにはその内容に関し，原文を引きながら解説したり異論を展開する目的で書かれるものである。注釈書は，特に，マドラサの教科書類には多数著された。おそらく，マドラサで行われた先人のテキストを使っての講義が「注釈書」に結実していったためだろう。様々な分野の著作に対しシャルフを書く伝統はイスラーム初期から存在するが，特に10世紀頃から盛んに執筆されるようになったとされる。マムルーク朝やオスマン朝の時代は，特に多くのシャルフが書かれた時代である。

注釈の形式には様々あり，記号や決まった文字で本文と注釈をわけながら連続して書いているタイプ（本文と注釈の冒頭に特定の文字や単語を書く，あるいは，本文の上に線をひくなど。図2，3）や，注釈の対象となる文だけを取り出して記し，それに注釈を加えていくタイプなどがある。

どの分野の本にも注釈は書かれたが，特に注釈の対象となった著作が多いのは，分類や用語の説明が必要なアラビア語文法，比較的難解な著作が多い論理学や神

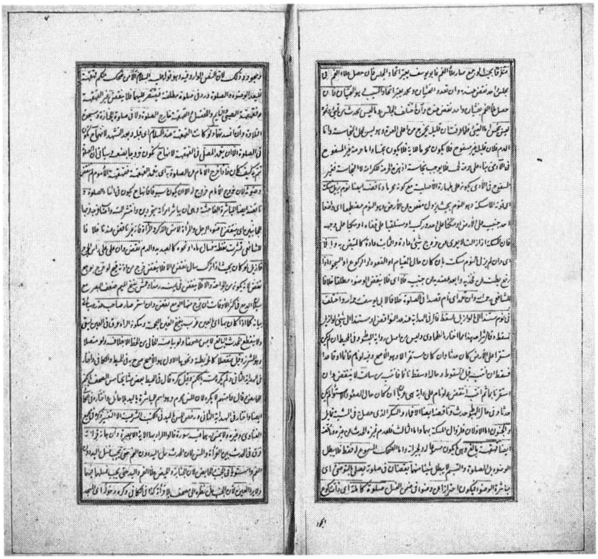

図２　モッラー・ヒュスレヴ『判決の始まり』の注釈書『賢人たちの真珠』。原典のテキストには上部に赤線がひかれて，原文と注釈文と区別されている。

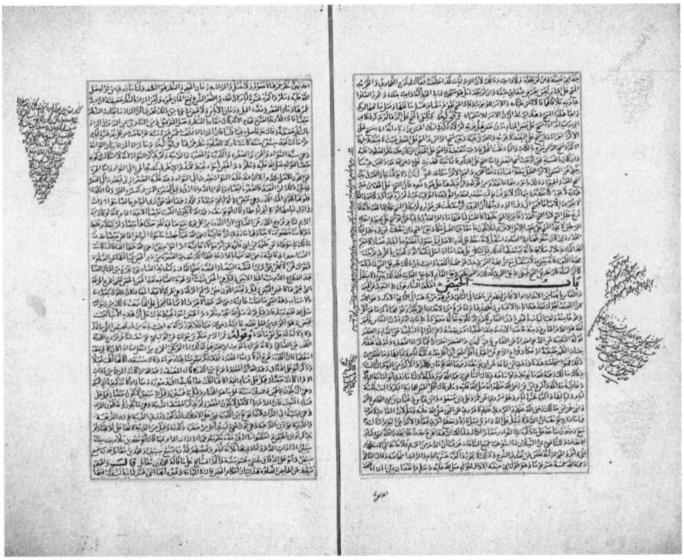

図３　マルギーナーニー『正道』の注釈書『慈悲』

学の分野などであった。結果として注釈書の方が権威ある教科書として使われたケースも多い。著名な法学の本にも多数の注釈書が書かれた。法学の場合，オリジナルの著作が書かれた時代から時間がたつと，注釈により原典の再解釈が行われ，時代の要請に対応した面もあるからである。この結果，注釈書は，原典の権威と信頼性を確保しつつ，新しい時代の法学書として使われた。

注釈書が書かれるという現象は，原典のテキストが読まれ，利用されていることを意味している。このため，どの時代にどの作品への注釈が書かれたかにより原典の「人気」も判断される。たとえばハナフィー派の法学では，10～13 世紀にはシャイバーニーの著作への注釈が多数著された。その伝統は，13 世紀以後は『クドゥーリー』，続いてマルギーナーニーの『正道』への注釈に受け継がれた。オスマン朝下では，公的法学書であった『真珠』と『交点』への注釈が，他を圧倒して多数著された［Kaya 2010 : 561］。こうした推移は，マドラサでの教育の内容が時代により変化していったことを推測させるものである。

一方，ハーシヤは，元来は余白を意味する。注釈や解説にあたる文章がページの上下左右の余白に書き込まれたことに由来する（図 4，5）。

ハーシヤには二つの種類があった。一つは，注釈書（シャルフ）に対して書かれる，更なる注釈の書である。ハーシヤでは，オリジナル・テキストだけでなく注釈書にあらわれる単語や文章，表現，ハディースや詩が解説され，理解を助けた。さらにハーシヤに対して書かれる更なる注釈書はターリクと呼ばれている。シャルフ～ハーシヤ～ターリクという連鎖を形成する。

もう一つのタイプは，主に単語や文の意味を欄外への注記の形で解説した本である。この場合は，シャルフを介さず，直接，オリジナル・テキストに補注する場合も含まれる。たとえば，大部なものが多いクルアーン解釈の書には，通常，シャルフではなくハーシヤが書かれた。バイダーウィーのクルアーン解釈『啓示の光と解釈の秘密』は 255 種の注釈書・解釈書が書かれたと言われるが，その大部分はハーシヤであった。

こうした注釈書や解説書の多くは，『○○の書のシャルフ』，『○○のシャルフに対するハーシヤ』というタイトルをもつが，時には独立した書名をもち，その連鎖が明示されない場合もある。ただし，その際には，同じ派生形を題名にするなど独特の工夫が施された。

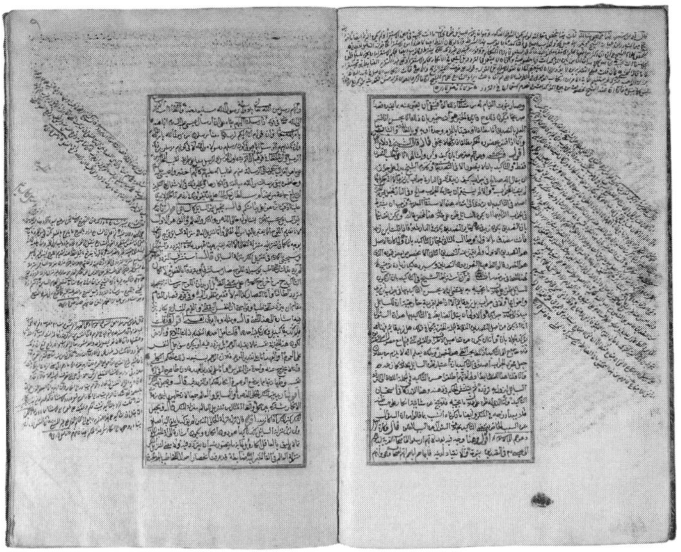

図4　タフターザーニー『長編』に対する解説書（ハーシヤ）。周囲の余白部分に説明が書かれている。

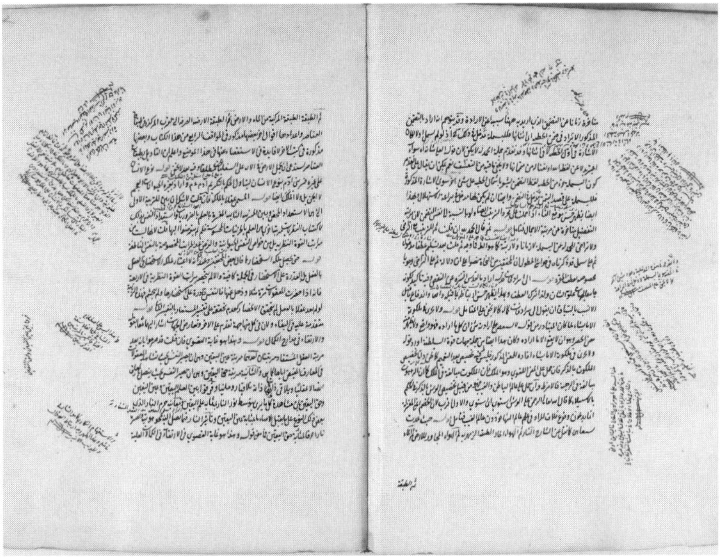

図5　ジュルジャーニー『神学教程注釈』に対する解説書（ハーシヤ）

たとえば，『ビダーヤ（初歩)』の最も著名な注釈書には，『ヒダーヤ（正道)』があり，この系譜上に『ヴィカーヤ（保護)』，『イナーヤ（慈悲)』，『ニハーヤ（終点)』などが著された。また『グラル（始まり)』の注釈書は，『ドゥラル（真珠)』である。法源学の権威ある書『タンキーフ（精査)』の注釈には，『タウディーフ（説明)』があり，そのハーシヤが『タルウィーフ（示唆)』と連なる。テキスト学習の連鎖として深化したイスラーム諸学の本は，こうした独特の約束ごとで覚えやすく整理されていた。

3　ラーグプ・メフメト・パシャ図書館碑文を読む——おわりにかえて

以上，オスマン朝時代に実際に多く流通していた教科書の類を見てきた。モスクやマドラサに付属する図書館やウラマー個人の蔵書の大半は，こうした古典とそれへの注釈・解説により構成されていた。それらこそが，オスマン朝で長く受け継がれた「ベストセラー」であった。

先に挙げたラーグプ・メフメト・パシャ図書館の蔵書には，「ベストセラー」教科書はことごとく含まれている。本といえば，まずはこれらを指し，これらの本こそが主な図書館利用者たるマドラサの学生に必要とされていた時代，蔵書のなかに，これらを欠くことは許されるものではなかったのだろう。

そのラーグプ・メフメト・パシャ図書館については，詩人レビーブにより，次のような詩が詠まれている[9]。

1　世界の王の中の王，この世の支配者ムスタファ・ハーンの誕生は，
　　オスマン家の「似たるものたち」への誉れ
2　あの，「義人の子」たる義人は，「クルアーン」の命により，務めを果たす
　　それゆえ，「ベイザーヴィー」こそがその王国の法官にふさわしい
3　豊かで幸福なる彼の治世において，
　　剣と筆をともにもつ唯一の人を，誉れ高き宰相の地位につけた

9）碑文作成のために作られたこの詩は18世紀に著されたイスタンブル地誌［Ayvansarayi 1985］に収録されているが，建物の碑文としては現存していない。

4　御心にかなったその人は，ラーグプ・メハンメドというパシャである
大宰相にして，まさに「ニザーム・アル＝ムルク」の座にあるもの
5　知識の源たる彼の「本の館」は，「完全」を学ぶものたちへと向けられた，
作品の「集積（メジュムア）」の，ほんの「わずかなもの（ジュズ）」である
6　悪しき人々の手でばらばらの紙と化したが如きこの世界に，
彼こそは，強固な「花ぎれ（シーラーゼ）」のつなぎとなったのだ
7　彼こそは，大いなる恩寵の包囲者にして，知識の「海の集まるところ」，
すなわち，よき善行の「海の交点」
8　ふさわしき年号は，レビーブの雄弁で宝石で輝くごとく語られる
なんという美しさ，図書館は「諸学の再興」の場，その集うところとなったのだ

この詩では，スルタン・ムスタファ4世と，彼が大宰相として登用したラーグプ・メフメト・パシャが讃えられ，書籍にまつわる言葉が多用され，ラーグプ・メフメト・パシャが建設した図書館が称揚されている。最後の対句には，アブジャドと呼ばれる文字に数字を当てる一種のアナグラムが施され，その数は「1175」と算出される。これにより図書館の成立年が1175年（1761/62年）であることがわかる[10]。

一方，この詩には，「図書館」や「本の館」のような直接的な表現のみならず，本に関わる多くの単語や，著名な本のタイトルが読みこまれている[11]。

まず，第1句の「似たるもの」はカイロ出身の法学者スユーティー（1505没）の『類似と近似』を指すものだろう。ただしラーグプ・メフメト・パシャ図書館には，イブン・ヌジャイム（1563没）の同名の書『類似と近似』が収められており，こちらを指す可能性もある。第2句では，クルアーンに言及され，「義人の子」と訳されるイブン・アーディルの名がみえる。イブン・アーディルが誰を指

10）この場合，対句の前句により「宝石式」で計算することが指示されている。「宝石式」とは，アラビア文字の，点のついた文字のもつ値だけを足し算するものである。
11）図書館への碑文には同様の手法はしばしば用いられたようである。たとえば，コンヤのユースフ・アー図書館の碑文の研究には，［Canbur 1964］がある。また，［Aynur Forthcoming］は，複数の図書館の碑文を紹介する。

すかは不明ながら，ラーグプ・メフメト・パシャ図書館の蔵書カタログは，イブン・アーディル著『クルアーン解釈』によってはじまっている。さらに，「ベイザーヴィー」は，前述のようにオスマン朝時代に最も利用されたクルアーン解釈書である。ラーグプ・メフメト・パシャ図書館には，『ベイザーヴィー』およびその解説書が 27 タイトル，収められている。第 4 句では，セルジューク朝でマドラサを広めたことで知られるニザーム・アル＝ムルクの名に言及される。第 5 句では，書物の種類である「メジュムア」やクルアーンの 30 分の 1 の分量を意味する「ジュズ」の語，さらに，スユーティーの『クルアーンの知識における完全（クルアーン学大全)』を連想させる「完全」の語が現れる。第 6 句にあらわれるシーラーゼは製本に使われる花ぎれをさす。また，本や紙という単語は，一連のイメージである。第 7 句の「包囲者」は『包まれた海（大洋)』をタイトルに冠す複数の著作のうちのいずれか,「海の集まるところ」はイブン・サーアーティー（1295 没）のハナフィー派法学の基本図書『二つの海の集まるところ』を想像させる。同書は，アナトリアで著されたイブン・メレク（1418 頃没）の注釈書などを通じ，頻繁に利用された。さらに,「海の交点」は前述のとおり，オスマン朝の公定法学書ともいえる『海の交点』を指す。最後の第 8 句には，この詩の作者たる詩人レビーブの名が読みこまれると同時に，ガザーリー（1111 没）の神秘主義に関する代表作『宗教諸学の再興』が登場する。

このように，この詩には，あたかもコラージュのように書名を連想させる言葉が隠されているのである。ここからオスマン朝で広く流布していた本が，いかに人々の常識のなかに織り込まれていたかを知ることができるだろう。それを知って初めて，この詩は味わうことができたからである。詩の中に言及された書名はラーグプ・メフメト・パシャ図書館の蔵書にも配慮して選ばれていると思われる。詩人レビーブは，蔵書の一部を言葉遊びのように詩に読みこむことにより，ラーグプ・メフメト・パシャと，その図書館の豊かさを称揚している。

そしてこの詩にあらわれる本はまた，マドラサの教育に用いられるイスラーム諸学の古典的な作品群だった。オスマン朝の世界を見渡すとき，もちろん歴史書や政治論の書，文学書や地理書に魅力的な著作が多く，それらも大切に継承されてきたことは事実だが，実際の社会の中での本の分布にも注意を払う必要があるだろう。教科書以外の文学や歴史などへの需要は社会のごく一部に限られており，書写された数はイスラーム諸学の本に遠く及ばなかったのである[12)]。

一方，大量に必要とされたイスラームに関わる本については，ウラマーの世界の中でそれを生み出し（書き写し），利用し，蓄積する循環ができあがっていた。それゆえ，印刷などの新しい生産方法の導入は見送られ続けた。本の生産や書写印刷にとって代わられるのは，技術書や地図，各種マニュアル，そして新聞や雑誌など，新しい種類のテキストの流通が必要となったときだった。

参考文献

樺山紘一 2011『図説　本の歴史』河出書房新社.

松尾有里子 1996「オスマン朝中期におけるウレマー――専門的職業ヒエラルヒーの形成とその担い手たち」『お茶の水史学』39.

ロリ，ピエール 2007「イスラーム世界への印刷技術の導入」羽田正（編）『ユーラシアにおける文化の交流と転変』東京大学東洋文化研究所.

Aynur, Hatice. Forthcoming. “Osmanlı dönemi İstanbul kütüphaneleri için yazılan tarih manzumeleri,” *Prof. Dr. İsmail Erünsal Armağanı*, İstanbul.

Ayvansarayi, Hafız Hüseyin b. İsmail Hüseyin. 1985. *Mecmua-i Tevarih*, ed. by Fahri Çetin Derin / Vahid Çabuk. İstanbul : İstanbul Üniversitesi Edebiyat Fakültesi.

Canbur, Müjgan. 1964. “Yusuf Ağa Kütüphanesi ve Kütüphane Vakfiyesi,” *Tarih Araştırmaları Dergisi* 1/1（1963).

Catalogue of Arabic, Turkish, Persian and Bosnian MSS in the Ghazi Husrev-Bey Library in Sarajevo, 1998-2008, 16 vols. London : al-Furqān Islamic Heritage Foundation.

Değirmenci, Tülün. 2011. “Bir kitabı kaç kişi okur ? Osmanlı'da okurlar ve okuma biçimleri üzerine bazı gözlemler,” *Tarih ve Toplum Yeni : Yaklaşımlar*, 13.

D'Ohsson, M. 1787. *Tableau général de l'Empire othoman.* t. 1, Paris : De l'Imprimerie de monsieur.

Erünsal, İsmail E. 2008. *Osmanlı Vakıf Kütüphaneleri : Tarihî Gelişimi ve Organizasyonu*. Ankara : TTK.

————. 2013. *Osmanlılarda Sahaflık ve Sahaflar*, İstanbul: Timaş Yayınları.

Evliya Çelebi. 2006. *Evliya Çelebi Seyahatnâmesi 1. Ktap*, ed. by Robert Dankoff / Seyit Ali Kahraman / Yücel Dağlı. İstanbul : Yapı Kredi Yayınları.

12）ただし，本の流通が少ないことは，必ずしもそれが利用されていなかったことを意味するものではない。イスラーム世界には確固とした「テキストを聴く」伝統があり，18世紀においてもそれは情報や知識の伝達に重要な役割を果たしていた。たとえば，18世紀のイスタンブルの街区や市場では，「本を音読する会」が催され，聖者伝や物語などが「聴かれて」いた［Değirmenci 2011］。1冊の本が多くの人に共有されていたともいえるだろう。

İzgi, Cevat. 1997. *Osmanlı Medreselerinde İlim : Riyazi İlimler,* vol. 1. İstanbul : İz Yayıncılık.

Kâtip Çelebi. 1972. *Mîzanü'l-Hakk fî İhtiyari'l-Ahakk : En Doğruyu Sevmek İçin Hak Terazisi*, ed. by Orhan Şaik Gökyay. İstanbul : Millî Eğitim Bakanlığı.

Kaya, Eyyüp Said. 2010, "Şerh-Fıkıh," Türkiye Diyanet Vakfı, *İslam Ansiklopedisi*, vol. 39.

Nagata, Yuzo. 1985. *Materials on the Bosnian Notables*. Tokyo : ILCAA.

Özdeğer, Hüseyin. 1988, *1463–1640 Yılları Bursa Şehri Tekere Defterleri*. İstanbul : İstanbul Üniversitesi.

Öztürk, Said. 1995. *Askeri Kassama ait Onyedinci Asır İstanbul Tereke Defterleri*. İstanbul : Osmanlı Araştırma Yakfı.

Özyılmaz, Ömer. 2001. *Osmanlı Medreselerinin Eğitim Programları*. Ankara : Kültür Balanlığı.

Sabev, Orlin. 2003. "Private Book Collections in Ottoman Sofia, 1671–1833（Preliminary Notes）," *Études Balkaniques* 2033–1.

———. 2007. "Formation of Ottoman Print Culture（1726–1746）: Some General Remarks," *New Europe College : Regional Program, 2003–2004, 2004–2005.*

Toderini, Giambattista. 2003. *Türklerin Yazılı Kültürü*（*Türklerin Edebiyatı*）, tr. Ali Berktay. İstanbul : Yapı Kredi Yayınları.

第 10 章　ムガル朝インドの写本と絵画

真下 裕之

はじめに

1554 年暮れのカーブルで，ムガル朝（1526-1858）第 2 代君主フマーユーン（1508-56，位 1530-40 ; 1555-56）は苛立っていた。敵国スール朝に内紛が勃発し，当主スィカンダルは軍旅の途上にあるという。これを叩けば首都デリーは陥れたのも同然。1540 年，このスール朝に敗れて国を失ったあと，流浪の果てにカーブルに拠点を得たのが 1545 年。その後 9 年，かつて自分を見捨てた弟たちとの闘争を制し，ようやく北インドに攻め下る態勢を整えて，今この好機を得た。ところが群臣たちは，敵情を精査するのが先と，はやる主君を抑えにかかる。

苛立つフマーユーンは「ならば我らの取るべき策を見てみようではないか」と，愛読書である詩人ハーフィズ（1326-90）の『詩集』を手に取る。えいと開いたページの冒頭には次のようにあった。「水はスィカンダルを容赦しなかった。これは腕力や金をもってしてもなし得なかったこと」。これをスィカンダル撃破の瑞兆と見たフマーユーンは北インド遠征を発動，1555 年 7 月にデリーに入城し，15 年ぶりにムガル朝政権を復興させた。

さてこのような「書物占い」は，テキストへの誠実な態度を欠いた，古典をもてあそぶ愚挙なのであろうか。答えは否である。この『詩集』がかの大詩人ハーフィズでなく，名も知れぬへぼ詩人のものであったなら，この逸話は成り立つまい。たとえ読書という行為を伴わずとも，特定の書物を選び採る行為は十分に，古典や歴史や知識の体系に対する働きかけたりえるのである。この逸話の場合，その『詩集』の写本は，歴史ある古典詩が醸し出す雅風と威信をまとって，帝王の輝かしい未来を照らし出すアウラを放っていた。

多種多様の選別を生き抜いた古典がこのようにして読まれ使われた結果として，写本が残る。写本という文物は，それゆえ，それに関わった人々の様々な働きかけの歴史を内蔵しているのである。ほぼ同様のことは絵画という文物についても言えるだろう。本章では，ムガル朝という王朝の当事者たちがそれぞれの文物に刻み込んだ働きかけの痕跡をたどってみたい。そしてその二つのケースのいずれにおいても，働きかけの焦点が王朝の系譜という歴史意識にあったことが判明することになるのだが，まずはインドにおける写本と絵画の流れを概観しておこう。

1　ムガル朝以前のイスラーム写本と絵画

本書で扱われる他の地域と比べて，インドにおける紙の普及は遅い。紙の生産・使用を裏付ける確実な実例は，12 世紀に制作された仏教写本（ネパール），ジャイナ教写本（グジャラート）にまで年代が下がる［小西 1980 ; Konishi 1990］。この時期までに製紙がある程度普及していたことは，同世紀半ばごろのアラビア語史料に「インド紙」への言及が見えることからもうかがえよう［Porter 1992 ; de la Perrière 2008］。13 世紀初頭にデリー・スルターン朝を建設したトルコ人ムスリムたちは，紙への書記という習慣を持ち合わせていたはずである。現存するインド由来のイスラーム写本のうち年代の古いものとしては，歴史書『事績の王冠』の 1320 年に書写された写本や，1325 年にトゥグルク朝（1320–1413）君主が出した勅令書が知られている［Losty 1982 ; de la Perrière 2008］。

インドに由来するデリー・スルターン朝時代のイスラーム写本は，断片を含めると 160 点以上が確認されている。それらの制作地は，インド南部のデカン地方，中部のマールワー地方，西部のグジャラート地方など，デリー・スルターン朝の衰退に伴って 14 世紀半ば以降に出現したムスリム諸王朝の所在地に数多く分布している。これは，各々の王朝の当事者たちが書籍の制作や収集に力を注いだ結果である。例えばデカン，バフマニー朝（1347–1527）の宰相マフムード・ガーワーン（1411–81）はマドラサを建設してその書庫を典籍で満たした。彼は，ティムール朝（1370–1507）の文人たちとも文通し，大詩人ジャーミー（1414–92）からはその著作『親交の息吹』の写本を贈られたという。また 1561〜62 年，中部インド，ファールーキー朝（1382頃-1601）がムガル朝の遠征を被った際には，その首都に集積されていた「2万冊」もの蔵書が灰燼に帰したとする記録もある。

現存している写本の内容は，クルアーンや数点のアラビア語の典籍の他はペルシア語のものが大半を占める。なかでもフィルダウスィー（934-1025）『王書（シャー・ナーメ）』，ニザーミー（1141?-1209）『五部作』，サーディー（1210頃-92頃）『果樹園』の他，インドの大詩人アミーレ・フスラウ（1253-1325）『五部作』など，ペルシア語文学史上の名作が多数にのぼっている。一方，北インドのスーフィー，マウラーナー・ダーウードが近代インド語の一つであるアヴァディー語で，アラビア文字を用いて著した『チャンダーヤナ』（1379年完成）の写本も数多くある。このことは，インドにおけるムスリムの写本文化が，ペルシア語に留まらない広がりを備えていたことを示している。

さてこれらの写本のうち挿絵・装飾を備えた写本について，ムガル朝時代の絵画に関係の乏しいデカン由来のものを除いて整理すれば，おおむね次のようになる［de la Perrière 2008］。現存する写本は48点あり，このうち装飾入りのクルアーン写本が17点を占める。1399年制作のクルアーン写本を別とすれば，写本の年代はいずれも15世紀以降のものである。そのうち15世紀に制作された写本には，(1)その挿絵にインド在来の絵画とくにジャイナ教絵画から得られた要素が卓越するものと，(2)13〜14世紀前半のイランおよびエジプト，シリアの様式に近いものとがある。一方，(3)15世紀末から16世紀はじめにかけて作られた写本は比較的数が多く，ティムール朝時代のヘラートや白羊朝（1378頃-1508）のシーラーズの絵画の影響が見られる。このタイプを代表するのが，マールワー・ハラジー朝（1436-1531）のもとで著作・制作された料理書『歓びの書』の写本（1495-1505年頃）である。さらに(4)1520年から1570年にかけて制作された写本には，イラン由来の要素とインド在来の要素が融合した独特のスタイルを呈するものもある。

ムガル朝時代の絵画は以上のようなイスラーム写本の絵画の伝統と，西部インドのジャイナ教絵画や，北インドのヒンドゥー絵画という在来の伝統の中に登場することになる。

2　ムガル朝時代の写本と絵画の展開

本節ではムガル朝時代における写本および絵画の収集・制作やその特徴を時代順に概観する。また写本芸術の際だった形態であると同時に，絵画と書道と古典籍との関わり合いについて重要な手がかりをもたらしてくれるムラッカアについても，やや詳しく説明したい。

1）バーブル，フマーユーン

バーブル（1483–1530，位 1526–30）とフマーユーンの二人の君主が行った写本収集や制作については記録が乏しい。冒頭の逸話が示すように，フマーユーンは蔵書を携えて移動していたが，そのせいで彼の被った敗戦の中で失われた典籍が多数あったことを王朝の歴史書は伝えている。

さて冒頭で述べたとおり，フマーユーンは 1545 年以来カーブルに拠点を構えていたが，ここに相次いで到来したのが，サファヴィー朝（1501–1736）出身の著名な画家たちであった。ミール・サイイド・アリー，アブドゥッサマド，ミール・ムサッウィル，ドゥースト・ムハンマドなどである。フマーユーンの保護のもと行われた彼らの画業はほとんど分からないけれども，ムガル朝の絵画においてその後次第に主流を占めるようになるのは，彼らによって持ち込まれたサファヴィー朝宮廷の絵画の伝統であった。それゆえ彼らの到来をもって，ムガル朝絵画の始まりとみなすのが普通である。

2）アクバル

フマーユーンが亡くなった後，王子アクバル（1542–1605，位 1556–1605）は王位とともに父の画房をも受け継いだ。その治世の前半（1580 年頃まで）には，『鸚鵡の書』（1560 年頃制作），『アミール・ハムザ物語』（1562 年頃に制作開始），『ドゥヴァル・ラーニー・ヒズル・ハーン』（1568 年制作），『カノープスの光輝』（1571 年制作）などの挿絵付き写本が作られた。とくに『アミール・ハムザ物語』写本は全 12 巻（全 16 巻とする史料もある）1400 点の挿絵からなる一大プロジェクトであった。米国の研究者 M. C. ビーチによると，この時代に制作された絵画は，一点の写本のなかでさえ，インド在来の要素を色濃く備えたものと新たに持ち込まれたサファヴィー朝由来のイラン的要素が卓越するものとが混在している。これは，アクバル宮廷の画房がこのような大事業のために多数の画家たちを帝国の各地から召集した結果であるという［Beach 1992］。

さて，アクバルの宮廷には図書局が置かれ，そこでは図書の収集・管理とともに写本の作成も行われていた。こうして図書局に集積された書籍の多くは，ペルシア語の典籍であった。その中には君主鑑文学『カーブースの書』，倫理学書『ナースィル倫理学』，フィルダウスィー『王書』など，ペルシア文献史上よく知られた書目が含まれる。またこのような古典ばかりでなく，王朝史『アクバル・ナーマ』，イスラーム年代記『千年史』，説話集『知識の試金石』など，同時代の著者によるペルシア語作品の写本もそのコレクションに加えられた。当時の欧人の記録によると，アクバルが亡くなった時には2万4千冊にのぼる写本がその書庫に蔵されていたという。

またアクバル時代の図書局に特有なのは，他言語の古典をペルシア語に翻訳する一連のプロジェクトであった。サンスクリット語の叙事詩『マハーバーラタ』および『ラーマーヤナ』，説話集『獅子座三十二話』，数学書『リーラーヴァティー』などのインドの古典作品，「カシュミール語」で書かれた『カシュミール史』，アラビア語の地名辞典『諸国誌』，トルコ語で書かれた『バーブル・ナーマ』など，原典の言語やジャンルは多岐にわたる。

絵画は，図書局でこのようにして作成されていた写本の挿絵として制作された。『マハーバーラタ』ペルシア語訳写本（1582年制作開始），『ラーマーヤナ』ペルシア語訳写本（1584年頃制作開始），『アクバル・ナーマ』写本（1597年頃制作）などがその代表例である。アクバル時代の前半期までに宮廷の画房に集められていたインド出身の画家たちは，このような図書局の組織的な活動を通じて，次第にイラン流の技法と表現を獲得していったものと考えられる。ビーチによると，1580年代以降のアクバル時代後半期は，標準化されたムガル朝様式がこのようにして確立していく時期であった［Beach 1992］。インド古典のファンタジーにイラン流の表現によって劇的な形象を与えた一連の絵画は，アクバル時代に行われた文化事業を代表する所産と言えるだろう。

3）ジャハーンギール，シャー・ジャハーン

さてジャハーンギール（1569-1627，位 1605-27）とシャー・ジャハーン（1592-1666，位 1628-58）はいずれも，写本や絵画に強い関心を傾けた君主であった。ムガル朝王室の書庫に由来する写本や絵画には，後述するムラッカアや『勝利の書』写本のように，この二人が自ら書き込んだ注記を備えるものが少なくない［Seyller 1997］。

この二人の君主はしたがって，書物と絵画についての目利きであり，当人たちもそのことを自認していた。ジャハーンギールは回想録『ジャハーンギール・ナーマ』のなかで述べている。「私は，過去や現在の絵師たちのうち，いずれの人物の作品にも目を通しているので，絵師の名が説明されなくても，誰々の作品であると即座に見抜くことができる」。また，この二人の君主の時代には，古今の絵画に対して，「第 1 級」「第 2 級」などの格付けが行われ，その評価が絵画に注記されていたことも明らかになっている［Seyller 2000］。帝国最高のパトロンはこの時代，美の序列をつかさどる最高の目利きでもあったのである。

またジャハーンギールが，各地から宮廷に献上された珍しい動物の写生画を作らせたり，遠征や巡幸に画家を帯同して，当地で目にした新奇な風物を写生させたりすることもしばしばであった。1606 年，王朝の揺籃の地カーブルを初めて訪れたジャハーンギールは，曾祖父バーブルの回想録『バーブル・ナーマ』を参照しつつこの地を見聞し，その現状を克明に書き記すとともに，目にした動物の写生を命じている。ジャハーンギールが「(バーブルは) いくつかの動物の姿かたちを書き記したけれども，画家たちにそれらの姿を描かせることはついになかった」と記していることは，写生画という営みの新しさを彼が意識していたことを示している。またこの二人の君主の時代には，王族や貴族など同時代の人物を主題とする絵画も多く制作された。しかも幸いなことに，多くの絵画に「これは某々の肖像である」と二人が自ら注記してくれているおかげで，我々はこの種の肖像画のモデルを特定することまでできるのである。

この時代の特徴は，このような単体の絵画が数多く制作されたことである。アクバル時代において，一個の著作に付される挿絵として絵画が作られていた状況とは，かなり様相が異なっている。もちろん挿絵としての絵画制作がこの時代に絶えたわけではなく，『ジャハーンギール・ナーマ』やシャー・ジャハーン時代

の歴史書『パードシャーフ・ナーマ』などの著作のために，念入りな挿絵を備えた写本の優品が制作されていることも忘れてはならない。

4）ムラッカア

このような単体の絵画は，その多くがムラッカアと呼ばれる書画断片集として，書籍の形にまとめられた。ムラッカアとは「継ぎ接ぎされたもの」を意味するアラビア語であるが，ここでは，細密画や能書家の書蹟を台紙に貼り合わせ，これを集成した書籍を意味する。ムラッカアは書く営みと描く営みとが一冊にまとめられた，写本芸術の一つの形であると言えるだろう。15世紀前半のティムール朝で制作されたものをはじめとして，サファヴィー朝，オスマン朝，そしてムガル朝においてもムラッカアがさかんに制作された（ムガル朝時代のムラッカアについては［Clarke 1922 ; Kühnel / Goetz 1924 ; Welch et al. 1987 ; von Habsburg 1996 ; Stronge 2002 ; Wright 2008］など）。

ムガル朝のもとで制作されたムラッカアは12点が現存している。そのいずれにも，来歴などに即して「〜アルバム」との通称が研究者によって与えられている。これらが制作された年代は，1555年から1560年頃とされるフィッツウィリアム・アルバムから，1734年から1739年の間に製本されたサンクトペテルブルグ・アルバムまでにわたるが，この2点の他はいずれもジャハーンギールおよびシャー・ジャハーンに関係している。つまりこの二人の君主の生きた時代こそ，ムガル朝におけるムラッカアの時代であった。

12点のムラッカアはいずれも伝世の過程で，製本が解かれて葉（よう）が分散・散逸したり，逆に新たな葉が補作されたりするなど，大なり小なり何らかの改変を被っている。そのため今のところ，ムラッカアの原型を完全に復元することは難しい。それでもムラッカアは，ムガル朝時代の書物，絵画，古典籍のあり方について多くのことを教えてくれる。

ムラッカアの葉は表裏とも用いられ，一面を絵画，もう一面を書蹟が占めるのが通例である（図1a，1b）。また製本されたムラッカアは，見開きの左右で絵画どうし，ないし書蹟どうしが対面するのが原則であった。となればムラッカアは絵画のページと書蹟のページとを同数，備えていたはずである。それゆえムラッカアは絵画だけでなく，書蹟のコレクションとしても重要な意味を持っていたこ

図 1a　王子時代のシャー・ジャハーン（ミントー・アルバム）

図 1b　ミール・アリーの書蹟（ミントー・アルバム）

とになる。写本の格付けにおいては，挿絵付き写本よりも，むしろ著名な能書家の手になる挿絵無しの写本のほうが高い評価を与えられる傾向があったことも忘れてはならない［Seyller 2000］。

MWK グループ（元来の出所を同じくするミントー，ワンティジ，ケヴォルキアンの 3 つのアルバムの総称）やサンクトペテルブルグ・アルバムのように，特定の能書家の書蹟に絞った収集方針が窺えるムラッカアもある。前者の場合，作者を特定できる書蹟の過半を占めるのが，16 世紀前半のヘラートで活躍した能書家ミール・アリーの作品であり，それに次ぐのはミール・アリーの師スルターン・アリーの書蹟。両名ともナスタアリーク体の達人として世に知られた能書家であった。つまりこの場合，書蹟の大半を異国渡りの古筆が占めていたことになる。このグループを構成するケヴォルキアン・アルバムなどは，冒頭にミール・アリー著作の書道論を補い，ミール・アリー名筆選のような趣さえ呈している。一方，ムラッカアに収録された絵画が古作であることはまずない。アクバル，ジャハーンギール，シャー・ジャハーン時代に属する，ほぼ同時代の画家たちの作品が多くを占める。書蹟とちがい絵画については，ムラッカアはいわば現代美術のコレクションであった。

テキストという内実と，これに随伴する図像という外形との間には密接な連関がなければならない，という思想はムガル朝時代の文献にしばしば見出される [Hasrat 1953 ; Schimmel 1987 ; Stronge 2002]。ムラッカアに収録された書蹟のテキストは，ペルシア語の古典籍とくに詩文の引用が多いが，まれに散文やトルコ語の詩文を引いたものもある。いっぽう絵画の画題は，人物像（群像もある），写生画（動物や花など）が多くを占めるが，宮廷に持ち込まれたヨーロッパ絵画やその模作が収録された例もある。このような内容の書蹟と絵画とが，ムラッカアという編纂物の中でいかなる意味の連関を持っていたのかは，たしかに重要な問題である。しかし上に述べたとおり，ムラッカアの原型を復元できない現状で，これに確実な解答を与えることは難しい。

ただ，ムラッカアの単一ページの中に仕込まれたテキストと図像との関係については，次のようなことが言えそうである。ムラッカアに貼り込まれた絵画の区画を縁取る枠飾りにはしばしば，ペルシア語（まれにトルコ語）の古典籍の詩句をテキストとする書蹟が貼り込まれる。ところが絵画の内容と枠飾りの詩句の内容との間には，何の関連もない例がほとんどである [Schimmel 1987]。さらには，貼り込まれた書蹟のテキストが一連のものではないために，元来の典籍にあった詩句の文脈が崩壊しているケースさえある。この場合など，枠飾りの詩句は，何かの意味を帯びたテキストというより，文語の雅風を演出する文様として用いられたことになる。

5）アウラングゼーブ以降

ムガル朝の絵画制作は，アウラングゼーブ（1618-1707，位 1658-1707）の時代，急速に衰退していく。この時期の宮廷画房に起きたことは，画家たちの流出であった。ムガル朝宮廷を去った画家たちが向かったのは主に，メーワール，ビーカーネール，ジョードプル，ブンディー，コーターといったラージャスターン地方の王族たちが営む画房である。新たなパトロンのもと，この画家たちはムガル朝絵画の伝統をも加味して，ラージプート絵画の新たな時代を切り開いていく。

一方，宮廷画家を押し出したムガル朝側の要因としては，アウラングゼーブの政策を挙げるべきであろう。1668年，宮廷における音楽演奏の禁令には，美的感興に耽溺しない禁欲的かつ敬虔なムスリム君主としての姿勢を，ムスリム有力者層にアピールする政治的意図があったものと考えられる。有名なジズヤ再課税令（1679年）も同様の政治的意図をもって行われたものである。絵画の美をとりまく環境も同様であったと想像される。王朝の顧慮を失った画家たちの活動は質的にも量的にも低下したのである。

一方この時代における写本制作として目を引くのは，アウラングゼーブが自らクルアーンを筆写し，その写本をマディーナに送ったことであろう。王朝の歴史書によると，巡礼というムスリムの義務を生涯果たすことのなかったこの君主は，聖地巡礼者に親筆のクルアーン写本を読誦させることでそれに替えたという。これもまた，自らが敬虔なムスリム君主であることを演出するアウラングゼーブの政策の現れと見るべきだろう。

3　写本・絵画に対する働きかけの歴史

以上のようなムガル朝の展開の中で制作された数多くの写本・絵画はいずれも，その時代の文化史を物語る文物である。それゆえ各々の文物が生み出され，用いられた歴史は，当の文物とそれが体現していた古典や歴史の体系に対する，当事者たちの働きかけの歴史を反映している。以下では，ムガル朝王室の人々が，自らの歴史を体現する一冊の写本と一幅の絵画に対して行った働きかけとその意味を明らかにしたい。

1）ジョンズ・ホプキンズ大学図書館蔵『勝利の書』写本

ジョンズ・ホプキンズ大学図書館には，かつてムガル朝宮廷の書庫に蔵されていた一冊の古写本が保管されている［Arnold 1930］。その扉と末尾に残された多数の書き込みと印章はこの写本がたどった歴史を物語る（図2）。とりわけアクバル，ジャハーンギール，シャー・ジャハーン，アウラングゼーブといったムガル朝君主の印章や直筆の注記は，この写本がその王朝の書庫に蔵せられ，歴代君主

図2 『勝利の書』写本の扉

の天覧に浴した優品であることを教えてくれる。ムガル朝由来の写本のなかでもこれほど数多くの履歴情報を備えたものは珍しい。

その写本の内容は，ムガル朝王室の祖先にあたる英主ティムール（1336-1405）の一代記『勝利の書』である。奥書からはこの写本が1467/68年に書写されたこと，一方，入念に誂えられた扉飾りの銘文からは，これがその後ティムール朝ヘラート政権君主フサイン・バイカラー（1438-1506）の蔵書に加えられたことが分かる。それゆえこの写本は，多方面にわたる学芸保護で知られたこの君主の時代を反映する文物と見るべきであろう。そして，著名な画家ビフザード（1455?-1535/36）の作になる絵画12点が補われたことによって，この写本の名声はさらに高まることになった。

この写本がムガル朝宮廷に渡来した由緒は，扉と末尾の書き込みに記されている。それによるとミール・ジャマールッディーン・フサイン（1626没）なる人物が首都アーグラーで君主に献上したのだという。イラン，シーラーズ出身のこの男は，後に『ジャハーンギール辞典』を編纂することになる，ペルシア語文化史上の重要人物である。彼がイランを出て，デカンを経由し，ムガル朝宮廷に参内したのは遅くとも1573年のことであるから，この写本は，当時の君主アクバルに献上されたことになる。

写本に見られる書き込みの多くは，蔵書管理の記録や管理者の交替の記録である。それらにはほとんどの場合，記入の日付と記入者の印章が伴う。記入者の特定には複雑な考証を要するのでここでは立ち入らないが，確実に年代が判明するものだけでも，それらの書き込みはアクバル時代からシャー・ジャハーン時代にわたって行われたものである。この写本がその時代に，帝国の顧慮を得て，読まれ続け，使われ続けたことを，これらの書き込みは示しているのである。

とくに歴代君主の印章や直筆の書き込みは，この写本が王家そのものの関心の対象であり続けたことを教えている。扉飾りの左下にはかなり稚拙な筆致で，アラビア文字のアリフと「ファルヴァルディーン」というイラン暦の月名が記入されている。その直下に付された別の注記は，その独特の筆跡からジャハーンギールのものと思われるが，それによるとこの「ファルヴァルディーン」はアクバルの親筆であるという。アクバルは文字の読み書きを知らず，書物の知識を聴き取りによって得ていたといわれるから，これらは文字ではなく文様として書き込まれたものかもしれない。息子ジャハーンギールもわざわざ注記したほど，アクバルの墨蹟は稀少だったということであろう。ともかくこのアクバルの注記は，彼が聴取した様々な書物の中に，この写本が含まれていたことを裏付ける材料になる。

また扉の右下には，ジャハーンギールの親筆になる別の注記がある。それによると，この写本は彼が即位したその初年に，父の書庫から持ち出され，自分の蔵書に加えられたという。一方，扉の右上にあるジャー・ジャハーンの注記は，即位したその日にこの写本が自らの書庫に収納された旨，述べている。さらにシャー・ジャハーンは「これはきわめて価値の高いものなので，常に手もとに置かれ，しばしば閲覧に付されている」と付け加えている。またアウラングゼーブについては，その親筆は見られないが，ヒジュラ暦1070年（1659/60年）の日付を備えた彼の印章が扉飾りの左横に捺されている。この君主が兄弟同士の王位争いを制し，父シャー・ジャハーンを廃して王位に就き，首都に入城したのは同1069年第8月末日のことである。おそらくこの写本は，新王アウラングゼーブが首都を掌握した後ほどなく，先代の宝庫から接収されたのであろう。このように，歴代の君主にとって，この写本が王位とともに継承されるべき最重要の文物であったことを，一連の書き込みは示している。

さてムガル朝はティムール朝の王子バーブルが創設した王朝であったから，その王家にとってはティムール家の系譜が重要な意味を持っていた。この点でムガル朝には，インド・ティムール朝と呼ばれてもよい一面がある。そのような系譜のイデオロギーは，少なくともアクバル時代には確立していた。その時代の正史

『アクバル・ナーマ』の内容はその書名に反して，アクバルの一代記ではなく，ティムール家の始原から説き起こされて当代アクバルに至る，ティムール王朝史であった。また勅令に捺される君主の印璽では，二重同心円の内円に当代君主の名を配置し，その円周を時計回りに系譜を遡って12時の位置にティムールの名を記すという形態が，アクバル時代には定式となる［真下 2000 ; Gallop 1999］。

それゆえ，王家の始祖ティムールの歴史を扱う『勝利の書』はムガル朝君主たちにとって，他とは異なる特別な意味を帯びた書物であった。『アクバル・ナーマ』の著者アブルファズル（1551-1602）は，王子ダーニヤールに宛てた書簡の中で，帝王としての修養を積むために「聴く」べき書物の一つとして『勝利の書』を挙げている。またアクバルの図書局で『勝利の書』の挿絵付き写本が制作されたとの所伝もある。さらに，シャー・ジャハーンは寝所で夜ごと，歴史書の朗読を聴くことを習慣としていたが，その際とりわけ彼が好んだのも『勝利の書』であった。「しばしば閲覧に付されている」という上記のシャー・ジャハーンの注記は，このような史実を確かに踏まえているのである。この君主の時代に『ティムール自伝』という偽作が生まれたことも，王家の始祖に対する特別な意識の表れという点で，『勝利の書』と背景を同じくするものであろう。

『勝利の書』写本はこのように，ムガル朝の歴代君主がこの著作に対して働きかけた痕跡を宿している。この写本を継承し，そこに自らの注記を刻むことは，『勝利の書』が記述する栄えある父祖の系譜に自らを位置づけることでもあった。彼らはこの写本を通じて，自らの歴史に働きかけてもいたのである。

2)「フマーユーンの園遊会」

大英博物館には，ムガル朝君主フマーユーンのために作成された一枚の絵画が所蔵されている［Canby 1994］（図3）。縦108.5センチ，横108センチにも及ぶこの大型の絵画が，元来1550年頃に制作されたものであることは，これまでの研究によって確認されている。その時点でフマーユーンがカーブルを拠点にしていたこと，サファヴィー朝出身の著名な画家たちがその宮廷に到来したことはすでに述べたとおりである。イラン的な画風が明瞭に認められるこの絵画を，それら新来の画家のいずれかに結びつける説もあるが，その制作者は今なおはっきりしない。

図3 「フマーユーンの園遊会」

この絵画の画題が園遊会であること，そしてその宴席の主人が，中央のパヴィリオンの中で3人の人物に相対する一人の男性であることは，一見して明らかである。この主人が制作者のパトロン，フマーユーンその人であることは容易に推測できよう。確かにこの主人の相貌は，ほぼ同じ時期に制作された別の絵画に見えるフマーユーン像とよく一致する。それゆえこの絵画に研究者たちは「フマーユーンの園遊会」という通称を与えているのである。

パヴィリオンの手前で左右に居並ぶ人物像の近くには，同一の筆跡でそれぞれ小さく名前が書き込まれている。左側の列の客人たちの名は上座から次の通りである：「ミーラーン・シャー」→「スルターン・ムハンマド」→「アブー・サイード」→「ウマル・シャイフ」→「バーブル」→「フマーユーン」→「カームラーン」。これが示すのは，ティムール朝の始祖ティムールの息子ミーラーン・シャーからムガル朝初代バーブルを経て，フマーユーンとその弟カームラーンに至る父系の系譜である。右列の客人たちの名は上座から「シャー・ルフ」「バーイスングル」「アバー・バクル・ミールザー」とあり，いずれの人物も上の系譜から見て傍系に属するティムール家の君公たちである。

しかしこの書き込みの不合理にはすぐに気づかされる。客人の中に宴席の主人フマーユーンの名があるという点である。さらに，パヴィリオンで主人に向かい合う 3 人には，奥から「アクバル」，「ジャハーンギール」，「シャー・ジャハーン」との記名がある。フマーユーンに後続する第 3 代，第 4 代，第 5 代君主が居並んでいるわけであるから，一連の人名の記入は，絵画の作成当初にあったはずはない。つまりこの書き込みは，少なくともシャー・ジャハーンの生きた時代以降に行われた改変にほかならないことになる。

改変は画像そのものにも及んでいる。主人に対面する「アクバル」「ジャハーンギール」両名の頭部の上方には，元来そこにあったであろう人物像の輪郭がほの見える。また「シャー・ジャハーン」の窮屈な配置は，元来二人の人物像が占めていたスペースに，この三人を押し込むために生じた無理のある構図であることは，素人目にも明らかである。さらに，パヴィリオンの背後で，柱の間に横顔を見せて左右に侍する二人の若者の図像も，その周囲の変色によって，改変後のものであることが明らかである。米国の研究者 J. サイラーの観察によると，左右の客人たちの群像にも，服装を当世風にあらためるなど，多数の改変が施されている。またこれらの改変がある一時期に集中して行われたことも，その観察から窺えるという［Seyller 1994］。

さてティムール家からムガル朝王家に続く父系の系譜という意味を，この絵に与えることに改変のねらいがあったのは明瞭であろう。ただパヴィリオンの中で首座を占めたフマーユーンの像には，改変が施されておらず名前の追記もない。群像画の主人公に対する改変はさすがに躊躇されたのかもしれない。いずれにせよ，改変によって新たな意味を与えられた絵の中では，この人物が，その系譜の源である始祖ティムールでなければならないことを，当時の閲覧者は容易に見通せたであろう。自らの系譜をティムールに遡らせるムガル朝王室の自意識がイデオロギーとして確立していたことは，前項で説明したとおりである。

群像画として可視化されたこのようなムガル朝のティムール家系譜は，いくつも作例が知られている。たとえば 1650 年頃シャー・ジャハーン時代に制作されたもの（大英図書館東洋インド省コレクション所蔵）や，アウラングゼーブ時代に帰されるもの（ヌール財団所蔵）である。改変された「フマーユーンの園遊会」が重要なのは，今日知られているこのような系譜絵図のうち，最も早い時期に制作されたと考えられるからである。

その改変の時期を知るうえで最も重要な貢献を果たしたのはサイラーの研究である。この絵画を顕微鏡によって精密に調査したサイラーは，改変を担当した宮廷画家9人が各々書き込んだ署名を発見した。そしてこの9人が同時に活動できるのはジャハーンギールの治世しかあり得ないことを，既知の作品の年代から導き出したのである［Seyller 1994］。また，改変によって追記された人名のうち，ムガル朝君主であった人物には必ず「王（バードシャーフ）」との称号が添加されているが，シャー・ジャハーンに対してはそれがない。このことも，一連の改変が，シャー・ジャハーンの即位後には起こりえないことを示している。つまり，父ジャハーンギール，祖父アクバルとともにパヴィリオンの中に座を占めるシャー・ジャハーンは，次代の君主たるべき皇太子としてそこに描き込まれたことになるのである。

さてパヴィリオンの背後で，柱の間に横顔を見せて左右に侍する二人の若者のうち，左側の人物には「王子スルターン・パルヴィーズ」との追記があることで，これがジャハーンギールの次男パルヴィーズであることが判明する。右側の人物には追記が見られないが，ほとんどの研究者はこれをジャハーンギールの長男フスラウと推定する。つまり歴代の帝王たちとともにパヴィリオンの中に座する三男シャー・ジャハーンと，パヴィリオンの後方に侍する長男，次男との間に明らかな格差があることを，改変後の図像は含意しているのである。

フスラウは，ジャハーンギール治世の初期，2度にわたって反乱を起こし，いずれにおいても無残な敗北を喫した。1607年に投獄された後，1622年に死去するまで，この王子の政治的意味は全くなかったと言ってよい。またパルヴィーズは王権の器ではなかった。父王から任された事業を，この男は一つとして成功させたことがない。1615年，自らが授与されたのと同等のマンサブ（位階）を三男が授与されたことは，後継者レースからの，パルヴィーズの脱落を意味した。この三男フッラムは1616年，ついに次兄パルヴィーズを凌ぐマンサブを得て，翌1617年9月にはシャー・ジャハーンの称号を得た。であるから，当人の図像に

「シャー・ジャハーン」と追記がなされるのは，この後でなければならない。そしてその時点でシャー・ジャハーンは，二人の兄を差し置いて，父王の後を継ぐべき最有力者になっていたわけである。改変後のこの絵画が発しているメッセージは，このような王位継承における三兄弟の序列であった。

ジャハーンギールは，王朝の宝庫に蔵されていたこの絵画を仕立て直して，自らと息子シャー・ジャハーンの栄えある未来を，連綿たるティムール家の系譜の中に描き込んだのである。原画の改変というきわめて大胆な「美術品損壊」も，王朝の当事者にとっては，絵画に新たな意味を与える，意義深い働きかけであっただろう。

しかし，このような父と王子との幸せな見通しは長くは続かなかった。1622年半ばジャハーンギールの召還に応じなかったシャー・ジャハーンは，そのまま公然たる反乱に及んだのである。帝国全体を巻き込むことになる抗争が始まると，ジャハーンギールはこの王子を「シャー・ジャハーン」ではなく，「ビー・ダウラト（国運無き者）」という卑称で呼ぶようになる。つまり，改変された絵画は，1617年から1622年までのわずかな間にのみ成り立ちえた，ムガル朝の未来図であったことになる。

ジャハーンギールがこの絵画をもう一度改変するには，彼の晩年における政情はあまりにも不確かなものであった。1627年11月，ジャハーンギールが王朝の未来を見通せないまま病没すると，王子シャフリヤールを推す王妃ヌール・ジャハーンの一派と，シャー・ジャハーンを推す一派との党争が表面化した。後者の一派が王孫ダーヴァル・バフシュを傀儡として王座に据える一幕を経て，1628年2月にシャー・ジャハーンが即位した後には，王位の競争者になり得る王子，王孫たちの処刑という血の惨劇が続く。

ジャハーンギールの未来図はこうして，元来のメッセージが意味をなしうる状況の中に再び置かれることになった。この絵画が廃棄されることなく生きながらえたのは，王位を継承し，この絵画をも引き継いだであろうシャー・ジャハーンにとって，何ら矛盾を来さない内容をそれが備えていたからである。しかし絵画の各所に書き込まれた画家たちの小さな署名が，自らの王位継承の過程に生じた断層を暴き立てることになるとは，目利きのシャー・ジャハーンもさすがに見抜けなかったわけである。

おわりに

18 世紀初頭に始まったムガル朝の解体は，その文化的環境のなかで蓄積された写本や絵画を多数流出させた。例えば 1739 年，首都デリーに入城したアフシャール朝ナーディル・シャーによって，写本・絵画の優品が数多くイランに持ち去られた。また今日，英国やフランスの研究機関に所蔵されるムガル朝由来の古写本の数々は，両国の商人，外交官，研究者らによる収集の結果である。また 19 世紀前半，英国の東洋学の発展に伴い，研究に供されるべく新たに書写され，英国に将来された写本も数多い。とはいえセポイの反乱（1857–59 年）とそれに続く騒乱のなかで多くの写本が散逸したことを考えると，国外に流出していたことは，これらの古写本にとってかえって幸いであったかも知れない。

もちろんこのような社会変動を生き抜いて，南アジア諸国に今日まで残存する古写本も相当数ある（インド所在の写本コレクションについては入念な調査ガイドがある［Khalidi 2002/03］）。しかしこれらのコレクションについては，いくつかの例外的な研究機関の所蔵品を別とすれば，充分な目録が整備されていないものが少なくないし，劣悪な物的・人的環境の中に置かれている例さえある。インド政府観光文化省は 2003 年に National Mission for Manuscripts を立ち上げて，インド諸語の写本群も含め，古写本の整理・保存に取り組んでいるが，膨大な量の古典籍の遺産に対して，取り組みの成果は今のところわずかなものでしかない（URL : http://www.namami.org/）。南アジア各地では，その歴史的価値を認知されることなく忘却の危機に瀕している古写本が研究者の調査を待っているのである。

参考文献

小西正捷 1980「インドの古文書料紙と製紙技術の成立」山本達郎博士古稀記念論叢編集委員会編『東南アジア・インドの社会と文化　上』山川出版社，pp. 463–485.

真下裕之 2000「16 世紀前半北インドの Muġul について」『東方学報』京都 72，pp. 738–720.

Arnold, T. W. 1930. *Behzād and His Paintings in the Zafar-Nāmah MS.* London : Bernard Quaritch.

Beach, M. C. 1992. *The New Cambridge History of India. I. 3 : Mughal and Rajput Painting.* Cambridge : Cambridge University Press.

Canby, S. ed. 1994. *Humayun's Garden Party : Princes of the House of Timur and Early Mughal*

Painting. Bombay : Marg Publication.

Clarke, C. S. 1922. *Indian Drawings : Thirty Mogul Paintings from the School of Jahāngīr* (*17th century*) *and Four Panels of Calligraphy in the Wantage Bequest*. London : Qausain.

Gallop, A. T. 1999. "The Geneological Seal of the Mughal Emperors of India," *Journal of the Royal Asiatic Society, 3rd Series* 9(1), pp. 77–140.

von Habsburg, F. 1996. *The St. Petersburg Muraqqa': Album of Indian and Persian Miniatures from the Sixteenth through the Eighteenth Century and Specimens of Persian Calligraphy by 'Imād al-Ḥasanī.* Milan : Leonardo Arte.

Hasrat, B. J. 1953. *Dārā Shikūh : Life and Works.* Calcutta : Visvabharati.

Khalidi, O. 2002/03. "A Guide to Arabic, Persian, Turkish, and Urdu Manuscript Libraries in India," *MELA Notes* 75/76, pp. 1–59.

Konishi, M. A. 1990. "Old Paper Used for the Asutosh Museum Manuscript of *Pañcarakṣā,*"『南アジア研究』2, pp. 145–155.

Kühnel, E./ Goetz, H. 1924. *Indische Buchmalereien aus dem Jahângîr Album der Staatsbibliothek zu Berlin*. Berlin : Scarabaeus Verlag.

Losty, J. P. 1982. *The Art of the Book in India*. London : British Library.

de la Perrière, E. B. 2008. *L'art du livre dans l'Inde des sultanats*. Paris : Presses de l'Université Paris-Sorbonne.

Porter, Y. 1992. *Peinture et arts du livre*. Paris/Téhéran : Institut Français de recherche en Iran.

Schimmel, S. 1987. "The Calligraphy and Poetry of the Kevorkian Album," in [Welch et al. 1987], pp. 31–44.

Seyller, J. 1994. "Recycled Images : Overpainting in Early Mughal Art," in [Canby 1994], pp. 50–80.

———. 1997. "The Inspection and Valuation of Manuscripts in the Imperial Mughal Library," *Artibus Asiae* 57(3/4), pp. 243–349.

———. 2000. "A Mughal Code of Connoisseurship," *Muqarnas* 17, pp. 177–202.

Stronge, S. 2002. *Painting for the Mughal Emperor : The Art of the Book 1560–1660*. London : V & A Publications.

Welch, S. C. et al. 1987. *The Emperor's Album : Images of Mughal India*. New York : The Metropolitan Museum of Art.

Wright, E. 2008. *Muraqqa' : Imperial Mughal Albums from the Chester Beatty Library*. Alexandria, Virginia : Art Services International.

第 III 部

現代から未来へ

——写本・印刷本・デジタル本——

第1章　イスラーム写本の流通と保存

三浦　徹

1　写本の所在

1）世界のイスラーム写本

世界にいまイスラーム写本はどのくらい所蔵されているのだろうか。英国にあるフルカーン・イスラーム文化遺産財団は，1989年からアジア，ヨーロッパ，アフリカ，アメリカの図書館や資料館などにおけるイスラーム写本の所蔵状況の調査を行い，『イスラーム写本の世界調査』を刊行した［Roper ed. 1992–94］。それをもとにイスラーム地域研究東洋文庫拠点（イスラーム地域研究資料室）が行った集計では，次のような数字が得られる[1)]。

総所蔵数は，107カ国2767機関におよぶ[2)]。ここでいうイスラーム写本とは，アラビア文字を用いて記された手書きの冊子（書物）をさし，中東の主要言語であるアラビア語，ペルシア語，トルコ語（オスマン・トルコ語），クルド語，パシュトゥーン語，アフリカ（サハラ以南）のハウサ語，フルベ語，スワヒリ語，マダガスカル語，中央アジアのチャガタイ語などトルコ諸語，タジク語，南アジアのウルドゥー語，パンジャブ語，スィンディー語，東南アジアのジャワ語，マレ

1）NIHUイスラーム地域研究東洋文庫拠点は，イスラーム地域の史資料の収集と文献情報の提供を任務として活動している。すでに資料館の紹介などをホームページで行っているが，2011年の事業の一つとして，この写本集計調査を行った（徳原靖浩，村山さえ子，熊倉和歌子の協力による）。国別所蔵機関別の集計データはウェブサイトに公開する予定である。

2）フルカーン財団の調査は，国ごとにおかれた調査担当者によって精度が異なっており，この数字は調査時点で把握できた機関数にすぎない。同書の序文では，世界の写本の総数は300万と述べられ，調査にもれたものが多数存在することが予想される。

ー語などにわたる。地域別には，西アジア（中東），南アジア，東アジア，アフリカ（サハラ以南），ヨーロッパ，北米，南米となる。

国別にみると，所蔵総点数（概算）が1万以上の国は27カ国（表1）であり，トルコ29万，イラン17万，サウディアラビア14万となる。言語別にみると，アラビア語写本は総数65万点，国別ではトルコ18.9万，イラク7.2万，エジプト5.5万の順であるが，非アラブ圏でもインド3.8万，米国2.4万，英国2.1万，ドイツ1.6万，ロシア1.4万と，欧米諸国が関心をもって収集したことがわかる。ペルシア語写本は総数13.3万，国別ではインド4.2万，英国1.8万，トルコ

表1　イスラーム写本の所蔵（国別，単位千点）

	総計	アラビア語	ペルシア語	トルコ語
トルコ	291	189	14	63
イラン	174	(3)	3	×
サウディアラビア	144	12	×	×
インド	136	38	42	×
エジプト	116	55	2	2
パキスタン	101	5	8	×
イラク	82	72	5	1.5
英国	45	21	18	2
ウズベキスタン	39	13	11	3
モロッコ	38	36	×	×
チュニジア	37	×	×	×
ロシア	34	14	6	4.5
米国	33	24	3	4
シリア	28	22	×	×
モーリタニア	27	5	×	×
ナイジェリア	27	7	×	×
ドイツ	24	16	2	3
オランダ	23	×	×	×
ボスニア・ヘルツェゴビナ	19	1	×	0.5
インドネシア	19	1	×	×
アフガニスタン	18	×	8	×
アゼルバイジャン	16	7	×	3
イエメン	15	7	×	×
フランス	13	8	3	2
レバノン	12	6	×	×
リビア	12	6	×	×
アルジェリア	11	×	×	×

×印は当該言語の所蔵がごく少数であるか集計がなされていないことを示す。

1.4万，ウズベキスタン1.1万の順で，イランからインドや中央アジアまでペルシア語を共通語とする世界が広がっていたことを示している［森本編 2009］。他方，ペルシア語の母国といえるイランの所蔵数が3000点と極めて少ないのはフルカーン財団の調査では言語別の内訳数が示されていない機関が多いためである。トルコ語写本は総数10.1万，国別ではトルコが6.3万と群をぬき，ロシア4500，米国4000とつづく。トルコ以外では，オスマン帝国の支配下にあったエジプト，イラク，ボスニアで2000から500点が所蔵される程度で，アラビア語やペルシア語のような広がりはみられない。

所蔵機関別にみると，1万点以上のイスラーム写本を所蔵する機関が42機関ある。最大はトルコ（イスタンブル）のスレイマニエ図書館6.7万点で，つづいてエジプト（カイロ）の国立図書館5万点，イラク（バグダード）のサッダーム写本図書館（調査時点，現在はイラク写本図書館）4万点となる。2万から3万点を所蔵するのは，インド（ラクナウ）のナースィリーヤ図書館，イラン（マシュハド）のアースターネ・ゴドセ・ラザヴィー図書館，サウディアラビア（マディーナ）のイスラーム大学図書館，イラン（ゴム）のマルアスィー・ナジャフィー図書館である。インドには，1万点をこえる所蔵機関が5つあり，ムガル帝国時代を中心にイスラーム写本が収集されていたことがわかる。スレイマニエ図書館やエジプト国立図書館は，国内のさまざまな機関に所蔵されていた写本を統合したため，所蔵点数が最大規模になっている。ヨーロッパの国立図書館にも，大英図書館2.3万点，フランス国立図書館1.2万点のように多数の写本が集められている。

日本では，京都外国語大学付属図書館（231点），東京大学東洋文化研究所（367点）の2機関が登載されている。前者は1975年に購入した「スルタン＝ハミド・コレクション」のアラビア語，ペルシア語，トルコ語写本で，後者はイスラーム思想の研究者であるH.ダイバー氏の収集した写本を購入したもので，いずれも写本目録が刊行されている［Daiber 1988 & 1996; 京都外国語大学（編）1986; 堀川／谷口（編）1998］。このほか，東洋文庫や中近東文化センターや国立民族学博物館には，クルアーンの写本が所蔵されている[3)]。

2）図書館のコレクション

これらの膨大な数の写本は，どのような過程をへて，作成され，保存され，今日に伝わったのだろうか。現在は，中東諸国であれ欧米であれ，国立の図書館や大学などの公共の図書館に写本が集められ，研究者はこれらの図書館で閲覧したり，マイクロフィルムなどの形で入手することもできる。しかし，国立図書館に集められるようになったのはいうまでもなく，そのような制度ができる近代以降のことである。それ以前は，マドラサ（学院，大学）やモスクなどの宗教施設や有力者（政治支配者，行政官，学者）などのもとに写本が集められていた。当該の写本には，「某の所有である」とか宗教施設に寄進（ワクフ）されたといった情報が記載されたり，あるいは所蔵印が押されている場合もある。

現在最大の所蔵機関であるスレイマニエ図書館の場合は，トルコ国内の92の機関や個人のコレクションからなっていて，整理番号にも元の所蔵名が付されている。このなかでも規模の大きいコレクションは，アヤソフィヤ（モスク）がアラビア語3285点，ペルシア語250点，オスマン・トルコ語1518点，ファーティヒ（モスク）がアラビア語4399点，ペルシア語383点，トルコ語437点，ラーレリ（モスク）がアラビア語3414点，ペルシア語75点，トルコ語221点，スレイマニエ（モスク）がアラビア語970点，ペルシア語7点，トルコ語35点となっており，かつてはこれらのモスクに付属していたマドラサが主要な所蔵場所であった。また，オスマン朝時代においても，アラビア語の写本（書物）のウエイトが高かったことがうかがわれる。マムルーク朝時代の主要な年代記や伝記集（マクリーズィーの『エジプト地誌』，アイニーの『真珠』，イブン・タグリービルディーの『清らかなる泉』など）の写本の上質のものがトルコの図書館に所蔵されており，オスマン朝によるエジプト征服（1517年）以降に持ち出されたものと推測される。私自身の経験を記せば，マムルーク朝末期からオスマン朝にかけての動乱期をカイロにすごしたイブン・イヤース（1524頃没）の年代記『真珠の首飾り』

3）日本での写本の所蔵はごくわずかであるが，刊本（写本などの史料の校訂本，研究書）については，1960年代以降，東洋文庫，東京大学，京都大学をはじめ諸機関で体系的な蒐集がすすめられ，アラビア語図書だけでも8万点を数える（2010年）。また国立情報学研究所と連携しアラビア文字を用いた書誌目録を開発し，オンラインで各機関の蔵書が検索できる。史資料の検索法については［三浦（編）2013］を参照。

の自筆稿本にであったのがスレイマニエ図書館であった。当該写本は，エジプト史『時代の驚異』とは別の小さな著作であるが，本文の削除や欄外の追記などがあり，著者本人の手による稿本と考えられる。

シリアの場合は，国立アサド図書館に国内の写本のほとんどが集められ，総点数は1万9900点，ほとんどがアラビア語写本である。同図書館は1983年に設立され，1985年にまず，ザーヒリーヤ図書館の写本1万1904点が移管された。1988年には，アレッポのアフマディーヤ学院，ウスマーニーヤ学院，マンスリーヤ学院，リファーイーヤ学院などの写本計5672点が移された。このほか，イドリブやハマーなどの地方都市の機関やあるいは個人蔵のコレクションも加えられた。シリアの場合は，写本の多くはマドラサに保管されてきた。これらは，それぞれのマドラサのワクフ財であり，教育・研究に用いられていたものである。

ザーヒリーヤ図書館は，旧市街のウマイヤ・モスクの北側にあり，もとはマムルーク朝の君主バイバルス（位1260–77）のために建設されたマドラサで，その墓廟がいまも残されている。ここに1万点もの写本が集められることになった経緯は当時の史料に次のように記されている。

> ヒジュラ暦1296年〔西暦1878/79年〕に，ダマスカス総督ミドハト・パシャが，学徒のための図書館として有数のものがないことを知り，また図書（写本）には，侵食者による略奪や売却の手が伸びていた。そこでオスマン帝国のスルタンに手紙を書き，同年に勅令がだされ，行政議会の決定により，10の図書館の本がここに集められた。書名目録が作成され，二人の管理人と門番が任命された。［*Munādama* 1960 : 119］

10の図書館の筆頭は，郊外のサーリヒーヤ街区にあるウマリーヤ学院の書庫で，多大な本があり，一部を除いて侵食の手は伸びていなかったという。このほか，ムラーディーヤ学院，スマイサート学院，ヤーグースィーヤ学院などのマドラサとウマイヤ・モスクの図書があげられ，また18世紀にシリア総督として権勢をふるったアズム家の蔵書も移管された。モスクやマドラサなどの宗教施設は，ワクフとよばれる寄進制度によって建設され運営されていたが，そこに所蔵される図書もまた法的にはイスラーム共同体に寄進された財産（ワクフ）として保護されていた。しかし実際には，貴重な蔵書であればあるほど，侵食の手が伸びていた。ウマリーヤ学院の蔵書についても，ザーヒリーヤ図書館に移管される前にアラビア半島のナジュドの学生がやってきて，ラクダ5頭分もの本を盗んでいったという［*Munādama* 1960 : 244］。国立図書館への移管や統合は，写本の流出を防ぎ，適切な管理を行うためになされたといえるだろう。

2　写本の作成と伝来

1）写本の作成

現在，世界各地の図書館に所蔵されている写本の多くは，原本ではなく，後世に写されたもの，つまりコピーである。イラン世界やトルコ世界では著者が君主に献呈した原著が今日まで残される例があるが，アラブ世界では，著名な著書の原本が残されているのはきわめて稀である。他方で著名な著作ほど，各地で後世にいたるまで何度も何度も写本が作成された。たとえば，マムルーク朝の歴史家マクリーズィー（1364-1442）の『エジプト地誌』の写本は170種以上あり，著者のさまざまな書き込みがある自筆の草稿も残されているが，完成された原本は残っていない［Sayyid 2005］。このように多数の写本（コピー）が作成されたのはどのような理由があり，どのようなプロセスで作成されたのだろうか。

写本が作成された場所をあげれば，宮廷，書籍商，そしてモスクやマドラサなどの宗教施設の3つである。宮廷では，君主に献上するために，あるいは君主の命によって美麗な写本が作成され，とくにティムール朝時代ヘラートの工房は有名であった。書籍商は，学生などを傭って有名な作品の写本を作成して販売した。『諸国誌』の著者として知られるヤークート（1179-1229）は，筆写によって生活をたて，また後ウマイヤ朝時代のコルドバでは170人の女性がクルアーンの写本作成に従業する地区があったという［Déroche 2005 : Chapter Craftmen］。

第三の宗教施設での写本の作成と流通は，イスラームの学問と教育のあり方に深く関わっていた。これについては，すでにいくつかの研究があるが［湯川 2009 ; 谷口 2011 ; Makdisi 1981］，師から弟子への口承による相伝が教育の基本であった。これは，イスラーム諸学の核心をしめる法学の成立と関わっている。

イスラーム法（シャリーア）は，神授の聖法とされるが，クルアーンとハディース（預言者ムハンマドの言行録）をもとに，法学者の合意（イジュマー）と合理的推論（キヤース）によって編成され，法学者の著した法学書がいわば法典にかわる役割をはたしてきた［堀井 2004；三浦 2008］。クルアーンは，神の言葉であり絶対の命令ではあるが，ムハンマドに下された神の啓示を集めたもので，体系的な法典ではない。個別具体的な指針はムハンマドの言行を規範（スンナ）とすることで法体系がつくられた。しかし，指針となるハディースは膨大な数があったため，その真偽を鑑定する必要が生じた。そこで，当該のハディースの伝承者の能力と系譜（イスナード）によって吟味する方法が採られた。ハディース集として最も定評があるブハーリー（810–870）のハディース集（『真正集』）は，90万のハディースから真正なハディースとして約2700を選び収録したものである。このような吟味のために，ハディース伝承者の伝記集が編纂され，ハディース集では当該のハディースの代々の伝承者の名前を記すことによってハディースの伝承経路を明示する記述形式をとることになった。このような原テキストを重んじる姿勢はイスラーム学のさまざまな分野に共通する特徴であり，著名なクルアーン注釈書や法学書は，後世の学者によってテキストの再録と注釈がなされた。伝記集や歴史書においても，当該の事件（事実）の叙述にあたってはその伝承経路が記されている。これは，イスラーム世界史の嚆矢といわれるタバリー（839–923）の年代記はもとより，時代が下ったマムルーク朝の史書においても，ある事件を記述する場合に誰のもたらした情報によるのかを記すという伝統が残されている。

法学をはじめ，クルアーン注釈学，ハディース学などのイスラーム諸学の教育は，師のもとで，特定のテキストを学び，修得するとイジャーザ（ijāza）とよばれる免許が授けられた。これは，当該のテキストを修得したという証明であり，同時に，そのテキストを教授してよいという教授免許であった。このようなイジャーザは，当該のテキストに記される場合と，別個に文書が記される場合とがあった［Vajda 1971；Makdisi 1981］。15世紀のカルカシャンディー（1355–1418）の行政手引き（百科事典）である『夜盲の黎明』には，イジャーザの書式例が挙げられている［*Ṣubḥ* 14：322–325］。このような教育システムでは，大学が学位を授与する現在の高等教育制度とは違って，どの先生からなんのテキストを学んだかが重要であった。ウラマーの伝記集は，その学歴として，どこのマドラサ（学院）

で学んだかではなく，誰に何を学んだかを記載するスタイルをとっている。

旅行家として名高いイブン・バットゥータ（1304-1368/69(77)）は，1326年にダマスカスを訪れ，ウマイヤ・モスクでムハンマド・ハッジャールによるブハーリーのハディース集全巻の2週間にわたる14回の講義を受け，イジャーザを得たとしている。そこには，当該書の著者であるブハーリーを起点とし，ハッジャールにいたる9名の教授者がそれぞれいつどこで学んだか，つまり師弟関係の系譜が記されている［イブン・バットゥータ 1996 : 289-293］。代々の教授者が学識と信頼の高い人物であれば，イブン・バットゥータは，いわばブハーリー自身の著したテキストでブハーリー自身による講義を受けたのと同じことになる。このときの教授者であるハッジャールは，当時このブハーリーのハディース集の講義を各地で70回以上も行っていた人気教授であった［イブン・バットゥータ 1996 : 352］。人気の理由は，彼のもつテキストがブハーリーを起点とする師弟関係の系譜が示された権威あるテキストだったからであろう。谷口淳一によれば，ハッジャールは7歳のときに80歳をこえる老師からハディース集全巻の講義を受けたことになるが，歳のはなれた師から伝授され介在する伝承者の数が少ないほうがよい系譜とされていた［谷口 2011 : 48-53］。

このような権威あるテキストは，イジャーザを授けられた者によって次々と複製され，各地に伝播していったと考えられる。写本の欄外には，読誦などによってテキストを校合したことを示す語（bulliga 達成・完了，qūbila 比定など）やマークが記されていることがあり，これもテキストの真正性を保証する技術であった［Déroche 2005 : 357-358 ; Gacek 2009 : 65-69］。

2）写本に記されたイジャーザ

このようなイジャーザは，現存する写本の巻頭や巻末などに記され，残されている場合がある。G. ヴァジュダは，フランス国立図書館の写本を調査し，72点の写本のイジャーザを発見した。そのうち約8割はイスラーム学関係のものであるが，それ以外にも医学，科学，文学のものもあり，講義（書写）の場所としてはダマスカスとカイロ，そしてバグダード，マッカ，アレッポとマシュリク（東方）が優越していた。P. A. マッケイは，アッバース朝時代の説話文学の代表作であるハリーリー（1054-1122）の『マカーマート』のエジプト国立図書館に所蔵される写本を調べた。当該写本は，そのイジャーザによれば，ハリーリー自身の稿本をもとに，バグダードで1111年に38名の学者の同席のもとで1カ月にわたって講読会が行われた際に，書写された。さらに写本には，その後の各地での講読会の読誦記録（サマー）が記され，アレッポでは歴史家イブン・アディーム（1192–1262）の手元にあったことがわかる。しかし1284年のダマスカスでの講読会の記録を最後に読誦記録は途絶え，1875年にエジプト国立博物館の設立とともにそこに収蔵された。このように，著者の自筆稿本を起源とする権威あるテキストは，各地で朗読され，引き継がれ，旅をしていた［Vajda 1956 ; MacKay 1971 ; Witkam 2005］。

3）ダマスカスの読誦記録

S. レーダーは，シリア国立アサド図書館に所蔵されている，1155年から1357年までの200年間に作成された写本を網羅的に調査し，多数のイジャーザの記録を集めた。これは，当該写本の講読会の読誦記録（聴講証明 ijāza samāʻ）で，読誦されたテキストの書名，師（指導者 musmiʻ），読誦者，書記，聴講者の名前，年月日と場所が記されている。このような読誦記録は，上記の200年間で4000件，聴講者の総数は5万人にのぼると推計し，このうち，ハディース関係の写本85点の読誦記録1300件を選び，これを写真版として収録して，写本名と読誦記録の概要とともに，人名・地名などの詳細な索引をつけた研究書を刊行している［Leder 1996］（図1，2）。

この読誦記録の書式で重要なことは，「某のもとで読誦された（qirā'atan ʻalayhi）」という定型句をつかって，読誦されたテキストと読誦内容の真正性を保証する者（師）を明示することである。真正性を保証する者とは，当該著作の著者であるか，あるいは著者から直接あるいは間接に教えを受けたとか，あるいは過去に当該のテキストの講読会に出席するなどの経験をもつ者であった。ここでも，当該著作の著者につながる系譜をもつ者が出席することが，テキストと読誦の真正性を保証する必要条件であった。このような真正なテキストを聴講し証明を得た者は，それを他者に伝え，教えることができた［Leder 1996 : 28 ; Leder 2000］。

指導者（師）としては，ハンバル学派のクダーマ家の者が目立っているという

図 1　シャイバーニー（915/16 没）のハディース集に記された聴講記録。上段は 630 年（西暦 1233 年），中段は 630 年（1233 年）クダーマ家のディヤーウッディーンの指導の下で，下段は 631 年（1234 年）に行われた。

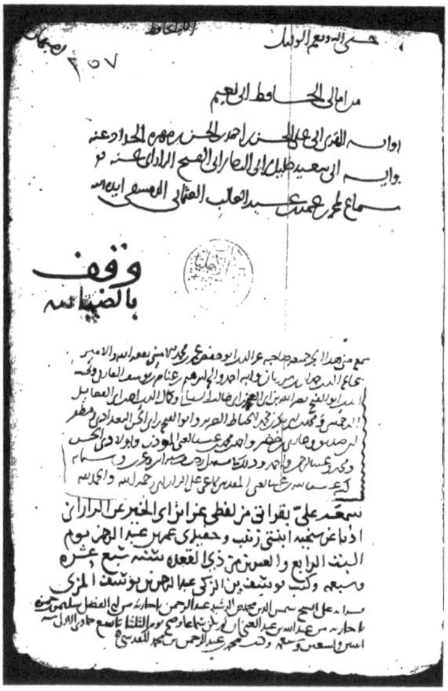

図 2　ワクフの蔵書印。中央左に，「ディヤーイーヤ学院のワクフ」と記され，その下に 3 点の聴講記録が記される。

[Leder 1996 : 29-30]。クダーマ家は，12 世紀中頃にパレスティナからダマスカスに移住し，郊外のサーリヒーヤ街区にモスクやマドラサを建設し，そこを拠点として活動したウラマーの一族である［三浦 1987（1995）］。ハンバル学派はハディースの学習と研究を重んじ，このためクダーマ家の者が講読会に指導者として頻繁に登壇したのであろう。

ハディースのテキストそのものは一般にきわめて短く，それにつけられた読誦記録の方が長いこともあった。複数の部分に分けて朗読されることもあり，その場合にはそれぞれの部分に読誦記録がつけられている［Leder 1996 : 31］。一回の講読会の聴講者が 100 名以上になることもあり（その場合でもひとりひとりの名前が記される），一つのテキストに読誦記録が 49 件もつけられていたり，あるいは 200 年以上の年月にわたるものもある[4]。

講読会が行われた場所としては，ウマイヤ・モスク，29 のマドラサ，12 のハディース学院などの宗教施設をはじめ，約200カ所の名前がわかっている。なかでも，ウマイヤ・モスクは100回以上，サーリヒーヤ街区のディヤーイーヤ・ハディース学院も頻繁に言及されている［Leder 1996 : 30–31］。後者は，クダーマ家のディヤーウッディーン・ムハンマド（1245没）が建設したマドラサで，当人は17種類の写本に計60回登場する。個人の邸宅が用いられたり，ナイラブなどの近郊の庭園（果樹園）で行われることもあった［Leder 1996 : 35］。

これらの写本の多くは，はじめサーリヒーヤ街区のディヤーイーヤ・ハディース学院の図書館に収蔵され，後に同街区のウマリーヤ学院に移され，20世紀にダマスカス全体の写本がザーヒリーヤ学院に集められたときにそちらに移管されたと考えられている［Leder 1996 : 31］。ディヤーイーヤ・ハディース学院の図書館は当時から著名で，イブン・トゥールーン（1475–1546）の『サーリヒーヤの歴史』では，クダーマ家のムワッファクッディーン（1223没）をはじめ8名が寄進した図書が収められ，それは，法学，ハディース，アダブ（文学），言語学，クルアーン注釈学などの分野のものであったと記されている［*Qalā'id* 1 : 132–3］。

4）あるウラマーの学歴と著作活動

次にひとりのウラマー個人の学習歴を見てみよう。先のイブン・トゥールーンは，マムルーク朝からオスマン朝にまたがる時代をダマスカスで過ごしたウラマーとして，多くの著作を残している。その自伝『舟』によれば，80年の生涯のうちに，72の分野にわたる753の著書を著し，書名が自伝に列記されている。この自伝をはじめ，年代記『友人たちの戯れ言』（ドイツ・テュービンゲン大学所蔵写本），『サーリヒーヤの歴史』（エジプト国立図書館所蔵写本）など，主要な著作の自筆写本が残されている。

彼は，エジプトの碩学スユーティー（1445–1505），ダマスカスのヌアイミー（1521没）などに学び，イジャーザを得，また多くの弟子にイジャーザを与えた［苗村 2010］。自伝では，「これらのイジャーザをまとめて合冊してあったが，（オスマン軍との）内戦のときに消失した」と述べ［*Fulk* 53］，彼の年代記によれば，

4）写本番号1139ではヒジュラ暦664–897年に49件の読誦記録［Leder 1996 : 60–64］，写本番号1169ではヒジュラ暦608–897年に34件［Leder 1996 : 64–66］。

（1516年のオスマン軍の入市によって）家を追い出され，彼の蔵書は投げ出されたという［*Mufākaha* 2 : 34］。とはいえ，読誦された書物に記されたイジャーザの一部は辛うじて残り，1492年，彼が17歳のときに，ウマリーヤ学院においてハンバル学派のイブン・アルミブラドのもとで読誦し授与されたイジャーザ（教授免許）をはじめ，6点のイジャーザを記載している。ここでは，師にあたる人物が一人称で，イブン・トゥールーンに読誦した書を教授する免許を与えることが記されている。また，1514年にはマッカ巡礼に赴き［*Mufākaha* 1 : 381］，このとき同地でウラマー9人にイジャーザを求めて授けられた。これらを含む16のイジャーザと他の聴講証明を綴じた写本がいまも残され，校訂出版されている［*Nawādir*］。

イブン・トゥールーンは当時40歳をすぎ，ハティーブ（説教師）などの公職を得ていたが，生涯を通じてさまざまな師の著作を学び続けていた姿がうかがわれる。他方マムルーク朝末期には，マドラサでの教育が形骸化し，講義も開講されなくなっていたことを考慮すると［三浦 1989（1995）］，希有な学究肌の人物といえる。1516年4月，オスマン朝スルタンのセリムの軍勢がシリアに進攻し，エジプトからはマムルーク朝スルタン＝ガウリー自らが率いる遠征軍がダマスカスに向かっている危急のときに，イブン・トゥールーンは師のヌアイミーやカーディーのカリームッディーンらとともに，「ハディース探索の旅」と称して，ダマスカスの近郊の庭園，邸宅，遺跡などを吟行してまわっていた。一行は，行く先々で宴席を設け，ハディースなどの書を読誦した。そこでは交互に読誦をすることで，イジャーザを与えあったとみられる［*Mufākaha* 2 : 7-9］。翌月には，カイロから到着したマムルーク朝スルタンの幕営におもむき，同行していたカリフやカーディーのもとで，ブハーリーのハディースや各法学者の書物の読誦を行っている。これもまた高位のウラマーのもとで読誦をすることでテキストの権威づけをしたのであろう。マムルーク朝軍がオスマン軍に敗れ，ダマスカスがオスマン軍の手におちたのは，その4カ月後のことであった。

イブン・トゥールーンのこのような行動をどのようにみるか，その評価は分かれるだろう。現世の権益や政治とは距離をおき，終生学問の世界に身をおいたともいえるが，ハディースの読誦やイジャーザの獲得は既存の学問の権威によりかかり，自分を権威づけるものであった。彼の年代記は，政治的事件のみならず市井の事件や人物にも興味を示し，日々の出来事が日記のように綴られている。学問伝統のなかに地位を確立することで，社会のさまざまな情報を集め伝える術をもちえたともいえるだろう。

こうしたイスラーム世界での写本の流通は，世界史的にみてもきわめて興味深い。中近世のヨーロッパでは，著作も教育も基本的には口述でなされ，一定の著者や書名をつけた作品という観念がなく，断片的なテキストがさまざまな注釈を付加され流通していたという［岡崎 2008］。他方，中国では，宋代以降版本が第一のテキストとなり，写本類は失われた。日本では，古代中世に日記や儀式書の書写や抽出や目録づくりが盛んに行われ，そこでは校合や注記や修正といった技術も用いられた［加藤 2008］。イジャーザ（読誦記録と教授許可）に代表されるイスラーム写本のテキストとその伝授のしくみは，パーソナルな関係に依拠した知の権威と系譜をつくりあげた。近代のサラフィー主義（イスラーム改革思想）の東南アジアへの伝播においても，マッカやカイロのアズハル学院への留学やムハンマド・アブドゥフやラシード・リダーらの師との直接の接触の有無がマレーシアやインドネシアでの伝道における重要な要素となっていた［Zakariyya 2007］。写本が公共図書館に移管され，印刷媒体による知の伝授が始まったとき，どのような変化が生じたのかは，イスラームの知のあり方として興味深い問題である。

3　写本の情報

最後に，これらの写本に関する情報が，現在のわれわれにどのように提供されているのかをみてみよう。

1）冊子目録とカード目録

つい最近まで，図書館の目録といえば，写本であれ印刷本であれ，カード目録であった。私が写本の利用をはじめた1980年代のことでいえば，カイロの国立図書館の写本室での検索はタイプライターで印字したカード目録で，カードの隅はすり切れ，しかも穿孔による固定をしていないため配列が乱れていることもあった。写本の閲覧はマイクロフィルムによるしかなく，そのマイクロフィルム番号が記されているのはカード目録だけであったから，このカードが紛失すると番号がわからなくなるという危険な状況であった。ダマスカスの国立アサド図書館は，カード目録とともに，分野別に編纂された冊子目録が1960年代から刊行され，それを利用することが多かった。冊子目録に記されている情報は，(1) 書名，(2) 著者名，(3) 書体，(4) 筆記者，(5) 書写年，(6) 葉数，(7) 行数，(8) 大きさ，(9) 写本番号を基本情報とし，さらに(10)巻頭部分と(11)巻末部分の記述が抜粋されている。パリの国立図書館の写本目録（De Slane 編）も同様の基本情報が記され，著者や著作内容について簡単な解説もつけられている。イスタンブルのスレイマニエ図書館には，中庭に面した長い廊下にずらりとカード目録のボックスが並んでいた。スレイマニエ図書館の場合は，アラビア語写本であれオスマン語写本であれ，カードには著者名や書名がラテン文字に転写した形で記され，ラテン文字のアルファベットで配列されている。このため，転写法に慣れないとめざす写本にたどり着けないという問題があった。カード目録の場合は，著者別と書名別の2種類が基本で，さらに分野別のカードボックスが用意されている場合もある。

こうした冊子目録からイジャーザの写本をみつけることもできる。シリアのザーヒリーヤ図書館の冊子目録（歴史，第2巻）には，イジャーザのタイトルをもつ15の写本が記載され，そのなかには，神秘主義思想家のイブン・アラビーがアイユーブ家のガーズィー（シリア北部マイヤーファーリキーン王，位1220-44）とその子どもに与えたイジャーザがある[5]。また，ダマスカスのムフティーで18世紀の名士録を著したムラーディー（1791没）が5人の師から得たイジャーザも残され[6]，オスマン朝時代もイジャーザの慣行が連綿とつづいていたことがうかがわれる。モロッコの国立図書館目録でも18世紀のイジャーザを確認できる[7]。

5）*Fihris Makhṭuṭāt Dār al-Kutub al-Ẓāhirīya : Ta'rīkh wa Mulaḥḥaqāt*. Damascus, 1973, pp. 17-18（写本番号4679）.

6）*Fihris Makhṭuṭāt Dār al-Kutub al-Ẓāhirīya : Ta'rīkh wa Mulaḥḥaqāt*. Damascus, 1973, pp. 9-10（写本番号11108）.

7）*Fihris al-Makhṭuṭāt al-'Arabīya al-Maḥfūẓa fi al-Khizāna al-'Āmma bi-l-Ribāṭ*, vol. 7. Rabat, 2001/02, p. 337. ヒジュラ暦1096年（西暦1684/85年）のイジャーザ。同図書館の電子目録を検索すると，「イジャーザ」の題名をもつ15世紀から20世紀までの多数の写本の存在が確認できる（野口舞子氏の情報提供による）。

閲覧の仕方は，エジプトとシリアの国立図書館ではマイクロフィルム（マイクロフィッシュ）での閲覧が原則で，原本をみることはほとんどできなかった。パリの国立図書館では，数百年前の写本でも現物が出納され閲覧することができた。スレイマニエ図書館はかつては原本での閲覧も可能であったが，現在では電子モニターでの閲覧となっている。またインターネット上で写本の画像を閲覧用に公開している図書館も増えている。

2）写本学

以上のようなカードおよび冊子体の目録では，最低限の書誌情報しか収録されず，当該写本の出処や来歴など顧慮されていない。このようなモノとしての写本の作成や流通に注意が向けられていなかったのは，イスラーム写本の研究がもっぱら本文の内容に注がれていたからである。これに対して，1990 年代以降，写本の所蔵調査の進展と併行しながら，モノ（記録媒体）として写本を研究する写本学（古書冊学 codicology/ʿilm al-makhṭūṭāt）という学問分野が発展している。

写本学が，記録媒体としての写本に着目する観点（要素）は，(1) 用紙・寸法・インク・装飾・製本，(2) 葉番号やその表示，巻頭や巻末に記される (3) 聴講（読誦）・認定・校合や書写者，(4) 所有者や所蔵機関などの記録（印章を含む）などである。このなかでも，(3) の読誦記録や (4) の所蔵の記録が写本の作成と流通に関わる重要な手がかりとなる［Déroche 2005 : Chapter Codicology ; Sayyid 1997］。

参考文献リストにあるように，Codicology のタイトルを冠した研究論文集や用語集などが 1990 年代以降にあいついで刊行されている。これらの研究から，すでに述べたように，写本には，読誦（聴講）やイジャーザや校合や筆記者などの情報が一定の書式のもとに頻繁に記録されていたことが明らかになっている。

3）電子目録

欧米でも中東でも，国立図書館では，刊本の電子目録への移行につづいて，写本の電子（デジタル）目録が作成されつつある。2013 年の段階で，フランス国立図書館や大英図書館は，ウェブサイトから写本の電子（オンライン）目録で検索ができる。モロッコの国立図書館の場合は，カード目録と冊子目録が使われていたが近年は刊本も写本も電子（オンライン）目録に移行している（図 3）。しかし，

図3　モロッコ国立図書館（ラバト）

これらの多くは，従来のカードや冊子の目録に記載された情報をコンピュータに入力しただけであり，先に述べたモノとしての写本特有の情報は含まれていない。

他方，写本学の観点を採り入れた写本の電子目録の作成も着手されている。英国のウェルカム・ライブラリーのハッダード・コレクション（イスラーム科学を中心とするアラビア語写本，87点）の目録では，インクや用紙，出処来歴とこれに関する記述，奥付，内容目次などの写本学に必須の情報が収録されている[8]。ミシガン大学イスラーム写本目録もまた，同様の情報を収録している[9]。今後，世界のさまざまな図書館における写本の電子目録の作成・移行に際して，このようなモノとしての写本の作成や伝世に関わる情報が採集され，集積されていくならば，イスラーム世界の写本の流通や知の伝達のあり方を解明する重要な証拠と手がかりを提供することになるであろう。

8）当該目録は，N. セリコフの発案・編集によるもので，2010年に同氏が来日のおり面会して構想をうかがった。ウェルカム・ライブラリーについては，同所を訪問した柳谷あゆみ氏のレポートを参照（http://www.tbias.jp/php/investigation_detail.php?year=2010I#110210）。

9）Islamic Manuscripts at Michigan（http://www.lib.umich.edu/islamic/）.

参考文献

イブン・バットゥータ 1996『大旅行記』（家島彦一訳）第 1 巻，平凡社.

岡崎敦 2008「写本（ヨーロッパの）」『歴史学事典』第 15 巻，弘文堂.

加藤友康 2008「写本（日本の）」『歴史学事典』第 15 巻，弘文堂.

京都外国語大学（編）1986『中東地域の生活用品と関係図書目録』京都外国語大学.

谷口淳一 2011『聖なる学問，俗なる人生——中世のイスラーム学者』山川出版社.

苗村卓哉 2012「15-16 世紀ダマスクスにおけるウラマーの学習過程——イブン・トゥールーンの事例を中心に」山本正身（編）『アジアにおける「知の伝達」の伝統と系譜』慶應義塾大学出版会.

堀井聡江 2004『イスラーム法通史』山川出版社.

堀川徹／谷口淳一（編）1998『京都外国語大学付属図書館所蔵アラビア語写本目録』京都外国語大学付属図書館.

三浦徹 1987「ダマスクス郊外の都市形成——12-16 世紀のサーリヒーヤ」『東洋学報』68(1-2)(“The Ṣāliḥiyya Quarter in the Suburbs of Damascus : Its Formation, Structure and Transformation in the Ayyūbid and Mamlūk Periods,” *Bulletin d’Études Orientales* 47, 1995).

———— 1989「マムルーク朝時代のサーリヒーヤ：街区とウラマー社会」『日本中東学会年報』4(1)(“The Ṣāliḥiyya Quarter in the Suburbs of Damascus : Its Formation, Structure and Transformation in the Ayyūbid and Mamlūk Periods,” *Bulletin d’Études Orientales* 47, 1995).

———— 2008「架橋する法——イスラーム法が生まれるとき」林信夫／新田一郎（編）『法が生まれるとき』創文社.

————（編） 2013『イスラームを学ぶ——史資料と検索法』山川出版社.

森本一夫（編）2009『ペルシア語が結んだ世界——もうひとつのユーラシア史』北海道大学出版会.

湯川武 2009『イスラーム社会の知の伝達』山川出版社.

Daiber, Hans ed. 1988 & 1996. *Catalogue of the Arabic Manuscripts in the Daiber Collection, Institute of Oriental Culture, University of Tokyo*. Tokyo : Institute of Oriental Culture.

Déroche, François. 2005. *Islamic Codicology : An Introduction to the Study of Manuscripts in Arabic Scripts*. London : Al-Furqān Islamic Foundation.

Fulk. 1996 : Ibn Ṭūlūn, *al-Fulk al-Mashḥūn fī Aḥwāl Muḥammad b. Ṭūlūn*. Beirut.

Gacek, Adam. 2009. *Arabic Manuscripts : A Vademcum for Readers*. Leiden : Brill.

Haddād Manuscript Collection (http://library.wellcome.ac.uk/node273.html).

Leder, Stefan. 1996. *Mu'ǧam al-samā'āt al-dimašqiyya : Les certificats d'audition à Damas*. 2 vols. Damas : IFEAD.

————. 2002. *Spoken Word and Written Text : Meaning and Social Significance of the Institution of* riwāya. Islamic Area Studies Working Paper Series no. 31. Tokyo : Islamic Area Studies Project.

MacKay, P. A. 1971. *Certificates of Transmission on a Manuscript of the Maqāmāt of Ḥarīrī, MS. Cairo, Adab 105*, Transactions of the American Philosophical Society, New Series, 61/4. Philadelphia.

Makdisi, George. 1981. *The Rise of Colleges : Institutions of Learning in Islam and the West*. Edinburgh : Edinburgh University Press.

Munādama. 1960. Badrān, ‘Abd al-Qādir, *Munādama al-Aṭlāl wa Musāmara al-Khayāl*. Damascus.

Nawādir. 1998. Ibn Ṭūlūn, *Nawādir al-Ijāzāt wal-Samā'āt*. Damascus.

Qalā'id. 1949–56. Ibn Ṭūlūn, *al-Qalā'id al-Jawharīya fi Ta'rīkh al-Ṣāliḥīya*, 2 vols. Damascus.

Roper, Geoffrey ed. 1992–94. *World Survey of Islamic Manuscripts*. London : Al-Fulqān Islamic Foundation.

Sayyid, Ayman Fu'ād. 2005. "Early Methods of Book Composition : al-Maqrīzī's Draft of the *Kitāb al-Khiṭaṭ*," in Yasin Dutton ed., *The Codicology of Islamic Manuscripts*. Oxford.

———. 1997. *Al-Kitāb al-'Arabī al-Makhṭūṭāt wa-'Ilm al-Makhṭūṭāt*, 2 vols. Cairo.

Ṣubḥ. n. d.: al-Qalqashadī, *Ṣubḥ al- A'shā fī Ṣinā'at Inshā'*, vol. 14. Cairo.

Vajda, Georges. 1956. *Les certificats de lecture et de transmission dans les manuscrits arabes de la Bibliothèques Nationale de Paris*. Paris.

———. 1971 "Idjāza," *Encyclopaedia of Islam*, 2nd ed, vol. 3. Leiden : Brill.

Witkam, Jan Just. 2005. "The Human Element between Text and Reader : The Ijāza in Arabic Manuscripts," in Yasin Dutton ed., *The Codicology of Islamic Manuscripts*. Oxford.

Zakariyya, Hafiz. 2007. "From Cairo to the Straits Settlements : Modern Salafiyyah Reformist Ideas in Malay Peninsula," *Intellectual Discourse* 15(2).

第 2 章　写本研究の愉しみ (1)
——アラブ史の現場から

大稔 哲也

はじめに——写本研究の愉しみとは

研究者が研究のみに集中して割ける時間は年々少なくなってきているという。その中で，写本史料と向き合える時間は稀少であり，まさに至福の時間（とき）と言っても良いであろう。

ではひるがえって，写本研究の愉しみとは何であろうか。まず第 1 に，校訂された刊本や他にない情報を得られるといった，知的探究の悦びを挙げられるであろう。研究者であれば誰しも他者の利用していない新情報に基づき，世界に先んじてオリジナリティーの高い研究を遂行したいはずである。写本を研究に使用する者は，元来その必要性から着手するのであり，蒐集癖から写本に取り組みはじめるのではない。しかし，写本と格闘するうちに，過去との対話は深まり，それを書写した人間の息づかいまで伝わってくるようになる。まして，著者の自筆本などであれば，なおさらのことである。この過程で，写本と接すること自体への愛着もわいてこよう。その意味では，究極のアナログの愉しみと言えるかもしれない。ここには，歴史研究の現場に今まさに立ち会っているという感慨がある。

小説『アザーズィール』［Zaydān 2008］でアラブのブッカー賞を取り，エジプトを代表する作家として今をときめくユースフ・ザイダーンも，もともとは写本研究に基づくスーフィズム研究者であり，多くの写本目録を編んできた。筆者も写本をめぐるシンポジウムなどでしばしば出くわしたものである。以前彼はアレクサンドリア図書館附属の写本研究センター長も務めていたが，2012 年 1 月にエジプト CBC テレビに出演した彼が最も嬉しそうに語っていたのは，話題が番組の期待した「1 月 25 日革命」から写本研究へ移った時であったように感じたのは筆者だけであろうか。写本の愉しみについて問われてやはり，筆写者の息づかいまで感じられるから，という答えであった。

しかし，これは今日，写本と向き合う際の一つのあり方に過ぎない。現在，写本の利用や複写技術はハイテク化しており，そこでは極めて今日的なテクノロジーの世界と写本自体のあり方が，好対照を見せつつ並走している。

第2に，写本を求めて旅する愉しみがある。これは気ままな彷徨ではない。特定の写本を閲覧するため，世界の果てまで旅する気概が必要である。ここには，「知識を求めて中国まで行け」というハディース（ただし正統性が弱いとされる）を地で行く，あるいはイスラーム教徒のネットワークを頼りに世界を旅した前近代のウラマーのごとき姿がある。しかし，その途上で絶命することはほぼない現在において，この旅は極上のものと言ってよい。そして，そこには必ずや人との邂逅が含まれていよう。研究仲間との再会，活字でのみ知っていた研究者との出会いなど，同志の旅する研究者だけでなく，ライブラリアンや職員となった知己との再会も含めて，このような邂逅が必ずや秘められている。

一例を挙げると，2009年9～10月に，筆者はエジプトのカイロとアレクサンドリアで国際シンポジウム「死生をめぐる対話——エジプトからの眺望（Dialogue on Death and Life : Views from Egypt）」を主催したが，その際にアレクサンドリアのユダヤ教徒・コプト・キリスト教徒・ムスリムの墓地を巡るエクスカーションを計画した。アレクサンドリア図書館側は案内人として「墓掘り人」とあだ名されるエジプト人研究者を用意すると言ってきた。当日会ってみるとそれは，その10年前にカイロのエジプト国立文書館に初めてやって来て，利用法がわからず右往左往していた人物であった。そして，筆者が史料閲覧法から研究領域の内容や史料まで伝授し，乞われて抜刷を渡したのであった。彼の成長ぶりと予期せぬ再会は嬉しい驚きであった。

筆者自身，これまでにエジプト，マリ共和国，トルコ，イラン，オランダ，イタリア，イギリス，フランス，ウズベキスタン（旧ソ連時代），シリア，モロッコなどで写本の葉を繰ってきた。さらに，直接間接に写本のコピーを取り寄せた国を含めるならば，スペイン，アメリカ合衆国，ドイツ，アイルランド，チュニジアなどに拡がる。このように，埃まみれの古紙から，途方もなく広大な世界が開けるのである。

現在，中東（ここでは現在中東とされる領域を便宜的に超時代的に「中東」と仮称することにする）の歴史に関わる多くの領域を研究する者にとって，写本の利用は標準的と言えるが，ここであらためて写本を利用する理由を掘り下げてみよう。まず第1に，当該の作品の校訂本が存在しない場合である。初期イスラーム史の史料には，このケースは稀であるが，時代が下るにつれて未校訂史料も増え，マムルーク朝期（1250–1517）などの場合，依然としてかなりの数の作品が未校訂のまま遺されている。また，マムルーク朝期以降になると，ワクフ（寄進財）文書などの文書史料も激増する。

第2に，既刊の校訂本では不十分な場合がある。これはまま見られることであり，校訂者による恣意的なテクスト改変も行われがちである。校訂者の能力や写本を扱う基本的なトレーニング経験の欠落に起因する事例も多い。なお，校訂によって生計を立てている場合には，不要な大量の脚注でページ量を水増しする例も，ときに見受けられる。ここで，後段の議論に関連する参詣書写本の校訂に限って，2例を挙げてみよう。

イブン・ウスマーン（1218没）著の『恭順なる墓々への参詣者の導き』［Ibn ʻUthmān 1994］（以下『ムルシド』と略記）の校訂本（651頁）は，トゥールーン朝の開祖イブン・トゥールーン（884没）をトルコ系のザファル・イッズ（Ẓafar ʻIzz）族の出であるとする。しかし，これでは奇異であるため，念のために校訂者が利用したと主張する大英図書館（以下，BLと略す）写本にあたってみると，これはトゥグズ・グッズ（Ṭughuz Ghuzz）と読めた。すなわち，我々がトルコ民族史でよく目にするような語彙である。そこで，この校訂本が基づいたというカイロ大学図書館所蔵の，BL写本の複写本を検分してみると，校訂者が基づいたというのは，BL写本とエジプト国立図書館（以下，DKと略す）写本を中途で接合し合本したものであった。ちなみにDK本は確かにザファル・イッズとしているが（f. 242b），上述のようにBL版はトゥグズ・グッズとなっている（f. 340b）。『ムルシド』の他の古い写本を見てもトゥグズ・グッズとしており，ここでは校訂によって史実が掌からこぼれ落ちていたことになる。

もう一例は，サハーウィー著の『愛しき者の贈物と求める者の望み』［al-Sakhāwī 1937］（1484年作）である。ここで校訂者はカイロの通称「死者の街」の玄関口，カラーファ門で物語師（qāṣṣ）の唸っていたというアラブ英雄叙事詩の演目を『ザート・ヒンマ伝（*Sīra al-Dhāt al-Himma*）』としている。注記があるからまだ良いものの，写本の原文は『ダルフマーとバッタール（*Dalhumā wa al-Baṭṭāl*）』となっている。これは誤りではないが，史料の校訂としては本文と注を逆にして，史料にある題名そのままにしておくべきであり，史実に精通した校訂者の勇み足と言えよう。

図1　マリ共和国アラワーンにおける私蔵アラビア語写本の保存状況

さて写本を利用する理由の第3は，同一作品の写本のヴァリエーションが多過ぎる場合である。極端な場合，同じ作品と同定するにも躊躇されるほど変形を被っている例もある。この場合，各写本間の異同を正確に注記しつつ，刊本にまとめるのは至難の業である。それでも敢えて刊本が出版されている場合，結果として刊本に注記されない多くの情報を有する写本が他に存在し，校訂本からその情報はこぼれ落ちることとなる。ゆえに，この場合も写本利用は一定の有効性を失っていない。

第4に，本文部分以外の情報を得ることも，写本研究の重要性の極めて大きな部分を現在占めつつある。後代の書き込み，欄外の追記やメモ，サイン，閲覧記録，蔵書印なども，写本の歴史的な閲覧者や保持者，閲覧のされ方，かつて所蔵した図書館の特定などにつながる歴史研究の貴重な情報源である[1)]。さらに，写本が国境や大陸を越えて移管された事例も多々あり，そこからは「植民地関係」すら垣間見ることができる。大英図書館所蔵による先ほどの『ムルシド』の二写

1）近年明らかになりつつあるところでは，もともとアンダルス・スペインより西アフリカのマリへもたらされたとされる古写本の欄外に，数千カ所にわたるその後の書き込みがあり，その部分の解読研究によってマリ王国やソンガイ王国を含む西アフリカ史（ひいてはアンダルス史）が大幅に書き換えられる可能性が出てきている。その作業に当たっているI. ディアディエ氏と2008年1月にバマコで会談した折に，彼はスペインから大部な校訂と訳注が公刊されると語っていた（[Diadié 2006] 参照）。なお，マリ共和国はアラビア語写本，文書の大変な宝庫であり，今後大いに研究する余地がある（図1）。

本の奥付や同館の記録からは，これがE. W. レインやクレーマー卿のコレクションからもたらされたことが判るし，トルコ共和国に現存する別の『ムルシド』写本は，オスマン朝のエジプト侵攻時（16世紀）にカイロからイスタンブルへ持ち去られた写本か，それを再書写した写本である可能性がある。なお，このE. W. レインとは，詳細なエジプト民族誌 *The Manners and Customs of Egyptians*（通称）や『アラビア語–英語辞典』を遺したことでつとに知られる，あのレインである[2)]。

1　写本と文書——エジプトの場合

ここで，エジプトを中心に，写本の利用と研究のあり方を覗いてみよう。アラビア語の写本・文書研究では，一般的にマフトゥータート（「写本」の複数形 makhṭūṭāt）とワサーイク（「文書」の複数形 wathā'iq）とに弁別され，それぞれ研究の技術的な取り組み方も異なってくる。一般に前者は一定の作品を手書きで書写したものであるのに対して，後者の方は特にその様式・機能やコレクション，利用媒体等によって，ワクフ文書，イスラーム法廷台帳，パピルス文書，ゲニザ文書など多種の呼称下に分類されており，対象とする時代や地域によって，残存の度合いに著しい差がある。また，文書は写本に比して様式・パターンや用語に特殊性が著しいうえに，筆致も全般に荒いため，判読が難しい場合が多い。逆に様式を十分に把握して慣れれば，理解はかなり容易になる場合もあろうが，大まかに言って文書が読めるようであれば写本は読めるが，写本を読めても文書の読解は容易ではないのではなかろうか。筆者自身，写本から文書へと，史料の利用範囲を拡げつつ重心を移動させてきた。また，研究者の世代からみれば，新しい世代になるにしたがって，写本の利用は当然として，文書利用も一般化しつつあると言えよう。

写本と文書では，その所蔵機関や研究機関まで異なる場合があり，注意を要する。それぞれに特化した専門機関も存在するのである。たとえばエジプトにおい

2）［レイン 1977］はその抄訳である。なお，レインの写本コレクションの方は1893年3月14日に同図書館が購入，クレーマー卿の方は1886年1月に購入されていた。

図2　エジプト新国立文書館完成予想図

ては，アラビア語写本を見るのであれば，エジプト国立図書館（ダール・クトゥブ。ただし，現時点で写本部門はイスラーム芸術博物館に移設されている）やアラブ連盟大学附属写本研究所，アレクサンドリア図書館，ワクフ省イスラーム写本中央図書館などをまず訪ねるべきであろうし，文書を閲覧するのであればエジプト国立文書館（ダール・ワサーイク）やダール・マフフーザートへ通うことになるであろう。このうち，エジプト国立図書館やエジプト国立文書館，アラブ連盟大学附属写本研究所は，機関誌に相当する良質のものを刊行している[3)]。特に，アラブ連盟大学附属写本研究所によるこれまでの歴史的貢献は顕著であり，多くの研究会議を催し，優れた写本校訂（修士論文などが対象）には賞を与えて自ら刊行するなど，写本研究の振興に尽力してきた。

また，カイロ大学のようにアラビア語文書・写本研究の専門家を育成してきた学科もある。カイロ大学文学部には，その前身のフアード1世大学時代の1951年に「図書館・文書・情報学科」が創設され，以来多くの専門家を輩出してきた。フアード1世大学の折から招聘されていたパピルス文書研究の大家，アドルフ・グローマン（1949/50–56年在籍）の薫陶を受けた碩学アブドゥッラティーフ・イブラーヒーム教授らによって，同学科の文書研究は深められてきた。学科の修士論文・博士論文には夥しい数の校訂が含まれている［大稔 1996］。また，筆者にも経験があるが，カイロ大学の教授などは大学院のゼミに文書現物を持参して，解説に及ぶこともあった。まさに現場の利を活かした刺激的な教育であった。

しかし，現地におけるアラビア語写本利用についてあらためて回顧してみると，研究に写本を使用する慣行は，前近代から現在まで全く途切れることなく連綿と

3）*al-Rūznāme : al-Ḥawlīya al-Miṣrīya li-l-Wathā'iq* や *Majalla Ma'had al-Makhṭūṭāt al-'Arabīya* など。

受け継がれてきたとも言える。現在，エジプト国立図書館にその蔵書コレクションが遺されているアフマド・タイムール・パシャ（1871-1930）のように，つねに写本を使い続けてきたのである。彼の著書『預言者の御物』［Taymūr 1951］を見ると，同書中に注記された参考文献の大半は彼の個人所有していた写本であり，その恵まれた環境には嘆息を禁じ得ない。

ここでは写本研究を中心に文書研究と書き分けたが，写本と文書双方の研究に取り組む姿勢が必要であり，校訂本からでは決して窺い知れない世界がそこに現出するはずである。

2　写本研究の現場――参詣書写本の世界から

次に，筆者自身が研究の過程でめぐり遇った，エジプト死者の街の「参詣書（kutub al-ziyāra）」写本群を実例に，写本との係わりについて記すことで，写本研究の現場とその実践的な愉しみの紹介に代えたい。この「死者の街」とは，エジプト・カイロの郊外，ムカッタム山の裾野を中心に展開する広大な墓地区を指し，歴史的には大小カラーファ地区，サフラー地区などを包摂している（以下，あくまで便宜的に「死者の街」という表現を用いる）。死者の街には聖者，預言者ムハンマドの末裔，大学者（以上は重なりうる），カリフ，スルターンから市井の人々まで全ての階層の人々が埋葬されていた。そして，墓廟，ハーンカー（修道場）や学校・モスクなど建造物が林立しており，その荘厳さはヨーロッパからの訪問者たちがヨーロッパにそれに匹敵するものは皆無と断言したほどであった。

エジプト死者の街の特徴は，集団参詣の慣行を生み出し洗練させていったところにあり，15 世紀には同時に 11 のターイファ（参詣講）が各々のコースを参詣するという盛況ぶりであった。これを先導したのが「参詣のシャイフ」と呼ばれる人々であり，彼らはお得意の順路で巡回して，各聖墓で故人の事績や功徳について同行解説していた。また，彼らが書き遺した参詣案内記が「参詣書」である。そこには，ムカッタム山の聖性や参詣をめぐるハディース，参詣をめぐる作法や慣行，著名聖墓へ至る道筋と被葬者である聖者の逸話と美徳，祈願成就の場所と方法，被葬者である聖者のカラーマ（奇蹟・徳行）などが詳述されていた。様々な立場からの情報が雑然と集積される一方，庶民の日常生活の端々が顔を覗かせており，口頭伝承を含む民俗誌データの宝庫と言える。

この死者の街に関する参詣案内記を世界中から複写蒐集する過程では，筆者も様々な苦楽を経験してきた。たとえば，オスマン朝支配期の1621年に書かれたシュアイビーの『フスタートとカイロに埋葬されたハディース伝承者，聖者，善男善女についての記述を含む書』［al-Shuʻaybī 1621］の写本コピーを得た折のことである。エジプトのアズハル図書館に所蔵されていることは，同館カタログとY. ラーギブ氏の数行の紹介から知っていたが［Rāğib 1973］，その内容についてはまだ世界で誰も研究に着手してはいなかった。そこでまず，同図書館へ赴き，身分証明のレターを頼りに館員と接していった（1990年代初頭のこと）。なかには，オールド・カイロ暮らしをする筆者の身上話や，当時絶大な人気を誇った「おしん」の話に耳を傾ける館員もおり，突破口を得ることができた。その館員は早速，筆者の求める写本を探してくれたが，その日は見つからず帰宅した。後日，再挑戦すると，すでにエジプト人同士の友人の連鎖に加われたらしく，皆で探索が始まった。大分時間が経過したところで，一人がついに発見した。写本本来の番号は欠本となっていたが，彼はその前後数十冊の革装（写本は一般に綺麗に加工された一枚の厚革にくるまれた体裁になっている）を開けて調べてくれたのだ。求める写本は別番号の革装の中に，誤って合包されていたのであった。

一読してこれは紛れもなく貴重なオスマン朝期エジプトの参詣書であり，しかもハディース伝承者か否かによって記述対象を選別するというユニークな形式のものとわかった。早速，コピーを請求しようとしたが，そのためには所属機関と大使館からのレター，アラビア語の申請書などが必要とされた。書類を揃えて出直したが，今度は関係者の承認サインを得なければならない。しかも，権限を有する人々は幾層にもなっており，組織の下方から一人ずつ，部屋を訪ねて承認を得ていかねばならない。そのたびに，自己紹介から始めて日本の四方山話などで数十分以上盛り上げ，よくある辛抱を続けた。何人かを経て，ついに合格かと思ったところ，「3〜4カ月後に来なさい。アズハル総長のサインが必要」と言われた。結局，筆者の滞在期間は尽き，あとはエジプト人の親友に託した。彼が何度かプッシュしたところ，2カ月も経たずに許可が出た。そして，館員は「一緒にコピーに行こう」と友人を館外へ伴い，貴重な写本をコピー機に直接押しつけ，計298枚のコピーをしてくれたのだった。これによって筆者は，これまで扱われたことのない史料をもとに，幾つか論考を発表することができた［Ohtoshi 1998］。

では，様々な経緯を経て蒐集した参詣案内記写本の比較検討から，どのようなことが導き出されるのであろうか。何より，先頃まで校訂本のなかった『ムルシド』や，それ以外の校訂が未だになされていない参詣書写本を使用することによって，「中世」エジプト，とりわけカイロ＝フスタート圏の住民の宗教的な日常慣行，彼らの心性や死生観・他界観などを研究する手がかりを得られたことが挙げられる。とりわけ，年代記史料や伝記集史料に頻出する支配者層や学識者，宗教エリートたちだけではなく，民衆（ʻāmma）の生活や心性を探ることができた。彼らは聖墓参詣を通じて祈願成就を心底から求めていただけでなく，墓地区における行楽や遊興を楽しみにしており，墓地における慈善行為から多大な経済的恩恵を受けていた。

くわえて，世界で未だ言及されたことのないオスマン朝期以降の参詣書写本を数点発掘し，その一部を研究紹介してきた。それによって従来全く不明のままであったオスマン朝期カイロの墓地区やその参詣の状況が明らかにされつつある。また，この時期にはシャリーア（イスラーム法）法廷台帳やワクフ（寄進）文書も多く残存していることから，それらとの比較照合の結果，さらに多くの実態が判明している。これら全ての事柄は，筆者にとって本質的な喜び以外の何ものでもない。

では以下，具体的に参詣案内記写本の世界を垣間見てみよう[4]。前出イブン・ウスマーンの『ムルシド』は現存する最古のエジプト死者の街参詣書であるだけでなく，内容的にも「死者の街」参詣書のスタイルの礎を築いた最も重要な作品である。しかし，同書には実に奇妙なところがある。それは，著者に比定されるイブン・ウスマーンの没年（1218年）以降の情報を包含していることである。その理由をどのように考えるべきなのか，真の著者は別人なのか，あるいは著者の没後に書き加えを行った人物がいるとすれば，それは誰なのか。これらの問いに答えるためには，残存する『ムルシド』写本の精査が不可欠となろう。残存写本をリストアップしたうえで，筆者が新たに発掘したものを加えたところ，大英図

4）以下の部分は，主として［大稔 2010］にもとづく。

図3　イブン・ウスマーン『ムルシド』写本

書館（3点），アズハル図書館，アヤソフィヤ写本館（トルコ），エスコリアル図書館（スペイン），バヤズィト図書館（トルコ），エジプト国立図書館（5点），ゴータ図書館（ドイツ），アブー・アッバース・ムルスィー図書館（アレクサンドリア，現ワクフ省イスラーム写本中央図書館）の所蔵写本を参照できた（図3）。

それらの検討の結果，おおよそ判明したことは，原著者はやはりイブン・ウスマーン（1218没）であり，何者かによって，アイユーブ朝後期からマムルーク朝前期を中心に1369/70年を下限として，本文中に多くの書き加えがなされたということであった。そして，原著者の没年（1218年）までの記述のみに拠っている（旧）写本群と，没後の記述が付加されている（新）写本群とに大別が可能であり，その双方ともその後に繰り返し筆写されていた。また，付加された部分にスーフィズム関連の記述が増加しており，エジプト社会におけるスーフィズムの浸透に呼応しているものと解釈できる。

それでは，『ムルシド』の原作に書き加えを行ったのはどのような人物だったのであろうか。イブン・ウスマーンは，参詣書著者としては極めて異例なことに，一族から何人も著名ウラマーを輩出してきた名家の出であった。シャーフィイー学派の法学者の祖父ばかりでなく，父や兄弟も学識者として著名であった。また，ムカッタム山麓に存在した一族の墓所は後代にわたってよく知られており，著者イブン・ウスマーン自身も祖父の墓廟のもとでミーアード（mīʿād 講話会，集会）を主宰していた[5]。

くわえて，一族の子孫は少なくとも 15 世紀まで活躍が知られていた。別の参詣シャイフであったイブン・ザイヤート（1412 没）は，自身の参詣書『大小カラーファ参詣の手引きにおける流星』の中で，ウスマーン一族の墓地に言及し，『ムルシド』の著者イブン・ウスマーンの「子孫が今日まで遺っており，善行者たち，学識者たちである」と明記していた［Ibn al-Zayyāt 1325AH : 309］。

これらの事柄をワクフ文書と付き合わせると，興味深い事実が浮かび上がる。すなわち，1402 年に起草されたスードゥーン・ミン・ザーダのワクフ文書によると，同ワクフからの支出項目に「（毎週）土曜日と水曜日にカラーファ（死者の街の一部）の聖者を参詣する際にクルアーンを読誦するイブン・ウスマーンの参詣講には，毎月 20 ディルハム（の金額）がワクフ収入から支払われる」と指定がなされていたのである。すなわち，15 世紀初頭にあっても，イブン・ウスマーンの名で広く知られる別の参詣シャイフが存在したのである。これを著名な歴史家マクリーズィーの『地誌』と照合するならば，この人物が別人の（ムフイッディーン）イブン・ウスマーン（1412 没）であると判明する。彼は両足が不自由ゆえに土曜日の日昇後に騎乗して参詣を先導していた参詣のシャイフ・アジャミーの跡を継ぎ，土曜日の日昇後に騎行していたとされる［al-Maqrīzī 1987 : vol. 2, 461］。

この（ムフイッディーン）イブン・ウスマーンは，参詣のシャイフとして従事していただけでなく，『ムルシド』の原著者イブン・ウスマーンの子孫であった可能性が高い。他の状況も考慮して大胆に推論を進めるならば，この（ムフイッディーン）イブン・ウスマーンは『ムルシド』原著にない後代の知識を書き加えていった可能性が最も高い人物である。また，イブン・ザイヤートの言及したムワッファクゥッディーン・イブン・ウスマーンは，おそらく原著者の弟の曾孫に

5）［al-Mundhirī 1988 : vol. 2, 362–363, 434, 475］,［Ibn al-Ṣābūnī n. d. : 226–230］,［al-Dhahabī : 174–175, 245–246, 292–293］（ヒジュラ暦 613–16 年の訃報部分）.

あたり，書き加えを行なった可能性を有する。さらに，名前と時代からすると，『ムルシド』のアヤソフィア写本の筆写者であるアフマド・ブン・ムハンマド・イブン・ウスマーンもわずかながら可能性を残す。

あらためて考えてみると，参詣講も当時は多数存在していたのであり，それを率いた参詣のシャイフたちは「顧客」獲得のためにも，他の参詣シャイフと自らの差異化を図る必要に迫られる状況下にあったと推察される。また，参詣書自体もいわば参詣をめぐる言説のアリーナと化しており，『ムルシド』の書き加え（ヴァージョンアップ）は，原著から約200年が経過して他の参詣シャイフが続出し，優れた参詣書が次々と著されていた当時の状況を踏まえて再考すべきなのかもしれない。たとえば，付加の実行者は，自分たち一族の保持する参詣書が古びて，他の参詣書に比べ情報不足となったことを痛感し，自身のフィールドワークや読書の成果をそこへ注ぎ込んだという可能性などである。

以上は，参詣書写本研究の成果の一端であるが，次に写本と文書との併用による研究総合の可能性と，文書とフィールドワークとの総合の可能性について付記してみたい。参詣書写本においては，墓地参詣をめぐる諸慣行が詳述されていた。そこには，墓への供物（香草，ロウソクなど），被葬者の墓に対するクルアーン特定章の詠みかけ，墓地での饗応（パン，菓子，肉など），金銭を振る舞う慈善行為，あるいはナイル川からの浄水供給などのインフラ整備にも言及が見られた。これら自体，参詣書写本を利用することによって，新たに詳らかになってきた事柄であるが，ワクフ文書という史料を組み合わせると，さらに多くの事柄が浮かび上がってくる。端的に言えば，これらの慣行は，そのほとんどがワクフによる制度上の経済的基盤を有しており，ワクフ文書には墓への供物内容からクルアーン特定章の墓への詠みかけ，墓地での饗応，慈善行為，インフラ整備まで，細かい規定が明記されていたのである。すなわち，参詣書写本の記す慣行とワクフ文書の記す（経済的）制度が見事に符合していたのである。たとえば，墓でよく詠まれていたクルアーンの章には傾向が見られたが，これはワクフ文書の指定とほぼ同じであった。おそらく，当時の一般的慣行をワクフ制度が取り込んで追認してゆく形となったものであろう。くわえて，ワクフ文書には，参詣書にも見られない墓守の職務をめぐる情報も記されており，文書によって写本史料を補完することが可能である。

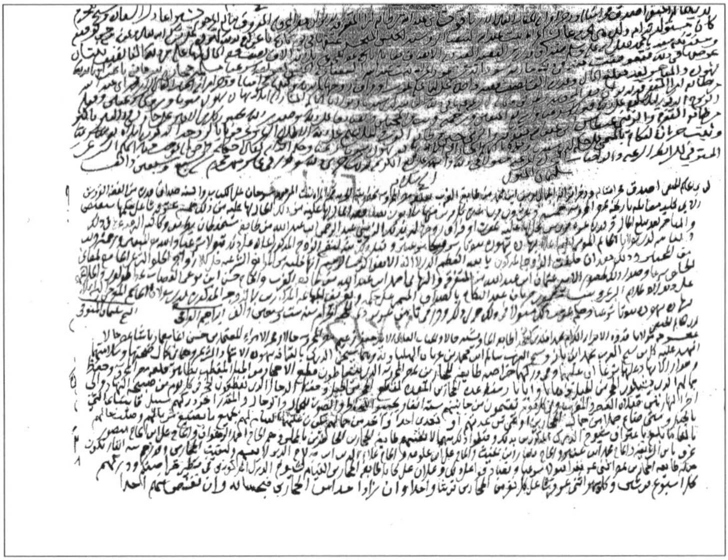

図 4　イブン・トゥールーン法廷台帳

さらに，ここで文書とフィールドワークとの関係についてのエピソード（あくまで推論の域を出ないが）を付け加えたい。オスマン朝期，イブン・トゥールーン法廷へ持ち込まれたある事案によると［Sijill Ṭūlūn 205］（図 4），死者の街における警護のシャイフであったヒルバーウィーヤ・アラブの長にサーリム（Sālim b. Muḥammad）という人物がいた。彼は，他の者と共にカラーファ（死者の街）警護を担当し，警護料を取ったうえで，ムカッタム山から石材を切り出す石工や人夫の警護，石材を運搬するラクダや石工の道具の保全に当たっていた。筆者は死者の街の歴史的な周縁部に 2 年以上居住し，25 年にわたって現代のフィールドワークも行ってきたが，そこでの墓掘りの親方衆から聞き取りをしたところ，彼ら一族の祖先はオスマン朝期，現在から数百年以上も前からこの地区の墓掘り／墓守に当たっており，その先祖はサーリムという名だと言う。もし，このサーリムが文書に出てきたサーリムやその一族の者（一族で同じ名前を使用することが珍しくないため）であったというようなことがあれば，まさに文書と現実の符合例ということになろう。そして，このように，文書や写本と現実との符合について思いを巡らせながらフィールドを歩むこと，これもまた，写本研究の大きな愉しみである。

3　日本における写本利用

次に，日本におけるアラビア語・ペルシア語・トルコ語系諸言語の写本研究について振り返ってみたい。現地や欧米の一部の研究者には遅ればせながら，日本の中東研究者もこれらの写本史料を用いてきており，この点で世界水準であるとともに，部分的には先導する業績を残してきた。

そこで，日本の研究者の有利・不利について一瞥してみると，まず文書研究について言えば，文書の多くは中東の現地研究機関に大量に所蔵されており，一般に郵送では複写を受け付けない環境にある。夥しい量の文書史料に長期間取り組む必要があるゆえ，現地研究者に比して圧倒的な不利をかこつ。ヨーロッパの研究者に比べても移動距離や運賃などの点で大きなハンディがある。さらに，現地研究者に比して，「外国人」研究者は利用手続きがはるかに煩雑となりがちであり，複写の制限や料金の逆格差もある。ただし，それでもなおエジプト国内の機関における文書利用が難しいイスラエルの研究者よりは，まだ日本の研究者の方が恵まれていようか。

これに対して写本研究となると，かなり状況が異なる。世界各地に保全されている写本が相当数あるうえに，直接訪問せずとも郵送やメール添付でそのコピーを入手できるケースが，現地機関を含めて多数ある。その場合の複写媒体は，かつてであればマイクロフィルムや紙であり，現在ではCDに焼き付けたり電子ファイルにまとめるケースが増えた。このため，写本研究の場合は日本在住の研究者もさほど不利を感じずにすむことになる。もちろん，写本の紙に手で触れてみなければ分からないこともあるし（これは世界的に制限されつつある），現地で閲覧する以外にない写本もあるが，逆に欧米の機関に保管されていてコピーを得やすい写本の場合，経済的に恵まれた日本の研究者が，むしろ中東の現地研究者よりも優位に立つケースすら生じる。

日本における写本を活用した研究についてはどうであろうか。この領域は全体として1970年代に興隆期に入ったものと思われる。京都大学の間野英二氏は

1973年から『バーブル・ナーマ』ハイデラバード本のファクシミリによる講読授業を開始しており，おそらく日本の大学教育における中東諸語の写本講読の嚆矢であるかと思われる（ヘブライ語は除く）[6]。東京では志茂碩敏，家島彦一，佐藤次高，清水宏祐各氏らが，ペルシア語・アラビア語の写本を用いた研究の重要性を痛感し，次々とその研究に活用していった。その後は一挙にスタンダードと化した観がある。京都外国語大学の堀川徹氏は，同大学の保有する写本の整理を進めるとともに，1989年から写本研究会を開始している。

そのような中から，日本で校訂版を出版する事例も生まれてきた。前出の間野氏の『バーブル・ナーマ』［間野 1998］はその金字塔であろうし，東京外国語大学からはシリーズで家島彦一，鎌田繁，羽田亨一，太田敬子，川本正知各氏による校訂本が次々と公刊されてきた。「文書」の利用について言えば，こちらも70年代以降，オスマン語，アラビア語の文書を活用した研究が続出している[7]。

佐藤次高氏も早くから大学院のゼミでアラビア語写本講読を続けてきた。筆者も1983年から参加したが，写本利用は当然という意識を持つことができた点で，非常に貴重な機会であった。また，写本を筆写後，良く乾かさずにページが閉じられたためにインクの点や線が触れた反対側の紙に付着してうつってしまうというような事例まで検討したことを覚えている。当時，シリア・ダマスカスの文書館館長ダアド・ハキーム氏を招聘して，写本講読のゼミを数回行ったことも印象深い。ただし，佐藤氏のゼミで文書が使用されることはなかった。

おわりに

現在，筆者も含め，中東史研究者が使用する史料の形態は，「写本」から「文

6）堀川徹氏のご教示による。ここに記して深く感謝申し上げる。

7）森本公誠氏のパピルス文書研究や永田雄三氏らのオスマン語文書研究（次章参照）は，その代表例として特記されよう。なお，日本国内に存在する写本コレクションについては，III-1章にあるため，割愛する。日本における中東諸言語による写本の蒐集は，直接の植民地関係もなかったうえに出遅れたため，所蔵数が欧米に比して良くも悪くも圧倒的に少ない。

書」へ比重を移しつつあるように思われる。しかし，写本の利用が有効性を失ったわけでは決してない。たとえば，筆者が近年着手している研究対象に，イブン・アフマド・カーディーに帰される『天国と地獄についての精確な情報』という書物がある。ムスリムの終末論，死後の世界を活写して，少なくとも数百年以上にわたって世界中で読み継がれてきた著名作品であるが，筆者が調べ直したところ真の著者はおそらく別人であり，同書の写本群は複数の別名を冠されたまま世界中の研究機関に散在していると考えられる。これもまた，本格的な写本蒐集による比較検討を要するが，その結果次第では世界各地に散在する数多のカタログや文献を訂正する必要が出てこよう［大稔 2011］。

写本を用いた研究の有効性が微塵も衰えておらず，むしろ当然の前提と化しているならば，その読解のための技術や経験を深耕し，次の世代へ伝達してゆく努力も不可欠となろう。そのための修練の場を設け続けることが責務と自覚し，筆者も大学院教育でささやかな実践を試みてきた。また，前述のように，写本の複写やデータ処理，閲覧や保全をめぐるテクノロジーの進展には，目を見張るものがある。この点でも，写本の活用は一層の促進と展開を遂げ続けるに相違ない。本章では写本へのアクセスをめぐる旧来の苦労話を記したが，現在一部では，すでにインターネット上で所蔵写本の全面公開すら始まっている。この傾向は今後も拍車がかかると予測されるため，筆者の記した体験談なども，すぐに過去の笑い話となるであろう。しかし，冒頭で挙げた，過去の人々と直接対話しているという感触の確かさ，歴史研究の現場に立ち会っているという醍醐味は，たとえ技術革新によって写本をめぐる人々との再会や邂逅が失われたとしても，不変であろう。

また，あらためて繰り返すまでもなく，写本研究自体も今後はますます精緻化されていくであろう。たとえば，歴史的に合本された写本の組み合わせから，何かを論ずるようなことも増えると推定される。同時に，写本や文書を利用するだけで賞賛された時代は完全に去り，そこから独創的な何を見出すのかが，ますます問われるようになるであろう。そして，そのことを幾分たりとも実現したという手応えが得られたとき，それはやはり写本研究の本質的な醍醐味に通じているに違いない。

参考文献

大稔哲也 1996「アブド・アル・ラティーフ・イブラーヒーム氏の文書研究」『山形大学史学論集』16, pp. 1-13.

――― 2010「ムスリムの『参詣の書』より――エジプトの参詣案内記」『説話・伝承学』18, pp. 40-56.

――― 2011「ムスリムの他界観研究のための覚書――イブン・アフマド・アル・カーディーとサマルカンディーによる他界論をめぐって」『死生学研究』15, pp. 1-24 (339-362).

堀川徹／谷口淳一（編）1998『京都外国語大学付属図書館所蔵アラビア語写本目録』京都外国語大学付属図書館.

間野英二 1998『バーブル・ナーマの研究 I　校訂本』松香堂.

レイン，ウイリアム 1977『エジプト風俗誌』（大場正史訳）桃源社.

al-Dhahabī. *Ta'rīkh al-Islām*. Bayrūt.

Diadié, I. ed. 2006. *Abana : Rihla*. Almuzara : Fundación Mahmud Kati.

Ibn al-Ṣābūnī. n. d. *Takmila Ikmāl al-Ikmāl*. Baghdād : al-Majma' al-'Ilmī al-'Irāqī.

Ibn 'Uthmān. 1994. *Murshid al-Zuwwār ilá Qubūr al-Abrār*. al-Qāhira : al-Dār al-Miṣrīya al-Lubnānīya.

Ibn al-Zayyāt. 1325A H. *al-Kawākib al-Sayyāra fī Tartīb al-Ziyāra fī al-Qarāfatayn al-Kubrā wa al-Ṣughrā*. al-Qāhira.

al-Maqrīzī. 1987. *al-Mawā'iẓ wa al-I'tibār fī Dhikr al-Khiṭaṭ wa al-Āthār*. al-Qāhira : al-Maktaba al-Thaqāfa al-Dīnīya (rep.).

al-Mundhirī. 1988. *al-Takmila li-Wafayāt al-Naqla*. Bayrūt : Mu'assasa al-Risāla.

Ohtoshi, T. 1998. "A Note on the Disregarded Ottoman Cairene *Ziyāra* Book," *Mediterranean World* 15, pp. 75-85.

Rāġib, Y. 1973. "Essai d'inventaire chronologique des guides à l'usage des pèlerins du Caire," *REI* 16, pp. 259-280.

al-Sakhāwī. 1937. *Tuḥfa al-Aḥbāb wa Bughya al-Ṭullāb fī al-Khiṭaṭ wa al-Mazārāt wa al-Tarājim wa al-Biqā' al-Mubārakāt*. al-Qāhira.

al-Shu 'aybī. 1621. *Kitāb Yashtamilu 'alā Dhikr man Dufina bi-Miṣr wa al-Qāhira min al-Muḥaddithīn wa al-Awliyā' wa al-Rijāl wa al-Nisā'*, Ms. Maktaba al-Azhar, Ta'rīkh 5105819.

Sijill Ṭūlūn. 205. Dār al-Watha'iq al-Qawmīya, Maḥkama al-Jāmi' al-Ṭūlūnī, Sijill no. 205, Wathīqa no. 2177.

Taymūr A. 1951. *al-Āthār al-Nabawīya*. al-Qāhira : Dār al-Kitāb al-'Arabī bi-Miṣr.

Zaydān Y. 2008. *'Azāzīl*. al-Qāhira : Dār al-Shurūq.

第 3 章　写本研究の愉しみ（2）
——オスマン朝史の現場から

永田 雄三

はじめに

オスマン朝の研究にとっても，写本研究が重要なことはいうまでもない。各種文学作品，伝記集，法令集，書簡集，旅行記，地理書，年代記などのうち，すでに刊行されているものは少数であり，多くはなお写本のまま残されている。トルコでは 1928 年の文字改革により，アラビア文字が廃棄され，ラテン文字を基本とした新トルコ文字が採用されて以来，アラビア文字で記された写本のラテン文字化による校訂・出版が盛んになり，それは現在なお続いている。本書では，オスマン朝における写本そのものについては，すでに別途紹介されているので（II-8，II-9 章参照），本章では，私の専門とするオスマン朝史研究の立場から，年代記などの歴史研究に関連の深い写本研究の「愉しみ」について述べてみよう。

私は，1965 年にイスタンブル大学大学院に入学し，18 世紀中葉に 2 度にわたって大宰相を務めたある人物の伝記的研究を博士論文として 69 年に提出した。その際には，この人物の官僚あるいは政治家としてのおおまかなキャリアを，すでに刊行された，あるいは未刊行の写本として存在するいくつかの官撰の年代記を利用した経験を持っている。しかし，この人物のそれ以上の活動を追究するには刊本はもとより写本であっても全く不十分で，いわゆる文書史料に依拠する必要があった。

1930 年代以降，オスマン朝時代から残された大量の古文書が国際的に注目されて以来，16 世紀以後のオスマン朝史研究はこれらの文書を中心として展開されている。これらは，オスマン朝の行政府が作成した公式記録で，政治・外交・法律・制度・経済など，あらゆるテーマに関する基本史料である。もちろん，文書史料がほとんど残されていない16世紀以前の時代や，文学・美術・建築・演劇などといった文化史的な分野に関してはなお，写本史料の役割は大きい。本書の狙いからすれば，本章はこうした写本を史料とした研究を紹介するべきかもしれない。しかし，私にとっては，すでに述べたように，それ以上に文書との付き合いが深かった。ひとくちに文書といっても，その実態は一葉の紙片形態によるものだけではなく，一冊の帳簿形式にまとめられたものも少なくない。帳簿形式の文書史料は順を追って読み進めていくと，あたかも写本を読むかのように出来事の推移がわかる。紙片状の文書の場合でも，これを系統的に集めて分析すると，これまた出来事の推移やそれに対する行政側の対応の仕方などが手に取るようにわかる。そこで，本章では「写本」の意味を広く解釈して，これらの文書をも「写本」の一形態と捉えたい。いずれの場合も「手書き」の「書物」であることには変わりないからである。本章では，文書史料を体系的に集めて分析することによって，そこから一つのストーリーを紡ぎだしてゆく「愉しみ」を紹介してみたい。

文書は大都市の文書館や図書館などの一隅にひっそりと存在するだけではなく，実際に研究の対象となった地域にも存在する。このため，それらを閲覧するために出かけて行った地域の自然やそこに住む人々との触れ合いの中で研究をし，教えを乞うといった愉しみもあるのである。なお，本章の最後に，写本研究の重要性を示唆する新しい研究動向と，私がかつて協力させていただいて東京駒込にある財団法人東洋文庫に収集された写本（マイクロフィルム）についても簡単に紹介しておきたい。

1　ある政治家の伝記的研究から

オスマン朝関連の文書は，トルコ共和国内だけではなく，旧オスマン朝領内の中東・北アフリカ・バルカン諸国にも多種多様な形で存在するが，ここではトルコ共和国内に残存するオスマン・トルコ語文書，それも私がこれまでに利用した種類の文書から得た経験を二つの事例から紹介したい。オスマン・トルコ語文書を最も多く所蔵するのは，イスタンブルの「首相府オスマン文書館」である。ここには 1 億点以上の文書が所蔵され，世界各国から研究者が訪れ，さながらオスマン朝史研究の「メッカ」となっている。原文書の破損を防ぐための電子化が進んだ結果，現在では，検索しようとする人名や地名を端末から入力すれば，電子化された文書ならば，一瞬にして数点，場合によっては数百点の文書の登録番号がパソコンの画面上に現れる。この作業は日本にいてもできる。しかも，文書館に行けば，これらの文書をただちに CD あるいは DVD に焼いてもらって即日入手できるのである。しかし，私がここを盛んに利用した 1960 年代末〜80 年代のころは，まだ電子化などは考えも及ばない時代で，各種のカタログを一つ一つ丁寧に読んで，自分のめざす文書を見つける以外に方法はなかった。その代わり，すべての文書を実際に手にとって読み，読めない文字に出くわすと，先達に聞くという牧歌的な，楽しい時間を持つことができた時代である。文書研究の愉しみは，まずはここからはじまる。オスマン朝史研究の大先達であるイスタンブル大学の İ. H. ウズンチャルシュル教授は，かつて「私は文書館に 30 年通ったが，その半分の 15 年はカタログを見ていた」と語ったほど，これは大変な作業である。

この文書館で研究する人の多くが最初に利用するのは，直訳すればトルコ語で「御前会議重要文書」とでも訳しうる名称で分類されている一種の「勅令集」（枢機勅令簿）である。これは 16 世紀から 19 世紀に及ぶ時期を年代順にまとめた 250 冊以上の帳簿群からなっている。この史料群も最近では何冊か校訂・出版されているが，大部分はなお「写本」のままである。この帳簿をぱらぱらとめくっていくと，オスマン朝のあの広大な領土の地平が居ながらにして眼前に現れる。たいていの文書は，冒頭に勅令の送付される各州の知事やカーディー（イスラーム法官）に宛てられたものであるから，エジプト，そして次はバグダード，つづいてボスニア，アナトリアといった地名が次々と何の脈絡もなしに現れる。その反面，帳簿の本文に目を転じると，きわめて具体的で詳細な情報に接することになる。その文面は，時には，公文書といったイメージからはほど遠い，生々しい事件の推移が，簡潔で読みやすい文体で綴られている。さきに触れた私の博士論文の主人公はムフスィン＝ザーデ・メフメト・パシャという人物であるが，この人の政治家としての活動を探るために文書館に日参していたある日，わがメフメト・パシャがボスニア州知事に任命されたことを知らせる 1761 年 9 月付の勅令に出くわした。そこには，かれの父であるアブドゥッラー・パシャがボスニアをきわめて良く統治したことが特筆されており，「お前も父のようにボスニアに善政を布くように」と述べられている。文書の文面はただそれだけのそっけないものである。しかし，アブドゥッラー・パシャの「善政」はボスニアの現地でも長く語り伝えられたようである。

のちのことであるが，1961年にノーベル文学賞を受賞した旧ユーゴスラヴィアの外交官であり，小説家であるイヴォ・アンドリッチの小説『ボスニア物語』を読んでいると，このアブドゥッラー・パシャがボスニアの小さな町トラヴニクの出身で，ここにかれの墓が存在することが記されていた。私は，その後，1977年10〜11月にサライェヴォに滞在した折に，この雪深いトラヴニクの町を訪ね，実際にアブドゥッラー・パシャの墓が存在することを確認した。この小説の中には，ボスニア州知事（小説ではトラヴニクの太守）としてのかれの統治は穏和で公正なものであったため，かれの治下では「貧者も窮迫を知らなかった」という記述もある［アンドリッチ 1972 : 104］。このように，親子二代にわたって善政を布いたことが，現地においてこの家系がトラヴニクの出身であるという伝説を生んだのであろう。しかし，私の研究では，ムフスィン＝ザーデ家の名はシリアの商業都市アレッポの商人ムフスィン＝チェレビの名に由来する。メフメトの父，アブドゥッラー・パシャも一時期大宰相にまで上りつめた経歴の持ち主である。なお，アンドリッチには，もっと有名で，受賞に直接結びついた小説『ドリナの橋』があるが，これもオスマン朝支配下のボスニアでイスラーム教徒とキリスト教徒がそれなりに共存する社会を描いた大河小説である。

のちに私は，アンカラの「ワクフ（寄進）文書総局」に残存する「ワクフ文書」でメフメト・パシャが行った寄進の実態を調べた。このワクフ文書もオスマン朝の，とくに都市研究の最も重要な史料群だからである。ここで，メフメト・パシャがボスニア地方に持つ相当数の財産を寄進したことを確認した。このこともムフスィン＝ザーデ家のボスニアにおける名声を永続させた原因の一つであろう。こうして，この家系は現在はシリア共和国第二の都市であるアレッポ，イスタンブル，そしてボスニアといった広い地域に関係していることがわかった。こうした広いネットワークこそイスラーム社会のあり方を象徴している。このワクフ文書総局でメフメト・パシャのワクフ文書を調べている時のことである。ふと気がつくと，「ムフスィン＝ザーデ」という声が聞こえてきた。たぶん，はるばる日本からやってきた若者がめずらしいので，私の噂をしているのだろうと聞き流していた。しかし，そうではなくて，なんとムフスィン＝ザーデ家の子孫の一人が，祖先の残したワクフ物件（寄進財）からの収入（おそらくその一部）を受け取りに来ていたのである。トルコでは現在ワクフ物件はすべて国家管理のもとに置かれているはずであるが，こうした例外もあるのだと初めて知ったと同時に，はからずも自分が博士論文の対象にしている家系の方と面識ができたのはうれしかった。1976年に私の論文［Nagata 1976］がトルコ語で出版されたときにも，これを知った別の子孫の方から連絡があり，一冊差し上げたことも思い出として残っている。

「首相府オスマン文書館」での調査は，「枢機勅令簿」の検討を終えると，今度はさまざまに分類された史料群に挑戦するわけだが，ここからは研究者の問題意識とそこからくる“勘”が勝負である。私の問題意識は，日本の豪農，中国の郷紳，そしてイギリスのジェントリなどと比較可能なオスマン朝の地方名士「アーヤーン」と，これを統御しようとする大宰相ムフスィン＝ザーデ・メフメト・パシャの対地方名士（アーヤーン）政策とを明らかにすることであった。メフメト・パシャの官僚としてのキャリアを「枢機勅令簿」で把握すると，今度は「アーヤーン」という単語を探すことにした。そこで，私はある不思議な感覚を体験したようにいまでも思っている。それは，そのつもりでカタログを見ていると，“ayan”という単語だけがカタログの行間から浮き上がって私の眼に飛び込んでくるのである。そしてその多くがメフメト・パシャと関係していたのである。それらの文書の検討から得られた成果を一つだけ紹介しよう。

メフメトは，若いころ，帝国領内各地の知事を務めた父と一緒に行動していたので，アーヤーンに牛耳られている地方の実情に詳しかった。このため，かれは1765年に第一回目の大宰相職に就任した当初から，アナトリアとバルカンの各地に勃興したアーヤーンたちを体制内に取り込むことに腐心していた。1768年に露土戦争勃発の危機が近づいた時，メフメトは帝国がいま戦争をしている状況ではないことを考慮して，和平論を説いたため，地方の実情を知らないイスタンブルのコーヒーハウスにたむろする無責任な大衆の「世論」に押されたスルタンによって，大宰相職を罷免されて，エーゲ海の島に左遷された。戦争さなかの1770年，ロシアの名だたる女帝エカチェリーナ2世の派遣したスパイの煽動もあって，モレア（ペロポネソス）半島のギリシア人が蜂起した。現ルーマニア方面でロシア軍と戦っているオスマン軍は後方からも襲われる危険に直面したのである。そこでスルタンは，いまや老練な政治家であるメフメト・パシャをモレア州知事に任命して，「反乱」（オスマン側から見た）の鎮圧を命じた。ギリシア史の上では，この「反乱」は，これを支援するためにエカチェリーナが派遣したロシア軍の将校オルロフの名をとって「オルロフ事件」と呼ばれる，単なる「事件」であるとされるのが常である。

だが，オスマン朝側の文書によれば，それだけではない。私は，トプカプ故宮博物館文書局に残された1枚の史料を発見した。ここもまた，オスマン朝文書の宝庫である。この1枚の史料は，「反乱」の勃発に驚いたスルタンがただちにモレア半島現地に派遣した調査官の報告書である。まさに，「反乱」の現場からとどけられた緊迫した文面であった。それによれば，モレアの現地で「反乱」を指導しているのは，オスマン支配の弛緩を利用して台頭したギリシア人有力者（コジャバシス）の一部である。一方，「首相府文書」によると，「反乱」の鎮圧を命じられたメフメト・パシャは，北部ギリシアのアーヤーンたちに手紙を送り，それぞれ数百名からなる傭兵軍の派遣を命じたのである。その結果，1万人に達する傭兵軍がモレアの中心にあるトリポリチェに集結し，短期間に「反乱」を鎮圧した。「反乱」がこのように短時日のうちに鎮定されたのは，さきの調査官の報告によれば，コジャバシスたちの一部が反乱の指導者である反面，他の一部はオスマン朝の支配下に留まることを選択してオスマン側に加担したからである。つまり，「反乱」側の足並みが乱れていたのである。これに対して，北部ギリシアのアーヤーンたちは，「反乱」が拡大すれば，自分たちの権益が侵されることは必至なので，ふだんなら政府の言うことを聞きたがらないかれらも，メフメト・パシャの呼び掛けに積極的に応じてこぞって参集した。メフメト・パシャは，この功により大宰相の地位に返り咲いた。

このように，文書は，歴史の現場に密着した情報をヴィヴィッドに伝えてくれる第一級の史料である。私はこれらの史料に基づいて，この1770年の「反乱」を単なるロシアの扇動に乗せられた「事件」ではなく，1820年から本格的にはじまる世界史上に有名な「ギリシア独立戦争」のプロト・タイプであると結論付けている。それは，「反乱」側に将来の独立を志向する思想があったからである。

私のこの意見はまだ国際的に認められたとは言い難いが，文書史料でつかんだ歴史学の用語に言う「史実」は時代の趨勢や流行にかかわりなく生き続けるものであると確信している[1]。

さて，こうして大宰相兼オスマン軍総司令官に就任したメフメトは，勝ち目のないこの戦争を終結させるために，ただちにロシアとの和平交渉を始め，一時は休戦にまでこぎつけた。そしてかれは，その最終的認可をスルタンに求めたのである。しかし，現場の状況を知らぬスルタンはこの要請を却下し，戦いはふたたび開始された。このとき，メフメトが断固としてロシアと講和を結ばなかったことは，スルタンを恐れた臆病な行為であると後世批判されることになる。だが，この間にスルタンに送った手紙で，メフメトは，通りかかったある兵卒に「水をいっぱいくれないか」と言ったところ，「いくらくれる？　それによってはあげないでもないよ」と返答するしまつであると慨嘆している。結局メフメトは，このように規律の乱れた軍団を率いて戦わざるを得ず，もはや勝敗は明らかであった。1774年7月にロシアとの間に，無条件降伏に近い条件で，キュチュク・カイナルジャ条約を結ばざるを得なかったかれは，失意のうちにイスタンブルへ帰還する途中，現ブルガリアのカルノヴァッツという片田舎で68歳の生涯を閉じたのである。戦いに敗れたこの「敗軍の将」の名を知る人はトルコでもいまはほとんどいない。

2　「急がば回れ」——カラオスマンオウル家との出会い

これまで述べたように，文書研究は歴史の襞ともいえる細部まで知るには格好のものであるが，最大の問題は現地に飛ばなくては何一つ見ることができないということである。狭義の写本研究の場合でもほぼ同じことがいえる。日本にはオスマン朝時代の写本などほとんど存在しないからである。私の「アーヤーン」研究の第二段階は，1974年に東京外国語大学アジア・アフリカ言語文化研究所の

1）「反乱」の一部始終は，とりあえず［永田 1971 : 46-63］，くわしくは［Nagata 1976 : 39-66］。

三木亘教授（当時）を団長とする海外学術調査隊「イスラム圏の社会文化変容の比較調査」の第一回目に参加したのがはじまりである。博士論文で露土戦争の前線にはせ参じた多くのアーヤーンたちの名を知ったが，その中にカラオスマンオウルという名の家系があった。マニサの町を本拠地としてトルコのエーゲ海沿岸地方一帯に勢力を張ったアナトリア随一のアーヤーンである。そこでまず，イスタンブルの「首相府文書」を調査したが，最初の段階では，これといった史料に出会えなかった。

このとき，やはりこの家系に目を付けてフランスからやって来たのが，ジル・ヴァンスタンである。かれもイスタンブルでこれといった史料を見つけられないことにうんざりしたあげく，フランスに帰ってしまった。私の方はといえば，まさか日本に帰るわけにもいかず，18 世紀以降カラオスマンオウル家が支配したマニサの町へ行くことにした。ヴァンスタンもマニサがこの家系の本拠地であり，ここには「イスラーム法廷台帳」が多数残されていることを知らぬはずがないのに，なぜフランスに帰ってしまったのだろうか。私には一つ思い当たるふしがある。それは，ずっとのちにオスマン朝の 18 世紀を「アーヤーンの時代」と命名することになる[2)]アメリカの B. マクガヴァンも交えて，ジルと私と 3 人で酒を飲んでいるときに，私が「マニサに行く」と言ったとき，マクガヴァンが「ええ！　あんな暑い，いやなとこに行くの？　それは学問的自己犠牲だ！」と叫んだことである。欧米の研究者にとって夏にイスタンブルに行くことは，半分は，避暑感覚だからである。かれらはイスタンブルにいてもあまりトルコ人と付き合おうとはしない。だから，トルコ語も下手だし，地方へ行くことなど，観光地以外には考えたこともない人が多い。ヴァンスタンにもそうした感覚があったのではなかろうか。これが，こうして別れたわれわれ二人の研究方向の分かれ道となった。ヴァンスタンは，18 世紀当時中東最大の貿易港であったエーゲ海沿岸のイズミル（古名スミルナ）に駐在したフランスの領事報告を利用して，この家系の姿を外から捉え，私は「イスラーム法廷台帳」を利用して，内から捉えるという結果になるのである。そうしてみてからわかったことであるが，この家系についてマニサの「イスラーム法廷台帳」からさまざまな情報を収集したうえで，あらため

2）［McGowan 1994 : 637］。

てイスタンブルの「首相府文書」を調査すると，瑣末なものにみえても，じつは，この家系に関する貴重な情報が多数存在したのである。たとえば，「イスラーム法廷台帳」に記録されているこの家系の人たちの「遺産」の政府による没収手続きと，これに抵抗する一族との「せめぎあい」の過程を示す文書は「首相府文書」から追求できる。これはアーヤーン，すなわち地方名士とは何かを考えるための格好の史料である。

さて，マニサである。この町は古代リュディア王国の首都サルデス，つまりアケメネス朝ペルシア帝国の「王の道」の「終点」の近くにあった都市マグネシアである。これが訛って現在マニサと呼ばれているが，オスマン・トルコ語のアラビア文字表記を見ると，「マグニーサー」と読める。ここは，16世紀にはスレイマン大帝などが皇子の時代に帝王学を学ぶために軍政官として滞在した由緒のある町である。このような歴史もあって，この町には裁判所であると同時に，地方行政の中心としても機能していた「イスラーム法廷」があり，17世紀から19世紀に及ぶ440冊余のその記録（台帳）が残されている。実際に行ってみると，この町の考古学博物館の一室にそれはきちんと保存されていた。

ここで「イスラーム法廷台帳」を読み始めたが，博物館である以上，開館している時間が限られている。そこで，私は重要と判断したページを持参のカメラで撮影することによって短期間にできるだけ多くのデータを日本へ持ち帰ろうという欲張ったことをした。だが，こうした「やらずぶったくり」は良くなかった。こうした行為は，博物館に見学に来ている人たちに不信感を抱かせただけでなく，私にとっても，これを日本に持ち帰ったところで，もし読めない単語に出くわした場合，当時の日本では相談する相手もいなかったし，そもそも写真ではピントのずれている個所は読むことができなかったからである。まさに“若気の至り”という他はない。二回目からは大事な文書はすべてその場で筆記し，わからないところは辞書を引いてでもなんとか読み解くことにした。それでもわからないときは街へ出てバザールに行き，人々に聞くことにした。しかし，計量単位には困った。読むことは読めるが，実際にはどの程度の分量にあたるのかがわからないのである。バザールへ行って商人や職人たちに聞いてみても，誰も知らない。それは，いまではトルコでもキログラムやメートルなどが計量の基本単位となってしまっているからである。

そのような経験も含めて，博物館が閉まっている休日にはできるだけマニサ地方をあちこちと歩き回って地形や人々の暮らしぶりを意識的に観察することに努めた。できれば文化人類学的な調査のまねごとをしたいくらいの気持ちであったが，文書調査と現地調査の両方の許可を同時に取り付けるのは不可能であった。そうした観察の中で二つ印象に残っていることがある。その一つはトルコ有数の肥沃な「マニサ平原」に関することであり，いま一つは山岳地帯に関するものである。

まず平野である。ここには，カラオスマンオウル家の「所有する」チフトリキと呼ばれる「大農場」が存在する。私はこの一族がマニサ地方からベルガマ（古名ペルガモン）一帯にかけて「所有」する50に近いチフトリキの名を「イスラーム法廷台帳」から確認した。したがって，この一族はまぎれもない「大土地所有者」である。フランス領事の報告を典拠としたヴァンスタンは，1975年に発表した論文で，この家系最初の当主であるムスタファ・アガは「大土地所有者」ではなく，かれの権力の基盤はマニサの代官および徴税請負人としての立場を利用して地域の農産物輸出をコントロールできたところにある，と主張している。しかし，私の手元にある史料によれば，ムスタファ・アガは二つのチフトリキを持つ，地域随一の「大土地所有者」である。フランス領事はおそらくこの事実を知らなかったのだと思われる。なお，このチフトリキとは，フェルナン・ブローデルが『地中海』で，いわゆるエルベ以東の「再版農奴制」（「第二の農奴制」）の一環としてとりあげ，これをI. ウォーラーステインが「近代世界システム」への周縁化の契機として利用したことはよく知られている。しかし，チフトリキと「世界システム」との直接の関連性は，オスマン朝史研究者の間では支持されていない[3)]。

余談であるが，この一族の最盛期の当主ヒュセイン・アガ（1816没）は，若いころはメドレセ（イスラームの学院）の教授を務めた知識人である。かれはマニサの町に図書館が不足していることをスルタンに上奏して許可を得ると，自分の金で，大きくはないが石造りの堅牢な図書館を「ムラト3世モスク」の境内に建

3）［ブローデル 1993 : III, 116-118］，アーヤーン研究史全体に関しては，［永田 2009 : 7-14］を参照されたい。

設し，1000冊近い写本を集めて開館したという。これらの写本がどのようなものであったかは不明であるが，現在でもマニサの町にはアラビア語，ペルシア語，オスマン・トルコ語の写本が多数存在することが知られている［Nagata 1997: 45-46］。マニサの町は，第1次世界大戦後に西アナトリア一帯を占領していたギリシア軍が，トルコ人の「国民軍」に追われて撤退する（1922年9月）という混乱の中で，そのほとんどが焼失した。しかし，このモスクは町はずれの高台にあったため，焼失をまぬかれた。今日マニサの町にこれだけ多数の「イスラーム法廷台帳」が残されているのはこのモスク（おそらくこの図書館）にそれが保管されていたからである。

さて，次は山岳地帯である。日本では山岳地帯というとかなり急な角度の山々を連想するが，マニサ地方では山といってもそれほど急峻ではない。むしろ羊の放牧に適した高原といったおもむきである。だが，問題は山に生えている木の種類である。私が見た限りでは，樹木のほとんどはトルコ語で「パラムート」と呼ばれる樫の木である。その実をぶらさげている「ヘタ」が皮なめしや染色の触媒剤として使われる。19世紀半ばには「トルコ」からイギリスへの輸出品としてタバコ葉やアカネ（トルコ赤の染料）とともに，これは最も重要な商品作物であった。現在でも商品としての価値を持っているらしく，山道の道端に大粒に改良された「パラムート」を入れた袋が置いてあるのが目撃される。この樫の木と争うかのようにして植えつけられているのがタバコ葉である。トルコの人たちに聞くと，タバコは温暖な平地よりも，冷たい風が吹き，地味も良くない山地に適した植物であるという。19世紀後半以後，タバコが商品作物としての価値を高めると，マニサ地方の山地でもタバコの栽培が普及した。こうした歴史が，マニサ地方の山々を一面の樫の木とタバコ畑にしてしまったのであろう。これは，いまのところ私の“勘”でしかないが，その結果，山地を夏営地（ヤイラ）としていた遊牧民の放牧地が圧迫され，かれらは定住化をよぎなくされたのではなかろうか。綿畑とは違って，収穫後のタバコ畑は，葉をすべてむしり取られた裸の状態で，羊を入れることができないからである。

ここに述べた「パラムート」やタバコの栽培が普及してゆくさまは，マニサの「イスラーム法廷台帳」に記録された「遺産目録」から如実に窺われる。そして，こうした商品作物に特化した農業生産を行っているのは，アーヤーンたちのチフトリキではなく，小農民たちのむしろ零細な農地である。こうした生態学的な観察は，どちらかといえば無味乾燥な文書の記述を生かす上に大きく役立ったと思っている。

数年おきに何回かマニサの「イスラーム法廷台帳」を見に行ったが，いくたびに前回私が読み終わった箇所に紙をはさんでおいたのがそのままになっているのに驚いた。つまり，私以外だれもこの史料を読んでいないのである。博物館には学芸員が何人かいたが，すべて考古学か古代史を専門にしている人たちであった。それもそのはずで，マニサに限らず西アナトリア一帯は，古代ギリシア・ローマの遺物が畑や野原にころがっているため，これを盗みに来る輩が後を絶たない。これを監視するのが，かれら学芸員の役目だったのである。そんな事情もあって，私がここで仕事をしていてもみな無関心であった。かれらは仕事がほとんどなくても，公務員として5時までは勤めなければならない。3時になると「チャイ」，日本風にいえば「お茶」を口実に集まって，ほとんど5時近くまで話に熱中している。そのわきで，私は必死になって文書を筆写しているというわけである。さすがにかれらも気になるとみえて，何回か「チャイ」に誘われた。最初はそれどころではないとお断りしたが，そのうちふと，かれらの気持ちをないがしろにするのは良くないのではないかと思った。そこで私は，お誘いを受けて「チャイ」に加わることにした。案の定，かれらは大変喜んで，私にいろいろと質問を浴びせかけてきた。そこで私がカラオスマンオウル家の歴史を調べていると答えると，かれらの一人が言った。「なあんだ！　それなら私の知り合いにあの家に嫁に行った人がいるよ」。次の日，さっそくマニサに住んでいるカラオスマンオウル家の方から夕食に招かれた。

こうして，この一族との付き合いが始まった。日本の豪農家系と違って，トルコのアーヤーン家系のほとんどは「地方（じかた）」文書を持っていない。一族の人の話によると，「羊皮紙に書かれた家系図が昔あったのだけれど，女学生が卒論に使いたいと言って借りていったきり返してもらっていない」そうである。日本では考えられないことであるが，家柄や地位に拘泥しないイスラーム文化の一端に位置するトルコらしい話ではある。それはさておき，この一族の場合，「ワクフ局」に作ってもらったという「家系図」が一つだけあって，これを筆写させてもらった（図1)。なぜなら，こうした情報は，いくら「イスラーム法廷台帳」をあさっ

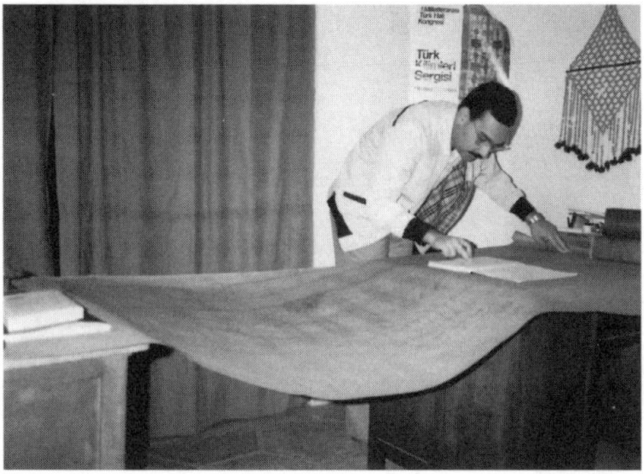

図1　私が筆写させていただいた家系図をチェックするナーイル・カラオスマンオウルさん

ても出てこないからである。大変詳しいこの家系図は，以後，私がこの一族の調査を続ける上での宝物になった。この系図には，トルコ共和国初期の外交官で，トルコを代表する文学者の一人，ヤクプ・カドリ・カラオスマンオウルや，1970年代初めにトルコ政府の経済顧問を務め，のちにアメリカに渡って世界銀行の副総裁を務めたアティッラ・カラオスマンオウルの名前が記されている。

ある日，私は，いまでもこの家系の一人が持っているチフトリキに連れて行ってもらった。恐ろしい番犬がいて，怖い思いもしたが，そのとき一人が「うちのチフトリキの裏にアラビア語が書いてある大きな石が転がっているけど，ちょっと見てくれないか」と言った。トルコでは，特別な訓練を受けた人でない限り，アラビア文字は読めないので，それを見ると普通の人は「アラビア語」というのである。そこでその石を見ると，なんと，それはその人のおじいさんの墓石だったのである。さっそく，トラックを呼んで博物館に保管することになった。これが私からこの一族へのささやかな「お返し」となった。

おわりに

本章は，タイトルにある「写本」の意味を広くとらえて，文書形態における「写本」の話に終始してしまった。しかし，オスマン朝についても写本が存在し

図2 「ロードス島」攻略の模様を描いた写本絵画（『スレイマン帝紀』）

ないわけでは，もちろんない。私が狭い意味での「写本」研究をしてこなかっただけの話である。そこで，最後に，狭い意味での本来の写本について一言述べて本章の「むすび」としたい。

オスマン朝史研究は，長い間，写本や文書に依拠して行われてきたし，アラビア文字で書かれた写本や文書を「ラテン文字」化して出版することも昔から盛んである。しかし，近年はオスマン朝史研究の分野もアナール派の影響などにより，従来の政治史・外交史・制度史・社会経済史を中心とした研究から，社会史・文化史・生活史・心性史・女性史などにテーマが大きく広がった。その背景には，歴史研究における文学作品や絵画資料の利用という世界的な風潮もある。その結果，これまで歴史研究にあまり利用されなかったジャンルの写本資料の史料的価値が見直されている。

それらのうち，私が興味を持っているジャンルの一つは，写本の挿絵の絵画である。これについても，その美術史的観点からの紹介がすでに行われているが（II-3 章），それとの重複を承知のうえで，あえて指摘すれば，ときにはルネサンス絵画や，モンゴルを経由した中国の山水画の影響さえ見られるオスマン朝の写本絵画の持つ写実性は，歴史研究のための補助的な資料として十分に利用できる可能性を秘めている。たとえば，図2は，1522年のロードス島攻略の図である。そこには，実際には島に渡っていないスレイマン1世が描かれているという，オスマン絵画自体の特徴が見えるが，それはともかく，地面の下にもぐって，つるはしを振るっている工兵（lağımcı）の姿は，この島の堅固な城壁を崩すためにかれらが活躍したという「史実」をみごとに裏書きしている。また，オスマン朝において数多く催されたオスマン王家主催の「祝祭」に関する『祝祭の書』と呼ばれる多数の写本がある。そのうち，1582年におよそ50日昼夜にわたって催された『祝祭の書』の写本が校訂・出版されている。そこには道化師，軽業師，多数のギルドの行進，そして花火などがにぎにぎしく描かれている。それはまさに，当時のイスタンブル社会の縮図である。その中で，とくに私が注目したのは，1492年のスペインにおける追放令によって，ヨーロッパを転々としたあげく，イスタンブルに移住してきたユダヤ人たちである。かれらは，モリスコ・ダンスや山車によるページェントなど中世スペインのカーニバル文化をイスタンブルに持ち込んだ。また，「ホッカバズ」と呼ばれる一種の寸劇を伴う「手品師」たちの芸は，以後オスマン時代を通じてユダヤ人たちの独壇場となった。

こうした写本絵画資料と，最近とみに新たな校訂・出版が盛んに行われている17世紀半ばに書かれたエヴリヤ・チェレビの『旅行記』とを比較しながら研究するのは愉しいにちがいない。たとえば，先の『祝祭の書』には，このころイスタンブルで「芝居」として成熟してきた影絵芝居「カラギョズ」の二人の主人公（カラギョズとハジワト）とおぼしき人物が描かれている。この二人について，この写本を校訂・出版した美術史家ヌルハン・アタソイはフェルト職人とだけ述べているが，演劇史家メティン・アンドは，この二人をカラギョズとハジワトであるとしている。この影絵芝居「カラギョズ」と当時ヴェネツィアで流行していた仮面劇「コメディア・デラルテ」とは，両方とも「即興喜劇」という性格をもつ，演劇としての同質性が指摘され，両者の相互影響関係が演劇史家たちの議論の的となっている。「カラギョズ」に関しては，19世紀末になってようやくそのセリフが文字化され，今日に伝えられているが，エヴリヤ・チェレビの『旅行記』をみると，そのうちのいくつかが，すでにイスタンブルで上演されていたことがわかる。これらのことから推測すると，1582年の『祝祭の書』に見られる先ほどの図は，二人のフェルト職人がカラギョズとハジワトに扮している可能性がある。その当否はともかくとして，エヴリヤ・チェレビの『旅行記』は，これまで，その利用には注意が必要といわれ，しばしばその記述の「真実性」を疑われてきた。しかし，最近その校訂・出版がさかんに行われているのは，従来の「硬質な」歴史観に捉われぬ柔軟で斬新な観点からこの『旅行記』の持つ価値が再評価されて

図 3　ファーズル・エンデルーニーの『美しき女たち』に描かれた女風呂の様子

いるからではなかろうか。

以上は，オスマン朝の写本研究の将来を示唆するためのわずかな例に過ぎない。今後さらに多様な内容をもつ写本を発掘し，利用することによって，従来にない斬新な研究をする余地は多いに残されているはずである（図 3）。

最後になったが，1967 年に東洋文庫で，イスタンブルの図書館に残されているオスマン朝史関係の写本のマイクロフィルムによる蒐集が計画され，当時留学中であった私がこの作業を担当することになった。これについて若干の紹介を行っておきたい[4]。この作業は，在トルコ日本大使館の仲介によりトルコ政府の許可によって行われた。フィルムの撮影はトプカプ故宮博物館付属図書館が独自に撮影を引き受けたほかは，写本資料の蔵書で世界的に有名なスレイマニエ・モスク付属図書館が一括して行った。したがって，写本の多くは同図書館所蔵のものであるが，このほかにイスタンブル大学総合図書館などイスタンブルの各所に存在する図書館に所蔵されているものである。その結果，合計 78 点の写本が蒐集された。写本の選定にあたっては，これを短期間に行うことは私の力の及ぶところではないために，トルコ語版イスラーム百科事典の各項目の執筆に利用されているものを基準にし，これと私自身の調査の結果とを照合する方法を用いた。撮影がすべて完了し，東洋文庫に納入されたのは 70 年 5 月である。蒐集された写本の内容は，オスマン朝史に関する通史，断代史，論説，伝記集，法令集（カーヌーン＝ナーメ），修辞用の手本とでも訳しうる Münşeât，カーヌーンや式典儀礼などさまざまな事項を含む「覚書」に類する Mecmua などである。これらのうち最も力を入れて蒐集し

4）詳しくは，［永田 1970］を参照されたい。

たのは，当時の私の判断から，通史，断代史，法令集であるが，最近の研究動向からみると，Münşeât や Mecmua に存外面白そうなものがありそうである。宮廷詩人の作品や『祝祭の書』などの文学作品，あるいは年代記を利用した新しいアプローチによる研究を開拓しつつある日本の若い研究者も現れ始めているからである。こうした研究がさらに発展することを願ってやまない。

参考文献

アンドリッチ，イヴォ 1972『ボスニア物語』（岡崎慶興訳）恒文社.

高松洋一 2005「オスマン朝の文書・帳簿と官僚機構」林佳世子／桝屋友子（編）『記録と表象――史料が語るイスラーム世界』東京大学出版会，pp. 193-221.

永田雄三 1970「最近東洋文庫において蒐集されたオスマン朝史関係の文献およびマイクロフィルム（1・2）」『東洋学報』53(2・3・4).

――― 1971「トルコ語史料よりみたる1770年におけるモレア半島のギリシア人反乱」『史学雑誌』80(7).

――― 2009『前近代トルコの地方名士――カラオスマンオウル家の研究』刀水書房.

ブローデル，フェルナン 1993『地中海 III　集団の運命と全体の動き』（浜名優美訳）藤原書店.

Atasoy, Nurhan. 1997. *1582 Surname-i Hümayun : Düğün Kitabı*, İstanbul.

Esin, Emile ed. 1988. *Ottoman Empire in Miniatures*, TC Kültür Bakanlığı.

Kayaoğlu, İ. Gündağ. 1992. *Eski İstanbul'da Gündelik Hayatı*, İstanbul Büyükşehir Belediyesi Kültür İşleri Daire Başkanlığı.

McGowan, Bruce. 1994. "Part III The Age of *Ayans*, 1699-1812," in Halil İnalcık / Donald Quatart eds., *An Economic and Social History of the Ottoman Empire, 1300-1914*. Cambridge University Press.

Nagata, Yuzo. 1976. *Muhsin-zâde Mehmed Paşa ve Âyânlık Müessesesi*. Tokyo.

―――. 1997. Tarihte Âyânlar : *Karaosmanoğulları Üzerinde Bir İnceleme*. Ankara.

第4章　イスラーム世界と活版印刷

林 佳世子

はじめに

南ドイツのマインツに生まれたグーテンベルクが活版印刷による『グーテンベルク聖書』を世に出したのは1455年頃のことである。当時のイスラーム世界には，エジプト・シリアのマムルーク朝，バルカン・アナトリアのオスマン朝がならびたち，東地中海の海ではヴェネツィアをはじめとするイタリア諸都市の商人らが活発な活動を展開していた。

瞬く間にヨーロッパ各地に広がった活版印刷の技術とそれによって印刷された書物がイスラーム世界に紹介されるのにそう長い時間はかからなかった。時のオスマン朝のスルタン・メフメト2世（位1451–81）の蔵書には戦利品か贈答品として入手された初期印刷本が入っていたといわれている。イタリアではイスラーム世界への「輸出」を目論み，アラビア語の印刷物がまもなく制作されはじめる。その商売はおそらく不成功に終わったものの，キリスト教宣教用などの印刷物はさかんに印刷され，イスラーム世界にもたらされた。時をおかずして活版印刷所はイスラーム世界の各地に現れる。その中心になったのはユダヤ教徒やアルメニア教徒，ギリシア正教徒やカトリックの信者たちだった。彼らの活動によりイスラーム世界内で，アラビア文字の出版物を含め各種の活版印刷物が制作されることになった。

ただし，彼ら宗教的マイノリティによる出版物の流通は，多くの場合そのコミュニティのなかに限られ，多数派を占めるイスラーム教徒とは直接的な接触をもたないことが多かった。アラビア文字の本の制作に活版印刷が広く用いられるようになるのは18世紀末まで待たれることになる。この間の300年間は，活版印刷の興隆を横目に見つつも，それまで培われてきた手書き写本文化が繁栄を続けていく。

ところで，アラビア文字は漢字と異なり文字数は限られる。印刷に不向きということもない以上，これほど便利なものがどうしてなかなか普及しなかったのかは，いささか不思議に思われてきた。16世紀のオスマン朝を訪れたハプスブルク家の使節をはじめ，同時代のヨーロッパ人の間にも，そう指摘する人はいた。しかし，その理由は，写本文化の定着と，その一方で活版による量産を必要とするような本への需要がなかったことにつきるだろう。「異教徒の発明」への心理的な抵抗や，聖なるアラビア文字への畏怖の念がなかったとはいえないかもしれないが，需要が供給をこえたとき，それらは易々とのりこえられる。それをみれば，宗教や文化観を理由にした説明が当時も今も，一種の後づけ的な説明にすぎないことがうかがえる。

こうして考えると，イスラーム世界における写本から活版印刷への移行は，ひとえに新しい需要の誕生のもたらした結果ということになる。それは，学校や軍での教育，ジャーナリズム，政治や行政の活動といった近代的行為の定着と表裏一体の関係にある。ひとたび普及が始まれば印刷物は旧来の手書き生産システムを解体させ，すべての分野をカバーするようになっていった。それは「近代」への適応，そのものだった。

以上のように要約できるこのプロセスを，以下ではもう少し詳しくみていきたい。第一は，15〜18世紀にイスラーム世界でみられた「印刷本」，第二は新しい需要の誕生と近代的な印刷所の普及，そして第三には，かつての写本文化が印刷本に与えた影響である。写本の堅固な伝統が，印刷本の導入を阻んだとするならば，写本の伝統が印刷本に影響を及ぼしたことも容易に想像できるからである。

1　活版印刷の展開

1）ヨーロッパでのアラビア文字印刷物

ヨーロッパとイスラーム世界の間には大きな溝があるとしばしば誤解されているが，常にその間を人や文物が行き来し，情報がやりとりされていた。二つの世

図1　ヨーロッパで最初に印刷されたといわれるアラビア語の『祈禱の書』（1514年）

界はその境界を接し，特にヨーロッパ側からは多くの商人，外交官，巡礼者らがイスラーム世界を訪れていたからである。彼らのなかには，印刷本を用意する人々もあった。その目的は，第一には，中東のキリスト教徒たちの需要やそれに乗じた（カトリックやプロテスタントの）宣教活動，第二には，イスラーム世界にはない「輸出産品」としてのイスラーム教徒向けの生産だった。

ヨーロッパで印刷され，現存する最古のアラビア文字・アラビア語の書籍は，1514年，イタリアのファノの印刷所で印刷されたものである（図1）。これはシリアのメルキト派（正教徒）キリスト教徒に向けた祈禱書であったが，それを印刷したのはヴェネツィアの印刷業者デ・グレゴリイであった。さらに，1585年には教皇グレゴリオ13世の指示でメディチ家がスポンサーとなり，東洋学者のG. B. ライモンディによってローマにメディチ家印刷所が創設される。ここでは，聖書のアラビア語訳を含む多数の出版物が生み出された。印刷物の向けられた相手は，主にシリア地方（現在のシリア，レバノン，パレスチナ）に住むマロン派（東方典礼カトリック）やメルキト派のキリスト教徒，エジプトのコプト・キリスト教徒などだった。

パリやドイツのノイシュタットでも16世紀からアラビア文字の印刷が行われ，前者ではアラビア語の文法書が印刷されている。また在イスタンブルのフランス大使であったド・ブレーヴ（任1591–1605）はイスタンブルでアラビア文字を鋳造させて持ち帰り，ローマで旧約『詩編』のアラビア語版とそのラテン語訳を印刷した。さらにパリにもアラビア文字での印刷を行うことのできる印刷所をつくり，自身が貢献したアンリ4世とアフメト1世の条約（1604年）のテキストをフランス語とオスマン・トルコ語で印刷させている（1615年）。まもなくして単体としては最初のトルコ語（オスマン・トルコ語）の本となる聖書のトルコ語訳（アラビア文字）も印刷されている（1666年）。これもトルコ語を母語とするアナトリアのキリスト教徒に向けた宣教用のものだった。

18世紀に入るとローマを中心としたカトリック系印刷所の活動は低調となる。現地シリアやレバノンでの印刷が定着したせいでもある。ローマのメディチ家印刷所は，18世紀末，ナポレオンによりその活字や機材が接収され，エジプトに運ばれることとなり，その活動に幕を下ろす。18世紀に，むしろ活発に宣教活動を展開したのはプロテスタントの諸グループであった。その活動のため，イギリスやドイツにおいてアラビア語の出版物が印刷された。

一方，イスラーム教徒向けの出版物としては，1537–38年頃には，ヴェネツィアでクルアーンが印刷され，現存する。これに先立ち，すでに1499年（または1530年）にヴェネツィアでクルアーンが印刷されたとも言われているが，現存せず，確認されていない。これら初期のクルアーン印刷は，おそらく中東への輸出を目論んだものであったが，その活字の拙さから，逆にイスラーム世界における印刷術の普及を妨げたともいわれる。

しかし，ヨーロッパで印刷された本の中には，イスラーム世界内で流通，取引されていたものもあるようである。ヨーロッパ諸語の本がそのまま「輸出」されたほか，輸出用図書の印刷も少数ながら行われた。たとえば1588年にはオスマン朝ムラト3世が二人のイタリア商人に，アラビア文字で印刷された本のオスマン領内への持ち込みと販売を許可する勅令をだしている。1594年にローマの印刷所でアラビア語で印刷されたユークリッド幾何学に関するナスィールッディーン・トゥースィーの注釈書には，この勅令の写しが一緒に印刷・製本され販売された。

ヨーロッパで印刷された本がどの程度イスラーム世界で普及していたかについては確かなことはいえないが，図版の多い本には一定の需要があったものと思われる。17世紀に各地を旅したエヴリヤ・チェレビは，東アナトリアのビトリスでクルド系地方君主の図書館に200冊のヨーロッパ製の印刷本があったことを記録している。『アトラス・ミノール』,『ゲオグラフィア』,『マッパ・ムンディ』の名があげられ，医学や天文学の書があったことも記す［Evliyâ Çelebi 2001 : 155］。これらは，ヨーロッパから来訪した商人や宣教師の手で同地にもたらされたものであろうが，精巧な図版を含む印刷本への需要は「輸出用本」の生産を促したと推測される。印刷本が活発に取引されたことは考えられないが，特段の拒否感を持たれていたわけではないことには注意をしておく必要があるだろう。

真の意味で成功を収めたイスラーム教徒向けの出版は，18世紀のロシアで出現する。ムスリムの手で監修され，1787年，サンクト・ペテルブルグで中央アジアのタタール人向けに印刷されたクルアーンである。この印刷本は好評を博し，その後も版を重ねていった。

2）マイノリティ・コミュニティの中の印刷所

上記のように，ヨーロッパで印刷された中東向け出版物の大半は，中東に暮らすマイノリティの人々をターゲットにしたものだった。こうした印刷本に触れる機会の多かったユダヤ教徒やキリスト教徒のなかには，早くから自身の印刷所を開設する動きもあらわれた。

このうち中東で最も早く印刷所を開設したのは，レコンキスタ後のスペインからオスマン朝に移住したユダヤ教徒だった。ユダヤ教徒によるヘブライ語の印刷所は活版印刷の普及直後にローマに誕生しているが，早くも1493年にはイスタンブルで印刷が行われている。その担い手はイベリア半島からの移住者のダヴィデとサムエルのナフミアス兄弟だった。ユダヤ教の法律の書『四法』が印刷され（1493年12月13日付），さらにその9年後にはテッサロニキにもユダヤ教徒による印刷所が開設された。イスタンブルとテッサロニキの印刷所は，アムステルダムやヴェネツィアとならび，ヘブライ語出版の拠点として発展した。

一方，中東のキリスト教徒のうち，アルメニア教徒は15世紀以来印刷本に触れていた。アルメニア語での出版物はヴェネツィアで1469年から印刷され，オスマン領内にも持ち込まれていたからである。彼らが自身の印刷所をイスタンブルに開設するのは1567年のことである。イスタンブルのクムカプ地区にあるスルプ・ニゴガヨス教会に設置された教会付属の印刷所では，1567–69年の間に，主に信徒の教育にかかわる本が数冊印刷された。その後，活字がつぶれて利用不可能になるとアルメニア教徒の出版活動は一時停止を余儀なくされるが，100 年後に再開する。その復活にあたったのは，『イスタンブル史』で知られるエレムヤ・チェレビ・キョムルジュヤンだった。彼は 1677 年に同教会に再び印刷所をつくり，自身の挿絵入りエルサレム巡礼記や 12 世紀の詩集などを出版している。しかし，その苦労はあまり報われなかったとみえ，「印刷業は実りの多い仕事ではなく，そこに費やされる努力は無駄になる」との言葉を残している［Eremya Çelebi 1988 : 92–94］。

その後，再び 100 年の断絶を経て，18 世紀にアルメニア教徒による印刷所の活動は活発化する。アルメニア人研究者によると，1567～1923 年の間に，イスタンブルに 131，アナトリアやシリアに 63 のアルメニア印刷所が開かれ，アルメニア語や，アルメニア文字によるトルコ語書籍，598 冊が印刷されたという［Tuğracı 1991 : 86］。

アルメニア教徒は，また，サファヴィー朝下のイランにおいても印刷を行っていた。ジョルファのアルメニア教徒による印刷所は 1637 年に設立された。また，カトリック化したカルメル派修道会のアルメニア人も活版印刷所をもち，そこで使われたアラビア文字の活字はローマから持ち込まれたものであったことが知られている。

一方，ギリシア正教徒の印刷所がイスタンブルにできたのは 1627 年のことである。ニコデモス・メタクサスという名の司教がロンドンで印刷機材を購入し，イスタンブルに持ち込んだものである。しかし，ここは 1 年後には閉鎖される。

中東のキリスト教徒のなかで最も印刷物に親しんでいたのは，シリア地域のメルキト派や，マロン派のキリスト教徒だった。両者ともに言語としてはアラビア語を用いたが，メルキト派はアラビア文字，マロン派はシリア文字を使っていた。前述のように彼らのもとにはローマなどで印刷された宗教書がもたらされており，それらに学び 1610 年にレバノンのマロン派修道会で，シリア文字で表されたシリア語とアラビア語の混在する出版が行われている。これがアラブ世界で初めて行われた活版印刷といわれているが，レバノンでの次の出版は 1734 年のこととなる。引き続きローマで印刷された書物が多く持ち込まれたためであり，ローマ版の印刷聖書はメルキト派の教会では広く用いられていた。

シリアのキリスト教徒の印刷所の活動が活発化するのも，18 世紀のことである。1706 年にはアレッポの印刷所でアラブ世界で最初のアラビア文字・アラビア語の印刷物が印刷される。それを指示したのはアレッポの大司教，その助けをしたのはワラキアの正教徒ヴォイヴォダ（オスマン朝の地方統治者）だった。技術者の名はアブドゥッラー・ザーヒル（1684–1748）で，その後は，1723 年にレバノン山中キスルワーン地方のマロン派の修道院に自らの印刷所を開設している。彼はそれまでのイタリアで用いられていた活字にかわり，より美しいナスフ体に近いアラビア文字活字を 2 種類作成し，レバノンでのアラビア文字の印刷の定着に貢献した。1751 年には，ベイルートにも正教派の印刷所が開設されている。

このほか，トルコ語をギリシア文字であらわすカラマン語についていうと，最も古い出版物は，1584 年印刷とされている。トルコ語での出版にこれを含めれば，最古のものはこの出版ということになるだろう［Balta 2010 : 14］。

3）ムスリム支配層による印刷活動の開始

以上のような中東における活版印刷の定着の一方で，ムスリムの支配エリートらが活版印刷の導入に積極的に取り組むことはなかった。彼らがアラビア語の印刷を禁じたとの説には根拠がないが，その一方で，積極的に進めた痕跡もみられない。すぐれた写本文化が存在し，書写者集団という既得権益者もあるなかで，印刷本とは，ユダヤ教徒やキリスト教徒があくまで自分たちの用途のために作るものか，あるいは「ヨーロッパ産品」の香りがするものだったことだろう。それらを払拭し，自分たちの本の印刷に取り組もうとするには，一定の条件の成熟が必要だった。その一つは，大きな投資をしてでも採算のとれそうな印刷に適した本の出現である。あるいは，本への需要が手書きによる生産を上回るような状況があってはじめて印刷に着手する動機も生まれる。第二には，印刷本の「売り」となる図版作成の技術である。

実際，中東にヨーロッパからもたらされた本の多くは，挿絵・図版入りの地理や天文学の書が多かった。たとえば，エヴリヤ・チェレビは，前述のように東部アナトリアのビトリスでヨーロッパ製の生き生きした挿絵のある本を見て，「まことに，印刷の筆は，狡猾なるヨーロッパ人のものである」と記している［Evliyâ Çelebi 2001 : 155］。手による写本では再現の難しい図版の多用された本にこそ，印刷の活路は見込まれた。

その条件は18世紀には徐々に成熟してくる。実際，印刷文化に親しんでいたキリスト教徒の各地の印刷所も17世紀までは断続的に活動していたにすぎないが，18世紀にはその活動が恒常的なものとなる。理由は，本への需要の高まりだった。18世紀には，オスマン朝の帝都イスタンブルでは図書館が多数つくられ，収書がブームとなり，書写される本の価格があがっていった。それをみて，はじめて商業的な利潤も見込まれ，印刷への動機が生まれたといえよう。

図2　ミュテフェッリカにより印刷された『ヴァンクル辞書』のタイトルページ

そして，それを行ったのは印刷に関して知識をもっていたヨーロッパ出身者やマイノリティの人々だった。オスマン朝で活躍し，ムスリムとして最初の印刷所開設を果たしたイブラヒム・ミュテフェッリカは，1670年にトランシルヴァニアに生まれたハンガリー人である。キリスト教ユニテリアン派からイスラームに改宗し，イスタンブルでオスマン朝に出仕，厚遇をえていた。彼は当初木版地図を印刷し，マルマラ海（1719年），黒海（1724年），イラン（1729年），エジプト（1730年）などの地図を出版した。ついで，フランス滞在の経験をもつ有力政治家サイド・エフェンディと協力して印刷所開設を志し，スルタンや大宰相，シェイヒュルイスラームの承認を得て1727年に印刷所の開設にこぎつける。その印刷所は公式には「印刷の館」と称され，事業にあたる職人らへの俸給は国が払うなど，一種の国家的事業として行われた。出版を許可する勅令には，宗教書の出版は除くことが明示された。既得権益をもつ書写者たちとの衝突を避ける狙いがあったと思われる。

しかし，その開業は技術的には容易ではなかった。すでに活動していたアルメニア教徒やユダヤ教徒の印刷所から活字の作成に協力を得たものの，必要な機材の一部はオランダから運ばれた［Babinger 2004 : 7-11］。それでも，優れた技術者

図3　ミュテフェッリカにより印刷された『世界の鏡』に含まれる日本地図

であったイブラヒム・ミュテフェッリカは手で写された写本に匹敵するほど美しい印刷本の作成に成功し，その存命中には17タイトルの本を印刷した。

ミュテフェッリカ印刷所による記念すべき最初の本は，アラビア語・トルコ語の辞書『ヴァンクル辞書』（1729年，図2）だった。大部なこの辞書は書写が難しく，高価でもあった。このため印刷されるにふさわしいと見なされたのだろう。勅令で「前述の本の増刷の本来の目的は，学究の徒が，この本を安い値段で買えるようにということである」とされ，「（印刷者と購入者の）いずれにも損がないように」製本なしの版を35クルシュで販売することが命じられた［Sarıcaoğlu/Yılmaz 2008 : 362–363］。ミュテフェッリカ自身の作成した目録によれば，実際に，製本のないものは35クルシュ，のちに40クルシュで売られ，外国には12フランで販売されている。製本なしで販売されたのは，写本と同じく，所有者の趣味で製本できるようにしたものである。

『ヴァンクル辞書』はミュテフェッリカ印刷所のラインナップのなかでは，ベストセラーといってもよいだろう。まもなく第2版が印刷され，その後も繰り返し印刷された。

この他の特筆すべき1冊は，キャーティプ・チェレビ『世界の鏡』である。地動説，天動説を解説する図版（口絵13）や27点の地図（図3）を含むこの書は，本によっては1点1点美しく彩色され，印刷物ながら最後の仕上げは手で行われた。地図作成者として成功していたミュテフェッリカの面目躍如たる本だったであろう。また，図版が重要なこの『世界の鏡』は印刷本がスタンダードなものとして流布した。このため，印刷本に細部まで似せた「手書き本」が作成されるという奇妙な現象するおきている［Aynur 2011］。

この当時の本の買い手はオスマン朝の知識人だけでなく，ヨーロッパからの来訪者も重要な顧客だった。このため，ミュテフェッリカ印刷所ではヨーロッパ人向けの本として，フランス語による『トルコ語文法』が印刷された。この本は体裁その他の点でも，ヨーロッパで印刷された本と比して遜色のない出来だった。

前述のように，印刷所の開設は半官営とはいえ，基本的には営利を目的とした出版だった。それがその努力に比して成功したといえるかどうかは微妙なところだが，ミュテフェッリカの遺産目録に関する研究によると彼自身は印刷から十分な利益を得ていたとみられる［Saveb 2006］。ただし，それは期待されたような爆発的なものではなかった。最も売れ筋の本である宗教書の印刷が禁じられたことも影響しているが，安価な写本が流布するなか，比較的高価な印刷本の普及には限界があったと言わざるをえないだろう。

実際，この印刷所をきっかけに活版印刷が急速に広まることはなかった。1745年の彼の死後も後継者のもとで存続したミュテフェッリカ印刷所であったが，再び活発な活動を取り戻すことはなかった。機材は後継者の遺産として売却先が探されるほどだった。

ミュテフェッリカ印刷所の開設と終焉の経緯は，本への需要の高まりからムスリム支配層も印刷本の制作に着手したものの，依然としてそれを軌道にのせるのは難しかったことを示している。

2　近代化と印刷

1）官営印刷所の設立

19世紀になると，状況は大きく変わっていく。イスラーム世界の各地で近代化のための動きがトップダウンの形で始まってくるからである。近代的な軍隊とその訓練のための学校がつくられたほか，従来のクルアーン学校やマドラサとは異なる新式の西洋式の学校も設立され教科書への需要が生まれる。政府は諸手続きのため全国に印刷されたフォーマットを送り，やがて官報を発行するようになる。こうした一連の動きが，印刷という技術を必要としたことはいうまでもない。イブラヒム・ミュテフェッリカの死後，彼の印刷機材が細々と継承・利用されていた 50 年を経て，国家の，上からの需要により印刷所が本格的に始動することになった。

政府が主導した印刷所は，各地の政権所在地や中心地，すなわちオスマン朝のイスタンブル，ムハンマド・アリー朝のエジプト，カージャール朝のタブリーズやテヘランに設立された。

①カイロ・ブーラーク印刷所

このうち，最も大規模な出版活動を行ったのは，ムハンマド・アリーが創設したカイロ・ブーラークの印刷所であった。エジプトでは，フランス軍によるエジプト占領時（1798-1802 年）に，ローマで接収され運び込まれたメディチ家印刷所の機材を使ってアレキサンドリアとカイロに印刷所が開設され，エジプトの人々に対する宣伝用のアラビア語やトルコ語の印刷物，フランス語の新聞・雑誌が印刷された。しかし，フランス軍の撤退とともに印刷機材は撤収された。このため，ムハンマド・アリーのもとで近代化を開始したエジプトは活版印刷に一から取り組まざるをえなかった。

ムハンマド・アリーは，まずシリア出身キリスト教徒のニクーラー・マサーブキーらの留学生を教育のためヨーロッパに送り，イタリアやフランスからインク，紙，活字を確保し，1822 年に最初の印刷物を生み出した。最初の本は，アラビア語・イタリア語辞書とも，トルコ語で書かれた軍の教本（フランス語からの翻訳）ともいわれ，その後，1822～51 年の間に，526 冊の本が印刷された［Hsu 2008 : 3］。初代の印刷局長は，前述のニクーラー・マサーブキーが務め，アラビア語の書物の校正には，アズハル学院のウラマーがあたった。出版物の約半数はオスマン・トルコ語，残る半数がアラビア語であった（このほか，少数のフランス語，ペルシア語を含む）。内容は，兵学校の教科書類（軍事，数学，地理など）のほか，歴史書，文法書・辞書，宗教書，詩集・文学書と多岐にわたり，宗教書が特別に避けられた様子はない。また，1828 年に創刊されたイスラーム世界最初の新聞（官報）「エジプトの出来事」も，当初はブーラーク印刷所で印刷された。

ブーラーク印刷所で印刷された本は，兵学校をはじめとする西洋式学校の教科書として配布されたのちは販売され，その収入による経営の安定が図られた。出版カタログがつくられ，まとめ買いの場合の割引や分割払いも認められたという。オスマン・トルコ語の本も多かったことから，イスタンブルのオスマン朝エリート層も重要な顧客だった。また，本の印刷を望むものは必要経費と政府への納入金分を負担すれば，ここで本を印刷することができ，1857年には本の販売所もつくられた。

しかし，こうした営業努力にもかかわらず，実際には政府の助成なしには運営は難しかった。その活動はしばしば中断においこまれ，19世紀後半に民間の印刷所が増えると，ブーラーク印刷所での印刷は，教科書や政府の出版物に限られるようになってゆく。

②イスタンブルの印刷所

オスマン朝の帝都イスタンブルでは，ミュテフェッリカの死後，彼が設立した半官営印刷所の活動は断続的なものとなっていた。前述のように，一時は，後継者の遺産の売却先が探されフランス大使館が候補にあがったことさえあったミュテフェッリカの印刷機材だったが，再びオスマン政府のもとで用いられることとなり，1797年にハスキョイの陸軍工学校内に印刷室が設立された。ここではミュテフェッリカの印刷機材とならび，ナポレオンのエジプト占領の報復として接収された在イスタンブルのフランス大使館印刷所の機材も一時用いられた。印刷室がハスキョイにあった時代には，土木や幾何に関する教科書類のほか，フランス語やギリシア語によるオスマン政府宣伝用の印刷物が印刷された。

工学校印刷室は，1802年にイスタンブルのアジア側（ウシュクダル），セリミエ・モスクの近くに移り，ウシュクダル印刷所（または，工学校印刷所）と呼ばれるようになった。ここでも経営の自立が求められた経営者らは，既存のイスタンブル内のユダヤ教徒やキリスト教徒の印刷所に対し圧力をかけ，政府を通じて印刷独占の勅令を獲得している。さらに，軍事教本や幾何学，数学，工学，辞書などの教科書類と並んで，売れ筋の宗教書（ビルギヴィーの書やその注釈書，子供向けの礼拝作法書，アラビア語文法書など）の印刷にのりだした。また，印刷本の

図 4　オスマン朝の官報「出来事の暦」創刊号（1831 年）

定番だった前述の『ヴァンクル辞書』の印刷を行っている。ベイディッリの研究によれば，ハスキョイ，およびウシュクダルに印刷所があった時代（1797–1824）に印刷された本は 92 タイトルだった［Beydilli 1995］。

工学校印刷所は，その後，1824 年にイスタンブルのヨーロッパ側，バヤズィト地区に移っている。以後，帝国印刷所などと称され，1831 年からは，オスマン政府の官報「出来事の暦」（図 4）のための印刷所も併設された。ここでも政府の印刷物とならんで，一般書籍の印刷を並行して行っていた。当初は販売も印刷所が行い，このため売れ行きの望めない本の印刷は躊躇されたが，のちに買い取り方式となり，印刷タイトルの増加が図られた。しかし，エジプトのブーラーク印刷所と同じく，常に経済的な問題を抱えて，しばしば中断の憂き目をみている。

③カージャール朝下の印刷所

一方イラン・カージャール朝下の最初の印刷所は，1817 年，タブリーズに設立されたものとみられている。ここでは，ロシアから持ち込まれた機材が用いられた。続いて，ロンドンで印刷術を学んだミールザー・サーリフにより，1819

年にもう一つ別の印刷所がタブリーズに設立され，新式学校の教科書類が印刷された。ミールザー・サーリフは，その後1829年にロシアに赴き，印刷機を購入して持ち帰り，1825年テヘランに活版印刷所を設立する。ここでは宗教書も印刷されたことが知られている。このように活版印刷所の設立に関してイスタンブルやカイロに後れをとることはなかったが，その活動が十分な広がりをもつことはなかった。イランにおける印刷が活発化するのは，次に見る石版印刷の受容によるものだった。

2）石版印刷

以上のようなエジプト，トルコ，イランの地に開設された政府系の印刷所は，19世紀前半の各地の近代化の歩みを象徴するものだった。しかし，「印刷所」として見た場合，必ずしも採算のとれるものでなかったことは前述のとおりである。宗教書などの売れ筋の書籍が印刷されるようになった19世紀においてなお，印刷本へのニーズは高くはなかったせいである。その理由は，イスラーム世界の人々がなじんできた「本」と，印刷本の間に，依然，ギャップがあったせいだろう。こうしたなか，19世紀前半にその溝を徐々に埋めていく役割を果たしたのは石版印刷だった。

石版（リトグラフ）は，手書きの文字や絵を科学的に処理して石灰岩に写しそれを印刷するものである。この技術は，アロイス・ゼネフェルダーにより1796年に考案された。最初の大規模な石版印刷工場は1809年にミュンヘンにつくられ，その後ヨーロッパ各地にひろまっていった。

石版技術はまもなくイスラーム世界にも紹介された。イスラーム世界にとっては，活版印刷以上に石版印刷が「新技術」であり，より熱心にとりいれられた。その浸透は次の二つの理由による。一つは，19世紀前半に政府系印刷所が印刷した技術書や軍事教練用書籍には，図版が不可欠だったせいである。図版の印刷には石版は最適だった。また石版では手書きの文字をそのまま印刷し，量産することが可能だった。これは，手書き本になじんだイスラーム世界の人々にとってより親しみやすいものだった。第二は機材設備の簡便さである。毎回手書きでの版下作りが必要となるものの，活字の準備に比べるとはるかに手軽で，普及が早かった。

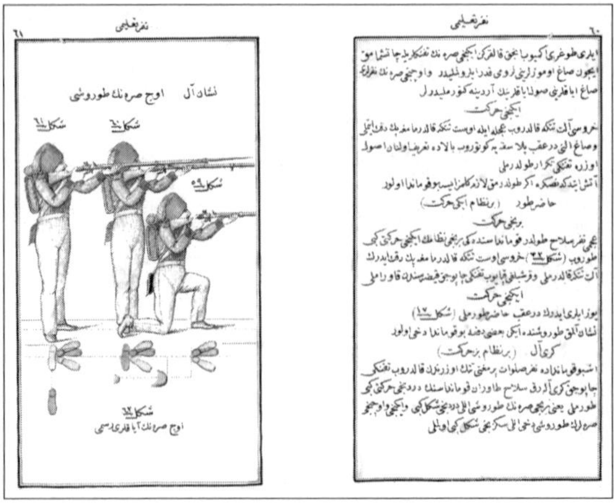

図5　イスタンブルで石版印刷された『ムハンマド常勝軍のために編まれた兵の訓練の書』

オスマン朝下には，マルセイユ生まれのアンリ・カヨルとその甥で在イスタンブルフランス領事となったジャック・カヨルが 1831 年にこの技術をもたらした。マフムート 2 世のもとで軍事改革を進めていたオスマン朝では，陸軍大将メフメト・ヒュスレヴ・パシャが，彼らと協力して陸軍本部内に石版印刷所を開設した。1830 年代には，この印刷所で，軍事教本（図 5）を中心に多数の本が印刷されている。ヒュスレヴ・パシャはまもなく失脚するが，この石版印刷所は軍の印刷所として長く活動を続けた。ヒュスレヴ・パシャの失脚とともに解任されたアンリ・カヨルもまた，スルタンの許可を得てイスタンブルのベイオール地区で石版印刷所を開き，民間の印刷所として成功を収めた（なお，カヨルの印刷所は，ダルマチア出身のアントワーヌ・ゼリッヒに引き継がれた。この印刷所はゼリッチ印刷所として，近年まで活動をつづけていたという）。

この時期以後，イスタンブルには多数の石版印刷所が設立されたとみられている。大きな投資を必要とせず，少部数の印刷物を手軽に印刷できる石版印刷所は，政府の監督の届かぬところにも広がり，社会全体が印刷を必要とする時代への橋渡しの役割を果たすことになった。

カイロのブーラーク印刷所でも，活版印刷とならんで石版技術が用いられた。ブーラーク地区には，教科書などを印刷する小規模な石版印刷所がならび，また官報「エジプトの出来事」の印刷でも図版部分には石版が用いられた。

一方，石版印刷が，最も広く普及したのはイランだった。先にテヘランの印刷所開設者として名前のあがったミールザー・サーリフは，1835年にイラン初の石版印刷所をタブリーズにつくっている。その後，活版印刷所に勝る勢いで石版印刷所がつくられ，1845年までにタブリーズに少なくとも15，1850年までにテヘランに5カ所の石版印刷所があったことが知られている。カージャール朝下のイランでは，石版で非常に広範な読者向けの印刷物が作成された。宗教的な書物や，歴史書，文学書，また，ヨーロッパ諸語からの翻訳書などである。イラン最初の新聞（1837年）の発行も石版印刷により行われた。

3）印刷の定着

中東諸地域の近代化の歩みのなかで導入が始まった活版印刷だったが，19世紀の前半は，その助走期間だったといってもいいだろう。この時期には，各地の官営・政府系印刷所は商業的には苦戦を続けていた。印刷した本が売れず，結果的に活動を縮小したのは前述のとおりである。

しかし，これは一種の過渡期の状況といえるだろう。政府が印刷した本が苦戦する一方で，ライバルのユダヤ教徒やキリスト教徒の印刷所は活動の範囲を広げ，同じ市場を争っていたことがわかるからである。前述のように，イスタンブルのウシュクダル印刷所の責任者らは政府に対し印刷の独占権を求めているが，こうした史料は官営印刷所以外での印刷業の広がりを逆に証明するものである。その後は，簡易な石版印刷所が多数活動をはじめ，本の量産が一般的になっていく。徐々に印刷物が定着してくると，活版に適した美しい活字も開発されていく。そして，19世紀の後半には新聞や雑誌という印刷による量産を不可欠とするメディアが登場し，それにより，イスラーム世界でも印刷は一挙に一般化していくことになるのである。

官報以外の新聞の発行がイスタンブルで本格的に始まるのは1860年代のことである。その後は急速に展開し，1876年のイスタンブルではトルコ語紙13紙，アラビア語紙1紙，ギリシア語紙9紙，アルメニア語紙9紙，ブルガリア語紙3紙，ヘブライ語紙2紙，フランス語紙7紙，英語紙2紙，ドイツ語紙1紙が出版されていた［Kabacalı 2000］。ベイルートでは1858年，カイロでは1866年から民間の新聞の刊行が始まる。テヘランにおける政府系以外の新聞の発刊は1876年のことである。主要な新聞は独自の印刷所をもち，その他の印刷も手掛けていった。

本の出版が活発化するのも，この時期からである。オスマン・トルコ語の本を例にとると，19 世紀の第一 4 半期に印刷された本はわずか 90 タイトルであったが，第二 4 半期には 717 タイトル，第三 4 半期には 2061 タイトルと激増する［Baysal 1968］。こうして，19 世紀の後半には，学校教育の普及や近代的なジャーナリズムの成立を背景に，イスラーム世界の本の世界は印刷本の時代へと入るのである。

こうしたプロセスのなかで，後発の政府系やムスリム・エリート知識人の印刷所と，キリスト教各派やユダヤ教徒の印刷業者は，基本的に同じ市場で争う「同業者」であった点に注意をする必要があるだろう。上記のように，ムスリムのエリート支配層は，その有利な立場を利用してキリスト教徒やユダヤ教徒の印刷所の活動の妨害をしていることもあるが，技術的には彼らに学ぶところが多く，キリスト教徒やユダヤ教徒の印刷業者もまた，政府や社会全般の需要があってはじめて，その経営が成り立っていたからである。彼らは一つの「業界」を形成していた。たとえば，1899 年のイスタンブルで活動していた印刷所のうち 52％にあたる 47 印刷所はギリシア系・アルメニア系の経営者が運営し，ムスリム・トルコ人によるものは 23 印刷所 26％にすぎないが，同時期に出版された本の 59％はオスマン・トルコ語のものだった［Kreiser 2001：15-16］。このことは，ギリシア系・アルメニア系の印刷所も，ギリシア語やギリシア文字トルコ語，アルメニア語やアルメニア文字トルコ語と並んで，アラビア文字でオスマン・トルコ語の印刷を行っていたことを示している。イスラーム世界における 19 世紀後半のジャーナリズムの誕生と印刷の定着は，こうした多様な言語状況の上に成り立っていた。

3　写本文化の印刷本への影響

このように印刷は 19 世紀の後半に定着するが，それはイスラーム世界の本の伝統をいかに変えたのだろうか。あるいは，変えない部分はあったのだろうか。

最後にこの点を確認しておきたい。次にみるように，過渡期の印刷本には写本の影響が色濃く投影している。この事実は，写本の伝統の根強さを証明するものといえるだろう。

1）活字とその字体

印刷本の普及が字体の改善にかかっていたことは，これまでも見てきたとおりである。16 世紀から活動したローマをはじめとするヨーロッパの印刷所で印刷されたアラビア文字の字体の拙さは輸入品としての印刷本の評価を下げ，結果として印刷への関心を失わせる結果を招いたといわれている。

最初の半官営の印刷所がイスタンブルに作られたときからこの問題の克服には特段の注意が払われた。すなわち，写本の世界でなじみのある書体に留意した活字の製造が行われ，テキストの種類にも配慮した活字が求められた。これは写本文化の印刷本への最も大きな影響だった。

ミュテフェッリカ印刷所の活字は，ポーランドからのユダヤ教徒移住者ヨナ・ベン・ヤコブが鋳造した，読みやすい標準的なナスフ体の 12〜16 ポイントのものが使われた。手書きに慣れた人々に違和感のない活字を用い，写本同様に 1 冊ずつ未製本で販売されたことがミュテフェッリカ印刷所の成功を支えた。これを引き継ぎ工学校印刷所で新しい活字の鋳造にあたったのは，アルメニア教徒のボゴスであった。ボゴスは，書家デリ・オスマン・エフェンディの手書き文字から制作したナスフ体活字に加え詩集など文学書に適したタアリク体活字も製造し，それは 1824 年から実用された。

当初はヨーロッパ製の活字が用いられたカイロのブーラーク印刷所でも，著名な書家たちの手書き文字をもとに，タアリク体とナスフ体の活字が新たに作成され，1825 年から用いられている。

活字製造の分野では，特にアルメニア教徒の活字職人たちの活躍が目立っている。イスタンブルではオハンネス・ミュヘンディスヤーンやハチク・ケヴォルクヤーンらが活躍した。うち，オハンネス・ミュヘンディスヤーンが書家ラージフ・エフェンディの文字を用いて作成した流麗なタアリク体の活字の製造は，オスマン朝スルタン・アブデュルメジトの強い求めに応じたものであったことが知られている。この活字を用いて最初に印刷される本としてメフメド・ハーカーニーの『ヒルイェ（ムハンマド頌歌）』が選ばれ，その本の奥付には，今後この活字を使って各種の本や詩集が印刷されることが祈念されている［Aynur 2011：87-89］。いかにも手書きを彷彿とさせる書体こそが好まれ，印刷では，その再現が求められたことがうかがえる。

印刷が写本の再現を目指したものであったことは，こうした字体へのこだわりに現れているといえるだろう。

2）タイトルページ

写本文化が印刷本に及ぼした影響は，写本にみられる「奥付」が長く使われ，書名や著者名を記す「内表紙」の導入が遅れたことにも現れている。ヨーロッパの印刷本でも，その初期には写本にならって内表紙がなかったことが知られているが，イスラーム世界で印刷が始まる18世紀には，ヨーロッパではすでに内表紙の形式は確立したものだった。ミュテフェッリカ印刷所やブーラーク印刷所でも，フランス語書籍や，翻訳書だった「イタリア語・アラビア語辞書」には内表紙がつけられた。しかし，アラビア文字の本の場合には，19世紀中葉まで内表紙を持つ本はほとんどみられない［İhsanoğlu/Aynur 2003］。

これは，なにより本の末尾に作者や書写者，本の作成年などを文章の形で記す写本の奥付の伝統が引き継がれたためである。写本は，先頭ページのヴェルソ側（偶数ページ）から始まり，冒頭には，多くの場合，植物文様などの装飾が施された。初期の印刷本においては，その伝統が忠実に再現され，先頭ページのレクト側（奇数ページ）は空白，ヴェルソ側に書名やバスマラ（ビスミッラーの誦句）が記されて，本文が始まる形をとっていた。

その伝統がくずれるのは，1870年代頃からである。すでにマルタ島で印刷されたアラビア語本ではヨーロッパの印刷本にならい1830年代から内表紙がみられたが，それが中東での印刷本に適用されるのは，マルタ島での印刷にもたずさわっていたレバノン生まれのマロン派出身のファーリス・シドヤーク（アフマド・ファーリス・エフェンディ）が1870年にイスタンブルにジャワーイブ印刷所を創設した頃からだった。内表紙の定着と，奇数ページ（先頭ページのレクト側）から始める形式の採用は，写本の伝統から印刷本への本格的な移行を示すものと見なされる。

図 6　ブーラーク印刷所で 1833 年に印刷されたカラチェレビーザーデ『美点の園』の冒頭と最終ページ

3）新記号

同じくファーリス・シドヤークが試みながら失敗し断念したのは，アラビア文字にコンマやピリオドなどの新記号を加えることだった。伝統的なアラビア文字の諸言語では，文の切れ目を表すピリオドやコンマ，括弧などの記号は用いられない。これらはローマ字活字の世界のものだったが，それを最初にアラビア語の印刷本に導入したのは，このファーリス・シドヤークだった［Roper 1995］。

レバノンで高い教育をうけたファーリスはレバノンからエジプトに行き，最初の官報「エジプトの出来事」の刊行にもたずさわった。その後，マルタ島でイギリスの宣教団の印刷所で働き，キリスト教の宗教書とならんでアラビア語の地理や言語の本を出版した。後半生にはイスタンブルで初のアラビア語の新聞「ジャワーイブ」を刊行し（1861 年），また印刷所を開き，アラビア語とトルコ語で活発な出版活動をしたことで知られている。

草分け的なジャーナリストとして，また出版人としてイスラーム世界の出版に多くの新機軸をもたらした人物だったが，彼が導入を目指し 1839 年のマルタでの出版物には使ったコンマ，ダッシュ，コロン，クォーテーションマーク，エクスクラメーションマーク，クェスチョンマーク，ピリオドなどの記号は，彼自身の出版でもその後は断念された。こうした記号は，アラビア語の出版では20世紀まで使われることはなかった。

これらの記号が文章の理解を助けることに疑いはないが，その導入には，内表紙以上に強い抵抗感がもたれたためと推測される。

おわりに

以上のように，イスラーム世界での印刷本の普及は，写本文化からの強い影響をうけつつ，時間をかけて進んだものだった。19世紀前半に本格化した印刷は，19世紀後半には広く普及する。印刷所が増え，印刷される本の数も増えたことがその証左である。しかし，印刷される本の形態は依然，写本を彷彿とさせるものだった。印刷本特有のスタイル，あるいは現在の我々が親しんでいる本の形に近づくには，さらに数十年を要している。

これは，いかにアラビア文字写本文化の伝統が強固なものであったかを示している。石版印刷のように写本を再現できる技術が好まれたのも，写本文化の強固さゆえの現象だった。しかし印刷の定着で，それらが変わっていく時期も近づいていた。

1870年代以後に印刷された本には，内表紙やヘッダ，ページ番号，目次などをもつものが次第に増えていく。これらの定着には，前述のシドヤークの貢献が大きかった。活字の字体も多様化する。一方では，クーファ体の活字のように，少なくともオスマン・トルコ語の手書きの世界では用いられていなかった書体が，印刷にのみ用いられる飾り文字にあたる字体として導入される。これは，印刷本が手書き本の「複製」ではなくなった証といえよう。

その一方で，文筆家のシナースィーのように，合字の組み合わせを工夫し，自身が創刊した新聞で用いる活字の数を半減させた例もみられる。活字の改良（簡素化）は，活版印刷を容易にし，印刷所の増加に貢献した。

19世紀の後半には，アラビア語でもトルコ語でも，簡潔な表現や言文一致の運動が展開する。誰でもが読める文章で，広く社会に自身の考えを広めようとする知的エリートたちの活動が社会で広まるとき，印刷はその最大の道具となっていった。長い間，社会のなかで需要を得られなかった印刷は，こうした社会の内側からの欲求に支えられ，ようやく定着することになるのである。

参考文献

白岩一彦 2005「イブラーヒーム・ミュテフェッリカの人と業績――オスマン・トルコ語による金属活字印刷事業を中心に」『参考書誌研究』63.

林瞬介 2009「アラビア文字活字印刷の普及とムハンマド・アリー時代のブーラーク印刷所」『アジア情報室通報』7(3).

Atiyeh, George N. ed. 1995. *The Book in the Islamic World*. New York : State University of New York Press.

Aynur, Hatice. 2011. "Arap Harfli Türkçe Basılı Kitaplarda İçkapağın Gelisimi : 1826-1923," Evangelia Balta / Yorgos Dedes / Emin Nedret İşli / M. Sabri Koz, *Yücel Dağlı Anısına : Geldi Yücel, Gitti Yücel, Bir Nefes Gibi*. İstanbul : Turkuaz.

Babinger, Franz. 2004. *18. Yüzyılda İstanbul' da Kitabiyat*. with İbrahim Müteferrika, *Osmanlı Matbaasının Kuruluşu ve Başlangıcı*. Istanbul : Tarih Vakfı Yurt Yayınları.

Balta, Evangelia. 2010. *Beyond the Language Frontier : Studies on the Karamanlis and the Karamanlidika Printing*. İstanbul : The Isis Press.

Baysal, Jale. 1968. *Müteferrikadan Birinci Meşrutiyete kadar Osmanlı Türklerinin bastıkları Kitapları*. Istanbul.

Beydilli, Kemal. 1995. *Türk Bilim ve Matbaacılık Tarihinde Mühendishane, Mühendishane Matbaası ve Kütüphanesi (1776-1826)*. İstanbul.

――――― et al. 2003. "MATBAA," Türkiye Diyanet Vakfi, *İslam Ansiklopedisi*, Vol. 28.

Eremya Çelebi Kömürciyan. 1988. *İstanbul Tarihi : XVII. Asirda İstanbul*, H. D. Andreasyan ed., İstanbul : Eren Kitabevi.

Evliyâ Çelebi. 2001. *Seyahatnâmesi IV. Kitap*, Yücel Dağlı & Seyit Ali Kahraman, İstanbul : Yapı Kredi Yayinları.

Hsu, Cheng-Hsiang. 2008. "A Survey of Arabic-Character Publications Printed in Egypt during the Period of 1238-1267(1822-1851)," in [Sadgrove ed. 2008].

İhsanoğlu, Ekmeleddin / Aynur, Hatice. 2003. "Yazmadan Bsmaya Geçiş : Osmanlı Basma Kitap Geleneğinin Doğuşu (1729-1848)," *Osmanlı Araştırmaları* 22.

Kabacalı, Alpay. 2000. *Başlangıcından Günümüze Türkiye'de Matbaa, Basın ve Yayın*. İstanbul.

Kreiser, Klaus. 2001. "Causes of the Decrease of Ignorance? Remarks on the Printing of Book in the Ottoman Empire," in *The Beginnings of Printing in the Near and Middle East : Jews, Christians and Muslims*. Memmingen : Harrasowitz Verlag.

Owen, G. et al. 1990. "MAṬBAʻA", EI^2.

Roper, Geoffrg. 1995. "Fāris al-Shidyāq and the Transition from Scribal to Print Culture in the Middle East," in [Atiyeh 1995].

Sadgrove, Phillip ed. 2008. *Printing and Publishing in the Middle East : Papers from the Second*

Symposium on the History of Printing and Publishing in the Languages and Coutries of the Middle East. Oxford University Press.

Sarıcaoğlu, Fikret / Yılmaz, Coşkun. 2008. *Basmacı İbrahim Efendi and the Müteferrika Press*. Istanbul.

Saveb, Orlin. 2006. *İbrahim Müteferrika ya da ilk Osmanlı Matbaa Serüveni* (*1726–1746*). İstanbul : Yeditepe Yayınları.

Tuğracı, Pars. 1991. "Ermenilerin Türk Matbaacılığına Katkısı," *Tarih ve Toplum* 86.

第 *5* 章　聖典の刊本とデジタル化

小杉 麻李亜

はじめに

時はオスマン朝末期，イスラーム世界は西洋列強の侵略を受け，さらにはカリフ制の終焉を迎えていた。伝統的なイスラーム帝国の体制が崩壊し，次の時代への胎動に揺れていた。1923 年，勃興するエジプトのムハンマド・アリー朝第 9 代君主フアード 1 世の命によって，クルアーン学の権威の指揮下にイスラーム世界初の完成された刊本（印刷された本）クルアーンが出版された。この版はその後，20 世紀を通じて世界中に巻き起こった刊本クルアーンの大隆盛の行方を決定づけたものであった。

イスラーム世界において，クルアーンを印刷する試みは 19 世紀後半以降にオスマン朝下で繰り返しおこなわれてきた。しかし，文字間の連結が複雑なアラビア語の章句を印刷するのに印刷技術は十分ではなく，さらに出版に関する学者らの合意，校訂の精密さ，紙面の美しさといった条件が十全にそろうことはなく，いずれも権威ある刊本として流通することはなかった。

この条件の厳しい刊本化のプロジェクトに他に先駆けて成功し，長きにわたる名声を独占したのが，イギリスによる植民地支配から独立したばかりのエジプトのフアード 1 世と，クルアーン朗誦家の長であったムハンマド・アリー・フサイニー師に率いられたアズハル学院の委員会のメンバーらである。彼らが世に問うた「フアード版（カイロ版，アミーリーヤ版）」は，12 世紀続いたクルアーン写本時代を終わらせ，20 世紀を刊本の時代へと突入させた。

本章では，19 世紀末から現在までの 1 世紀余に焦点を当てる。19 世紀末から 20 世紀初頭に起こった刊本時代の幕開けからスタートし，20 世紀後半の刊本クルアーンの流布・大衆化，そして 1980 年代以降のデジタル化，1990 年代以降のオンライン化まで，20 世紀を通じてクルアーンが多様な形態で展開し，より現代的で大衆的なメディアになっていった姿を追ってみたい。

1　刊本時代の幕開けとアズハル・レジーム

時代は少しさかのぼるが，イスラーム世界においてクルアーンに印刷技術（石版もしくは活字組版）の導入が試みられるようになったのは，1870 年代のことである[1)]。当時はオスマン朝の時代で，その首都イスタンブルにおいて金属や石版印刷のクルアーンが刷られていた。

M. W. アルビン［Albin 2004］はイスラーム世界各地でのクルアーン出版記録のリストを挙げながら，19 世紀半ばまでにはほとんどすべてのイスラーム地域で局地的にクルアーンが印刷されていたと結論づけている。彼はこれまでの研究がイスラーム圏では印刷技術そのものやイスラーム関連の書物，中でもクルアーンを印刷することに対して根強い反感があったと勝手に想定していたことを批判している。

このことは，興味深い事実を示している。実際にイスラーム世界ではクルアーンを印刷することに対して慎重であり，その結果 20 世紀初頭まで写本時代が継続されたことと，同時にすでに 19 世紀には各地で民間の動きとしてクルアーンを安価で早く大量にコンパクトな大きさで制作する試みが同時多発的におこなわれていたということである。

こうした，「クルアーンは美しく正確でなければならない」というニーズと，「安くて便利なクルアーンが欲しい／作りたい」というニーズが合致したのが，

1）南アジアではさらに早く，1850 年代以降に複数の都市で刊行されている［Albin 2004 : 265-266］。さらに，イスラーム圏外で言えば，最初のクルアーン印刷・出版は 16 世紀のルネサンス期ヨーロッパにおいてであり，最初期の試みは 16 世紀半ばに教皇がすべてのクルアーン刊本の焼却を命じるまでの間になされた（1514 年のファーノ，1537 年頃のヴェネツィアなど）。ヨーロッパにおけるクルアーン印刷史の全体は，ライデンで刊行されたマイクロフィッシュ資料で詳細に追うことができる。その一部は［Albin 2004］にも図版が掲載されている。

まさに20世紀初頭のフアード版であった。

エジプトでは，1805年にムハンマド・アリーがオスマン朝下のエジプト総督となり，自らの王朝を開いた。富国強兵を推し進めた彼は，その政策の一環として1821年にカイロの郊外にブーラーク王立印刷所を建てた。この印刷所で1830年代以降，クルアーンを印刷しようとする試みが始まっていく。一説によると，この時ムハンマド・アリーは時のムフティー（法学裁定官）であったタミーミー師の協力を得られたと言われている。ただし，数百部刷られたこの時期の刊本はいずれも現存しておらず，完本であったのか抄本であったのかも不明である。その後，1840年代から50年代にかけて，1830年代に刷られたものが回収されたり修正されるなどしながら，挑戦が続いた。1880年代にはようやく，クルアーンを印刷することに対するウラマーたちの反対がなくなってきていた［Albin 2004］。

1923年，ついに時の国王フアード1世の命で，クルアーンの刊本が出版された[2)]。刊行に際して組織された委員会には，ムハンマド・アリー・フサイニー（エジプト朗誦家総代），ハナフィー・ナースィフ（教育省アラビア語監査官），ムスタファー・アナーニー（ナースィリーヤ師範校の教師），アフマド・イスカンダラーニー（同校教師）が名を連ねていた［Albin 2004］。

フアード版はさらに，1936年，ファールーク国王即位の年に修正された上で再版されることになる。このファールーク版が俗に「カイロ標準版」と呼ばれる現代の刊本クルアーンの原型である（図1）。実物を見てみると，黒一色の活版印刷である。最初の見開きページ（開扉章と雌牛章冒頭）にもカラーはなく，全巻通じて書体は二種類であり，各章の見出し部分やヘッダーにも華美な書体は使用されていない。本体の大きさは約27センチ×19センチで，本文の文字は20級（16ポイント）相当のサイズで，行間が4ミリ，1ページ当たり12行で827ページある。このムスハフの大きな特徴の一つは，節（アーヤ）がページをまたいでいることである。

アルビン［Albin 2004］は，1960年代にアズハル機構（学院やウラマー組織を総括）の監督の下で，刊本クルアーンが民間の出版社から次々に出版され出版点数

2）刊本のあとがきの日付はヒジュラ暦1337年（西暦1918/19年）となっており，刊行よりも5年ほど前に完成していたと推測される。

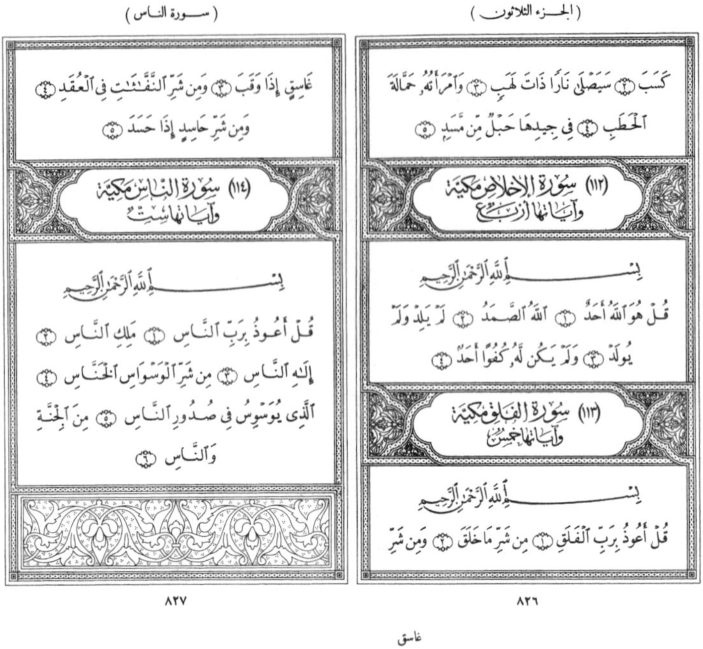

図1　ファールーク版の実物。1952 年に刊行された第 2 刷。

が上昇していくと同時に，アズハル学院を中心とするウラマーの監督力が増していったさまを紹介している。言うなれば「アズハル・レジーム」の成立である。この時期はちょうど，1950 年代にムハンマド・アリー朝がナセルら自由将校団のクーデターによって倒れ，ナセル体制が確立していった時期に重なる。アズハル機構も 19 世紀末以降数度の改革を経験していたが[3]，この時期に最終的な改革がおこなわれ国家体制の中に位置づけられるようになった［Hatina 2003 : 59 ; 小杉 1986 : 964］。

この頃から徐々に平版印刷に代わって活版（凸版）印刷が主流になっていった。また生産数は年当たり 20 万冊程度の規模になっていた。

この時期にエジプトで出版された実際のムスハフを見てみよう（付表参照）。

3）本章では 1960 年代の再編まではモスク／学院／ウラマーの複合体として「アズハル学院」，60 年代以降を「アズハル機構」と呼ぶことにする。

図2　刊本クルアーン・マディーナ版（ファハド版，右端）と各地の刊本

1960年代から70年代の刊本ムスハフは，基本的には黒一色の活版印刷であり，極彩色の写本や現代のものに比べて，驚くほど地味で簡素である。表紙も無地のものが少なくない。

それらはいずれも民間の出版社がそれぞれ作成したものであり，ほとんどがアズハル機構のムスハフ校訂監督委員会の許可を得て出版されている。エジプトにおけるクルアーンの印刷は，ムハンマド・アリーの時代（1830年代）から一貫してアズハル学院のウラマーらの協力が不可欠であった。

1920年代から50年代にかけて刊行されたフアード版，ファールーク版が王命による国王版であり，前の版を形ごと踏襲しながら修正をおこなったのに対して，1952年のエジプト革命以降の共和制時代には国王版というコンセプト自体が消滅してしまった。民間の出版社によって作られるムスハフには，統一された規格がない。版の元となる書道家の書もそれぞれ異なっており，行数や枠のデザイン，ヘッダーや欄外の記号もさまざまである。ただし，表からも明らかなように，1960年代から80年代初頭のもののほとんどは何らかの形でファールーク版の版型を再利用している。

さらに，1980年代以降にはサウディアラビアのファハド版が登場し，大きく形を変えて行くことになる（図2）。一番大きな変化は節がページをまたがなくなったことである。豪奢な写本や威信財としての巨大なムスハフ，お守りとして身につけるミニチュアなどを除けば，一般の人びとが使用する単行本や文庫本サイズの刊本ムスハフは，主として読誦や朗誦の練習[4]，クルアーンの章句を暗記するための道具である。クルアーンを声に出して誦み上げる時，単語と単語は連結してつなげて発音され，単語の最後の音は次の単語の影響によって転音する。原則として音が切れる（息継ぎをする）のは節と節の間であり，節の中では単語同士は常に連音している。そのため，節がページをまたがって表示されていると，次に来る単語の予測が遅れ連音に支障が出てしまう。

クルアーンは黙読される習慣がほとんどないため，節はページをまたいでいない方がよいが，7世紀以降の写本時代からフアード版，ファールーク版に至るまで，節がページをまたぐのを避けることは技術的に困難であった。これを実現したのがファハド版（今日では通称マディーナ版とされている）である。マディーナ版クルアーンは，すべてのページが節の終わりで終わっており，一つとして節がページをまたいでいる箇所がない。人びとがその便利さと均一的な美しさに心を奪われたことは想像にかたくない。

ページをまたがないというファハド版の画期的な発明のあとしばらくは，「ページをまたいでいなければマディーナ版」，「ページをまたげばエジプト版」と一般の人びとが認識していたくらいに「ページをまたぐこと」がエジプト産ムスハフの特徴とされてきた。しかし，2000年代の現在ではエジプトで出版されるムスハフもすべて節がページをまたぐことはなくなった。

以上から明らかになるのは，「カイロ標準版」とは，(1)アズハル機構のウラマーらによって承認されたもの，(2)1950年頃まではフアード版とそれを修正したファールーク版を指し，50年代以降はファールーク版を利用しながら任意の様式がとられたものということである。80年代以降にはさらに様式の上ではサウディアラビアのマディーナ版の影響も受けている。

4）読誦（キラーア）は読誦規則にのっとって正確に誦まれることを指し，朗誦（ティラーワ）はさらにそれに豊かなメロディがついたものを指す。

要するに，現代でも刊本クルアーンのスタンダードとして認識されている「カイロ標準版」とは，実は形（版型）としてはもはや存在していない。標準・基準となるような刊本を確立した名誉とアズハルのウラマーらによる校訂・監督システムが権威を持ち続けているということが，「カイロ標準版」の実体なのである。

2　サウディアラビアによる大量配布と刊本クルアーンの検品

1979年11月20日，サウディアラビアのマッカにおいて聖モスク占拠事件が起こった。これは武装集団がマッカのカアバ聖殿のある聖モスクを占拠し，政府によって鎮圧された事件である。この時，政府は鎮圧に放水を使った。

実は，前節で紹介したエジプト版刊本の実例のうち表の1は，79年のこの事件の際に実際にカアバ聖殿に置かれており，放水の被害にあったものである。政府は放水によって傷んだ刊本ムスハフをすべて廃棄することに決めたが，廃棄を免れた一冊がここにある[5)]。ムスハフ自体に残る物理的な痕跡（水にぬれたことによって表紙がボロボロになっている）によって，ある特定の時期に特定の場所に存在していたことが確証できる珍しい例である。

このムスハフはたまたま，1979年にマッカで起こった歴史的事件に立ち会っているが，そのことが刊本の歴史を扱う本章にとって面白いのは，この事件がサウディアラビアのファハド国王クルアーン印刷所の創業の，わずか手前の時期に起こったことだからである。

マディーナに建てられたファハド国王クルアーン印刷所は，1982年の設立以来年間1000万冊（最大その3倍）の生産力を誇る世界最大のクルアーン印刷所として，世界中にきわめて美しく正確な刊本ムスハフを供給し続けている。それらは多くの場合，無料で配布され，また，巨大な翻訳プロジェクトによってマディーナ版刊本ムスハフと同じ版型を使用した各国語の翻訳も世界中に流通している。それだけではなく，刊本のクルアーンを出版しようとする各国の委員会や出版社

5）筆者がこの刊本を入手したのは，当時ジェッダの巡礼研究センターの教授であった方のご厚意による。

にとって，マディーナ版は見本の最たるものと言える。

1980年代から現在までの30年は，刊本クルアーンの業界はマディーナ版色に染め上げられていると言っても過言ではない。一つの統一された版型で流通しているものとしては，他の追随を許さない流通量であるし，各国での刊本の制作に与えている影響も大きい。公式発表によれば現在までに生産・流通させた量は1億3000万冊以上である。

先ほどのカアバ聖殿で水浸しになった小さなムスハフは，サウディアラビアがそのような怒濤の時代を切り拓く一歩手前の時期の，マッカに国産の刊本がなかった時代，カアバ聖殿にエジプト産の刊本ムスハフが置かれていたことを偲ばせる，小さな痕跡なのである。カアバ聖殿にサウディアラビア国産のムスハフが溢れかえるようになるとは，当時は全く想像がつかないことだったに違いない。

このマディーナ版はカイロ版と異なり，厳密に統一された規格が存在する。24センチ×17センチほどの大判で，茶色い皮の表紙に金の箔押しがしてある。写本の形態を引き継いで左部分に折り返しの覆いがついており，天地と小口は金色に塗られている。最初の見開きページは写本黄金期の装飾を模した豪華なカラー印刷となっており（紺，水色，緑，オレンジ，金），本文ページの枠はすっきりとした控えめなデザインながらも水色，オレンジ，金の3色で刷られている。端正で過不足なく美しい本文の書体は書道家ウスマーン・ターハーによるもので，各ページ15行，全604ページある。

15センチ×11センチほどのミニ判もあり，表紙の色にもバリエーションがあって，見開きページや枠の配色，装飾の文様なども変わってくる。各言語の翻訳版（アラビア語との対訳）となると，22センチ×15センチ程度の大きさのものが多く，表紙の色も紺，赤，茶，緑などがあり，折り返しの覆いは付いていない。天地・小口も金色には塗られていない。

このようなサイズ違いや色違いは存在していても，すべて外装は単色にほぼ同一デザインの金色の箔押し，本文はまったく同じ書体で同じレイアウト，必ず15行，604ページ，同一の版型である。中も外も一見して，マディーナ版だとわかる。

マディーナ版は，版自体の作製も印刷も検閲もすべて自分たちの印刷所でおこなっており，厳密に統一された規格をまったく崩さない。民間の出版社はかかわっていない。カイロ版が「無形のスタンダード」であったのに対して，マディーナ版はまさに「有形のスタンダード」であると言えよう。

マディーナ版の裏表紙を開くと，遊び紙にそのムスハフが宗務省の監督下に印刷された旨を記した奥付があり，その上に検品済を示すスタンプが押されている（図3）。このスタンプはアズハル機構などの直筆サイン入りの許可証が刷版自体に組み込まれて各ムスハフに掲載されているのとは異なり，印刷・製本の済んだ完成したムスハフに，後から手で捺したものである。2センチ×5センチに満たない長方形のスタンプで青色のインクが使用されている。

図3　検品の押印（右下の長方形の部分。サウディアラビア）

クルアーンを印刷するためには，まず本文（子音と長母音からなる文字列）を一文字の誤りもなく書く必要がある。その上で，本文は章に分けられ，各章の見出しが付けられる。見出しにはその章の名前が書かれ，場合によってはその章が成立した時期（預言者ムハンマドの活動時期の前半である「マッカ期」か後半である「マディーナ期」か）と，章に含まれる節の数などが加えられる。次に，本文には節と節の句切れを示す印が挿入され（多くの場合円形で，植物文様などの装飾が加わる），その印の中には節の番号がふられる。

以上の行程は，写本時代および刊本成立の初期にはその一つ一つが大変な「イジュティハード（解釈の営為）」であった。発音される音をどのような文字で表記するのが正しいのか，本文以外の要素をムスハフの中に記載することが許されるのかといったことは必ずしも自明のことではなかったからである。章の名前も決まってはいなかった。

現代ではそのすべてがカイロ版（フアード版，ファールーク版）に則しているため，新たに刊本を作ろうとした国などの学者集団が，改めて「イジュティハード」をおこなう必要がほとんどなくなっている。次に，大きな難題となるのが，本文に付す母音記号や，読誦・朗誦の際にどこで息継ぎをしてよいか等を示す読誦規則上の記号を加えること。あるいは，巻（クルアーンの全文を章や意味のまとまりに関係なく，長さによって30等分したまとまりのこと。また，その半分や4分の1に区切ることもある）の切れ目を確定すること，さらに東南アジアであれば，朗誦の際にひとまとまりにできるような意味上の切れ目の印を加えることなどがある。

先の行程に比べると，これらの行程は解釈の余地が残っており，現在でも学者らの解釈の営為が要求されている。もちろん，カイロ版やマディーナ版など，先行する刊本の中でも権威が確立し，信頼性が高いと評価されているものは参照の対象となる。

ここまで済めば製版のもっとも重要な部分は終わる。あとは，最初の見開きページの装飾や，各ページの枠のデザイン，表紙の装丁など，アーティスティックな作業になる。現在ではこの部分にカラーインクが使われることも増えてきたが，アラブ（カイロ，マディーナ）の刊本は概して簡素である。特に，本文を囲む枠の部分はきわめて禁欲的で，直線の縁の中にわずかに幾何学文様や植物文様が描かれているだけである。

この部分に新たな試みを盛り込んでいるのは，東南アジア，特にマレーシアである。マレーシアで現在ポピュラーな刊本の一つとなっているのが，ルストゥ財団のムスハフである。この財団は独自の育成センターを持ち，国際水準に達することを目指す書道家・装飾家を擁するとともに，校訂・検閲部門も設けており，ここの校訂・検閲技術は政府にも供給されている[6]。

このムスハフは，本文および諸記号等についてはマディーナ版に依拠しており，オーセンティックで洗練された仕上がりとなっている。それに対して，斬新なのが本文を囲む枠の部分である。あくまでも先例から外れない直線の縁を採用していながら，その縁の中に南洋の花々や果実をかたどった文様が盛り込まれている。それらは規則的で調和的でやさしいタッチで描かれ彩色されていると同時に，その地域に独特の生態環境を独特の色彩感覚で表現しており，ムスハフとしては異彩を放っている。

6）2010年10月，スランゴール州，当財団におけるインタビューによる。

以上，黒字のテキストの周囲に彩色の装飾を加えれば，製版は終わる。その後，印刷機にかけて印刷され，さらに製本されて，刊本ができ上がる。最後に重要となるのが，刷り上がった後に，本文にかすれや印刷ミスがないかを確かめる作業である。後付けの枠や枠外のヘッダーなどに多少の疵があっても問題がないのに対し，本文がわずかでも損なわれていた場合には，その本は人目に触れることが禁止され廃棄の対象となる。

サウディアラビアの検品スタンプはこれを手作業で確認していることを意味する。写本と異なり，大量生産される刊本は最終チェックが現実的には難しい。学者，アーティスト，技術者合わせて1500人を抱えるとされる巨大印刷所ならではの行き届いたケアだと言えよう。

3　現代における刊本の校閲と読誦学者

以上のような刊本制作には，書道家，装飾家，印刷技術者，ウラマーらがかかわっているが，その中でもそれぞれの刊本が誤りなく，正しいものであることを担保し，確証する役目を担っているのは果たして誰であろうか。つまり，その人物がいなければ，本文を確定することができず（母音表記や文の切れ目の校訂ができない），かつ，でき上がった新たな刊本が正しいバージョンの一つであることも保証されなければ，さらに，ミスによる誤表記がないかどうかを校閲することもできないような人物である。

答えは読誦学者（ムクリウ）である。刊本が，確かに「正しいクルアーン（預言者ムハンマドから伝えられた通りの，あるいは第3代正統カリフ・ウスマーンが正典として制定した通りの，さらにはカイロ版を通じてアズハルのウラマーらが合意した通りのテキスト）」であることは，根本的に読誦学者による検証に依存している。読誦学者とは，7世紀以来伝承され続けてきた通りにクルアーンを正確に諳んじることのできる（とみなされている）人物のことで，口頭の相伝によって師匠から読誦規則のすべてを引き継いだ読誦のプロフェッショナルである。彼らは皆，預言者ムハンマドから自分に至るまでの師匠の名前の連なった「鎖（サナド。伝承経路のこと）」を持っており，これがその学者が正統的な伝承者であることを保証する。

本文の校訂にも，印刷の許可を出すのにも読誦学者が不可欠である。それは，現代でも変わっていない。現場では，読誦学者らの指揮の下，クルアーンの全文を暗誦できる校閲スタッフらが自らの記憶の中のクルアーンに照らし合わせながら，新たな刊本のゲラ刷りに誤表記がないかチェックし，訂正を加える。

もちろん，カイロ版，マディーナ版が流通している現代では，多くの校閲者たち，特に年若い世代は自分自身がクルアーンの読誦を学習し暗記をおこなった際に，刊本を補助具として使っている。また，校閲の作業中でもすぐに確認できるように手元に先行する正統的な刊本を置いている。かつての読誦学者らがムスハフにまったく依存せず（読誦学者には盲目の人が少なくなかった），現在でも特にアラブ圏の年配の師匠たちがムスハフをほとんど使わないのとは対照的である。

いずれにせよ，クルアーンの本文はムスハフだけでは再現することはできない。刊本のムスハフが音をかなりの程度正確に文字表記に落とし込んでいるといっても，師子相伝で音としてのクルアーンを習ったことのない人間には，楽譜を読めない人間が楽譜を眺めるのと同じ程度の意味しかない。その観点で，刊本がどれほど有効な補助手段だとしても，あくまでも音の習得があってのことなのである。

もう一度表を見てみよう。それぞれの刊本に許可を与えたアズハルの委員会のメンバーを時代ごとに追っていくと，面白いことが見えてくる。1960年時点では委員会の平委員であったフサリー師が，60年代を通じてカーディー師の下で副委員長を務め，ついに70年代後半には委員長になっていることがわかる。

実は，このフサリー師とは有名なマフムード・ハリール・フサリー師，つまり1950年代から70年代にかけてエジプト国内外にその名をとどろかせた不世出の大朗誦家のことである。朗誦家として最初にレコード録音が出回ったのも彼であり，ハスキーな声と正確で力強く確信的でそれでいて温かみのある読誦で広く愛された。死後すでに30年が経過した現在でも，もっとも多く出回っている録音の一つは彼のものである[7]。

7）本章で扱っている刊本はすべて読誦のハフス流にのっとったものであるが，現存している伝承でマグリブ地方の刊本にのみ採用されているワルシュ流がある。アラブの朗誦家は基本的にハフス流で読誦をおこなうが，フサリー師はクルアーンの全巻をワルシュ流でも録音している数少ない朗誦家でもある。

4 刊本時代の特徴とデジタル化

ここで，クルアーンが写本から刊本へと変わったことで生じた変化についてまとめてみたい。刊本のクルアーンには次のような特徴がある。(1)インクの数(黒一色，二色，三色以上，フルカラー)，(2)紙の種類（1980年代まではゴワゴワの分厚いもの，80年代後半から現在は薄くてツルツルのものが主流になっている)，(3)書体（カイロ版が数種，マディーナのウスマーン・ターハーによるもの，それを利用したもの，南アジアや東南アジアに特有のもの)，(4)行数（15行から17行が主流)，(5)節のページまたぎ（1990年代まではまたぐ，またがないの2種，現在はマディーナ流のまたがないもののみ)，(6)表紙の形状（折り返しがある，ない)，(7)表紙の装丁（皮，紙のハードカバー，紙のソフトカバー，チャック付き，箱入り)，(8)表紙のデザイン（マディーナ版の単色に金の箔押し，アラブ風の数色の色と金の箔押し，東南アジアの極彩色)，(9)例外的に刊本のどこかに図版が入っているもの（表紙にモスクの線画，見返しにオスマン伝統のマーブル技法で描いたチューリップ，イラン製の花柄模様の表紙など)。

これら刊本ムスハフに見られる写本との違いは，まず単色刷りが主流であることである。写本時代，そもそもムスハフは制作に大金のかかる威信財や公共財であったために，インクの数に最初から制約がかかっていることは少なかったと考えられる。それに対して，刊本は今や一般の人びとが安価に買って日常使いするものとなったため，圧倒的にコストダウンが重視される。初期には印刷技術上の制約によって単色であったのだろうが，フルカラー印刷が可能になった現代でも単色や二色刷がもっとも出回っているのは，そのような理由によるであろう。

次に，行数の統一である。また，一冊の刊本の中で文字のサイズが一定であったり，使われている書体が一種類のみであったりすることは，写本時代にはなかったことである。刊本は一冊の中での統一性が写本に比べてはるかに高い。刊本には，写本時代にはよく見られたような，書や装飾にそれぞれ複数の人間が携わっていたり，ページによって書き手／描き手が異なったり，本文と装飾部分で作製年代が大きく異なったり，あるいは，第三者によって装飾部分や装丁が作り変えられるといった改変がない。行間に装飾がなくなったことも大きな変化である。

刊本の装飾は本文を囲む枠内に収まっていることがほとんどであり，文字列の部分へははみ出してこない。

以上から，次のことがわかる。写本時代，クルアーンの写本はティムール朝風や，マムルーク朝風，サファヴィー朝風，オスマン朝風，マグリブ風，ジャワ風，アチェ風など，それぞれの王朝や地域が固有のテイストを持っていた。好まれる書体や，使用される色，文様は互いに大きく異なっており，共通部分は直接的な影響関係が存在したところにだけ見出せる程度である。それに対して，刊本には地域を超えて共有されるスタンダードがある。カイロ版とマディーナ版の間でも差異よりは共通性の方がはるかに高く，また各地の刊本もこの二つとの距離が非常に近い。その中で，全体の枠組みはカイロ版，マディーナ版に依りながら，かろうじて地域固有の伝統的な書体を使うことでナショナル・アイデンティティを表現したり，唯一自由が許されている本文を囲む枠の中で地域のモチーフや独特の色合わせを使うことで地域性を表現している。大きなスタンダード（共有部分）と地域色を出すための小さなフリースペースとから成り立っているのが，現在の刊本の実情であると言えよう。

最後にもう一つ刊本時代の大きな特徴を挙げたい。それは「ラスム・ウスマーニー（ウスマーン版）」の強調である。各刊本には多くの場合，内表紙に「ラスム・ウスマーニーによる」と大きく書いてある。これは第3代正統カリフ・ウスマーンが正典として制定した通りのものである，という意味である。これに対して，欧米の研究者が「ムスリムたちがウスマーンの時代から伝承され続けていると信じている」と説明することがあるが，事実は少し異なっているように思われる。

なぜなら，7世紀半ば以降，どの地域であろうと，朗誦であろうと，写本であろうと，イスラーム世界には「ウスマーン版」以外のクルアーンが存在したことがないからである。歴史が証明したことは，ウスマーンによる正典化事業は成功し，完膚なきまでに他のバージョンを消し去ったということである。それは東洋学者らの努力にもかかわらず，別バージョンが発見できなかったことが証明している。

そうであるならば，すべてのクルアーンが「ウスマーン版」であることは当たり前のことなのである。そして，実際問題「ウスマーン版」は母音記号が付されておらず，複数の読誦の余地を持っていた（それが読誦流派になる）。また，息継ぎの箇所も記されておらず，複数の区切り方が可能で，それによって意味の解釈上の違いが生まれる（それが法学的・神学的な解釈の複数性を生む）。

そうであるから，現在の刊本がそれぞれ「自分はウスマーン版である」と名乗っていても，テキストは互いに微細な違いを持っており，完全には一致しないのが当たり前である。ただし，この差異については互いを「間違っている」と非難するようなことは基本的に起きない。

では，各国の刊本がそれぞれ「ウスマーン版だ」と名乗り続けているのは，どういう意味があるのだろうか。それは，いうなれば「自分たちは統一されたクルアーンの下に集い，唯一正統なファミリーを形成している。われらの刊本クルアーンはみな，ウスマーン・ファミリーである」という意味ではないだろうか。それぞれの地域で作製された刊本がそれぞれに「ウスマーン版」であると名乗り合っているのは，そして，新たに生まれてきた刊本クルアーンが自ら「ウスマーン版」であると声高に主張するのは，他に先んじて自らの正統性を主張するためではない。すでに正統性を認められた先行する権威ある刊本たちが形成する「ウスマーン・ファミリー」に自分も属したい，所属できるような出自であると自らの参入権をアピールする言表であると考えれば，上記のような不可解な現象が説明できるのではないだろうか。

20世紀後半に完全に刊本時代へと突入したクルアーンは，さらに20世紀末以降には各国の都市部ではデジタル化も進んでいる。1990年代以降CD-ROMやVCD（ビデオCD）の形でクルアーンの朗誦と文字テキストが同時に再生・表示できるものが出回った。また，この10年ほどの間にオンライン化も進み，クルアーンのアラビア語本文と朗誦，翻訳やタフスィール（解釈）を再生・表示したり，検索までもおこなえるウェブサイトが増えている。

これらのオンラインのクルアーンは，使用がインターネット利用者に限定されているが，刊本に代わるような携帯できるコンパクトな電子クルアーンは1990年代以来一定の生産が続けられてきている。ネット依存型ではないためネット環境になくとも使用できる点で一般の人びとにとって利用しやすく，また，モノとしての形があるため贈答品としても利用されてきた。

2010年前後には，刊本の紙面と朗誦の音声をリンクさせる新しい形でのデジ

図４　デジタル・クルアーンの広告チラシ

タル機器が登場した（図４の左）。セット内容はペン型の読み取り再生機と，特殊な加工がなされている刊本クルアーンで，紙面の文字列をペンでなぞると，その箇所に対応した朗誦が再生されるしくみとなっている。現在，マレーシアやインドネシアなどで販売されているが，自国の朗誦家の朗誦をこの機器の製作のために新たに録音している点で，インドネシアのものが注目に値する。男女の声による２バージョンがあり，ともに1980年代以降インドネシアの朗誦界を牽引している第一人者である。

近年新登場した機器としては，中国製の電子ブックが挙げられる。これはクルアーンの電子版テキストと，各国の朗誦家の朗誦が計数十インストールされており，そのほかにもハディース集などの古典が複数収録されている。

毎年，新たな技術やデジタル機器を利用した新しい形のクルアーンが登場し，人びとの関心を引いている。その一方で，実はクルアーンのデジタル化やオンライン化によっては，クルアーンをめぐる人びとの実践にはさほど大きな変化は生じなかった。一般の人びとにとっては依然として刊本がもっとも身近な存在であるし，デジタル版やオンライン版を利用する都市部の富裕層らも，刊本を活用する場面は多い。確かに朗誦と文字テキストがリンクしている点で一定の人気を持つが，運ぶ手間で言えば現在の刊本はマディーナ版に準ずるような精度のものが，手のひらにすっぽり収まるほどの小さなサイズでも刊行されており，もはや本の持ち歩きが重いとは思われていない[8)]。

おわりに

刊本と言えば，15 世紀半ばのドイツのグーテンベルクによる活版印刷技術の発明，それによる『四十二行聖書』の刊行が有名である。あたかも，この出来事が世界にとっての刊本時代の幕開けであるかのように錯覚されることもあるが，あくまでもグーテンベルクによって直接的に刊本の時代に入ったのは西洋だけである。

イスラーム圏では 650 年頃に正典化事業がおこなわれ，マディーナ政府認定の「正典」が発布されて以降，19 世紀末までは写本時代が続いた。19 世紀後半以降に印刷技術の導入が本格化し，刊本がクルアーン（ムスハフ）の主流形態となるのは，1923 年の最初の刊本，1960 年代のアズハル体制の形成，1980 年代以降のサウディアラビアによる大量配布を経てのことであり，わずかこの数十年のことであった。

知識や聖典のテキストが口誦・口伝によって流通するイスラーム圏においては，中国やヨーロッパのように書物が限定的にしか生産されなかった写本時代が，即座にエリートによる知識の独占を意味しない。クルアーンの章句は口誦での伝達と日常的な口頭での使用によって，一般の人びとにとってもアクセス可能なものであった。また，刊本の誕生が書物の大衆化や学問の俗化を直接的にもたらしたりもしない。クルアーンはもとより，村々の朗誦家が奏でる朗誦や説教師によっ

8）通勤や通学の途中で刊本ムスハフを誦む若い女性たちが小さな携帯用のものを使用しているのに対し，クルアーン教室に習いに来る主婦や年配の女性たちは重いのをいとわずハードカバーのものを持ち歩くので，驚かされることが多い。一般の男性が日常的に読誦を学習している姿はあまり見かけないが，師匠について読誦を専門に学習する男子学生たちは携帯用の小さいものを使用していることが多い。

て滔々と唱えられる章句との日常的な接触などによって，一般の人びとに身近で開かれたものであったからである。

しかし，刊本，さらにはデジタルとオンラインの時代が花開くことは，写本時代との大きな変化も確実にもたらした。クルアーンが口誦の形態で誕生し，その形状のまま流通するという状態が7世紀から21世紀まで続いた。それに加えて，それが同時に文字化され書物化されるという展開も見られたが，刊本化によってムスハフはそれまでとは比べものにならないくらい精密に音を文字表記に落とし込み，それを複製することが可能になった。そして安価さとコンパクトさの実現によって，有用な補助具として爆発的に人びとの間に流布した。

刊本の技術は，音声として朗誦されるクルアーンを正確に維持し，伝達していくという社会的なニーズにとって，有用であったからこそ積極的に取り入れられ，定着した。7世紀以降の書物化や，10世紀までに達成された文字表記の整備などは，いずれも読誦／朗誦（クルアーンの本文）を何とか正確に時代を超えてつなごうとする切実な試みであったが，それは20世紀の刊本化と録音の流布によって格段に精度を増すことができた。

クルアーンが書かれた時，書物の形にされた時，印刷技術が用いられた時，デジタルで表示されるようになった時，いずれの時代でもお目付け役であるウラマーらの間ではまず反対意見が大半を占めた。つまり，イスラーム世界は聖典を表現したり記録・保管したりするメディアに対して，常にきわめて保守的で徹底して懐疑的で慎重さを崩すことがなく，年月をかけて吟味し尽くす態度を貫いてきた。技術に引っ張られて物事だけが先走ったということは，クルアーンに関してはほとんどなかったと言ってよいだろう。

声に出して誦まれるクルアーンが，文字で表現され記録され，書物の形で出回り，刊本となってすべての人びとの手に渡る。その結果，クルアーンはそれらの技術の導入に踏み切ったウラマーたちが期待した通りに，より完全に統一された姿で存在し，また社会の人びとが欲したように，誰の手にも安価もしくは無料で美しく正確なクルアーンの全文が手に入る。そのような時代を今イスラーム圏は謳歌している。

参考文献

大川玲子 2005「写本以後，クルアーンの今――印刷からデジタル化へ」『図説 コーランの世界――写本の歴史と美のすべて』河出書房新社，pp. 106-119.

小杉泰 1986「現代イスラームにおける宗教勢力と政治的対立――カイロにおけるアズハル＝フセイン複合体とサラフィー主義」『国立民族学博物館研究報告』10(4)，pp. 959-1000.

――― 2008「クルアーン」小杉泰／林佳世子／東長靖（編）『イスラーム世界研究マニュアル』名古屋大学出版会，pp. 62-71.

保坂修司 1998「世界電子本事情・中東編 デジタル版コーランと海賊版 CD-ROM」『季刊・本とコンピュータ』1998 年秋号，大日本印刷 ICC 本部，pp. 164-171.

――― 2008「ウェブサイト，電子媒体」小杉泰／林佳世子／東長靖（編）『イスラーム世界研究マニュアル』pp. 19-27.

Albin, Michael W. 2004. "Printing of the Qur'ān," in Jane Dammen McAuliffe et al. eds., *Encyclopaedia of the Qur'ān*, vol 4. Leiden/ Boston : Brill, pp. 265-276.

Hatina, Meir. 2003. "Historical Legacy and the Challenge of Modernity in the Middle East : the Case of al-Azhar in Egypt," *The Muslim World* 93(1), pp. 51-68.

Rippin, Andrew. 2006. "Cyberspace and the Qur'an," in Oliver Leaman ed., *The Qur'an : An Encyclopedia*. Oxon : Routledge, pp. 159-163.

Early Printed Korans : the Dissemination of the Koran in the West. Leiden : IDC Publishers, 2003（16 世紀から 20 世紀までのヨーロッパ刊本のマイクロフィッシュ資料).

http://www.qurancomplex.org/（ファハド国王印刷所のウェブサイト).

http://quran.al-islam.com/（エジプトのクルアーン検索サイト).

http://www.islamicity.com/mosque/quran/（アメリカのクルアーン検索サイト).

付表　1960 年代〜1990 年代の刊本の例

	年号	タイトル	出版社	記載情報	備考
1	1968年（許可）	『聖なるクルアーン――「清められた者のほか，触れることはできない。諸世界の主からの啓示である〔来るべき日章：79-80〕」』	ダール・トゥラース・アラビー	アズハルの委員会の許可（委員長アブドゥルファッターフ・カーディー師，副委員長マフムード・ハリール・フサリー師）	黒，15 行
2	1969年（許可）	『聖なるクルアーン――「清められた者のほか，触れることはできない。諸世界の主からの啓示である〔来るべき日章：79-80〕／二大聖都ムスハフ』	シャリカ・シャムフリー	アズハル総長の許可とムスハフ校訂監督委員会の監督（フサリー師が平委員），ムハンマド・サアド・イブラーヒームの書体	黒，15 行。巻とその半分の区分けの名前リストが載っている
3	1969年刊	『聖なるクルアーン』	エジプト印刷所	アズハルの委員会の許可（委員長カーディー師，副委員長フサリー師）	黒，16 行。枠とヘッダーがファールーク版と同じ（本文，巻のマークは違う），最初の見開きページはカラー（黒，赤，青，金）
4	1970年刊	『聖なるクルアーン』	アフラーム印刷所		黒，12 行。中はファールーク版とまったく同じ。ただし，タイトルの記載された中表紙が追加されている
5	1972年（許可）	（4 と同じ版型）		アズハルの委員会の許可（委員長カーディー師，副委員長フサリー師）	本文ページの枠が異なっている。最初の見開きはカラー（黒，緑，青，茶色，オレンジ）で，本文ページの枠は緑
6	1973年（許可）	『聖なるクルアーン』	ダール・ムスハフ	アズハル機構イスラーム研究アカデミーの許可	黒，15 行。枠はファールーク版と同じ（巻のマーク，ヘッダー，ページ番号は異なっている）。装丁の遊び部分にカラーの装飾（紺，オレンジ，金）がある。最初の見開きページはファールーク版と同じ（ただし，カラーになっており，枠内の地の部分に植物文様の追加がある。使用されているインクの色は黄緑，ピンク，金），

7	1977年（許可）	『二聖都ムスハフ／聖なるクルアーン――「これは人びとに対する伝言で，これによって彼らは警告される〔イブラーヒーム章 52 節〕」』		ベイルートで出版，レバノンのファトワー事務所の許可	黒，17 行。枠内の地の部分が黄緑（模様が入っている），見開きはカラー（黄緑，グレー）
8	1978年刊	（7 の修正版）	ダール・ルブナーン印刷	1960 年にアズハルの委員会の許可（カーディー師が委員長，フサリー師は平委員）が出たとの記載が追加された	版型は 7 と同じ。ただし，カラーなし
9	n. d.	（7 と同じ版型）		アズハルの許可証が付いており，レバノンのファトワー事務所の許可はない	
10	1978年（許可）	『聖なるクルアーン――「これは人びとに対する伝言で，これによって彼らは警告される〔イブラーヒーム章 52 節〕」』	ダール・マアーリフ	アズハル機構のムスハフ校訂監督委員会が監督（フサリー師が委員長）	黒，17 行
11	1984/85年刊	『聖なるクルアーン』	ダール・クトゥブ・イルミーヤ	ウスマーン・ターハーの書体。シャーム地方の大ウラマー組織，シリアのファトワー局・情報省、アズハル機構のイスラーム研究アカデミー，サウディアラビアのファトワー庁，ヨルダンのワクフ省による監督	内表紙から最初の見開きページまでの 7 ページがフルカラー，本文は黒と赤で，枠が金
12	1987年刊	『聖なるクルアーン』	マクタバ・シュルビジー	シリアのファトワー宗教教育総庁の許可，アズハルの委員会（委員長カーディー師，副委員長フサリー師），シリアのワクフ省のムスハフ監査官のチェック	黒，緑，15 行
13	1991年刊	『聖なるクルアーン』	ダール・ムスハフ		黒，15 行。枠内の地はペパーミントグリーン，最初の見開きページはファールーク版と同じ（ただし，枠はワインレッド，枠内の地はペパーミントグリーン）

第 6 章　デジタル時代の古典復興
——アラビア語メディアを中心に

小 杉　泰

はじめに

イスラーム圏において長らく栄華を誇った写本による出版と書物の時代も，18 世紀末からの活版印刷の導入で次第に終わりを告げることになった。本章で扱うアラビア語圏でも 19 世紀には近代的な刊本の時代が訪れ，20 世紀にはエジプトとレバノンを中心にアラビア語出版文化が栄えた。そして 20 世紀後半になると，サウディアラビアなどの湾岸諸国やイランがアラビア語出版の新興地として名をあげるようになった。

それと同時にパソコンとワープロが普及し，デジタル時代が幕を開け，さらにインターネット時代となると，デジタル化が加速されることになった。写本文化が栄えていたアラビア語圏では近代的印刷の導入が遅れたが，デジタル化は世界的に同時期に始まったため，今後の電子書籍の発展によっては，アラビア語の近代的な書物は繁栄期が 2 世紀ほどということになる可能性もある。

以下では，このような流れを瞥見しながら，デジタル時代におけるアラビア語の書物とイスラーム古典の復興を眺望してみたい。

1　アラビア語圏における近代的印刷

オスマン朝治下のアラブ諸州でアラビア文字の活版印刷を初めて導入したのは，シャーム地方（歴史的シリア）のギリシア正教のアンタキア主教アタナシオス 3 世ダッバースとされる。ブカレストで最初に印刷所の設立を試みた後に，1706

年にシリア北部のアレッポに戻り，ここで印刷所を始め，1711年までに再版を含めて12タイトルを刊行した。次が，イスタンブルでのミュテフェッリカの印刷所であった（1726-84年。III-4章参照）。さらに，現レバノンのシュワイルに1734年に設立された印刷所は，18世紀中に20冊，19世紀に入ってからも断続的に7タイトルを刊行した。ベイルート印刷所は1751年に2冊を刊行したが，66年には廃業した。イスタンブルを除いてはいずれもキリスト教内部で用いる書物を刊行したため流通は限られていたものの，アラビア文字活字を作る苦労を含めて重要な先駆的試みであった［Dabbās 2008］。

次に，19世紀には本格的な活版印刷がエジプトで導入された。ヨーロッパから近代的な印刷機が最初に持ち込まれたのは，1798年にボナパルト（ナポレオン）率いるフランス軍がエジプトに侵攻した時であったが，彼らが宣伝のために用いた印刷機は彼らと共に撤収された。この侵攻は，日本にとっての「黒船」と比べうるような強烈な衝撃をエジプトに与え，その直後に成立したムハンマド・アリー王朝は近代国家の建設に邁進することになった。

エジプトはオスマン朝から事実上の独立を遂げ，社会のさまざまな分野での近代化が断行された。その一つの方法が，官庁内で周知すべき布告や指示を印刷して配布することであった。それまでの口頭の指示や手書きの布告に比して，これは近代的な官僚機構を構築するための大きな武器となった［Ayalon 1995 : 14］。かつてアッバース朝初期に，新技術としての製紙法を活用した公文書に基づく巨大な官僚機構の構築に成功したとすれば，ムハンマド・アリー朝は印刷を用いて，さらに効率的で効果的な近代的官僚機構の構築をおこなったのであった。

1821年または22年に『ヘディーヴ（副王）の刊行物』（ヘディーヴはオスマン朝に形式上服属していることを示す称号）という名で始められた試みは，1828年に『官報（al-Waqā'i' al-Miṣrīya 直訳すれば「エジプトの出来事」）』へと発展した。内容はもっぱら実務的なもので，読者を楽しませる意図はなかった。

『官報』などを印刷するために設立された本格的な印刷所が，いわゆる「ブーラーク印刷所」である。設立年は1821年とされる。翌年に出された最初の出版物はイタリア語・アラビア語辞典（あるいはトルコ語の軍事教本）であった。当時はラテン語を引き継ぐイタリア語がまだヨーロッパの共通語であった。印刷技術を学ぶために1815年にエジプト政府から派遣された先もイタリアである。とはいえ，まもなくヨーロッパでもフランス語が優勢となり，その後のエジプトでの翻訳ももっぱらフランス語からとなった。

19世紀半ばまでの30年（1822-51年）にエジプトで出版されたことが確認されている570点のうち，九割を超える526点がブーラーク印刷所によって出版されており，この時期はブーラーク印刷所の独壇場と言える［Hsu 2005 : 3］。後述のように，民間の印刷所・出版社は1860年頃以降に数多く出現する。

570点のうち，アラビア語が255点，トルコ語が259点と拮抗し，ペルシア語も14点あった。当時の君主やエリート層はトルコ語を用いていたが，1840年代にはトルコ語は減少した。内容から見ると，西欧諸語からのアラビア語への翻訳が最も多いが，アラビア語・トルコ語の古典，新著も拮抗していた。アラビア語への翻訳はほとんどが科学・技術の分野で，アラビア語の古典は文法・文学がぬきんでていた［Hsu 2005 : 10-16］。

新しい出版に期待された役割の一つは，西洋の近代的な科学，技術や先進的な思想を導入することであった。この点で特筆すべき知識人は，フランスに留学し，先進的な啓蒙思想を持ち帰ったリファーア・タフターウィー（1801-1873）であろう。彼はエジプト政府が派遣したフランスへの第1回留学生団（1826年）にイマーム（導師）として同行したものの，西洋近代に驚いて自らが修学に励んだ人物である。7月革命にも遭遇し，パリ滞在記を帰国後に刊行した（1834年）。これは近代に入って最初のヨーロッパ見聞記であり，読者から大きな反響があった。

エジプトに戻ってからの仕事として，君主の信任を得て翻訳局を創設して，ルソーらの西欧思想を自らアラビア語に翻訳し，語学学校を創設して校長として後進を育て，さらに『官報』の編集長を務めるなどした。端的に言えば，タフターウィーは西洋思想をエジプトに紹介するのみならず，アラビア語を近代社会の言語として鍛える役割を担った。『官報』も彼が編集長に就任した1842年以降は，アラビア語でエジプトの報道をおこなうことが主となった。アラビア語が近代的な思想や科学を語りうるようになったのは，タフターウィーがもともとイスラーム学者であり，古典にも通暁していたことが大きい。この点は，明治期の日本における西周などによる近代的語彙の創出にも通じる面がある。

ブーラーク印刷所では19世紀後半にイスラーム古典の出版も増加し，数多くの古典名著が刊本となった。たとえば，イブン・タイミーヤ『預言者スンナの方

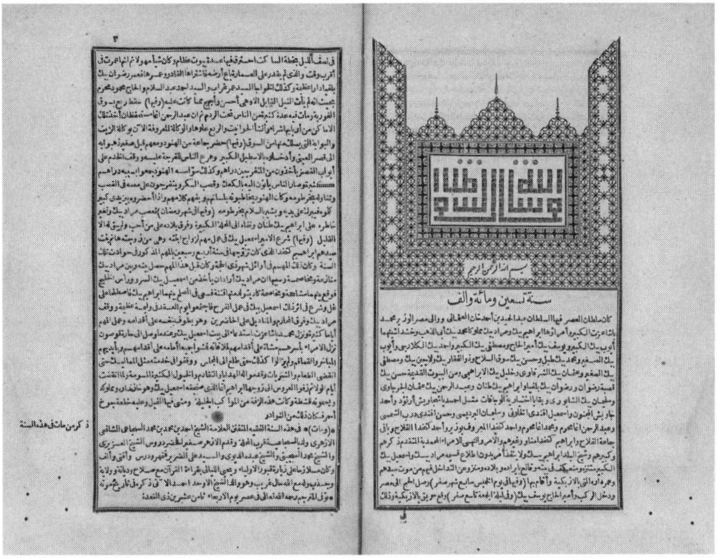

図 1　ブーラーク版のジャバルティー著『伝記と歴史における事績の驚くべきこと』（全 4 巻，1880 年），第 2 巻冒頭の見開きページ。1688–1821 年を記述したエジプト史で，章題に「（ヒジュラ暦）1109 年」（西暦 1697/98 年）とあり，欄外には小見出しが記されている。活字は良質の紙に，指で触れると凹凸がわかるほどくっきりと印字されている。

法』，イブン・アラビー『マッカ啓示』，イブン・ハッリカーン『人名辞典』，タバリーやラーズィーの啓典解釈書，ブハーリー『真正集』，イブン・ハジャルによるその注釈，イブン・マンズール『アラビア語辞典』，イスファハーニー『歌の書』，イブン・アスィール『完史』，イブン・スィーナー『医学典範』，そして『千夜一夜物語』などである。そのほか，文法学書，詩集，マカーマート文学など，数多くの刊本が世に送られた。ここでの出版は，紙といい印刷といい，きわめて上質のものであった（図 1）。1878 年までの間に，60 万冊余が印刷されたという［al-Ṭanāḥī 1996 : 357–371］。

官立の印刷所として，ほかに軍隊や学校のための印刷所があり，軍事，医学，数学，地理などについての出版がおこなわれた。19 世紀後半になると，さらに民間の印刷所が次々と設立された。ワタン（祖国）印刷所は 1860 年に設立され，1880 年前後には，マーワルディー『統治の諸規則』，イブン・マンマーティー

『省庁の法』，イブン・トゥファイル『ハイユ・イブン・ヤクザーン物語』，スユーティー『エジプトとカイロの歴史』，イブン・クタイバ『書記の作法』など名だたる古典を刊行した。続くワーディー・アン＝ニール（ナイル渓谷）印刷所（1866年）や，600人以上の貴顕・知識人を糾合したマアーリフ（知識）協会（1868年）の印刷所も，広範な出版活動を展開した［al-Ṭanāḥī 1996 : 381–387］。

1859年にハラビー兄弟が設立したマイムーニーヤ印刷所は，古典を中心とするイスラーム書物の出版で名を馳せた。20世紀に入ってから一家は分岐して，それぞれムスタファー・ハラビー印刷所，イーサー・ハラビー印刷所（アラブ書籍復興社）となり，現在まで良質の出版を続けている［al-Ṭanāḥī 1996 : 384–387］。

エジプトと並ぶアラブ出版界の雄であるシャーム地方（歴史的シリア）に目を転じると，ここではキリスト教徒の存在が大きい。現在のシリア，レバノン，パレスチナはアラブ世界の中ではキリスト教徒の比重が大きい地域で，19世紀には彼らの間で民族的な意識が目覚め始めた。宗教を一義的に見るオスマン朝の支配下では，彼らは「保護された少数派」であるが，民族を基準に考えればムスリムもキリスト教徒も同じアラブ人ということになる。そのような民族主義の潮流が19世紀後半から20世紀にかけて隆盛する。アラビア語出版の隆盛も，これと共鳴する現象であった。

シャーム地方での「ナフダ（アラブ文芸復興）」でキリスト教出身者が活躍したのは，まず，この地域と東欧における正教会の結びつきによる。それは18世紀の最初の印刷所を正教会の聖職者が設立したことにも表れている。続いて1820年代に，アメリカを中心とするキリスト教宣教団が近代教育をこの地域にもたらしたことによる。たとえば，ナースィーフ・ヤーズィジー（1800–1871）は宣教団のためにアラビア語の教科書を編纂し，近代的な文法記述の先鞭をつけた。その子のイブラーヒーム（1847–1906）は印刷用のアラビア書体を開発したことで知られる。

ヤーズィジーらとベイルートに文芸協会を設立したブトルス・ブスターニー（1819–1883）はアラビア語辞典『大海』を編纂した。これは近代におけるアラビア語辞典の金字塔とされている。1858年にはハリール・フーリーがレバノンでの最初の週刊誌『報道の庭』を刊行し，レバノンの知識人たちはようやくヨーロッパで見られるような近代的な雑誌を得た［Ayalon 1995 : 31–32］。

近代的な文章語の発展に貢献した文人として，アフマド・ファーリス・シドヤーク（1801-1887）を忘れることはできない［Shidyāq 2001］。レバノン出身の彼はカイロ，イスタンブル，マルタ，オックスフォード，パリなど地中海の南北を移り住み，それぞれの地で独自性豊かな作品を生んで名声を馳せた。特に，イスタンブルで1861年に創刊したアラビア誌『ジャワーイブ（諸国報）』が大きな影響を持った。西洋文明を吸収するとともに，自分たちの固有のアイデンティティを追求した。それはマロン派キリスト教の家に生まれながら，プロテスタントに入り，さらにイスラームに改宗した宗教的遍歴にも表れている。地中海に浮かぶ小国マルタでの活動もよく知られている。

1825年から20年ほどの間，マルタではアラビア語とトルコ語の書籍が印刷され，まだ近代的な印刷が揺籃期にあった中東諸国に輸出されていた。しかしヨーロッパ生まれの活字体が読者に好まれず，それを改善するために，シドヤークが1838年に「書道の美と活字印刷の長所を合わせた」活字体を作るのに貢献した。彼は若き日に書写業に就いていたから，これに適任であった［Roper 2005 : 111-113］。シドヤークその人に，写本から活版への移行期の生き証人を見ることもできる。

歴史的シリアにおける文芸活動と出版とエジプトのそれは，やがて交錯する。1870年代にシリア人がエジプトに移住し，ここを活動拠点とする動きが生じたからである。中でも特筆すべきは，レバノン出身のタクラー兄弟が1876年にアレキサンドリアで『アフラーム（ピラミッド）』紙を創刊したことであろう。後に本社はカイロに移り，エジプト第一の新聞となった。現在も刊行されており，アラブ日刊紙の中で最も長い歴史を誇っている。アフラーム社は出版社としても，多くの書物を世に送り出している。

ベイルート生まれのジルジー・ザイダーンはカイロで『ヒラール（新月）』を1892年に創刊した。ザイダーン自身が著作家として，大部の『イスラーム文明史』（1902-06年），『アラブ文学史』（1911年）などを著し，アラブ文化の称揚に寄与した。『ヒラール』は今日でも刊行されており，アラビア語雑誌として最長命の記録を伸ばし続けている。

エジプトに移住したシリア人として，ラシード・リダーも忘れることはできない。イスラーム復興の潮流で近代的なプリント・メディアを最初に活用したのは，

「先覚者」たるアフガーニーと弟子アブドゥフで，彼らはアラビア語雑誌『固き絆』を 1883 年にパリで刊行した。この雑誌は短命に終わったが，当時のイスラーム世界各地に思想的衝撃を与えた。若き日のリダーも衝撃を受けた一人で，その使命を継承するために 1897 年にカイロに移住し，アブドゥフに弟子入りし，翌年『マナール（灯台）』誌を創刊した。これはリダーの没年（1935 年）まで 40 年近くにわたって月刊で刊行され，「活版印刷による雑誌」という新しいイスラーム思想流通の経路を開発した。また同誌の連載の中から，リダー自身の著作を含めて多くの単行本が生まれた。

20 世紀に入ると，アラビア語の刊本は質量ともに増大した。その過程で文化的に大きな意味を持ったのは，第 1 次世界大戦の敗北からオスマン朝が解体したことであった。ナショナリズムに立脚する共和国が成立したトルコと列強の支配下に入ったアラブ地域は，全く別な言語圏となった。アラブ人たちはトルコ語を解さなくなったし，アラビア語圏ではトルコ語の出版もなされなくなった。逆も真であり，トルコ人たちはアラビア語は言うまでもなく，アラビア文字で書かれたオスマン語も解さなくなった。

ちなみに，イスラーム世界の共通語としてアラビア語を見るならば，アラビア語書籍の出版はアラブ諸国に限られるものではなく，19 世紀の英領インドも重要な出版地であった。彼らはエジプトやアラビア半島，マグリブ地方の出版者ともつながりをもって，書籍をそれらの国で流通させた［al-Nadawī 2005］。このような結びつきは，第 1 次世界大戦を境として次第に薄くなった。

20 世紀の書物を見ると，近代以前にはなかったジャンルが生まれた。小説である。日本では短編・長編を合わせて小説とするが，アラビア語では両者は別の用語で呼ばれている[1]。アラビア語で書かれた最初の小説は，ムハンマド・フサイン・ハイカルの『ザイナブ』（1913 年）とされる。次に生まれたのは，自伝的小説として名高いターハー・フサインの『歳月の流れ〔日々〕』（1926 年）であった［Allen 2000 : 179–185］。

社会を映す文学としての小説は，1930 年代以降大きく成長した。特に，後に「アラブ小説の父」とされるナジーブ・マフフーズは，西洋の小説の様式とエジ

1）短編小説は qiṣṣa qaṣīra（直訳すると「短い話」），長編小説は riwāya（「物語」）と呼ばれる。

プト社会の主題を融合した多くの作品を残し，1988 年にアラブ人初のノーベル文学賞を受賞した。その作品の中でも有名なのは，エジプト革命直後の 1956–57 年に刊行された『夜明け』『欲望の裏通り』『張り出し窓の街』（題名は塙治夫の邦訳による）であった。20 世紀の大きな社会変容を一つの家族を中心に描き，「マフフーズのカイロ三部作」として知られている。マフフーズは一貫して，同じ出版社から作品を刊行した［Allen 2000 : 185–188］。

ここではそのほかの多くの作家に言及することはできないが，エジプトでも多数の作家が誕生し，またエジプトから少し遅れる形で，他のアラブ諸国でも小説という文学形式が普及し，アラビア語の書物の幅が大きく広がった。

第 2 次世界大戦後にアラブ諸国の多くが独立を遂げ，各国でも出版が少しずつ広がり始めたが，1970 年代まではエジプトとレバノンの優位が続いた。それ以降に生じた新しい流れは，二つある。一つは，特定のアラブ国に属さない汎アラブ的な出版が登場したこと。二つ目は，出版国としてのイランとサウディアラビアの勃興である。

第一の現象は，かつて出版とジャーナリズムが自由を謳歌したレバノンが長い内戦（1975–90 年）に入ったため，文筆家，出版人や編集者が欧米に流出したことと結びついている。このため，ロンドンなどを拠点とする出版が盛んになった。それはアラブ諸国に共通の文章語を普及させる効果を持った。正則アラビア語は文法には地域差がないが，語彙や言い回しは国によって違いがある。それが次第に標準化へ向かうようになった。同時期のテレビの急速な普及は各国で正則的なアナウンサーの語り方を広める効果を持ったが，汎アラブ的なアラビア語の共通性は 1990 年代以降の衛星テレビの普及で，いっそう強まることになった。

第二の現象は，1970 年代の石油ブームによる産油国の勃興とイラン・イスラーム革命の影響による。サウディアラビアもイランも，石油価格の上昇から大きな経済的利益を得て，それが両国の出版産業の成長を支えた。ただし，イランはペルシア語圏であるから，イスラーム革命（1979 年）が起きなければアラビア語書物にそれほど参入することはなかったであろう。

イラン発のイスラーム革命思想はシーア派色が強く，そのアラビア語出版もシーア派系の古典および現代書が主である。革命政権が成立して以降は，ウラマーが集まるコム市がアラビア語出版の大きな拠点となった。イスラーム体制となってウラマーの地位があがり，イスラーム学の需要も増したことがその背景にある。また，レバノンのシーア派系出版社もイランからの支援を受けたり，またイランという大きな市場を得ることで活性化した。

サウディアラビアはそれとは逆に，スンナ派の古典と新著を次々と送り出すようになった。エジプトやレバノンと比べると，サウディアラビアの場合は書物の大半がイスラームに関わっている点が特徴となっている。近年の出版点数で見ると，サウディアラビアはレバノンと拮抗するほどになっている。

現在のアラブ諸国における出版の動向は，各国で開かれる国際書籍市を訪れるとよくわかる。書籍市で老舗にあたるのはベイルートとカイロである。カイロの場合は，カイロ建都千年祭の1969年に，国際書籍市として始められた。ベイルートは「アラブ書籍の国際市」と名乗ってアラブ性を強調している。両国とも今日まで書籍市が恒例の国民的行事となって，文化人や市民で賑わっている。1980年代には，湾岸諸国でも政府の肝いりで国際書籍市が開かれるようになり，アブダビ，シャルジャ，ドーハ，リヤド，マスカトなどでは，毎年の書籍市に合わせて書物や文学をめぐる講演会，セミナーなども開催され，いずれも盛況を呈している。

ユネスコは21世紀に入ってから，書物文化を盛り立てるために国際出版連盟などと「世界の本の首都」を毎年定めるようになった。一年にわたって「首都」であると言っても象徴的な意味しかないものの，文化的には大きなプレステージであろう。新アレクサンドリア図書館が開館した2002年には，第2回目の首都としてアレキサンドリアが，そして，2009年にはベイルートがその首都に選定された。

エジプトのアレキサンドリアは，プトレマイオス朝時代に古代における世界最大の図書館を有していた。新アレキサンドリア図書館は，現代においてそれを再興するような大きな図書館をめざしている。他方，レバノンにはアルファベットの祖先であるフェニキア文字，西欧語の「本」の語源となったとされる「ビブロス」の町がある。アラブ出版界の両雄たる二つの国が，それぞれ「世界の本の首都」の栄誉を得たのは，アラブ出版界にとっては朗報であった。

その一方で，時代はすでに近代的印刷からデジタル化に移り始めた。次節から私たちが経験しているデジタル時代を考えたい。その時代相を理解するために，まず日本でのデジタル化の展開を，アラビア語に関わる問題と結びつけて見ていく。

2　コンピュータ時代のアラビア語

筆者が初めてエジプトに足を踏み入れた1970年代は，タイプライターの時代であった。カイロの役所や出版社のオフィスへ行くと，手打ちのタイプライターが見られた。アラビア文字の字母がついているタイプライターを初めて見た時にとても興奮したことを覚えている。公的な手紙や書類はそのタイプライターで，カーボン紙を挟んで複写しながら，作成されていた。

アラビア語のタイプライターは，英語のものとあまり違いはない。アルファベットはローマ字が26文字であるのに対して28文字とほぼ同じである。ただ，ローマ字が大文字・小文字でキーを使い分けるのに対して，アラビア語はその区別がなく，その代わりに語頭・語中・語尾で字形を打ち分ける[2)]。また，文字の向きは右から左に書くため，紙を巻き付けたロールはローマ字タイプとは反対に，タイプを打つに従って右へと移動していく。

ちなみに，当時の日本語ではカナ・タイプしかなく，漢字をタイプライターで打つことはできなかった。梅棹忠夫は『知的生産の技術』［梅棹 1968］で，これを知的生産を遅らせる要因とみて，漢字の廃止，カナ・タイプの普及，それに伴う日本語の改革を唱えた。筆者も同書から大きな影響を受けたが，漢字の廃止に関する部分だけは賛同しきれなかった。

当時の日本には，活版印刷よりも簡便で安価な「タイプ印刷」なるものがあった。これは漢字・カナを打てるタイプで原版を作りオフセット印刷するものであるが，いわゆるタイプライターとは仕組みが異なっている。キーは一つしかなく，2千以上の字母が埋まった文字盤から一字一字拾い出してタイプするのである。

2）ライノタイプ社はタイプライターのキー数に適合するように単純化した字形を1956年に開発した。「単純化したアラビア語（Simplified Arabic）」と名付けられた書体は，同名のフォントとして現在もパソコンで使われている。

当然ながら，盤上のどこに何の文字があるか覚えなければタイプできず，専門のタイピストしか扱えなかった。あくまで簡易印刷のための装置で，執筆に用いるものではなかった。

これに革命的と言うべき変化が生じたのは，1978年に東芝が先陣を切った日本語ワープロの発明である。今日ではパソコン用のワープロ・ソフトを用いることがふつうであるが，最初はワープロに特化した機械が発売された。仕組みとして言えば，パソコンをワープロ専用に限定したのと同じである。カナまたはローマ字で入力すると漢字に変換する「カナ漢字変換ソフト」がその中核にあった。同音異義語の選択や文の区切り目の判断などは機械での自動処理に限界があり，変換ソフトは現在も進化し続けている。

コンピュータは1980年代まで大型のものが主流で，個人が使用できるパソコンが世界に登場したのは，1984年のアップル社のマック（マッキントッシュ[3)]）が嚆矢であった。入力装置としてキーボードが用いられた。大文字・小文字のアルファベットを直接入力する方式は，タイプライターと変わりがない。

まもなくアラビア語の世界にもパソコンが普及したが，ここで一つの革新が起きた。それは，語頭・語中・語尾の字形の判別をソフトがおこなってくれるようになったことである。それまでのタイプのように，打ち手が字形をキーボード上で判別して打つ必要はなくなった。カナ漢字変換ほど画期的というわけではないが，便利になったことは間違いない。

マックが革新的であったのは，マウスの使用であった。命令コードを「アイコン」と呼ばれる図像として表示し，それをマウスでクリックすると命令が実行される仕組みは「グラフィカル・ユーザー・インターフェイス（GUI）」と呼ばれる。初期のウィンドウズはアルファベットと数字で命令コード（コマンド）を打ち込むだけの仕組みであったが，ウィンドウズ95からはマックの方式を模倣し，一般ユーザーにとって格段に使いやすいものとなった。

マックは多言語を扱っていたから，アラビア語でもマックが先行した。グラフ

3）アップル社が1984年にパソコンの「マッキントッシュ」を発売して以来，「マック」は同社の基本システム（Mac OS）およびパソコンの略称として親しまれてきた。本章では，基本システムおよびそれを搭載するパソコンを「マック」と総称する。

ィックの分野でもマックが先行したため，今日でもグラフィック・デザイナーなどはマックを好む人が多い。印刷用の版下作成のソフトも，マックが先行した。DTP（デスクトップ・パブリッシング）は，マックから始まったのである。1990年代までは，アラビア語およびアラビア文字を用いる言語の専門家でも，マック派が多かった。

パソコンが多言語を扱う場合に，大きな問題が二つある。出自が欧米のローマ字キーボードであるため，ローマ字系の言語はさほど問題は生じない。ギリシア文字であれキリル文字であれ，あるいはローマ字採用後のトルコ語であれ，ローマ字にない文字を少し増やせば対応できる。実のところ，初めの頃は「多言語」と銘打つソフトも，よく見ると複数のヨーロッパ諸語が扱えるというだけのものが多かった。問題は，中国語や日本語のように文字数が非常に多い言語と，アラビア語，ペルシア語，ウルドゥー語などの右から左に書く言語である。

この二つの問題のうち，文字数が多い言語に対応するためには，数多くの文字を登録する必要がある。アラビア語を含めて，「アルファベット」で書かれる言語は文字数が少ないので登録のための容量は「1バイト」（256種類の文字情報）で済む。漢字などを登録するためには「2バイト」（1バイトの二乗）必要であるため，これらを「2バイト文字」と呼ぶ。2バイト文字問題は，過去30年の間におおむね解決されてきた。とはいえ，文字数が多い上に同じ漢字文化圏でも異体字があり，国際的な文字コードの統一はまだ完全なものとはなっていない。

しかし，コンピュータ制御の技術から言えば，文字の登録は，特定の図形に番号（文字コード）を振ることなので根源的なむずかしさはない。端的に言って，「A」と「鬱」は手書きする人間にとっては大きな違いがあるが，パソコンにとっては単にコードの違いでしかない。より困難な問題は，文字の向きの違いを含む場合である。英語とアラビア語を混ぜる場合には，どちらもアルファベットとはいえ左右の向きが異なるため，システムとしての問題が生じる。

マックやウィンドウズなどの基本システムが両方向からの入力に対応するだけでは，左右の向きを合わせることはできない。ワープロ・ソフトも，これに対応している必要がある。多言語における二つの問題，つまり「2バイト文字」問題と「文字の向き」問題が合わさった最も困難なケースは，アラビア語と日本語を一度に用いるような場合であろう。

80年代はまだ，それが不可能であった。当時の筆者は，日本語ワープロに「外字」としてアラビア文字を作り，アラビア文字の部分は単語の尻から逆に入力するという迂遠な作業をしていた。アラビア文字を作るためには，たとえば64 × 64のマス目に点を入れて文字の形にするのである。このような図形作成者は「ドット職人」とも呼ばれ，筆者が職人芸に長じた時期もあった。

マックおよびマック系列のソフトは，1990年を過ぎてから「2バイト文字」と「文字の左右の向き」に対応できる「多言語」の水準を達成した［三上／池田／山口 1993］。アラブ諸国でのワープロは「2バイト文字」に対応する必要はないが，「文字の左右の向き」への対応は必要である。すでに述べたように，同じ行の中にアラビア語と英語を打ち込むことは，双方のアルファベット数が少ないにもかかわらずそれほど単純なことではないから，マックの多言語環境はきわめて革新的であった。この頃は，筆者はアラブ圏にでかけると，マックの代理店などに行って情報を集め，ソフトを入手していた。

ウィンドウズがこのような多言語問題に対応したのは1990年代後半になってからであった。それによって，アラブ諸国におけるマックの優位も崩れた。21世紀に入るとむしろ，市販ソフトの開発においてマック系列は遅れが目立つようになった。パソコンでの多言語使用は基本システムだけではなく，ワープロなどのソフトでの対応に依存するため，この遅れはウィンドウズに有利な状況を生んだ（ちなみにどちらのシステムでも，データベース・ソフトにおける多言語環境はワープロよりも遅れている）。

ウィンドウズの多言語対応を促したのは，インターネットの普及であった。1990年代にインターネットが普及し始めた時は，英語が支配言語となるという予想と恐れが広まった。しかし，その後の展開を見ると，一定のユーザー数を有する言語はインターネット空間でもその存在を確立することになった。日本語もアラビア語も，その中に含まれる。

インターネットでの多言語対応とは，ブラウザでその言語が表示でき，一般ユーザーがアラビア語などのページを読むことができるということに尽きる。ブラウザの上では，文字の向きの違いも，予想以上に早く解決されることになった。今日では，数多くあるブラウザはいずれも，表示文字の判別力を有しており，もし「文字化け」が生じても，文字コードを調節すれば適切な言語で表示がなされるようになっている。21 世紀に入ると，文字コード自体を国際的に統一するユニコード（Unicode）が普及した。

以上のように，20 世紀後半から 21 世紀にかけてワープロやインターネットにおいてアラビア語が自由に読み書きできる環境が整ったことは，デジタル時代のアラビア語にとって，古典復興へ大きく飛躍する契機となった。

3　活版文字からフォントへ

ここで文字の形の問題を考えてみたい。読みやすい文字が提供されなければ，印刷にしても，電子媒体でのコミュニケーションにしても，円滑にはいかないからである。単に字が読めればいいということではない。

写本時代のアラビア文字（アラビア語，ペルシア語，オスマン語など）は，書道の発展に支えられていた。クルアーンの写本の制作，公文書の作成などによって，独特の書体がいくつも発展した（I–3，II–2 章参照）。活版を含めた近代的な印刷の時代に入ると，印刷用の字母を作成する必要が生じた。これらは，手稿本の時代に発達した書道の書体を見本としつつ，印刷に適した書体を編み出した。さらに，コンピュータを用いるデジタル時代になると，印刷書体を参考としたコンピュータ用フォントが作成されるようになった。

どの言語においても書体は，印刷用の字母でもコンピュータ用フォントであっても，書家またはデザイナーがデザインするものである。アラビア語でも，書体の形がデザインする人の技術と感性による点はかわりがない。

写本時代に，アラビア文字を使った書道が発展し，さまざまな書体が開発された。この書道の特徴の一つは，新しい書体が開発されても，古い書体が廃れることなく活用され，時代とともに用いることのできる書体が増え続けたことにある。活版印刷の導入に伴って作られた活字はそのような書道の書体をベースとしていたが，デジタル時代のフォントもそれを継承するものとなった。

19 世紀以降，西欧での印刷技術の革新が起きると，それはいち早くアラブ世界に導入されるようになった。しかし，19 世紀前半には，ヨーロッパ製の活字はあまりに不細工で，ブーラーク印刷所でも活字だけは独自に制作されていた。

أَبْجَدْ هَوَّزْ	クーフィ・アウトライン		أَبْجَدْ هَوَّزْ	バドル	
أَبْجَدْ هَوَّزْ	アフメド・アウトライン		أَبْجَدْ هَوَّزْ	ジャラール	
أَبْجَدْ هَوَّزْ	マリアム		أَبْجَدْ هَوَّزْ	ロータス	
أَبْجَدْ هَوَّزْ	ハルフ・ジャディード		أَبْجَدْ هَوَّزْ	ナザニン	
أَبْجَدْ هَوَّزْ	モフィード・マフディ		أَبْجَدْ هَوَّزْ	カーディ	
أَبْجَدْ هَوَّزْ	アーメル		أَبْجَدْ هَوَّزْ	ヤークート	
أَبْجَدْ هَوَّزْ	ミトラ・ボールド		أَبْجَدْ هَوَّزْ	カリーム	

図2　ライノタイプ社のフォント

　ヨーロッパ側でも改良をおこない，19世紀末にライノタイプ社が鋳植機を開発すると，それに用いるために1911年にはナスフ体に基づくアラビア文字活字がデザインされた。同社と対抗していた老舗のモノタイプ社は，やがて1955年に写真植字（写植）を開発したが，同年のうちにそれをアラビア語に用いるためのナスフ体をも発表した［AbiFarès 2001: 79-81］。両社の活字デザインは，その後はフォントに発展し，伝統的な書体に基づくものとモダンな新しい書体を開発している（図2, 3）。

　前述のように，1980年代にはマックによってDTPが広がり始め，アラビア語の世界にもコンピュータが導入されるようになった。1960年代から70年代初め

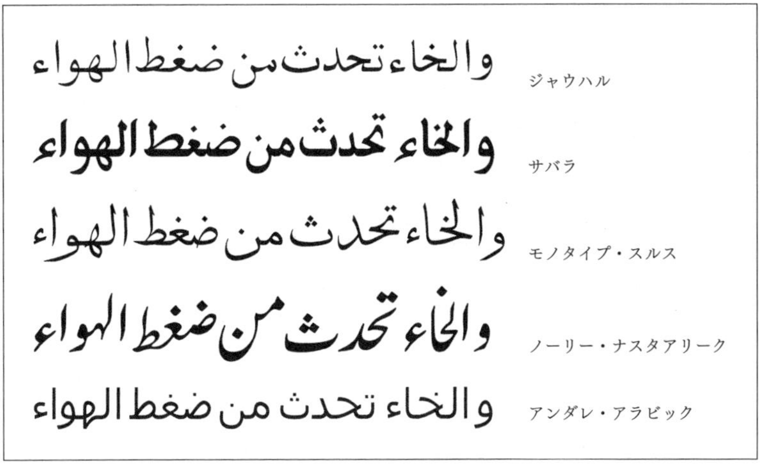
والخاء تحدث من ضغط الهواء
ジャウハル
والخاء تحدث من ضغط الهواء
サバラ
والخاء تحدث من ضغط الهواء
モノタイプ・スルス
والخاء تحدث من ضغط الهواء
ノーリー・ナスタアリーク
والخاء تحدث من ضغط الهواء
アンダレ・アラビック

図3　モノタイプ社のフォント

にかけてアムステルダム大学を中心に，IBM のアラビア語タイプライターや写植機のためのアラビア文字デザインが作られた。これが後に，組版ソフトであるページメーカーのアラビア語版やマイクロソフト社のワープロ用のためのフォントに発展した［AbiFarès 2001 : 78, 228］。

1985 年に発売されたアルダス社のページメーカー（PageMaker）はマックのDTP 用ソフトとして時代を画した（その後アドビ社に吸収され，今日ではインデザイン（InDesign）に継承されている）。DTP 用に開発されたフォントとして名高いのが，オランダのデコタイプ社が開発したシリーズで，幾種類もあるナスフ体が特に著名である［AbiFarès 2001 : 228–231］。さらに，19 世紀にカイロに設立され，優れた印刷で知られたブーラーク印刷所の活字に基づくフォントを開発した。ブーラーク印刷所は「国有の」という意味で「アミーリー」とも呼ばれるが，それがフォント名（Emiri）となっている。

デコタイプ社のもう一つ重要な貢献は，書道や写本で用いられてきた特定の文字の長さを伸ばすような装飾的な作法を，コンピュータ・ソフト上でも実現したことであった（図4）。タスミーム（Tasmeem）と呼ばれるソフトは写本時代に培われた書道の伝統（特にオスマン朝期）および「印刷された写本」［Gencer 2010 : 156］とも呼ばれるイブラヒム・ミュテフェッリカが 18 世紀に用いた字母をデジタル時代に再現するもので，コンピュータ上でこれを可能とする技術は同社の独壇場となっている［Mulder 2007］。

ちなみに書体，フォントについて，近代的な印刷がもたらした大きな変化はゴチック体の導入であろう。その一方で，斜体（イタリック体）は，アラビア語にはなじまないものであった。もともとの書体が傾きを持っていたり丸みを帯びていることも多く，斜体にしても視認性は高まらないため，これからも重視されることはないと思われる。

図4　デコタイプ社のフォント

アラビア語のタイポグラフィーについて初めて本格的な書を著したアビーファーレスは，刊行後の別の論考で，現在のフォントがあまりに過去の書体にとらわれていると批判している。文字を美的に表現するタイポグラフィーの文化的な重要性を考えると，偉大な書家たちの伝統から自立した書体創作が必要だという［AbiFarès 2005 : 194-200］。

彼女の単著では，デコタイプ社を含めて，フォントを制作しているデザイナーや制作者たちが紹介されている［AbiFarès 2001 : 207-231］。上にあげたソフト会社はいずれも欧米系であるが，実際にフォントをデザインしている中にはアラブ系の制作者も多く，いずれも書道の造詣が深い。そうでなければ，歴史を踏まえた上で新しいフォントを制作することはできない。

管見では，モダンなフォントの多くは十分に伝統的な書体から自立しており，アビーファーレスが強く言うほど過去にとらわれているとは思われない。現代では書物のほかに，広告やポスターなどにおいて新しいイメージを伝えるための現代的な書体が必要とされている。それは次々とデザインされるモダンなフォントによって，実現されている。実際には多様なフォントによって，審美的な面でも実用的な面でも多様性やニーズへの対応力が十分に高まっているのではないだろうか。そして，次節で述べる古典の復興などを考えると，伝統的な書体が現代化されて印刷や画面でも用いられるようになったことは，「過去にとらわれている」というよりも，伝統と現代の融合として積極的に評価すべき要素であると思われる。

4　21世紀の古典復興へ

前述のように，インターネット時代に入った時に，英語が世界を制覇するのではないかという予想と恐れが生じたことは記憶に新しい。確かに，パソコンも当初は多言語使用が苦手で，インターネットでも初期にはその苦手さが影響した。しかし，次第に多言語環境が整い，アラビア語などもほぼ不自由なく用いられるようになった。技術的な壁を超えると，デジタル時代はアラビア語にとって新しい環境を提供するものとなった。

デジタル化によって，21世紀にはアラビア語の古典がインターネット上に溢れる時代を迎えているのも，このような背景があってのことである。アラビア語圏のデジタル化，インターネット環境は，英語圏と比べると遅れて展開したが，1990年代に急速に整備されるようになった。21世紀に入ってからも，拡大・整備が続いている［山本 2008 : 15-24］。

以下では，復興している3種類の「古典」について，少し詳しく見てみたい。

1）クルアーン

聖典であるクルアーンの重要性については，あらためて繰り返すまでもない。イスラーム復興によって，聖典に対する読者のニーズが増すことは当然の流れであった。20世紀におけるクルアーンの印刷・出版，朗誦のオーディオ化（III-5章参照）に続いて，1980-90年代にはコンピュータ上にクルアーンを載せる試行がおこなわれた。

クルアーンは，7世紀半ばに成立したウスマーン版に書かれた表記を踏襲するという原則を持っている（このことについては第I部の各章に詳しい)。それは朗誦されるクルアーンと文字に書かれるクルアーンの一体性を保持することを目的としており，歴史の中で聖典をめぐる教義の一部ともなってきた。

写本時代は個別の表記法を筆耕者が知悉していればよかったし，刊本時代にはその表記に合わせた特殊な活字を作ればよかった。ところが，コンピュータは統一されたルールでしか動かないため，原則として一般のアラビア語と異なる表記法を並列させることはできない。

その一方で，朗誦される音としてのクルアーンはアラビア語の一般的表記で示すことができるため，クルアーンを音として誦まれた通りに表記する方法がある。これを「イムラーイー（聞き取りの）表記」と呼ぶ。デジタル時代以前からイムラーイー表記の是非についての議論はあり，専門家たちは否定的な立場を取ってきた。コンピュータにクルアーンを載せるにあたって，再びこの問題が生じた。

コンピュータ・ソフトの開発者たちは必ずしもクルアーンをめぐるイスラームの法規定に詳しいわけではない。また，それに拘泥するとは限らない。しかし，利用者側には「ウスマーン版に従うべきだ」というような選好性が確実に存在する。その選好性に対応できるソフトは，市場でも有利となる。そのような中で，クルアーンの特殊な表記をいかに表示可能とするかという開発も進められた。

1980–90 年代の初期の解決策は，二種類あった。コンピュータに合わせて「イムラーイー表記」を用いるか，ウスマーン版の刊本をデジタル画像化するかである。二つの解決策には，それぞれ短所があった。イムラーイー表記は，教義の上から問題視する利用者がいたし，デジタル画像ではテキストとしてクルアーンの章句を利用できないという不便さがあった。

その次に登場した解決策は，特殊なフォントを作ることであった。ウスマーン版だけの特別な表記法を作字したフォントがあれば，それを画面上に表記することができる。ただし，本章第 2 節でも触れたようにアラビア語は「1 バイト文字」であるため，作字できる文字数には限りがある。

レバノンのアリース社が開発した「DTP 用ムスハフ」というソフトは，これを解決するために，ソフト上には特殊なフォントでウスマーン版の章句を表示し，それを利用者が用いる際には自動的にデジタル画像化してワープロ（MS ワード）に貼り付ける方法を編み出した。1990 年代には非常に有力なソフトであったが，解決策の種類としてはデジタル画像の利用の一形態である。

特殊なフォントを用いてワープロ上にウスマーン版の表記を実現したいという願望は，1990 年代末に無名のデザイナーによって実現された。それは複数のフ

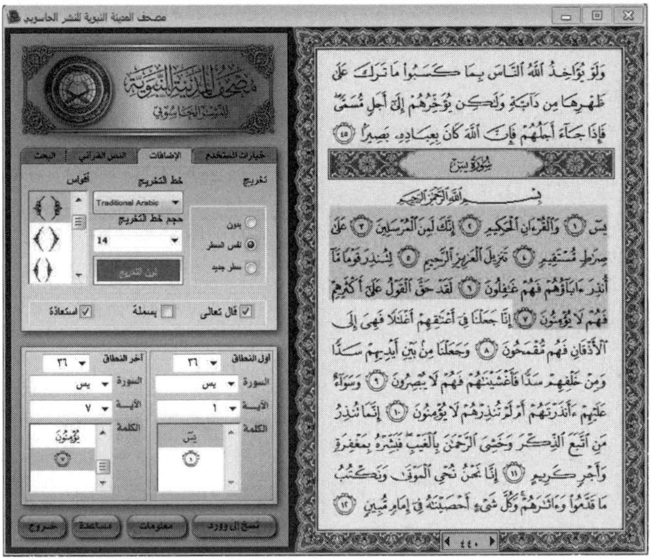

図 5　デジタル版クルアーン

ォントを組み合わせるという奇抜な発想で作られている。実際に，そのフォントを用いて書かれた章句を見ると，同じ行の中に 7 種類のフォントが埋め込まれているのがわかる。

これはウスマーン版を表記することができ，フォントの作成者が入力したクルアーンのワープロ・ファイルが存在する。とはいえ，非専門家がこのフォントを組み合わせて新たに章句をタイプすることはむずかしい。また，複雑なフォントの操作は，タイプミスが生じる可能性を増加させる。クルアーンのタイプミスは「章句の改竄」と同じことになるため，強く忌避される。これを防ぐために，サウディアラビアの「ファハド国王クルアーン印刷所」はきわめて奇抜なフォントを制作した。

同印刷所は 1980 年代初めからクルアーンの世界最大の生産者・配布者として存在感を示していたが，21 世紀に入って時代の流れに合わせデジタル版のクルアーンを開発した。そのクルアーンを画面上に表示させ，章句をコピーペーストすると，それをワープロ上に貼り付けることができる。

実は，そのフォントは同印刷所の専門の書道家が作った 605 ものフォントから成り，それぞれのフォントの一つ一つの文字が章句の特定の場所を表示するようになっている。もともとすべての文字はコードを振り当てられた画像であるから，絵文字を表記するフォントと同じ仕組みで章句を表示しているのである。これは，章句のデジタル画像化をさらに推し進めて，ウスマーン版表示の章句そのものを図像的なフォントにするという方法であった（図5）。

パソコン上で，またインターネット上でいかに正確にウスマーン版を表記するかという試行は，ありうべき解決策がほとんどすべて提出されたように思われる。方式は複雑であったり，奇抜だったりするが，少なくとも，ウスマーン版のデジタル表示は過不足なく表示されるようになった。

なお，スマートフォンやタブレット型の端末でもデジタル・クルアーンは普及しているが，通常はデジタル画像と音声の組み合わせである。それらの利用者はエンドユーザーであり，パソコンのように章句をコピーペーストして再利用する必要はなく，ソフト側がクルアーンのページを表記できれば事足りている。

2）ハディース

預言者言行録であるハディースは，クルアーンとは全く異なる次元の問題を有している。クルアーンの場合，朗誦であれ刊本であれ，20世紀のイスラーム世界ではモスクや一般家庭に普及していた。それがデジタル化，インターネット化された。ところが，ハディースの場合は前近代にはウラマーの中でも数少ないハディース学者が専門に扱うもので，人口に膾炙しているハディース以外は，人びとの関心の対象にもならなかった。

ところが，近代に入ってからのイスラーム復興では，連綿と受け継がれてきた伝統的な教えではなく，「原点」であるクルアーンとハディースに立ち還ってイスラームを理解すべきという潮流が強まった。とはいえ，ハディースはウラマーであってもハディース学者以外は——ましてや一般信徒が——扱えるものではない。識字の普及によって近代的な教育を受けた人びとが増え，ハディースに対する需要が増えた結果，20世紀半ばからハディース集の出版・刊行が盛んになった。それでも，ハディースは容易に参照したり，個別のハディースの出典を見つけたりすることは困難である。過去にはハディース集のインデックスも作られたが，アラビア語特有の技術的な問題があり[4)]，あまり実用性はなかった。

最大の難点は，ハディースは量が膨大である上に，数に限りがないことである。クルアーンであれば，暗唱するにしても読んで参照するにしても一冊の書物の分量である。ハディースは，今日に伝わる総数は 12 万程度と推測されるが，この数は常人にとって際限ないに等しい。しかも，一つ一つが独立した内容の「語り」群である。短ければ数語，長ければ 200〜300 語の「語り」に，それを伝えた伝承者が付随したものが万単位で存在し，しかもその信憑性に「真正」「良好」「脆弱」などのランクもある。

その結果，ハディース集の印刷が盛んになると，最も信憑性の高いハディースばかりを集めた二つの『真正集』(編纂者の名から「ブハーリー真正集」「ムスリム真正集」と呼びならわされる）や，さらに両者に共通するハディースを集めた小さなハディース集などを用いる読者も増えた。

このような背景の中で，デジタル時代の到来はハディースについて画期をもたらした。ハディースをデータベース化すると，アラビア語さえできれば誰でもハディースを参照することができる。1990 年代になると，そのようなデータベースをソフト化して販売する会社もいくつも現れ，またインターネット上でもハディースを扱うサイトが登場し，21 世紀に入るとその数も増えた。

このようなデータベースは便利であるが，信憑性と正確さがどこまで確保されているかという問題がつきまとう。信憑性は，データベースが依存している元のデータが何であるかに関わる。刊本であれば，どこで出されたどの版なのか，その校訂の信頼性はどの程度なのか。正確さは，元のデータをデジタル化する際の入力の精度とそのチェックがどこまでなされているかによる。たとえばあるサイトは「ムハッディス（ハディース学者)」と名乗り，膨大なハディースをデータベース化している（ハディース以外の古典も多く集めている）が，率直にタイプミスの存在も認めている。それにしても，ハディースをデータベース化したサイトはいくつもあり，その隆盛と投入された労力の大きさを考えると，ハディースに対

4）アラビア語の索引作成には，同じ動詞が 14 の格変化と三つの時制によって異なり，また名詞・形容詞の複数形の多くが非定型（不規則）複数形であるため，単語の特定が困難という基本的な問題がある。たとえば英語であれば book と books は同じ単語に含めることができるが，kitāb（本の単数形）と kutub（本の複数形）の場合には別な単語となってしまう。

する関心の高さがよくわかる。

そのような中で筆者が信憑性と正確さを高く評価しているのは，イスラーム・シソーラス財団（Thesaurus Islamicus Foundation）が作成したハディース全書である。その特徴は信頼性の高いハディース集の刊本とデジタル化されたデータベースを同時に制作した点にある。この財団は，エジプトなどのハディース学者，サウディアラビアからの資金，ドイツの印刷技術などを合わせて，スンナ派で権威を持つ「六書」およびそれと同等とされる『ムワッタア』『ムスナド』を，計画の当初から数えて20年以上も費やして作成した。

2000年までにブハーリー『真正集』［al-Bukhārī 2000］とムスリム『真正集』［Muslim ibn Ḥajjāj 2000］を含む「六書」および『ムワッタア』［Mālik ibn Anas 2000］を刊本として発行し，翌年にデジタル版（DVD収録のデータベース）が出された。いずれも20世紀後半の代表的なハディース学者グンマーリーを編者としている。刊本で，18巻，ページ数は1万を少し超えている。

イブン・ハンバルの『ムスナド』［Ibn Ḥanbal 2006–09］は，4カ国13人のハディース学者の編集を経て[5)]，2006–09年に刊行された。刊本で12巻，7千ページ近くあり，さらに2巻の索引が刊行されている。「六書」と『ムワッタア』は主題別配列なので，一般読者が主題に沿って刊本の中から目当てのハディースを探すこともできる。それに対して『ムスナド』は「イスナード配列」を意味し，伝承者別にハディースが並べられているため，非専門家が扱うことは非常に困難であった。したがって，『ムスナド』がデジタル化されることは，利用者にとってきわめて大きな意義を有している。「六書」『ムワッタア』『ムスナド』を統合したデジタル版のデータベースも，2009年にはDVD版で刊行された。

3）イスラーム諸学の古典

クルアーンとハディース集に加えて，21世紀にはいって，インターネット時代に相応するイスラーム関係の古典が急速に出回り始めた。その形態は主として3種類ある。一つは，刊本をデジタル画像にして自由にダウンロードできるよう

5）編者の名前は明示されていない。この点については，同書を高く評価する書評者も不当ではないかと批判しており［Iqbal 2011 : 55］，筆者も同感である。

にしたものである。その中には，19世紀にライデンで出版されたタバリーの歴史書『諸使徒と諸王の歴史』［al-Ṭabarī 1879-1901］などのように，版権がすでに切れていて「公共財」と明示されてインターネット上に置かれているものもある[6]。その一方で，版権のあるなしに関わらず，デジタル画像化されて，どんどん配布されているものもある。

インターネットで配布される第二の形態は，刊本をベースにして文字を入力したデジタル版である。刊本のデジタル画像版に比べると数は少ないが，次第に増えている。また，それらは「本」として配布する以上に，データベース化して知識を普及する目的を持つ場合が多い[7]。

この点で特筆に値するのは，シーア派系の古典であろう。前述のようにイランやレバノンで刊本の出版が盛んになると，やがてそれはデジタル化にも及んだ。シーア派系の古典はCD版でも，インターネット上でも増大している。

デジタル化の第三の道は，電子書籍である。2005年以降，アラブ諸国でも電子版の出版が目につくようになった。当然ながら，そこでは最新のアラブ出版界を反映した品揃えとなり，現代の著作家の新作が主力となっている。古典に限らず，イスラームに関する著作もかなり扱われている。日本でも電子書籍の時代が到来しつつも，まだその具体的な姿はこれからのことであり，アラビア語の電子書籍についても今後の展開に注目する必要がある。

そして，このようにイスラーム的な古典が復興してきたことは，世界中にまだ埋もれている写本の発掘と校訂・刊行がさらに進められることを含意している。従来型の刊本で出版するにせよ，デジタル的な形態で流布するにせよ，あるいはその双方が活用されるにせよ，現代における読者層の広がりは古典の復興を助ける。写本を撮影して，そのままにデジタル化して流布させる方法も，活用されていくと思われる。

6）公共財とされたタバリーの歴史書は，http://ar.wikisource.org/wiki/taṣnīf:tārīkh al-Ṭabarī:maṭbū‘（ただし wiki/以下のアドレスはアラビア文字で入力する）

7）アラビア語出版は法律の異なる複数の国で流通することもあり，通常の出版の場合も著作権などの知的所有権については必ずしも厳密に守られているとは言えない。インターネットでは，それが増幅されている。その一方で，イスラーム的な知識やそれを体現する古典はもともと公共財であるという考え方も強い。

イスラームの書物は，長い歴史の中で花開いた写本時代，近代的な印刷の時代，そしてデジタル時代へと，その水脈をつないでいく。

参考文献

梅棹忠夫 1968『知的生産の技術』岩波新書.

小杉泰 2010「近代と邂逅するイスラーム」小杉泰（編）『イスラームの歴史 2　イスラームの拡大と変容』山川出版社，pp. 9-36.

——— 2011『イスラーム 文明と国家の形成』京都大学学術出版会.

三上吉彦／池田巧／山口真也（編）1993『電脳外国語大学』技術評論社.

八木久美子 2006『マフフーズ・文学・イスラム——エジプト知性の閃き』第三書館.

山本達也 2008『アラブ諸国の情報統制——インターネット・コントロールの政治学』慶應義塾大学出版会.

AbiFarès, Huda Smitshuijzen. 2001. *Arabic Typography : A Comprehensive Sourcebook*. London : Saqi Books.

———. 2005. "Arabic Typography : Call for a Cultural Rebirth," in [Sadgrove ed. 2005], pp. 193-209.

Abū Dāwūd. 2000. *Sunan Abī Dāwūd*, ed. by ʻAbdullāh ibn Muḥammad ibn al-Ṣiddīq al-Ghummārī. Thesaurus Islamic Foundation.

Allen, Roger. 2000. *An Introduction to Arabic Literature*. Cambridge : Cambridge University Press.

Ayalon, Ami. 1995. *The Press in the Arab Middle East : A History*. New York & Oxford : Oxford University Press.

Badawi, M. N. 1992. "Introduction I. Background," in M. N. Badawi ed., *Modern Arabic Literature*. Cambridge : Cambridge University Press, pp. 1-23.

Beeston, A. F. L. 1983. "Background Topics," in A. F. L. Beeston et al. eds., *Arabic Literature to the End of the Umayyad Period*. Cambridge : Cambridge University Press, pp. 1-16.

al-Bukhārī. 2000. *Ṣaḥīḥ al-Bukhārī*, ed. by ʻAbdullāh ibn Muḥammad ibn al-Ṣiddīq al-Ghummārī, 3 vols. Thesaurus Islamic Foundation.

Cachia, P. 1992. "Introduction II. Translation and Adaptation 1834-1914," in M. N. Badawi ed., *Modern Arabic Literature*. Cambridge : Cambridge University Press, pp. 23-35.

Dabbās, Anṭwān Qayṣar. 2008. *Tārīkh al-Ṭibāʻa al-ʻArabīya fī al-Mashriq : Al-Baṭrīk Athnāsīyus al-Thālith Dabbās (1685-1724)*. Beirut : Dār al-Nahār.

Dajani, N. "Arabic Books," in N. Mellor / M. Ayish / N. Dajani / K. Rinnawi, *Arab Media : Globalization and Emerging Media Industries*. Cambridge : Polity Press, pp. 29-44.

Gencer, Yasemin. 2010. "Ibrahim Muteferrika and the Age of Printed Manuscript," in Christiane Gruber ed., *The Islamic Manuscript Tradition : Ten Centuries of Book Arts in Indiana University Collections*. Bloomington : Indiana University Press, pp. 154-193.

Hsu, Cheng-Hsiang. 2005. "A Survey of Arabic-character Publications Printed in Egypt during the Period of 1238-1267 (1822-1851)," in [Sadgrove ed. 2005], pp. 1-16.

Ibn Ḥanbal. 2006-09. *Musnad al-Imām Aḥmad ibn Ḥanbal*, 12 vols. Thesaurus Islamic Foundation.

Iqbal, Muzaffar. 2011. "Book Review : Musnad al-Imām Aḥmad b. Ḥanbal," *Islam and Science* 9(1), pp. 54–56.

al-Majma' al-Thaqāfī. 1996. *Nadwa Tārīkh al-Ṭibā 'a al-'Arabīya ḥattā Intihā' al-Qarn al-Tāsi' 'Ashar, 22–23 October 1995*, Abu Dhabi : al-Majma' al-Thaqāfī.

Mālik ibn Anas. 2000. *Al-Muwaṭṭa',* ed. by 'Abdullāh ibn Muḥammad ibn al-Ṣiddīq al-Ghummārī. Thesaurus Islamic Foundation.

Mulder, E. 2007. "Keyboard Calligraphy," *Saudi Aramco Magazine* 58(4), pp. 34–39.

Muslim ibn Ḥajjāj. 2000. *Ṣaḥīḥ Muslim*, ed. by 'Abdullāh ibn Muḥammad ibn al-Ṣiddīq al-Ghummārī, 2 vols. Thesaurus Islamic Foundation.

al-Nadawī, Mukhtār Aḥmad. 1996. "Tārīkh al-Ṭibā'a al-'Arabīya fī Shibh al-Qārra al-Hindīya," in [al-Majma' al-Thaqāfī 1996], pp. 141–157.

Roper, Geoffrey. 2005. "Arabic Books Printed in Malta 1826–42 : Some Physical Characteristics," in [Sadgrove ed. 2005], pp. 111–129.

Rugh, William A. 1987. *The Arab Press : al-Ṣiḥāfah al-'Arabīyah : News Media and Political Process in the Arab World*, rev. 2nd ed. Syracuse : Syracuse University Press.

Sadgrove, Philip ed. 2005. *History of Printing and Publishing in the Languages and Countries of the Middle East* (*Journal of Semitic Studies*, Supplement 15).

Shidyāq, Aḥmad Fāris. 2001. *Mukhtārāt min Āthār Aḥmad Fāris Shidyāq*, ed. by Yūsuf Q. Khūrī / Yūsuf Ībish. Beirut : al-Mu'assasa al-Sharqīya li-l-Nashr.

al-Ṭabarī, Abū Ja'far Muḥammad ibn Jarīr. 1879–1901. *Jāmi' al-Bayān 'an Ta'wīl Āy al-Qur'ān*, ed. by M J de Goeje. Leiden : E. J. Brill.

al-Ṭanāḥī, Maḥmūd. 1996. "Awā'il al-Maṭbū'āt al-'Arabīya fī Miṣr," in [al-Majma' al-Thaqāfī 1996], pp. 353–438.

あとがき

イスラーム文明圏の書物の歴史を扱った本書は，次の二つの狙いから編まれた。

一つは，印刷物を取り巻く環境が大きく変化しようとしている現在，書物の歴史をいま一度振り返り，未来へ橋渡しする一助になりたいという思いからである。イスラーム文明圏は，印刷時代以前において世界の知的活動，そして本の生産の中心の一つであった。にもかかわらず，日本においては知られていることが少ない。このことが，本書が企画された最大の理由である。

二つ目は，「デジタル化以前・以後」を生きた世代からの証言を残そうという思いからである。古本の独特の匂いに包まれた書店で本をめくること，もっといえば，物理的な本を実際に手に取るという体験自体が，徐々に過去のものとなりつつある。世界各地の写本図書館や古文書館で，一字一字写本の文字を書き写す研究スタイルは，すでにノスタルジーの領域に入るだろう。写本や刊本のファイルをインターネットからダウンロードできたことが感動だった時は瞬く間にすぎ，そんなことはもう当たり前になっている。この先，どのような時代が来るかは想像もつかないが，本書の執筆者の多くは，研究の手法そのものが変わる画期の前後を体験できた幸運な世代に属している。

以上の狙いが実現したかどうかは読者の方がたのご判断をお待ちしたい。ベテランは言うまでもなく，新進気鋭の若手や手堅い成果を上げている中堅の皆さまを含めて，多くの研究者の協力をえて本書が刊行できたことに，編者としてとても感謝している。

イスラーム文明圏の書物には，イスラームという宗教の成り立ちに関わる「アル＝キターブ（書)」，すなわちクルアーンとアラビア語・アラビア文字の特別な関係から，この文明圏独特の発展，個性，固有の問題が存在した。それを扱う諸論考が本書の大きな部分を占めている。

一方で，イスラーム文明圏は，古代地中海世界の学問の伝統を受け継ぎ，長期にわたり普遍的な学問の追究で世界をリードしていた。ギリシア・ローマからイスラーム文明圏が受け継いだバトンは，やがて西ヨーロッパはじめ世界中に受け継がれる。イスラーム文明圏の書物の歴史は，世界の知の連環の欠くことのできない弧である。本書の諸論考からは，書物に結実したイスラーム文明圏の学問の具体的な姿がうかがえるだろう。

ところで，本書でも繰り返し述べられているように，イスラーム文明圏の写本文化は，多種多様な書物の小部数生産により成り立っていた。そして，新著が書き下ろされる一方で，過去の著作が複写され，それへの注釈の形で学問が継承されていった。信頼できる伝承者や著作家を特定するために，人物伝が盛んに編まれたのもイスラーム文明圏の特徴である。

次に訪れた印刷本の時代は，原則として，信頼できる著者の本だけが大量生産された時代であった。しかし，今我々は大きな転換期に直面している。インターネットやデジタル化時代への移行は，情報の爆発的な増加と共有化をもたらし，その海のなかで正確で妥当な知識や情報を選択する技術こそが必要になっている。実はこれは，かつてイスラーム知識人が直面していた問題と少し似ている。これを「似て非なるもの」と考えるか，「人間のやることは所詮そうは変わらない」と考えるかは，これからの展開が明らかにしてくれることであろう。

最後になったが，本書の編集を担当していただいた名古屋大学出版会の橘宗吾さんには感謝の言葉が見つからない。そもそも，本書のアイデアは橘さんとの談論の中から生まれた。慧眼のご助言とともに非常に丁寧な編集をしていただけたことに，厚く御礼申し上げたい。企画時から相談にのっていただき「写本の愉しみ」にご執筆いただく予定だった佐藤次高先生に本書をお見せできなかったことは，編者にとって大きな心残りである。とはいえ，このような一書を完成させることができ，佐藤先生からの知の経承という責務の一端を果たすことができたことは，この上なく嬉しいことである。

2014 年桜の季節に

小杉泰・林佳世子

図表一覧

口絵 1　ハリーリー『マカーマート』に描かれた図書館（ワースィティーの画と書による，1237 年，バグダード，フランス国立図書館蔵，Arabe 5847）

口絵 2　書物の外観（『神の美称と日々の祈禱』，15 世紀，エジプト，フランス国立図書館蔵，Arabe 6071）

口絵 3　書物の外観（ルーミー『マスナヴィー』，1483 年，ヘラート，トルコ・イスラーム美術博物館蔵）

口絵 4　13 世紀後半のクルアーン写本（ヤークート・ムスタアスィミーの書による，1294 年，イラク，トプカプ宮殿図書館蔵，E. H. 74）

口絵 5　16 世紀後半のクルアーン写本（カラヒサーリーの書による，1570 年，トルコ，チェスター・ビーティー図書館蔵，1527）

口絵 6　スーフィー『星座の書』より「オリオン座」（1266/67 年，フランス国立図書館蔵，Arabe 2489）

口絵 7　イドリースィーの地理書『世界各地を深く知ることを望む者の慰みの書』より（1300 年頃，マグレブ，フランス国立図書館蔵，Arabe 2221）

口絵 8　サファヴィー朝の写本絵画（『王書』より「眠るルスタムと，ライオンと戦う愛馬ラフシュ」，1515–22 年，タブリーズ，大英博物館蔵）

口絵 9　サファヴィー朝の写本装飾（サーディー『果樹園』，1528 年頃，ヘラート（？），The Art and History Trust 蔵）

口絵 10　ムガル朝のムラッカア（ジャハーンギール・アルバムよりミール・アリーの書，1543/44 年，ブハラ，The Art and History Trust 蔵）

口絵 11　ムガル朝のムラッカア（ジャハーンギール・アルバムより「戦場のティムール」，1570 年頃，The Art and History Trust 蔵）

口絵 12　ミュテフェッリカにより印刷された『西インド史』。挿絵「ワクワクの木」の彩色は手書き（1730 年，イスタンブル，スレイマニエ図書館蔵）

口絵 13　ミュテフェッリカにより印刷されたキャーティプ・チェレビ『世界の鏡』より天体図の挿絵（1732 年，イスタンブル，スレイマニエ図書館蔵）

第 I 部

第 1 章

図 1　西アジア・中央アジア［清水 2005 : 52］………… 11

第 2 章

図 1　8〜10 世紀のバグダード［清水 2005 : 52］………… 42

第 3 章

図 1 ドゥアリー方式の母音記号（女性章 131-132 節，クーファ体，9 世紀頃）［Sayyid 2008 : 22-23］ …… 50
表 1 ハリールによる母音記号と補助記号 …… 54
表 2 一般的な綴りとクルアーンの綴りの例 …… 58

第 4 章

図 1 初期写本（ヒジャーズ体）の例［Déroche / Noseda 1998 : 139］ …… 69
図 2 クーファ体の写本の例（9 世紀）［Déroche 1992 : 69］ …… 72
図 3 東方クーファ体の写本の例（1073/74 年，イラクかペルシア）［Lings 2004 : 15］ …… 74
図 4 ナスフ体で書かれた最初の写本クルアーン（イブン・バウワーブ筆，1000/01 年，バグダード）［Lings 2004 : 28］ …… 75
図 5 ムハッカク体のイル・ハン朝写本の例（第 8 代君主オルジェイトゥのために作られた，1310 年，モースル）［Lings 2004 : 65］ …… 78

第 5 章

図 1 イブン・ナディームの『目録』［Fihrist］ …… 84

第 6 章

図 1 世界の文字分布（［西田（編）1996］をもとに筆者作成） …… 101
図 2 写本の末尾部分（著者不詳『反論の証明のための望ましき論故』，ヒジュラ暦 1274 年（西暦 1858 年）書写） …… 112
図 3 写本の欄外に書き込まれた注釈（メフメド・ムラード『神秘の開示』，ヒジュラ暦 1279 年（西暦 1862/3 年）書写） …… 112
図 4 アラビア語と小児錦によって書かれたクルアーン［町田／黒岩／菅原（編）2003：口絵］ …… 112
表 1 新ウイグル語の母音表記 …… 107

第 II 部

第 1 章

図 1 オスマン朝時代の書庫［D'Ohsson 1787］ …… 116
図 2 ムガル朝宮廷図書館工房の様子（『ナースィルの倫理学』写本より，1590-95 年頃，アーガー・ハーン美術館蔵）［Guy / Britschgi eds. 2011 : 9］ …… 117
図 3 写本の構造［Bosch 1981 : 38］ …… 118
図 4 紙の研磨（ジャハーンギール・アルバム，1600-10 年頃，スミソニアン協会フリーア・ギャラリー蔵，54.116）［Bosch 1981 : 36］ …… 119
図 5 製紙（「伝統的な手工業と商業を描いたカシミールの写本」より，1850-60 年頃，大英博物館蔵，Add. Or. 1699）［Bosch 1981 : 21］ …… 120
図 6 化粧裁ち（ジャハーンギール・アルバム，1600-10 年頃，スミソニアン協会フリーア・ギャラリー蔵，54.116）［Bosch 1981 : 52］ …… 121

図 7　装丁（17〜18 世紀，大英博物館蔵，Add. Or. 1111）［Bosch 1981 : 40］………………… 121
図 8　ムガル朝の装丁職人（ジャハーンギール・アルバム，1600–10 年頃，スミソニアン協会フリーア・ギャラリー蔵，54.116）［Bosch 1981 : 45］………………………………… 122
図 9　14 世紀エジプト／シリアの革表紙装丁（シカゴ大学東洋学研究所蔵，A12151）［Bosch 1981 : 187］……………………………………………………………………………… 123
図 10　『王書』裏表紙内側装丁（革に切り絵細工，16 世紀前半，タブリーズ＝ヘラート，トプカプ宮殿博物館蔵，H. 1499）［Tompson / Canby 2003 : 165］………………………… 124
図 11　サファヴィー朝タフマースプ 1 世の『王書』のシャムサ（1522–35 年，タブリーズ，テヘラン現代美術館蔵）［Tompson / Canby 2003 : 134］……………………………………… 125
図 12　アミーレ・フスラウ『五部作』見開き（1530–40 年頃，タブリーズ，スミソニアン協会サックラー・ギャラリー蔵，S86.0067–8）［Canby 1999 : 57］…………………………… 126
図 13　アミーレ・フスラウ『八天国』裏表紙と上蓋の植物・動物文様装丁（1496 年，ヘラート，トプカプ宮殿博物館蔵，H. 676）［Tompson / Canby 2003 : 187］……………… 126
図 14　ナヴァーイーの詩集の漆塗り装丁（サイイド・アリーの署名入り，1540 年頃，タブリーズ，大英博物館蔵，OR. 1374）［Tompson / Canby 2003 : 195］…………………… 127

第 2 章

図 1　イブン・バウワーブ筆写（ハリール方式の記号導入，筆章 43–52；真実の日章 1–30）［Bilāl 2001 : 13］……………………………………………………………………………… 139
図 2　筆箱（1304 年，エジプトまたはシリア）［*L'art du livre arabe* 2001 : 76］……………… 141
図 3　マグリブ体（1303 年，イムラーン家章 144）［Bilāl 2000 : 6］…………………………… 145
図 4　ナスタアリーク体（ミール・イマード書，1608 年，神の称讃・祈禱文）［Riḍā 1986 : 252］……………………………………………………………………………………… 148
図 5　ヒルヤ（ハーミド・アイタチ・アーミディー書，1949 年）［IRCICA 1996 : 189］…… 152
図 6　様々な書体［Riḍā 1986 : 118］………………………………………………………………… 154

第 3 章

図 1　『マスナヴィー』装飾ページ（1278 年，コンヤ，メヴレヴィー博物館蔵，no. 51, 39a）［Kültür ve sanat Dergisi 8 : 20］……………………………………………………… 163
図 2　『クルアーン』花文として蓮，地紋に青海波文（1338 年，マラガ，ボストン美術館蔵，Helen and Alice Colburn Fund, 29.58）［杉村（編）1999：挿図 121］……………… 164
図 3　サーディー『果樹園』装飾ページ（1488 年，ヘラート，カイロ国立図書館蔵，Adab Farsi 908, fol. 3b）［Lentz / Lowry 1989 : 237］…………………………………………… 165
図 4　『クルアーン』文様絵師カラメミのタズヒーブ（1546/47 年，イスタンブル，トプカプ宮殿美術館蔵，y.y.999, fol.1b–2a）［杉村（編）1999：挿図 177］……………… 166
図 5　ジャザリー『技術における理論と実践の書』暦付水時計（1206 年，ディヤルバクル，トプカプ宮殿美術館蔵，A3472）［護（監修）1980：図版 7］………………………… 169
図 6　アイユーキー『ワルカとグルシャー』「ワルカとグルシャーの別離」（13 世紀前半，コンヤ，トプカプ宮殿美術館蔵，H.841, fol. 33b）［İpşiroğlu 1971 : abb.21］………… 169
図 7　フィルダウスィー『王書』「エスファンディヤールの龍退治」（1370–80 年，タブリ

ーズ（？），トプカプ宮殿美術館蔵，H. 2153, fol. 157a）［杉村（編）1999：挿図116］ …… 170
図 8　サーディー『果樹園』「ユースフへの誘惑」（1488 年，ヘラート，カイロ国立図書館蔵，Adab Farsi 908, fol. 52b）［杉村（編）1999：図版 98］ …… 171

第 4 章

図 1　マンスール・イブン・イリヤス『解剖学』の自筆本（1411 年，シェーンベルク・コレクション蔵）［Djebbar 2005 : 166］ …… 176
図 2　ユークリッド『原論』のアラビア語写本（1258 年，大英図書館蔵）［Djebbar 2005 : 74］ …… 179
図 3　ディオスコリデス『薬物誌』のアラビア語訳写本（1224 年，デイヴィッド・コレクション蔵）［Djebbar 2005 : 182］ …… 181
図 4　ジャザリー『技術における理論と実践の書』の写本（1354 年，スミソニアン協会サックラー・ギャラリー蔵）［Djebbar 2005 : 273］ …… 186

第 5 章

図 1　リエージュ大学図書館蔵の，マクリーズィーの筆跡によるメモ帳とされる写本（15 世紀，エジプト，2232） …… 198
図 2　アブドゥルバースィト・ハナフィーによる書き込みのあるイブン・ハジャル『生涯の諸情報についてのひと抱えの通知』（1475 年，エジプト，トプカプ宮殿図書館蔵，Ahmet III 2941）［菊池 2001：525］ …… 199
図 3　トプカプ宮殿図書館蔵のアイニー『真珠の首飾り』自筆本（1447 年頃，エジプト，Ahmet III 2911/A19） …… 201

第 6 章

図 1　スーフィー教団のシャイフ（リーダー）（ボスニア・ヘルツェゴビナ，サラエボ）［筆者撮影］ …… 208
図 2　トルコ・ブルサのウフターデ廟［筆者撮影］ …… 212
図 3　壁面を覆い尽くす神を讃えることば。あるテッケ（スーフィー修道場）にて（ボスニア・ヘルツェゴビナ，サラエボ）［筆者撮影］ …… 213
図 4　トルコ・メヴレヴィー教団のセマーを描いた絵［筆者撮影］ …… 215
図 5　ある教団のズィクルの仕方［ザルコンヌ 2011：39］ …… 218

第 7 章

図 1　『集史』「ムハンマドの誕生」（1315 年，タブリーズ，エディンバラ大学図書館蔵）［Hillenbrandt 2000 : 137］ …… 224
図 2　フィルダウスィー『王書』「馬に蹴り殺されるヤズデギルド王」（1341 年（イーンジュー時代），シーラーズ）［Wright 2012 : 158］ …… 225
図 3　ハージュ・キルマーニー『フマーユーンとフマーイ』「フマーイを見張るフマーユーン」（1396 年（ジャラーイル朝時代），バグダード，大英博物館蔵）［Canby

1993 : 44］ …… 226
図 4　スルタン・ムハンマド画『王書』「ガユーマルスの宮廷」（1525-35 年，タブリーズ，プリンス・サドルッディン・アガ・ハーン・コレクション蔵）［ブルーム／ブレア 2001 : 341］ …… 232
図 5　リザー・アッバーシー画（署名入り）「酌人」（1629/30 年，イスファハーン，ゴレスターン宮殿（テヘラン）蔵）［杉村（編）1999 : 208］ …… 235
図 6　アリー・リザー・アッバーシー書写による詩集（1598 年，イスファハーン，スミソニアン協会サックラー・ギャラリー蔵，TS1995.2.84）［Canby 2009 : 43］ …… 236

第 8 章
図 1　アフメディー『アレクサンドロスの書』［Bağcı et al. 2006 : 22］ …… 241
図 2　『八天国』（トプカプ宮殿図書館蔵，宝物庫分類 1655 番） …… 242
図 3　『八天国』の著者自筆本（スレイマニエ図書館蔵，Esad no. 2199, 2198） …… 243
図 4　『系譜書』の巻子本（アタテュルク図書館蔵，勅令分類 4 番） …… 245
図 5　『技の書』（トプカプ宮殿図書館蔵，宝物庫分類 1523 番） …… 247
図 6　ジェヴデト『覚書』写本（アタテュルク図書館蔵，ジェヴデト・パシャ蔵書写本カタログ 35 番） …… 252

第 9 章
図 1　ラーグプ・メフメト・パシャ図書館の内部［D'Ohsson 1787］ …… 260
図 2　モッラー・ヒュスレヴ『判決の始まり』の注釈書『賢人たちの真珠』（スレイマニエ図書館蔵，Ragıp Paşa no. 499） …… 271
図 3　マルギーナーニー『正道』の注釈書『慈悲』（スレイマニエ図書館蔵，Ragıp Paşa no. 511） …… 271
図 4　タフターザーニー『長編』に対する解説書（ハーシヤ）（スレイマニエ図書館蔵，Ragıp Paşa no. 762） …… 273
図 5　ジュルジャーニー『神学教程注釈』に対する解説書（ハーシヤ）（スレイマニエ図書館蔵，Ragıp Paşa no. 1229） …… 273

第 10 章
図 1a　王子時代のシャー・ジャハーン（ミントー・アルバム，ヴィクトリア・アンド・アルバート博物館蔵）［Stronge 2002 : 128］ …… 286
図 1b　ミール・アリーの書蹟（ミントー・アルバム，チェスター・ビーティー図書館蔵）［Wright 2008 : 343］ …… 286
図 2　『勝利の書』写本の扉（ジョンズ・ホプキンズ大学図書館蔵）［Arnold 1930 : 扉］ … 289
図 3　「フマーユーンの園遊会」（大英博物館蔵）［Canby 1994 : viii 折り込み］ …… 292

第Ⅲ部
第 1 章
図 1　シャイバーニー（915/16 没）のハディース集に記された聴講記録（シリア国立図

書館蔵，1139/4）［Leder 1996，写真版：181］…… 309
図 2　ワクフの蔵書印（シリア国立図書館蔵，3774/13）［Leder 1996，写真版：338］…… 309
図 3　モロッコ国立図書館（ラバト）［筆者撮影］…… 315
表 1　イスラーム写本の所蔵 …… 301

第 2 章

図 1　マリ共和国北部アラワーンにおける私蔵アラビア語写本の保存状況［筆者撮影］… 321
図 2　エジプト新国立文書館完成予想図（同文書館ホームページより）…… 323
図 3　イブン・ウスマーン『ムルシド』写本（エジプト国立図書館蔵，Ta'rikh 5129）…… 327
図 4　イブン・トゥールーン法廷文書（1656 年，エジプト国立図書館蔵，Sigill no. 205, Wathiga no. 2177）…… 330

第 3 章

図 1　私が筆写させていただいた家系図をチェックするナーイル・カラオスマンオウルさん［筆者撮影］…… 347
図 2　「ロードス島」攻略の模様を描いた写本絵画（マトラクチュ・ナスーフの『スレイマン帝紀』，16 世紀中頃，トプカプ宮殿博物館蔵）［Esin ed. 1988］…… 348
図 3　ファーズル・エンデルーニーの『美しき女たち』（1793/4 年，イスタンブル大学図書館蔵）に描かれた女風呂の様子［Kayaoğlu 1992］…… 350

第 4 章

図 1　ヨーロッパで最初に印刷されたといわれるアラビア語の『祈禱の書』（1514 年，ファノ，バイエルン国立図書館蔵）…… 354
図 2　ミュテフェッリカにより印刷された『ヴァンクル辞書』のタイトルページ（1729 年，イスタンブル）［Sarıcaoğlu / Yılmaz 2008］…… 359
図 3　ミュテフェッリカにより印刷された『世界の鏡』に含まれる日本地図（東洋文庫蔵）…… 360
図 4　オスマン朝の官報「出来事の暦」創刊号（1831 年，東京外国語大学蔵）…… 364
図 5　イスタンブルで石版印刷された『ムハンマド常勝軍のために編まれた兵の訓練の書』（1832 年，トルコ歴史協会図書館蔵）…… 366
図 6　ブーラーク印刷所で 1833 年に印刷されたカラチェレビーザーデ『美点の園』の冒頭と最終ページ（筆者蔵）…… 371

第 5 章

図 1　ファールーク版の実物。1952 年に刊行された第 2 刷（筆者蔵）…… 378
図 2　刊本クルアーン・マディーナ版（ファハド版，右端）と各地の刊本［筆者撮影］… 379
図 3　検品の押印（右下の長方形の部分。サウディアラビア，筆者蔵）…… 383
図 4　デジタル・クルアーンの広告チラシ（筆者蔵）…… 390
付表　1960 年代〜1990 年代の刊本の例 …… 394–395

第6章

図1　ブーラーク版のジャバルティー著『伝記と歴史における事績の驚くべきこと』(全4巻，1880年，京都大学蔵)，第2巻冒頭の見開きページ …………………………… 399
図2　ライノタイプ社のフォント［AbiFarès 2001 : 222-224］ ………………………………… 410
図3　モノタイプ社のフォント［AbiFarès 2001 : 216］ ………………………………………… 411
図4　デコタイプ社のフォント（ソフトウェア Tasmeem の紹介チラシ） …………………… 412
図5　デジタル版クルアーン（ファハド国王クルアーン印刷所配布無料ソフトウェア Muṣḥaf al-Madina al-Nabawīya li-l-Nashr al-Ḥāsūbī 画面のスクリーンショット） ……… 415

人名索引

ア 行

アーイシャ（'Āisha bint Abī Bakr） 23
アーサーリー（Zayn al-Dīn Sha'bān ibn Muḥammad al-Āthārī） 147
アーミル・イブン・アブドゥルカイス（'Āmir ibn 'Abd al-Qays） 26
アーリー（Gelibolulu Muṣṭafā 'Ālī） 263
アーリフ（Arif） 246
アイニー（Badr al-Dīn al-'Aynī） 192, 200, 201, 203, 204, 303
アイユーキー（'Ayyūqī） 169
アウトリュコス（Autolykos） 180
アウラングゼーブ（Awrangzīb） 287, 288, 290, 294
アクバル（Akbar） 282–284, 286, 288–291, 293, 294
アスカリー（Abū Aḥmad al-Ḥasan al-'Askarī） 51
アタナシオス3世ダッバース（Athanāsiyūs al-Thālith Dabbās） 396
アッバース1世（Shāh 'Abbās I） 133, 234–237
アッラーン・シュウービー（Allān al-Shu'ūbī） 85, 95, 96
アティッラ・カラオスマンオウル（Atilla Karaosmanoğlu） 347
アバー・バクル・ミールザー（Abā Bakr Mīrzā） 293
アビーファーレス（Huda Smitshuijzen AbiFarès） 412
アブー・アスワド・ドゥアリー（Abū al-Aswad al-Du'alī） 48–55, 59, 61, 62, 64
アブー・アブドゥッラー・フワーリズミー（Abū 'Abd Allāh al-Khuwārizmī） 90, 92
アブー・アブドゥッラフマーン・スラミー（Abū 'Abd al-Raḥmān al-Sulamī） 26
アブー・アムル・イブン・アラー（Abū 'Amr ibn al-'Alā'） 53
アブー・アムル・ダーニー（Abū 'Amr al-Dānī） 55, 62
アブー・ウバイド・カースィム・イブン・サッラーム（Abū 'Ubayd al-Qāsim ibn Sallām） 41
アブー・サイード（Abū Sa'īd） 292
アブー・サイード・ハーン（Abū Sa'īd Khan） 223, 225, 226
アブー・サフル・ファドル・イブン・ナウバフト（Abū Sahl Faḍl ibn Nawbakht） 95
アブー・ジャアファル・ナッハース（Abū Ja'far al-Naḥḥās） 60
アブー・ダーウード（Abū Dāwūd） 23
アブー・ヌワース（Abū Nuwās） 56
アブー・バクル（Abū Bakr al-Ṣiddīq） 21–23, 25, 67
アブー・ハニーファ（Abū Hanīfa） 89
アブー・マアシャル（Abū Ma'shar） 186
アブー・ムーサー・アシュアリー（Abū Mūsā al-Ash'arī） 26, 68
アブー・ムスリム（Abū Muslim） 32
アフガーニー（Jamāl al-Dīn al-Afghānī） 402
アブディー・ベク・シーラーズィー（'Abdī Beg Shirāzī） 161
アブデュルメジト1世（Abdülmecid I） 153, 369
アブドゥッサマド（'Abd al-Ṣamad） 282
アブドゥッラー・イブン・サーイブ（'Abd Allāh ibn al-Sā'ib） 26
アブドゥッラー・イブン・ズバイル（'Abd Allāh ibn al-Zubayr） 24
アブドゥッラー・ザーヒル（'Abd Allāh Zāhir） 358
アブドゥッラー・パシャ（Abdullah Paşa） 337, 338
アブドゥッラティーフ・イブラーヒーム（'Abd al-Laṭīf Ibrāhīm） 323
アブドゥッラフマーン・イブン・ハーリス（'Abd al-Raḥmān ibn al-Ḥārith） 24
アブドゥルバースィト・ハナフィー（'Abd al-Bāsiṭ al-Ḥanafī） 198, 199
アブドゥルファッターフ・カーディー（'Abd al-Fattāḥ al-Qāḍī） 394, 395
アブドゥルマリク（'Abd al-Malik） 50–52, 109
アブハリー（al-Abharī） 265
アフマド・イスカンダラーニー（Aḥmad al-Iskandarānī） 377
アフマド・イブン・トゥールーン（Aḥmad ibn Ṭūlūn） 146

アフマド・イブン・ムハンマド（Aḥmad ibn Muḥammad） 41, 94
アフマド・タイムール・パシャ（Aḥmad Taymūr Bāshā） 324
アフマド・ナッターハ（Aḥmad ibn Ismāʻīl Naṭṭāḥa） 56
アフマド・ファーリス・シドヤーク（Aḥmad Fāris Shidyāq） 370–372, 401
アフメディー（Ahmedi） 241
アフメト1世（Ahmed I） 355
アフメト3世（Ahmed III） 151, 152
アブルファズル（Abū al-Faẓl） 291
アフワル・ムハッリル（al-Aḥwal al-Muḥarrir） 137
アポッロニオス（Apollonios） 85, 179
アミール・ルーフッラー（Amīr Ruh Allāh） 132, 229
アミーレ・フスラウ（Amīr-i Khusraw） 126, 281
アミーン（al-Amīn） 39, 84
アラーウッディーン・アリー（ʻAlāʼ al-Dīn ʻAlī b. Ṣaghīr） 202, 204
荒川正晴 35
アラトス（Aratos） 187
アリー（ʻAlī ibn Abī Ṭālib） 26, 49, 70, 81, 129, 152, 162
アリー・アスガル（ʻAlī Aṣghar） 235
アリー・イブン・リドワーン（ʻAlī ibn Riḍwān） 184
アリー・クシュチュ（ʻAlī Kuşçu） 263, 265
アリー・リザー・アッバーシー（ʻAlī Riḍā ʻAbbāsī） 236
アリスタルコス（Aristarchos） 180
アリストテレス（Aristotélēs） 13, 40, 85, 96, 175, 180, 265
アルキメデス（Archimedes） 85, 179
アルビン，M. W.（Michael W. Albin） 376, 377
アレクサンドロス，アフロディシアスの（Alexandros） 180
アンサーリー（al-Anṣārī） 209
アンドリッチ，イヴォ（Andrić Ivo） 338
アンリ4世（Henri IV） 355
安禄山 33
イーサー・ブン・アリー（ʻĪsā ibn ʻAlī） 87
イージー（al-Ījī） 266
イサノール，E.（E. Ihsanoğlu） 185
イスカンダル・スルタン（Iskandar Sulṭān b. ʻUmar Shaykh） 130, 228
イスカンダル・ベク・ムンシー（Iskandar Beg Munshī） 235
イスファハーニー（Abū al-Faraj al-Iṣfahānī） 188, 266, 399
イスマーイール1世（Shāh Ismāʻīl Ṣafawī） 230–232
イスマーイール2世（Shāh Ismāʻīl b. Ṭahmāsb） 233, 234
イドリス・ビトリスィー（İdris Bitlisi） 243
イブラーヒーム・ミールザー（Ibrāhīm Mīrzā b. Bahrām Mīrzā Ṣafawī） 133, 233
イブラーヒーム・ヤーズィジー（Ibrāhīm al-Yāzijī） 400
イブラヒム・ミュテフェッリカ（Ibrahim Müteferrika） 359–363, 411
イブラヒム・ムニーフ（Ibrahim Munif） 153
イブン・アーディル（Ibn ʻĀdil） 275, 276
イブン・アキール（Ibn ʻAqīl） 42
イブン・アスィール（ʻIzz al-Dīn Abū al-Ḥasan ʻAlī Ibn al-Athīr） 32, 34, 192, 399
イブン・アター・アッラー（Ibn ʻAṭāʼ Allāh） 216
イブン・アディーム（Kamāl al-Dīn Ibn al-ʻAdīm） 308
イブン・アビー・ターヒル（Ibn Abī Ṭāhir） 16
イブン・アフマド・カーディー（Ibn Aḥmad al-Qāḍī） 333
イブン・アラビー（Muḥyī al-Dīn Ibn al-ʻArabi） 220, 313, 399
イブン・イヤース（Ibn Iyās） 303
イブン・ウスマーン（Muwaffaq al-Dīn ʻAbd al-Raḥmān b. Makkī Ibn ʻUthmān） 320, 326–328
（アフマド）イブン・ウスマーン（Aḥmad b. Muḥammad Ibn ʻUthmān） 329
（ムフイッディーン）イブン・ウスマーン（Muḥyī al-Dīn ʻAbd al-Qādir b. Muḥammad b. ʻAlam al-Dīn b. ʻAbd al-Raḥmān） 328
（ムワッファクゥッディーン）イブン・ウスマーン（Muwaffaq al-Dīn b. ʻUthmān b. Aḥmad b. Muḥammad） 328
イブン・カーディー・シュフバ（Ibn Qāḍī Shuhba） 197–200
イブン・カスィール（Ibn Kathīr） 192
イブン・ガットゥース（Ibn Ghaṭṭūs） 143
イブン・カルビー（Ibn al-Kalbī） 14
イブン・クタイバ（Ibn Qutayba al-Dīnawarī） 59, 60, 400
イブン・ケマル（Ibn-i Kemal） 268
イブン・サーアーティー（Ibn al-Sāʻātī） 276

イブン・サーイグ（ザイヌッディーン）（Zayn al-Dīn ibn al-Ṣā'igh）　147
イブン・ザイヤート（Ibn al-Zayyāt）　328
イブン・シャーティル（Ibn al-Shāṭir）　186
イブン・ジャウズィー（Ibn al-Jawzī）　42
イブン・スィーナー（Ibn Sīnā）　43, 148, 175, 186, 399
イブン・タイミーヤ（Ibn Taymīya）　398
イブン・タグリービルディー（Abū al-Maḥāsin Ibn Taghrībirdī）　303
イブン・トゥールーン（Shams al-Dīn Ibn Ṭūlūn）　310, 311, 320, 330
イブン・ドゥクマーク（Ibn Duqmāq）　197, 198
イブン・トゥファイル（Ibn Ṭufayl）　400
イブン・ドゥラスタワイヒ（Ibn Durastawayhi）　59
イブン・ナディーム（Ibn al-Nadīm）　25, 26, 35, 39, 41, 81, 84, 86, 87, 90–97, 137, 178, 182, 185
イブン・ヌジャイム（Ibn Nujaym）　275
イブン・ハージブ（Ibn al-Ḥājib）　265
イブン・バーディース（Ibn Bādīs）　128
イブン・ハイサム（Ibn al-Haytham）　186
イブン・バウワーブ（Abū al-Ḥasan 'Alī ibn Hilāl ibn al-Bawwāb）　55, 56, 75, 139–142, 144, 147
イブン・ハジャル（Ibn Ḥajar al-'Asqalānī）　198, 199, 399
イブン・バスィース（Najm al-Dīn Mūsā ibn 'Alī ibn al-Baṣīṣ）　147
イブン・バットゥータ（Ibn Baṭṭūṭa）　307
イブン・ハッリカーン（Ibn Khallikān）　51, 399
イブン・ハルドゥーン（Ibn Khaldūn）　40, 62, 63, 140, 142, 146, 147
イブン・ハンバル（Ibn Ḥanbal）　418
イブン・ヒシャーム（Ibn Hishām）　265
イブン・ヒッジー（Ibn Ḥijjī）　197
イブン・フラート（Ibn al-Furāt）　197
イブン・マーリク（Jamāl al-Dīn Muḥammad ibn 'Abd Allāh ibn Mālik）　147
イブン・マスウード（Ibn Mas'ūd）　26, 60, 68
イブン・マンズール（Ibn Manẓūr）　146, 399
イブン・マンマーティー（Ibn Mammātī）　399
イブン・ムクラ（Abū 'Alī Muḥammad ibn 'Alī ibn Muqla）　56, 78, 138–142, 145, 146, 150
イブン・メレク（Ibn Melek）　276
イブン・ユーヌス（Ibn Yūnus）　186
イブン・ルシュド（Ibn Rushd）　175
イブン・ワヒード（Sharaf al-Dīn Muḥammad ibn Sharīf ibn al-Waḥīd）　147
イマーム・アリー（Imām 'Alī）　→アリー
イムルウルカイス（Imru' al-Qays）　13
ヴァンスタン，G.（Gille Veinstein）　342, 344
ヴェンリヒ，J.（J. Wenrich）　178
ウォーラーステイン，I.（Immanuel Wallerstein）　344
ウスタード・アフマド・ムーサー（Ustād Aḥmad Mūsā）　226
ウスマーン（'Uthmān ibn 'Affān）　15, 23–29, 47, 49–52, 58, 59, 64, 66–71, 79–81, 385, 388, 389, 413–416
ウスマーン・ターハー（'Uthmān Ṭāhā）　382, 387, 395
ウズンチャルシュル，İ. H.（İsmail Hakkı Uzunçarşılı）　337
ウバイイ（Ubayy ibn Ka'b）　26
ウマル（'Umar ibn al-Khaṭṭāb）　21–23, 25, 67
ウマル・イブン・ファッルハーン（'Umar ibn al-Farrukhān）　182
ウマル・シャイフ（'Umar Shaykh）　292
ウマル・ハイヤーム（'Umar Hayyām）　186
梅棹忠夫　405
ウルグ・ベク（Ulugh Beg）　186, 228
ウルマン，M.（M. Ullmann）　178, 181, 183
ウンム・サルマ（Umm Salma）　23
エウトキオス（Eutokios）　180
エヴリヤ・チェレビ（Evliya Çelebi）　254, 262, 269, 349, 355, 358
エカチェリーナ２世（Ekaterina II）　339
エブースード（Ebussuud Efendi, Abu'l-Su'ūd）　261
エフラートゥン（Eflatun）　246
エレムヤ・チェレビ・キョムルジュヤン（Eremya Çelebi Kömürcüyān）　357
エンドレス，G.（G. Endress）　179
太田敬子　332
オスマン１世（Osman I）　240, 247
オスマン２世（Osman II）　249
オハンネス・ミュヘンディスヤーン（Ohannes Mühendisyān）　369
オルハン（Orhan）　240, 241
オング，W. J.（Walter J. Ong）　76

カ　行

カーシー（al-Kāshī）　186
ガーズィー・アフマド・クミー（Qāḍī Ahmad Qummī）　133, 161, 233, 235, 236
ガーズィー・ヒュスレヴ（Gazi Hüsrev）　256, 257, 261

カーヒル（al-Qāhir bi-Allāh） 138
カームラーン（Kāmrān） 292
カーモディ，F.（F. Carmody） 185
ガウハル・シャード（Gauhar Shād） 237
ガウリー（al-Gawrī） 311
ガザーリー（al-Gazālī） 175, 214, 276
カズヴィーニー（al-Ḳazwīnī） 266
カドゥハーン（Ḳāḍī Khān） 267
カビースィー（al-Qabīṣī） 188
鎌田繁 332
カヨル，アンリ（Henri Cayol） 366
カヨル，ジャック（Cailloil Jacques） 366
カラーバーズィー（al-Kalābādhī） 214
カラジー（al-Karajī） 186
カラチェレビーザーデ（Karachelebizade） 371
カラヒサーリー（Ahmed Şemseddin Karahisârî） 151, 166
カラメミ（Kara Memi） 166
ガラン，A.（Antoine Galland） 93
カリスターニー（al-Kalistānī） →バドルッディーン・マフムード・サラーイー
カルカシャンディー（al-Qalqashandī） 40, 61, 63, 137, 146, 306
カルダーノ，G.（G. Cardano） 184
カルムート，A. R. T.（'Abd al-Rāziq al-Ṭanṭāwī al-Qarmūṭ） 203
ガレノス（Galenos） 85, 174, 181
川本正知 332
菊池忠純 198
キャーティビー（Katibi） 241
キャーティプ・チェレビ（Katib Çelebi） 249, 266, 360
キュチュク・ニシャンジュ（Küçük Nişancı） 250
キング，D.（D. King） 181, 189
キンディー（al-Kindī） 186
クーシュヤール（al-Kūshyār） 183
グーテンベルク（Gutenberg） 1, 2, 17, 352, 391
グオ，L.（Li Guo） 195
クシャイリー（al-Qushayrī） 209, 214
グタス，D.（Dimitri Gutas） 16, 85, 96, 97
クドゥーリー（al-Qudūrī） 267, 268
クトゥバ（Quṭba al-Muḥarrir） 137
クレーマー，J. L.（J. L. Kraemer） 87
クレーマー卿（Kremer, Baron Alfred von） 322
グローマン，アドルフ（Adolf Grohmann） 323
グンマーリー（'Abdullāh al-Ghummārī） 418
玄奘三蔵 33
コトゥブッディーン・モハンマド・ゲッセホーン（Qutb al-Dīn Muhammad Qissah-khwān） 161
後藤裕加子 39, 41, 43
コペルニクス（Copernicus） 174

サ　行

サアーリビー（al-Tha'ālibī） 31-35
サーガーニー（al-Ṣaghānī） 269
サーディー（Sa'dī） 165, 171, 226, 228, 245, 281
サーデキー・ベグ（Sādiqī Beg） 161
サービト・ブン・クッラ（Thābit ibn Qurra） 85
サーリム（Sālim b. Muḥammad） 330
サイード・イブン・アース（Sa'īd ibn al-'Āṣ） 24
ザイド・イブン・サービト（Zayd ibn Thābit） 21, 22
サイド・エフェンディ（Said Efendi） 359
サイフッダウラ（Sayf al-Dawla） 188
サイラー，J.（J. Seyller） 293, 294
サイラフィー（'Abd Allāh al-Ṣayrafī） 150
サッカーキー（al-Sakkākī） 265
ザッジャージー（al-Zajjājī） 60
サッラージュ（al-Sarrāj） 209, 214
佐藤次高 332
サドゥルッシャリーア（Ṣadr al-Sharī'a al-Thānī） 268
サハーウィー（al-Sakhāwī） 320
サフル・イブン・ハールーン（Sahl ibn Hārūn） 96
ザマフシャリー（al-Zamakhsharī） 269
サラディン（Ṣalāḥ al-Dīn al-Ayyūbī） 191
ジェイムズ，デヴィッド（David James） 81
ジェヴデト（Cevdet） 251, 252
ジェンティーレ・ベッリーニ（Gentile Bellini） 241
史思命 33
清水宏祐 332
志茂碩敏 332
シャー・ジャハーン（Shāh Jahān） 284-291, 293-295
シャー・ルフ（Shāh Rukh） 124, 131, 165, 228, 293
シャー・ワリーウッラー（Shāh Walī Allāh） 218
ジャーヒズ（al-Jāḥiẓ） 41
シャーフィイー（al-Shāfi'ī） 89
シャーティビー（Abū Muḥammad al-Qāsim ibn

Fīrruh al-Shāṭibī）　62, 63
ジャアファル（Ja'far ibn Yaḥyā b. Khālid al-Barmakī）　17, 39
ジャアファル・サーディク（Ja'far al-Ṣādiq）　209
ジャアファル・タブリーズィー（Ja'far al-Tabrīzī）→ジャアファル・バーイソンゴリー
ジャアファル・バーイソンゴリー（Ja'far Bāysun-ghurī）　131, 132, 165, 228, 238
ジャーミー（Jāmī）　228, 280
シャイバーニー（al-Shaybānī）　267, 272, 309
ジャイハーニー（Jayhani）　34, 36, 39
シャイヒー（Shaykhī）　230
シャイフーン（Shaykhūn al-'Umarī）　202, 203
シャキーク・バルヒー（Shaqīq al-Balkhī）　211
ジャザリー（al-Jazarī）　169, 186, 194–196
ジャッラーフ・ブン・アブドゥッラー（Jarrāḥ ibn 'Abd Allāh）　35
ジャハーンギール（Jahāngīr）　284–290, 293–295
ジャバルティー（'Abd al-Raḥmān al-Jabartī）　399
シャフリヤール（Shahriyār）　295
シャムスッディーン（Shams al-Dīn）　226
シャラフッディーン・トゥースィー（Sharaf al-Dīn al-Ṭūsī）　186
シュアイビー（al-Shu'aybī）　325
シュタインシュナイダー，M.（M. Steinschneider）　178
ジュナイド（Junayd）　227
ジュルジャーニー（al-Jurjānī）　266, 273
ジルジー・ザイダーン（Jirjī Zaydān）　401
スィーバワイヒ（Sībawayhi）　53, 56, 57
スィカンダル（Sikandar）　279
スィジスターニー（Ibn Abī Dāwūd al-Sijistānī）　21, 23, 26
スィムスィマーニー（Muḥammad ibn al-Simsimānī）　139
スィムナーニー（al-Simnānī）　219
ズィヤード（Ziyād ibn Abī Sufyān / ibn Abīhi）　49
ズィヤード・ブン・サーリフ（Ziyād ibn Ṣāliḥ）　31, 32
スィヤヴシュ・パシャ（Siyavuş Paşa）　248
ズーター，H.（H. Suter）　185
スードゥーン・ミン・ザーダ（Sūdūn min Zāda）　328
スーフィー（al-Ṣūfī）　169, 186, 187
スーリー（al-Ṣūlī）　60
スブキー（Tāj al-Dīn Abū Naṣr al-Subkī）　40, 41
スユーティー（Jalāl al-Dīn al-Suyūṭī）　26, 265, 275, 276, 310, 400
ズライハー（Zulaykhā）　171
スラミー（al-Sulamī）　214
スルターン・アリー（Sulṭān 'Alī）　286
スルターン・ムハンマド（Sulṭān Muḥammad）　292
スルタン・アフマド（Sulṭān Aḥmad Jalāyir）　123, 130, 226, 227
スルタン・アリー・マシュハディー（Sulṭān 'Alī Mashhadī）　229
スルタン・ウワイス（Sulṭān Uwais Jalāyir）　226
スルタン・フサイン・バイカラー（Sulṭān Ḥusayn Bāyqarā）　132, 229
スルタン・マフムード（Sulṭān Maḥmūd）　223
スルタン・ムハンマド（Sulṭān Muḥammad）　230–232, 235
スレイマン１世（Süleyman I）　166, 240, 244–247, 348
ズンヌーン・ミスリー（Dhū al-Nūn al-Miṣrī）　209
セイイド・ムハンマド（Sayyid Muḥammad）　265
セイイド・ロクマン（Seyyid Lokman）　246–249
セズギン，F.（F. Sezgin）　178, 182, 183
セディヨ，A.（A. Sédillot）　189
ゼネフェルダー，アロイス（Alois Senefelder）　365
セラーニキー（Selaniki）　250
ゼリッヒ，アントワーヌ（Antoine Zellich）　366
セリム１世（Selim I）　244, 245
セリム２世（Selim II）　233
セリム３世（Selim III）　152

タ　行

ダーヴァル・バフシュ（Dāvar Bakhsh）　295
ダーウード（Dāwūd）　89
ダアド・ハキーム（Da'd al-Ḥakīm）　332
ダーニヤール（Dāniyāl）　291
ターハー・フサイン（Ṭāhā Ḥusayn）　402
タイイビー（ムハンマド・イブン・ハサン）（Muḥammad ibn Ḥasan al-Ṭayyibī）　147
ダイバー，H.（Hans Daiber）　302
ダヴィド・ナフミアス＆サムエル・ナフミアス（David & Shemuel Nahmias）　556

タクラー兄弟（Bishāra wa Salīm Taqlā） 401
ダッハーク・イブン・アジュラーン（al-Ḍaḥḥāk ibn ʻAjlān） 137
タバリー（Abū Jaʻfar Ibn Jarīr al-Ṭabarī） 17, 18, 89, 191, 192, 205, 306, 399, 419
タフターザーニー（al-Taftāzānī） 266, 268, 273
タブタブ・ムハッリル（Ṭabṭab al-Muḥarrir） 146
タフマースブ1世（Shāh Ṭahmāsb） 125, 131–133, 229, 231–234, 237
タミーミー（Aḥmad al-Tamīmī） 377
タルフーン（Tarkhūn） 35
デ・グレゴリイ（De Gregorij） 354
ディオクレス（Diokles） 180
ディオスコリデス（Dioscorides） 169, 181
ディオファントス（Diophantos） 180
ティムール（Tīmūr） 123, 124, 131, 227, 228, 241, 289, 291
ティルミズィー（al-Tirmidhī） 43
ディヤーウッディーン・ムハンマド（Diyā' al-Dīn Muḥammad Ibn Qudāma） 309, 310
デーワシュティーチュ（Dēwashtīch） 34, 35, 37, 38
テオドシオス（Theodosios） 180
デリ・オスマン・エフェンディ（Deli Osman Efendi） 369
ド・ブレーヴ（Savary de Breves） 354
ドゥースト・ムハンマド（Dūst Muhammad） 123, 131, 132, 161, 162, 226, 232, 233, 282
トゥーマー，G.（G. Toomer） 184
トゥラワ，シャウカト（Shawkat Toorawa） 16
ドッジ，B.（B. Dodge） 88
ドロテオス（Dorotheos） 180

ナ 行

ナースィーフ・ヤーズィジー（Nāṣīf al-Yāzijī） 400
ナースィル・ハサン（Al-Nāṣir Ḥasan b. Muḥammad b. Qalāwūn） 202, 203
ナーディル・シャー（Nādir Shāh） 296
ナヴァーイー（Nawā'ī） 127, 228
ナサーイー（al-Nasā'ī） 43
ナジーブ・マフフーズ（Najīb Maḥfūẓ） 402
ナジュムッディーン・クブラー（Najm al-Dīn Kubrā） 219
ナスィールッディーン・トゥースィー（Naṣīr al-Dīn al-Ṭūsī） 179, 186, 266, 355
ナスル・イブン・アースィム（Naṣr ibn ʻĀṣim al-Laythī） 51
ナセル（Jamāl ʻAbd al-Nāṣir） 378
ナッカーシュ・オスマン（Nakkaş Osman） 246, 247
ニクーラー・マサーブキー（Niqūlā (Nikolas) al-Masābkī） 362
ニコデモス・メタクサス（Nikodemos Metaksas） 357
ニコマコス（Nikomachos） 180
ニザーミー（Niẓāmī） 228, 245, 281
ニザーミー・ギャンジャヴィー（Nizāmī Ganjavī） 168
ニザーム・アル＝ムルク（Niẓām al-Mulk） 275, 276
ヌアイミー（al-Nuʻaymī） 310, 311
ヌール・ジャハーン（Nūr Jahān） 295
ヌルハン・アタソイ（Nurhan Atasoy） 349

ハ 行

バーイスングル・ミールザー（Bāysunghur Mīrzā b. Shāh Rukh） 131, 132, 228
ハージュ・キルマーニー（Khwāju Kermānī） 226
バーネット，Ch.（Ch. Burnett） 188
ハーフィズ（Ḥāfiẓ） 226, 279
ハーフィズ・アブルー（Ḥāfiẓ-I Abrū） 228
ハーフィズ・オスマン（Hâfız Osman） 151
バーブル（Bābur） 282, 284, 290, 292
ハーミド・アイタチ・アーミディー（Hamid Aytaç al-Āmidī） 152
ハーリド・ブン・バルマク（Khālid ibn Barmak） 38
ハールーン・ラシード（Hārūn al-Rashīd） 39, 72, 84, 96
バイダーウィー（al-Bayḍāwī） 269, 272, 274, 276
バイバルス（Al-Ẓāhir Baybars） 191, 304
バイバルス2世（Baybars al-Jāshankīr） 79
バイバルス・マンスーリー（Baybars al-Manṣūrī） 194
バガヴィー（al-Baghawī） 269
ハチク・ケヴォルクヤーン（Haçik Kevorkyān） 369
ハッジャージュ・イブン・ユースフ（Ḥajjāj ibn Yūsuf） 51
バッターニー（al-Battānī） 183, 186
パッポス（Pappos） 180
ハッラーズ（Muḥammad Kharrāz） 62, 63
バディーウ・ブン・ナフィース（Badīʻ ibn Nafīs） 202

バドルッディーン・マフムード・サラーイー（Badr al-Dīn Maḥmūd al-Sarā'ī al-Kalistānī） 201, 203
ハナフィー・ナースィフ（Ḥanafī Nāṣif） 377
塙治夫 403
バヌー・ムーサー（Banū Mūsā） 85, 97
羽田亨一 332
ハフサ（Ḥafṣa bint 'Umar） 23–25
バフラーム（Bahrām） 94
バフラーム・ミールザー（Bahrām Mīrzā） 131, 133, 161, 231, 233
濱田正美 43
ハムドゥッラー（Şeyh Hamdullah） 150, 151, 153
バヤズィト2世（Bayezid II） 134, 150, 242, 243, 256
バラーズリー（al-Balādhurī） 109, 110
ハラビー兄弟（Muṣṭafā wa 'Īsā al-Ḥalabī） 400
ハリーリー（al-Ḥarīrī） 169, 307, 308
ハリール（al-Khalīl ibn Aḥmad al-Farāhīdī） 52–57, 59, 61, 62, 140, 144
ハリール・フーリー（Khalīl al-Khūrī） 400
パルヴィーズ（Parvīz） 294
バルクーク（Al-Ẓāhir Barqūq al-Duqmāqī） 202, 204
ハレビー（al-Ḥalabī） 268
ビーチ，M. C.（M. C. Beach） 282, 283
ピーリー・レイス（Piri Reis） 245
ビールーニー（Abū Rayḥān Muḥammad ibn Aḥmad al-Bīrūnī） 148, 186, 188
ヒッポクラテス（Hippokrates） 180, 181
ビフザード（Kamāl al-Dīn Bihzād） 132, 133, 170, 171, 229, 231, 235, 289
ヒュセイン・アガ（Hüseyin Ağa） 344
ヒュセイン・ヘザルフェン（Hüseyin Hezarfen） 249
ピュタゴラス（Pythagoras） 179
ヒュプスィクレス（Hypsikles） 179
ヒラーリー，A. S.（A. S. al-Hilālī） 23
ビルギヴィー（Birgivī） 255, 265, 363
ビルザーリー（al-Birzālī） 195, 196
ファーズル・エンデルーニー（Fâzıl Enderûnlu） 350
フアード1世（Fu'ād al-Awwal） 323, 375, 377, 383
ファーラービー（al-Fārābī） 43, 175
ファールーク（Fārūq al-Awwal） 377, 379, 380, 383
ファトフッラーフ・ブン・ムウタスィム・ブン・ナフィース・ダーウーディー（Fatḥ Allāh b. Mu'taṣim b. Nafīs al-Dā'ūdī） 201, 203
ファドル（Faḍl b. Yaḥyā b. Khālid al-Barmakī） 39, 41
ファハド（Fahd ibn 'Abd al-'Aziz Āl Su'ūd） 381
ファルハード・ハーン・カラマーンルー（Farhād Khān Qarāmānlū） 236
フィルダウスィー（Firdawsī） 14, 168, 170, 223, 225, 245, 246, 281, 283
フザイファ・イブン・ヤマーン（Ḥudhayfa ibn al-Yamān） 23
フサイン・バイカラ（Ḥusayn Bāyqarā） 289
フジュウィーリー（al-Hujwīrī） 209
フスラウ（Khusraw） 294
ブダーク・ムンシー（Budāq Munsī Qazwīnī） 133
フッラム（Khurram） 294
ブトルス・ブスターニー（Buṭrus al-Bustānī） 400
プトレマイオス（Ptolemaios） 85, 174, 180, 182–184, 186
フナイン・イブン・イスハーク（Ḥunayn ibn Isḥāq） 85, 183
ブハーリー（Muḥammad ibn Ismā'īl al-Bukhārī） 43, 92, 167, 263, 269, 306, 307, 311, 399, 417, 418
フマーユーン（Humāyūn） 233, 279, 282, 291–294
プラトーネ，ティヴォリの（Platone） 184, 185
プラトン（Platon） 96
フラムスティード，J.（J. Flamsteed） 187
フリューゲル，G.（G. Flügel） 178
プリンツ・オイゲン（Prinz Eugen, Eugen von Savoyen） 256
ブルーム，J. M.（J. M. Bloom） 17, 33–36
ブローデル，フェルナン（Fernand Braudel） 351
ブロッケルマン，C.（C. Brockelmann） 185, 344
フワーリズミー（al-Khwārizmī） 43, 97, 186
ベイザーヴィー（Beyzavī） →バイダーウィー
ヘヴェリウス，J.（J. Hevelius） 187
ヘルメス（Hermes） 180
ヘロン（Heron） 180
ボーダン，F.（Frédéric Bauden） 197
ボゴス（Arapoglu Bogos） 369
ホジャ・アブドゥルハイイ（Khwāja 'Abd al-Ḥayy） 123, 226, 227
ボナパルト，ナポレオン（Napoléon Bonaparte）

363, 397
ホメロス（Hómēros）　14
堀川徹　332
ポルピュリオス（Porphyrios）　265

マ　行

マアッリー（Abū al-ʻAlāʼ al-Maʻarrī）　140
マーニー（Mānī）　168, 171
マアムーン（al-Maʼmūn）　38, 39, 43, 44, 56, 72, 84–86, 91, 95–97
マーリク（Mālik ibn Anas）　89
マーワルディー（Abū al-Ḥasan al-Māwardī）　399
マウラーナー・キワームッディーン（Maulānā Qiwām al-Dīn）　132
マウラーナー・ダーウード（Mawlānā Dāʼūd）　281
マクガヴァン，B.（Bruce McGowan）　342
マクリーズィー（al-Maqrizī）　192, 197–200, 203, 204, 303, 305, 328
マスウーディー（al-Masʻūdī）　95
マスード，S. G.（Sami G. Massoud）　195
マッキー（al-Makkī）　214
マトラクチュ・ナスーフ（Matrakçı Nasuh）　244
間野英二　331
マフムード・ガーワーン（Maḥmūd Gāwān）　280
マフムード・ハリール・フサリー（Maḥmūd Khalīl al-Ḥuṣarī）　386, 394
マフムート２世（Mahmud II）　366
マルアシー（Khayr al-Dīn al-Marʻashī）　150
マルギーナーニー（al-Marghīnānī）　267, 271, 272
マルズバーニー（Abū ʻUbayd Allāh al-Marzubānī）　18
マンスール（al-Manṣūr）　39, 85
マンスール・イブン・イリヤス（Manṣūr ibn Ilyās）　176
ミーラーン・シャー（Mīrān Shāh）　292
ミール・アリー（Mīr ʻAlī）　286
ミール・アリー・イブン・イルヤース（Mīr ʻAlī ibn Ilyās）　227
ミール・アリー・タブリーズィー（Mīr ʻAlī Tabrīzī）　148
ミール・イマード（Mīr ʻImād）　148, 149, 236
ミール・サイイド・アリー（Mīr Sayyid ʻAlī）　127, 233, 282
ミール・ジャマールッディーン・フサイン（Mīr Jamāl al-Dīn Ḥusayn）　289
ミール・ムサッウィル（Mīr Muṣavvir）　231, 233, 282
ミールザー・サーリフ（Mirzā Sālih）　364, 365, 367
三木亘　342
ミクダード・イブン・アムル（al-Miqdād ibn ʻAmr）　26
ミドハト・パシャ（Midhat Paşa）　304
ムアーウィヤ（Muʻāwiya）　49
ムウタスィム（al-Muʻtaṣim）　38, 85
ムギーラ・イブン・シハーブ（al-Mughīra ibn al-Shihāb）　26
ムクタディル（al-Muqtadir bi-Allāh）　94, 138
ムザッファル・アリー（Muẓaffar ʻAlī）　232
ムスタアスィム（al-Mustaʻṣim bi-Allāh）　76, 140
ムスタファ・アガ（Mustafa Ağa）　344
ムスタファ・アリー・エフェンディ（Mustafa ʻĀlī Efendi）　162
ムスタファ２世（Mustafa II）　151
ムスタファ４世（Mustafa IV）　275
ムスタファ・ラーキム（Mustafa Râkim）　152
ムスタファー・アナーニー（Muṣṭafā ʻAnānī）　377
ムスリム・イブン・ハッジャージュ（Muslim ibn Ḥajjāj）　43, 92, 269, 417, 418
ムタナッビー（al-Mutanabbī）　188
ムバッラド（al-Mubarrad）　41, 60
ムハンマド（Muḥmmad）　6, 12–28, 47, 49, 55, 66, 68, 70, 108, 111, 129, 151, 163, 167, 191, 207, 213, 224, 236, 255, 306, 324, 370, 383, 385
ムハンマド・アブドゥフ（Muḥammad ʻAbduh）　312, 402
ムハンマド・アリー（Muḥammad ʻAlī）　362, 377, 379
ムハンマド・アリー・フサイニー（Muḥammad ʻAlī al-Ḥusaynī）　375, 377
ムハンマド・サアド・イブラーヒーム（Muḥammad Saʻd Ibrāhīm）　394
ムハンマド・サヌースィー（Muḥammad al-Sanūsī）　218
ムハンマド・フサイン・ハイカル（Muḥammad Ḥusayn Haykal）　402
ムハンマド・フダーバンダ（Shāh Muḥammad Khudābanda）　234
ムフスィン＝ザーデ・メフメト・パシャ（Muhsin-zâde Mehmed Paşa）　337, 339
ムフスィン＝チェレビ（Muhsin Çelebi）　338

ムフスィン・マフディー（Muḥsin Mahdī）　93
ムフリス・ビン・アブドゥッラー・ヒンディー（Muflis b. ʻAbdallāh al-Hindī）　163, 164
ムムターズ・ベイ（Mümtaz Bey）　153
ムラーディー（Muḥammad al-Murādī）　313
ムラト2世（Murad II）　241
ムラト3世（Murad III）　246, 344, 355
ムラト4世（Murad IV）　254
メッツ，A.（A. Mez）　87
メティン・アンド（Metin And）　349
メネラオス（Menelaos）　180
メフメト・アー（Mehmed Ağa）　248
メフメト・イッゼト・エフェンディ（Mehmed Esad Efendi）　153
メフメド・ハーカーニー（Mehmed Hākānī）　369
メフメト・ヒュスレヴ・パシャ（Mehmed Hüsrev Paşa）　366
メフメト1世（Mehmed I）　241
メフメト2世（Mehmed II）　153, 241, 246, 263, 266, 268, 269, 352
メフメト3世（Mehmed III）　246, 248
メルズィフォンル・カラ・ムスタファ・パシャ（Merzifonlu Kara Mustafa Paşa）　248
モッラー・グーラーニ（Mollā Gūrānī）　261
モッラー・ジャーミー（Mollā Djāmī）　265
モッラー・ヒュスレヴ（Mollā Hüsrev, Mollā Khosrew）　268, 271
モッラー・フェナーリー（Mollā Fenārī）　265, 268
森本公誠　332

ヤ　行

ヤークート（Yāqūt al-Rūmi）　305
ヤークート（Yāqūt al-Ḥamawī）　93
ヤークート・ムスタアスィミー（Yāqūt al-Mustaʻṣimī）　75–77, 140, 141, 150, 151, 153
ヤアクービー（al-Yaʻqūbī）　41
ヤァクーブ・ベク（Yaʻqub Beg）　170
ヤクプ・カドリ・カラオスマンオウル（Yakup Kadri Karaosmanoğlu）　347
家島彦一　316
ヤフヤー・イブン・アビー・マンスール（Yaḥyā ibn Abī Manṣūr）　97
ヤフヤー・イブン・ムアーズ（Yaḥyā ibn Muʻādh）　209
ヤフヤー・イブン・ヤアムル（Yaḥyā ibn Yaʻmur）　51
ユークリッド（エウクレイデス）（Eukleides）　85, 179, 180, 355
ユースフ・ザイダーン（Yūsuf Zaydān）　318
ユースフィー（al-Yūsufī）　194
ユーニーニー（al-Yūnīnī）　195, 196
吉田豊　35
ヨナ・ベン・ヤコブ（Jonah ben Jacop, Ashkenazi）　369

ラ　行

ラーヴァンディー（Rāwandī）　128
ラーギブ，Y.（Y. Rāġib）　325
ラーグプ・メフメト・パシャ（Ragıb Mehmet Paşa）　260–262, 274–276
ラーシト・メフメト・エフェンディ（Raşid Mehmed Efendi）　249
ラージフ・エフェンディ（Rācih Efendi）　369
ラーズィー（Abū Bakr al-Rāzī）　175, 186
ラーズィー（Fakhr al-Dīn al-Rāzī）　399
ラーディー（al-Rāḍī bi-Allāh）　138
ライモンディ，G. B.（Giovan Battista Raimondi）　354
ラシード・リダー（Rashīd Riḍā）　312, 401–402
ラシードゥッディーン（Rashīd al-Dīn）　129, 225
リダー・アッバーシー（Riḍā ʻAbbāsī）　235, 237
リトル，D.（Donald P. Little）　194, 195
リファーア・タフターウィー（Rifāʻa al-Ṭahṭāwī）　398
リングズ，マーティン（Martin Lings）　82
ルーミー（Rūmī）　128, 215
ルソー（Jean-Jacques Rousseau）　398
レイスマン，D. C.（David C. Reisman）　197
レイン，E. W.（E. W. Lane）　322
レヴニー（Levni）　251
レーダー，S.（Stefan Leder）　308
レビーブ（Lebīb）　274–276
ローゼンフェルト，B.（B. Rosenfeld）　185

書名索引

ア 行

『アインの書』(*Kitāb al-ʻAyn*)(ハリール)　53
『アキーラ』(*ʻAqīla Atrāb al-Qaṣā'id fī Asnā al-Maqāṣid*)(シャーティビー)　62, 63
『アクバル・ナーマ』(*Akbar-nāma*)(アブルファズル)　283, 291
『アザーズィール』(*ʻAzāzīl*)(ユースフ・ザイダーン)　318
『アトラス・ミノール』(*Atlas Minor*)　356
『アフラーム(ピラミッド)』(*Al-Ahrām*)　401
『アミール・ハムザ物語』(*Qiṣṣa-yi Amīr Ḥamza*)　282
『アラビア語辞典』(*Lisān al-ʻArab*)(イブン・マンズール)　146, 399
『アラビア語文献の歴史』(*Geschichte des arabischen Schrifttums*)(セズギン)　178, 182
『アラビア語文献の歴史』(*Geschichte der arabischen Litteratur*)(ブロッケルマン)　185
『アラビア文献学概説』(*Grundriss der arabischen Philologie*)(エンドレス)　179
『アラビアン・ナイト』　→『千夜一夜物語』
『アラブ人の数学者と天文学者,およびその著作』(*Die Mathematiker und Astronomen der Araber und ihre Werke*)(ズーター)　185
『アラブ文学史』(*Tārīkh Ādāb al-Lugha al-ʻArabīya*)(ジルジー・ザイダーン)　401
『アルフィーヤ』(*Alfīya Ibn Mālik*)(イブン・マーリク)　147
『アルマゲスト』(*al-Majisṭī*)(プトレマイオス)　85, 184, 186
『アレクサンドロスの書』(*İskender-name*)(アフメディー)　241
『医学典範』(*al-Qānūn fī al-Ṭibb*)(イブン・スィーナー)　148, 399
『イサーグージー』(*al-Isāghūdjī*)(アブハリー)　265
『イサーグージー注釈』(*al-Fawā'id al-Fanārīya*)(モッラー・フェナーリー)　265
『イスタンブル史』(*Istanbul Tarihi*)(エレムヤ・チェレビ・キョムルジュヤン)　357
『イスラーム写本の世界調査』(*World Survey of Islamic Manuscripts*)　300
『イスラームにおける自然科学と秘術』(*Der Natur-und Geheimwissenschaften im Islam*)(ウルマン)　178
『イスラームの医学』(*Die Medizin im Islam*)(ウルマン)　178
『イスラーム文明史』(*Tārīkh al-Tamaddun al-Islāmī*)(ジルジー・ザイダーン)　401
『イスラーム文明の数学者,天文学者,その他の学者,およびその著作(7〜19世紀)』(*Mathematicians, Astronomers & other Scholars of Islamic Civilization and their Works (7th–19th c.)*)(ローゼンフェルト/イサノール)　185
『意図』(*al-Maksūd*)　265
『愛しき者の贈物と求める者の望み』(*Tuḥfa al-Aḥbāb wa Bughya al-Ṭullāb fī al-Khiṭaṭ wa al-Mazārāt wa al-Tarājim wa-al-Biqāʻ al-Mubārakāt*)(サハーウィー)　320
『ヴァンクル辞書』(*Vankulu Lugatı*)(メフメド・ヴァーニー)　359, 360, 364
『歌の書』(*Kitāb al-Aghānī*)(イスファハーニー)　188, 399
『美しき女たち』(*Zenannâme*)(ファーズル・エンデルーニー)　350
『海の交点』(*Multaqā al-Abḥur*)(ハレビー)　255, 256, 267, 268, 272, 276
『エイサゴーゲー』(*Isagoge*)(ポルピュリオス)　265
『叡智の台座』(*Fuṣūṣ al-Ḥikam*)(イブン・アラビー)　220
『エジプト地誌』(*Kitāb al-Mawāʻiz wal-Iʻtibār bi-Dhikr al-Khiṭaṭ wa al-Athār*)(マクリーズィー)　303, 305, 328
『エジプトとカイロの歴史』(*Ḥusn al-Muḥādara fī Akhbār Miṣr wa al-Qāhira*)(スユーティー)　400
『黄金の牧場』(*Murūj al-Dhahab*)(マスウーディー)　95
『王書(シャー・ナーメ)』(*Shah-nama*)(フィルダウスィー)　14, 124, 125, 129, 132, 148, 168, 170, 223, 225, 228, 230–235, 245, 246, 281, 283
『鸚鵡の書』(*Ṭūṭī Nāma*)(ナフシャビー)　282

『覆われたものの開示』(*Kashf al-Maḥjūb*)(フジュウィーリー)　209
『オスマン書体の手引き』(*Tercüman-ı Hutut-ı Osmani*)(メフメト・イッゼト・エフェンディ)　153
『オスマン諸法概要』(*Telhisü'l-beyan fi Kavanin-i Al-i Osman*)(ヒュセイン・ヘザルフェン)　249
『オスマン朝史』(*Tevarih-i Al-i Osman*)　242
『オデュッセイア』(*Odysseia*)(ホメロス)　14
『覚書』(*Tezakir*)(ジェヴデト)　251, 252

カ　行

『カーブースの書』(*Qābūs Nāma*)(カイ・カーウース)　283
『絵画の規範』(*Qānūn al-Ṣuwar*)(サーデキー・ベグ)　161
『開示者』(*al-Kashshāf 'an Ḥaqā'iq al-Tanzīl*)(ザマフシャリー)　255, 256, 264, 269
『解剖学』(*Tashrīḥ-i Badan-i Insān*)(マンスール・イブン・イリヤス)　176
『海洋の書』(*Kitab-ı Bahriye*)(ピーリー・レイス)　245
『鍵の注釈』(*Talkhīṣ al-Miftāḥ*)(カズヴィーニー)　266
『学問の鍵』(*Miftāḥ al-'Ulūm*)(サッカーキー)　265
『果樹園』(*Būstān*)(サーディー)　165, 171, 228, 229, 281
『カシュミール史』(*Tārīkh-i Kashmīr*)(シャーハーハーディー訳)　283
『固き絆』(*al-'Urwa al-Wuthqā*)　402
『カドゥハーン(ファトヴァの書)』(*Qāḍī Khān / al-Fatāwā al-Khānīya*)(カドゥハーン)　256, 267
『カノープスの光輝』(*Anvār-i Suhaylī*)(カーシフィー訳)　282
『カリーラとディムナ』(*Kalīla wa Dimna*)　94
『完史』(*Al-Kāmil fī al-Ta'rīkh*)(イブン・アスィール)　32, 34, 192, 399
『官報』(*al-Waqā'i' al-Miṣrīya*)　397, 398
『貴顕たちの伝記』(*Wafayāt al-A'yān wa Anbā' Abnā' al-Zamān*)(イブン・ハッリカーン)　51
『技術における理論と実践の書』(*Kitāb fī Ma'rifa al-Ḥiyal al-Handasīya*)(ジャザリー)　169, 186
『キターブ(書)』(*al-Kitāb/Kitāb Sībawayhi*)(スィーバワイヒ)　56
『祈禱の書』(*Kitāb Ṣalāt as-sawā'ī*)　354
『規範』(*al-Amthila*)　265
『キャーティビー詩集』(*Külliyat-ı Katibi*)(キャーティビー)　241
『恭順なる墓々への参詣者の導き(ムルシド)』(*Murshid al-Zuwwār ilā Qubūr al-Abrār*)(イブン・ウスマーン)　320–322, 326–329
『清らかなる泉』(*al-Manhal al-Ṣāfī wa al-Mustawfī ba'da al-Wāfī*)(イブン・タグリービルディー)　303
『ギリシア語からのアラビア語の翻訳書』(*Die arabischen Ubersetzungen aus dem Griechischen*)(シュタインシュナイダー)　178
『偶像の書』(*Kitāb al-Aṣnām*)(イブン・カルビー)　14
『グーテンベルク聖書』(*Gutenberg Bible*)　352
『クシャイリーの論攷』(*al-Risāla al-Qushayrīya*)(クシャイリー)　209
『クドゥーリー(提要)』(*al-Qudūrī / Mukhtaṣar*)(クドゥーリー)　255, 256, 267, 272
『クル・アフメド』(*Kul Ahmed*)(クル・アフメド)　265
『クルアーン解釈』(*Tafsīr al-Qur'ān*)(イブン・アーディル)　276
『クルアーン学大全』(*al-Itqān fī 'Ulūm al-Qur'ān*)(スユーティー)　26, 276
『啓示の真理を発見するもの』 →『開示者』
『啓示の光と解釈の秘密』(*Anwār al-Tanzīl wa Asrār al-Ta'wīl*)(バイダーウィー)　269, 272
『芸術家列伝』(*Menākıb-ı hünerverān*)(ムスタファ・アリー・エフェンディ)　162
『芸術の花園(薔薇園)』(*Gulistān-i hunar*)(ガーズィー・アフマド・クミー)　133, 161, 233, 236
『系譜書』(*Silsile-name*)　245, 248, 250, 251
『ゲオグラフィア』(*Geographia*)　356
『賢人たちの真珠』(*Durar al-Ḥukkām*)(モッラー・ヒュスレヴ)　255, 267, 268, 271, 272
『功績の集成』(*Jāmi' Maḥāsin Kitāba al-Kuttāb*)(タイイビー)　147
『古画品録』(謝赫)　160
『五部作』(*Khamsa*)(アミーレ・フスラウ)　126, 281
『五部作』(*Khamsa*)(ニザーミー)　228, 245, 281

サ　行

『サーリヒーヤの歴史』(*al-Qalā'id al-Jawharīya fī*

Ta'rīkh al-Ṣāliḥīya)（イブン・トゥールーン） 310
『歳月の流れ』(*al-Ayyām*)（ターハー・フサイン） 402
『ザイナブ』(*Zaynab*)（ムハンマド・フサイン・ハイカル） 402
『サマーウの書』(*Kitāb al-Samā'*)（スラミー） 214
『作用語』(*'Awāmil*)（ビルギヴィー） 265
『思考の発見』(*Keşfu'l-zunun*)（キャーティプ・チェレビ） 249
『示唆』(*Talwīḥ*)（タフターザーニー） 264, 267, 268
『獅子座三十二話』(*Singhāsan Battīsī*)（バダーウニー訳） 283
『資治通鑑』 32, 34
『詩集』(*Dīvān*)（ハーフィズ） 279
『事績の王冠』(*Tāj al-Ma'āthir*)（ハサン・ニザーミー） 280
『時代の驚異』(*Badā'i' al-Zuhūr fī Waqā'i' al-Duhūr*)（イブン・イヤース） 304
『四法』(*Arba'a Ṭurim*) 356
『ジャハーンギール・ナーマ』(*Jahāngīr Nāma*)（ジャハーンギール） 284
『ジャハーンギール辞典』(*Farhang-i Jahāngīrī*)（ミール・ジャマールッディーン・フサイン） 289
『ジャワーイブ（諸国報）』(*al-Jawā'ib*)（シドヤーク） 401
『宗教諸学の再興』(*Iḥyā' 'Ulūm al-Dīn*)（ガザーリー） 214, 276
『集史』(*Jāmi' al-Tawārīkh*)（ラシードゥッディーン） 129, 130, 224, 225, 228
『集史続編』(*Dhayl-i Jāmi' al-Tawārīkh*)（ハーフィズ・アブルー） 228
『充足』(*al-Kāfiya*)（イブン・ハージブ） 265
『祝祭の書』(*Sur-name*) 134, 251, 349, 351
『主の摂理』(*al-'Ināya al-Rabbānīya fī al-Ṭarīqa al-Sha'bānīya*)（アーサーリー） 147
『生涯の諸情報についてのひと抱えの通知』(*Inbā' al-Ghumr bi-Anbā' al-'Umr*)（イブン・ハジャル） 198, 199
『生涯の出来事と諸伝記における微笑む庭園』(*al-Rawḍ al-Bāsim fī Ḥawādith al-'Umr wa al-Tarājim*)（アブドゥルバースィト・ハナフィー） 198
『上申の書』(*'Arzah-dāsht*)（ジャアファル・バーイソンゴリー） 165
『小全集』(*al-Jāmi' al-Ṣaghīr*)（シャイバーニー） 267
『上奏』(*'Ard-dāsht*)（ジャアファル・タブリーズィー） 132
『省庁の法』(*Qawānīn al-Dawāwīn*)（イブン・マンマーティー） 400
『勝利の書』(*Ẓafar Nāma*)（シャラフッディーン・ヤズディー） 284, 288, 289, 291
『諸王史提要』(*Tenkih-i Tevarih-i Müluk*)（ヒュセイン・ヘザルフェン） 249
『諸王朝の知識の道の書』(*Kitāb al-Sulūk li-Ma'rifa Duwal al-Mulūk*)（マクリーズィー） 192, 203
『書記官の作法』(*Ṣinā'a al-Kuttāb / Adab al-Kuttāb*)（アブー・ジャアファル・ナッハース） 60
『書記官の書』(*Kitāb al-Kuttāb*)（イブン・ドゥラスタワイヒ） 60
『書記の支えと見識のある人たちの装備』(*'Umda al-Kuttāb wa 'Udda Dhawī al-Albāb*)（イブン・バーディス） 128
『書記の作法』(*Adab al-Kātib*)（イブン・クタイバ） 59, 60, 400
『諸国誌』(*Mu'jam al-Buldān*)（ヤークート） 283, 305
『諸国征服史』(*Futūḥ al-Buldān*)（バラーズリー） 109
『諸国と道程の書』(*al-Mamālik wa al-Masālik*)（ジャイハーニー） 31, 34, 39
『諸使徒と諸王の歴史』(*Tārīkh al-Rusul wa al-Mulūk*)（タバリー） 18, 191, 419
『諸史の精髄』(*Zübdetüt't-tevarih*)（ロクマン） 248
『諸史要約』(*Fezleke-i Tevarih*)（キャーティプ・チェレビ） 249
『序文』(*Dībāchah*)（ドゥースト・ムハンマド） 161, 162
『序文：書と絵画の歴史に関する書』(*Risālah-i dar Tārīkh-i Khatt u Naqqāshī*)（コトゥブッディーン・モハンマド・ゲッセホーン） 161
『初歩』(*al-Bidāya*)（マルギーナーニー） 267, 274
『書法』(*Kitāb al-Khaṭṭ*)（ザッジャージー） 60
『思慮ある者の宝典』(*Tuḥfa Ulī al-Albāb fī Ṣinā'a al-Khaṭṭ wa al-Kitāb*)（イブン・サーイグ） 147
『神学教程』(*al-Mawāqif fī 'Ilm al-Kalām*)（イージー） 266
『神学教程注釈』(*Sharḥ al-Mawāqif*)（ジュルジャーニー） 273

『神学者の書』（*Kitāb al-Mutakallimīn*）（イブン・ナディーム）　96
『信仰綱要』（*Tajrīd al-I'tiqād*）（ナスィールッディーン・トゥースィー）　266
『親交の息吹』（*Nafaḥāt al-Uns*）（ジャーミー）　280
『真珠の首飾り』（*'Uqūd al-Jumān fī Waqā'i' al-Zamān*）（イブン・イヤース）　201, 303
『真正集』（*al-Jāmi' al-Ṣaḥīḥ*）（ブハーリー）　92, 167, 269, 306, 399, 417, 418
『真正集』（*al-Jāmi' al-Ṣaḥīḥ*）（ムスリム）　92, 167, 269, 417, 418
『シンドバーズの書』（*Kitāb Sindbād*）　94
『人名辞典』（*Wafayāt al-A'yān wa Anbā' Abnā' al-Zamān*）（イブン・ハッリカーン）　399
『救いの鍵と霊の灯』（*Miftāḥ al-Falāḥ wa Miṣbāḥ al-Arwāḥ*）（イブン・アター・アッラー）　216
『スレイマン帝紀』（*Süleyman-name*）　245, 348
『スンナ集』（*Kitāb al-Sunan*）（アブー・ダーウード）　23
『スンナの灯火』（*Maṣābīḥ al-Sunna*）（バガヴィー）　263, 269
『正義の秤』（*Mīzān al-Ḥaqq*）（キャーティブ・チェレビ）　266
『星座の書』（*Kitāb Ṣuwar al-Kawākib*）（スーフィー）　169, 186
『世界の鏡』（*Cihānnümā*）（キャーティブ・チェレビ）　249, 360, 361
『世界を飾るアッバースの歴史』（*Tārīkh-i 'Ālam-ārā-yi 'Abbāsī*）（イスカンダル・ベク・ムンシー）　235
『世人の歴史における真珠の首飾り』（*'Iqd al-Jumān fī Ta'rīkh Ahl al-Zamān*）（アイニー）　192, 303
『説明』（*Tawḍīḥ, Tavzīh*）（サドゥルッシャリーア）　268
『セフィーナ・ラーギブ』（*Safīna al-Raghīb*）（ラーグプ・メフメト・パシャ）　261
『セラーニキー史』（*Tarih-i Selaniki*）（セラーニキー）　250
『セリム帝紀』（*Selim-name*）　245
『閃光の書』（*Kitāb al-Luma'*）（サッラージュ）　209
『占星術教程の書』（*Kitāb al-Tafhīm li-Awā'il Ṣinā'a al-Tanjīm*）（ビールーニー）　188
『占星術入門』（*Kitāb al-Mudkhal ilā Ṣinā'a Aḥkām al-Nujūm*）（カビースィー）　188
『占星術入門』（*al-Mudkhal fī Ṣinā'a Aḥkām al-Nujūm*）（クーシュヤール）　183
『千年史』（*Tārīkh-i Alfī*）（アフマド・タッタヴィー他）　283
『千夜一夜物語』（*Alf Layla wa Layla*）　93, 95, 399

タ　行

『大海』（*Muḥīṭ al-Muḥīṭ*）（ブトルス・ブスターニー）　400
『大小カラーファ参詣の手引きにおける流星』（*al-Kawākib al-Sayyāra fī Tartīb al-Ziyāra ilā al-Qarāfatayn al-Kubrā wa al-Ṣughrā*）（イブン・ザイヤート）　328
『旅人たちの宿駅』（*Manāzil al-Sā'irīn*）（アンサーリー）　209
『ダマスカス史』（*Ta'rīkh Madīnat Dimashq*）（イブン・アサーキル）　191
『短編』（*al-Mukhtaṣar*）（タフターザーニー）　266
『知恵の鍵』（*Kitāb Mafātīḥ al-'Ulūm*）（アブー・アブドゥッラー・フワーリズミー）　90
『知識の試金石』（*'Iyār-i Dānish*）（アブル・ファズル）　283
『知識の冗言』（*Laṭā'if al-Ma'ārif*）（サアーリビー）　31, 34
『チャンダーヤナ』（*Candāyaṇa*）（マウラーナー・ダーウード）　281
『長編』（*al-Muṭawwal*）（タフターザーニー）　266, 273
『智を富ませるもの』（*Mughnī al-Labīb*）（イブン・ヒシャーム）　265
『ディーワーン（詩集）』（*Dīvān*）（ラーグプ・メフメト・パシャ）　261
『ティムール自伝』（*Tūzuk-i Tīmūrī*）（アブー・ターリブ・トゥルバティー）　291
『テトラビブロス』（*Kitāb al-Arba'a*）（プトレマイオス）　182–184
『テトラビブロス注解』（*Tafsīr Arba'a Maqālāt li-Baṭlamiyūs*）（アリー・イブン・リドワーン）　183
『伝記と歴史における事績の驚くべきこと』（*'Ajā'ib al-Āthār fī al-Tarājim wa al-Akhbār*）（ジャバルティー）　399
『天国と地獄についての精確な情報』（*Daqā'iq al-Akhbār fī Dhikr al-Janna wa al-Nār*）（イブン・アフマド・カーディー）　333
『ドゥヴァル・ラーニー・ヒズル・ハーン』（*Duval Rānī Khiẓr Khān*）（アミーレ・フスラウ）　282

『統治の諸規則』(*al-Aḥkām al-Sulṭānīya*)(マーワルディー) 399
『ドリナの橋』(*Na Drini Ćuprija*)(イヴォ・アンドリッチ) 338
『トルコ語文法』(*Grammaire Turque*)(ホルダーマン) 361

ナ・ハ行

『ナースィル倫理学』(*Akhlāq-i Nāṣirī*)(ナスィールッディーン・トゥースィー) 283
『7つの星』(*Kevākib-i Seba'*) 267, 269
『ニーシャープール史』(*Ta'rīkh Naysābūr*)(ハキーム・ナイサーブーリー) 191
『ニシャンジュ史』(*Tarih-i Nişancı*)(キュチュク・ニシャンジュ) 250
『パードシャーフ・ナーマ』(*Pādshah Nāma*)(アブドゥルハミード・ラーハウリー) 285
『バーブル・ナーマ』(*Bābur-nāma*)(バーブル) 283, 284, 332
『パイノメナ』(*Phainomena*)(アラトス) 187
『ハイユ・イブン・ヤクザーン物語』(*Qiṣṣa Ḥayy ibn Yaqẓān*)(イブン・トゥファイル) 400
『バグダード史』(*Ta'rīkh Baghdād*)(ハティーブ・バグダーディー) 191
『始まりと終わり』(*al-Bidāya wa al-Nihāya*)(イブン・カスィール) 192
『八天国』(*Hasht-Bihisht*)(アミーレ・フスラウ) 126
『八天国』(*Heşt Bihişt*)(イドリス・ビトリスィー) 242, 243
『バビロンの王ニムロド』(*Namrūd Malik Bābil*) 93
『薔薇園』(*Golistan*)(サーディー) 245
『張り出し窓の街』(*Bayna al-Qaṣrayn*)(ナジーブ・マフフーズ) 403
『判決の始まり』(*Ghurar al-Aḥkām*)(モッラー・ヒュスレヴ) 268, 271
『範疇論』(*Categoriae*)(アリストテレス) 265
『光の効能』(*al-Favā'id al-Ḍiyā'iyya*)(モッラー・ジャーミー) 265
『美辞の章』(*Fuṣūl al-Badā'i'*)(モッラー・フェナーリー) 268
『ヒダーヤ(正道)』(*al-Hidāya*)(マルギーナーニー) 266–268, 271, 272, 274
『美点の園』(*Ravzatü'l-ebrarī*)(カラチェレビーザーデ) 371
『百様苑』(*Rawzat al-Sifāt*)(アブディー・ベク・シーラーズィー) 162
『ヒラール(新月)』(*al-Hilāl*) 401
『ヒルイェ(ムハンマド頌歌)』(*Hilye-i Şerif*)(メフメド・ハーカーニー) 370
『フスタートとカイロに埋葬されたハディース伝承者,聖者,善男善女についての記述を含む書』(*Kitāb Yashtamilu 'alā Dhikr man Dufina bi-Miṣr wa al-Qāhira min al-Muḥaddithīn wa al-Awliyā' wa al-Rijāl wa al-Nisā'*)(シュアイビー) 325
『二つの海の集まるところ』(*Majma' al-Baḥrayn*)(イブン・サーアーティー) 276
『舟』(*al-Fulk al-Mashḥūn fī Aḥwāl Muḥammad Ibn Ṭūlūn*)(イブン・トゥールーン) 310
『フマーユーンとフマーイ』(ハージュ・キルマーニー)(*Homāy o Homāyun*) 226
『文人事典』(*Mu'jam al-Udabā'*)(ヤークート) 93
『ヘディーヴ(副王)の刊行物』(*Jūrnāl al-Khidaywī*) 397
『補遺』(*Dhayl*)(イブン・ヒッジー) 197, 198
『法源の精査』(*Tanqīh al-Uṣūl*)(サドゥルッシャリーア) 268
『報道の庭』(*Ḥadīqa al-Akhbār*) 400
『ボスニア物語』(*Travnićka Hronika*)(イヴォ・アンドリッチ) 338
『ホスローとシーリーン』(*Khusraw u Shīrīn*)(ニザーミー・ギャンジャヴィー) 168

マ 行

『マウリド・ザムアーン(渇きの源泉)』(*Mawrid al-Ẓam'ān fī Rasm wa Ḍabṭ al-Qur'ān*)(ハッラーズ) 62, 63
『マカーマート』(*al-Maqāmāt*)(ハリーリー) 169, 307
『マスナヴィー』(*Masnavī*)(モウラーナー・ジャラーロッディーン・ルーミー) 128, 163, 164
『マッカ啓示』(*al-Futūḥāt al-Makkīya*)(イブン・アラビー) 399
『マッパ・ムンディ』(*Mappa Mundi*) 356
『マナール(灯台)』(*al-Manār*) 402
『マハーバーラタ』(*Mahābhārata*)(ナキーブ・ハーン他訳) 283
『満足』(*al-Shāfiya*)(イブン・ハージブ) 265
『ムクニウ(納得の書)』(*al-Muqni' fī Rasm Maṣāḥif al-Amṣār*)(ダーニー) 62
『ムスナド』(*al-Musnad*)(イブン・ハンバル) 418
『ムスハフの書』(*Kitāb al-Maṣāḥif*)(スィジスターニー) 21, 23, 26

『ムハンマド常勝軍のために編まれた兵の訓練の書』（*Nefer Talimi*）（コジャ・ヒュスレヴ・パシャ）　366
『ムハンマドの道』（*al-Ṭarīqa al-Muḥammadīya*）（ビルギヴィー）　255
『ムフカム（決定的な書）』（*al-Muḥkam fī Naqṭ al-Maṣāḥif*）（ダーニー）　62
『ムワッタア』（*al-Muwaṭṭa'*）（マーリク・イブン・アナス）　418
『メジェッレ（オスマン民法典）』（*Mecelle, Medelle*）　268
『目録』（*al-Fihrist*）（イブン・ナディーム）　25, 26, 35, 81, 84, 86–90, 92, 93, 95, 97, 137, 178, 182, 184, 185
『物書きの作法』（*Adab al-Kuttāb*）（スーリー）　60

ヤ　行

『薬物誌』（*Kitāb al-Hashāyish*）（ディオスコリデス）　169, 181
『夜盲の黎明』（*Ṣubḥ al-A'shā*）（カルカシャンディー）　61, 146, 306
『友人たちの戯れ言』（*Mufākaha al-Khillān fī Ḥawādith al-Zamān*）（イブン・トゥールーン）　310
『赦しの書簡』（*Risāla al-Ghufrān*）（マアッリー）　140
『夜明け』（*al-Sukkarīya*）（ナジーブ・マフフーズ）　263, 403
『容貌の書』（*Şemail-name*）（ロクマン）　248
『欲望の裏通り』（*Qaṣr al-Shawq*）（ナジーブ・マフフーズ）　403
『預言者スンナの方法』（*Minhāj al-Sunna al-Nabawīya*）（イブン・タイミーヤ）　398
『預言者の御物』（*al-Āthār al-Nabawīya*）（アフマド・タイムール・パシャ）　324
『預言者の光の夜明け』（*Mashāriq al-Anwār al-Nabawiyya*）（サーガーニー）　269
『歓びの書』（*Ni'mat Nāma*）　281
『40 の道の清らかな泉』（*al-Salsabīl al-Mu'īn fī al-Ṭarā'iq al-Arba'īn*）（ムハンマド・サヌースィー）　218

ラ・ワ行

『ラーイーヤ』（*Rā'īya Ibn al-Bawwāb fī al-Khaṭṭ wa al-Qalam*）（イブン・バウワーブ）　140, 142, 147
『ラーマーヤナ』（*Rāmāyaṇa*）（バダーウニー訳）　140, 142, 147
『リーラーヴァティー』（*Līlāvatī*）（ファイズィー訳）　283
『両イラク駅亭記』（*Beyan-ı Menazil-i Sefer-i Irakeyn-i Sultan Süleyman Han*）（マトラクチュ・ナスーフ）　245
『旅行記』（*Seyahat Nâme*）（エヴリヤ・チェレビ）　349
『類似と近似』（*Kitāb al-Ashbāh wa al-Naẓā'ir*）（イブン・ヌジャイム）　275
『類似と近似』（*Kitāb al-Ashbāh wa al-Naẓā'ir*）（スユーティー）　275
『礼拝の作法』（*Ādāb al-Ṣalāt*）（シャキーク・バルヒー）　211
『歴史序説』（*Muqaddima Ibn Khaldūn*）（イブン・ハルドゥーン）　62, 140
『歴史の真髄』（*Künhü'l-Ahbār, Kunh al-Akhbār*）（アーリー）　263
『歴史の精粋』（*Khulāṣat al-Tawārīkh*）（カーディー・アフマド・クミー）　233, 235
『歴史の宝石』（*Jawāhir al-Akhbār*）（ブダーク・ムンシー）　133
『歴史暦』（*Takvimü't-tevarih*）（キャーティプ・チェレビ）　249
『歴代名画記』（張彦遠）　160
『技の書』（*Hüner-name*）（ロクマン）　247
『ワルカとグルシャー』（*Waraqa u Gulshah*）（アイユーキー）　169

書名ローマ字転写・邦題対応一覧

Adab al-Kātib →『書記の作法』(イブン・クタイバ)
Adab al-Kuttāb →『物書きの作法』(スーリー)
Ādāb al-Ṣalāt →『礼拝の作法』(シャキーク・バルヒー)
al-Aḥkām al-Sulṭānīya →『統治の諸規則』(マーワルディー)
Al-Ahrām →『アフラーム(ピラミッド)』
ʻAjā'ib al-Āthār fī al-Tarājim wa al-Akhbār →『伝記と歴史における事績の驚くべきこと』(ジャバルティー)
Akbar-nāma →『アクバル・ナーマ』(アブルファズル)
Akhlāq-i Nāṣirī →『ナースィル倫理学』(ナスィールッディーン・トゥースィー)
Alf Layla wa Layla →『千夜一夜物語』
Alfīya Ibn Mālik →『アルフィーヤ』(イブン・マーリク)
al-Amthila →『規範』
Anvār-i Suhaylī →『カノープスの光輝』(カーシフィー訳)
Anwār al-Tanzīl wa-Asrār al-Ta'wīl →『啓示の光と解釈の秘密』(バイダーウィー)
ʻAqīla Atrāb al-Qaṣā'id fī Asnā al-Maqāṣid →『アキーラ』(シャーティビー)
Arbaʻa Ṭurim →『四法』
ʻArd-dāsht →『上奏』(ジャアファル・タブリーズィー)
ʻArzah-dāsht →『上申の書』(ジャアファル・バーイソンゴリー)
al-Āthār al-Nabawīya →『預言者の御物』(アフマド・タイムール・パシャ)
Atlas Minor →『アトラス・ミノール』
ʻAwāmil →『作用語』(ビルギヴィー)
al-Ayyām →『歳月の流れ』(ターハー・フサイン)
ʻAzāzīl →『アザーズィール』(ユースフ・ザイダーン)
Bābur-nāma →『バーブル・ナーマ』(バーブル)
Badā'iʻ al-Zuhūr fī Waqā'iʻ al-Duhūr →『時代の驚異』(イブン・イヤース)
Bayna al-Qaṣrayn →『張り出し窓の街』(ナジーブ・マフフーズ)
Beyan-ı Menazil-i Sefer-i Irakeyn-i Sultan Süleyman Han →『両イラク駅亭記』(マトラクチュ・ナスーフ)
al-Bidāya →『初歩』(マルギーナーニー)
al-Bidāya wa al-Nihāya →『始まりと終わり』(イブン・カスィール)
Būstān →『果樹園』(サーディー)
Candāyaṇa →『チャンダーヤナ』(マウラーナー・ダーウード)
Categoriae →『範疇論』(アリストテレス)
Cihan-nüma →『世界の鏡』(キャーティプ・チェレビ)
Daqā'iq al-Akhbār fī Dhikr al-Janna wa al-Nār →『天国と地獄についての精確な情報』(イブン・アフマド・カーディー)
Der Natur-und Geheimwissenschaften im Islam →『イスラームにおける自然科学と秘術』(ウルマン)
Dhayl →『補遺』(イブン・ヒッジー)
Dhayl-i Jāmiʻ al-Tawārīkh →『集史続編』(ハーフィズ・アブルー)
Dībāchah →『序文』(ドゥースト・ムハンマド)
Die arabischen Ubersetzungen aus dem Griechischen →『ギリシア語からのアラビア語の翻訳書』(シュタインシュナイダー)
Die Mathematiker und Astronomen der Araber und ihre Werke →『アラブ人の数学者と天文学者，およびその著作』(ズーター)
Die Medizin im Islam →『イスラームの医学』(ウルマン)
Dīvān →『ディーワーン(詩集)』(ラーグプ・メフメト・パシャ)
Dīvān →『詩集』(ハーフィズ)
Durar al-Ḥukkām →『賢人たちの真珠』(モッラー・ヒュスレヴ)
Duval Rānī Khiẓr Khān →『ドゥヴァル・ラーニー・ヒズル・ハーン』(アミーレ・フスラウ)
Farhang-i Jahāngīrī →『ジャハーンギール辞典』(ミール・ジャマールッディーン・フサイン)
al-Favā'id al-Ḍiyā'iyya →『光の効能』(モッラー・ジャーミー)
al-Fawā'id al-Fanāriyya →『イサーグージー注

釈』(モッラー・フェナーリー)
Fezleke-i Tevarih →『諸史要約』(キャーティプ・チェレビ)
al-Fihrist →『目録』(イブン・ナディーム)
al-Fulk al-Mashḥūn fī Aḥwāl Muḥammad Ibn Ṭūlūn →『舟』(イブン・トゥールーン)
Fuṣūl al-Badā'i' →『美辞の章』(モッラー・フェナーリー)
Fuṣūṣ al-Ḥikam →『叡智の台座』(イブン・アラビー)
Futūḥ al-Buldān →『諸国征服史』(バラーズリー)
al-Futūḥāt al-Makkīya →『マッカ啓示』(イブン・アラビー)
Geographia →『ゲオグラフィア』
Geschichte der arabischen Litteratur →『アラビア語文献の歴史』(ブロッケルマン)
Geschichte des arabischen Schrifttums →『アラビア語文献の歴史』(セズギン)
Ghurar al-Aḥkām →『判決の始まり』(モッラー・ヒュスレヴ)
Golistan →『薔薇園』(サーディー)
Grammaire Turque →『トルコ語文法』(ホルダーマン)
Grundriss der arabischen Philologie →『アラビア文献学概説』(エンドレス)
Gulistān-i Hunar →『芸術の花園(薔薇園)』(ガーズィー・アフマド・クミー)
Gutenberg Bible →『グーテンベルク聖書』
Ḥadīqa al-Akhbār →『報道の庭』
Hasht-Bihisht →『八天国』(アミーレ・フスラウ)
Heşt Bihişt →『八天国』(イドリス・ビトリスィー)
al-Hidāya →『ヒダーヤ(正道)』(マルギーナーニー)
al-Hilāl →『ヒラール(新月)』
Hilye-i Şerif →『ヒルイェ(ムハンマド頌歌)』(メフメド・ハーカーニー)
Homāy o Homāyun →『フマーユーンとフマーイ』(ハージュ・キルマーニー)
Hüner-name →『技の書』(ロクマン)
Ḥusn al-Muḥādara fī Akhbār Miṣr wa al-Qāhira →『エジプトとカイロの歴史』(スユーティー)
al-'Ināya al-Rabbānīya fī al-Ṭarīqa al-Sha'bānīya →『主の摂理』(アーサーリー)
Iḥyā' 'Ulūm al-Dīn →『宗教諸学の再興』(ガザーリー)
Inbā' al-Ghumr bi-Anbā' al-'Umr →『生涯の諸情報についてのひと抱えの通知』(イブン・ハジャル)
'Iqd al-Jumān fī Ta'rīkh Ahl al-Zamān →『世人の歴史における真珠の首飾り』(アイニー)
al-Isāghūdjī →『イサーグージー』(アブハリー)
Isagoge →『エイサゴーゲー』(ポルピュリオス)
İskender-name →『アレクサンドロスの書』(アフメディー)
Istanbul Tarihi →『イスタンブル史』(エレムヤ・チェレビ・キョムルジュヤン)
al-Itqān fī 'Ulūm al-Qur'ān →『クルアーン学大全』(スユーティー)
'Iyār-i Dānish →『知識の試金石』(アブル・ファズル)
Jahāngīr Nāma →『ジャハーンギール・ナーマ』(ジャハーンギール)
al-Jāmi' al-Ṣaghīr →『小全集』(シャイバーニー)
al-Jāmi' al-Ṣaḥīḥ →『真正集』(ブハーリー)
al-Jāmi' al-Ṣaḥīḥ →『真正集』(ムスリム)
Jāmi' al-Tawārīkh →『集史』(ラシードゥッディーン)
Jāmi' Maḥāsin Kitāba al-Kuttāb →『功績の集成』(タイイビー)
Jawāhir al-Akhbār →『歴史の宝石』(ブダーク・ムンシー)
al-Jawā'ib →『ジャワーイブ(諸国報)』(シドヤーク)
Jūrnāl al-Khidaywī →『ヘディーヴ(副王)の刊行物』
Ḳāḍī Khān / al-Fatāwā al-Khāniyya →『カドゥハーン(フェトヴァの書)』(カドゥハーン)
al-Kāfiya →『充足』(イブン・ハージブ)
Kalīla wa Dimna →『カリーラとディムナ』
Al-Kāmil fī al-Ta'rīkh →『完史』(イブン・アスィール)
Kashf al-Maḥjūb →『覆われたものの開示』(フジュウィーリー)
al-Kashshāf 'an Ḥaqā'iq al-Tanzīl →『開示者』(ザマフシャリー)
al-Kawākib al-Sayyāra fī Tartīb al-Ziyāra ilā al-Qarāfatayn al-Kubrā wa al-Ṣughrā →『大小カラーファ参詣の手引きにおける流星』(イブン・ザイヤート)
Keşfu'l-zunun →『思考の発見』(キャーティプ・チェレビ)
Kevākib-i Seba' →『7つの星』
Khamsa →『五部作』(アミーレ・フスラウ)

Khamsa →『五部作』(ニザーミー)
Khulāṣat al-Tawārīkh →『歴史の精粋』(カーズィー・アフマド・クミー)
Khusraw u Shīrīn →『ホスローとシーリーン』(ニザーミー・ギャンジャヴィー)
al-Kitāb /Kitāb Sībawayhi →『キターブ(書)』(スィーバワイヒ)
Kitāb al-Aghānī →『歌の書』(イスファハーニー)
Kitāb al-Arba'a →『テトラビブロス』(プトレマイオス)
Kitāb al-Ashbāh wa al-Naẓā'ir →『類似と近似』(イブン・ヌジャイム)
Kitāb al-Ashbāh wa al-Naẓā'ir →『類似と近似』(スユーティー)
Kitāb al-Aṣnām →『偶像の書』(イブン・カルビー)
Kitāb al-'Ayn →『アインの書』(ハリール)
Kitāb al-Hashāyish →『薬物誌』(ディオスコリデス)
Kitāb al-Khaṭṭ →『書法』(ザッジャージー)
Kitāb al-Kuttāb →『書記官の書』(イブン・ドゥラスタワイヒ)
Kitāb al-Luma' →『閃光の書』(サッラージュ)
Kitāb al-Maṣāḥif →『ムスハフの書』(スィジスターニー)
Kitāb al-Mawā'iz wa al-I'tibār bi-Dhikr al-Khiṭaṭ wa al-Āthār →『エジプト地誌』(マクリーズィー)
Kitāb al-Mudkhal ilā Ṣinā'a Aḥkām al-Nujūm →『占星術入門』(カビースィー)
Kitāb al-Mutakallimīn →『神学者の書』(イブン・ナディーム)
Kitāb al-Samā' →『サマーウの書』(スラミー)
Kitāb al-Sulūk li-Ma'rifa Duwal al-Mulūk →『諸王朝の知識の道の書』(マクリーズィー)
Kitāb al-Sunan →『スンナ集』(アブー・ダーウード)
Kitāb al-Tafhīm li-Awā'il Ṣinā'a al-Tanjīm →『占星術教程の書』(ビールーニー)
Kitāb Alf Layla wa Layla →『千夜一夜物語』
Kitāb fī Ma'rifa al-Ḥiyal al-Handasīya →『工学的機械技術の書』(ジャザリー)
Kitāb Mafātīḥ al-'Ulūm →『知恵の鍵』(アブー・アブドゥッラー・フワーリズミー)
Kitāb Ṣalāt as-sawā'ī →『祈禱の書』
Kitāb Sindbād →『シンドバーズの書』
Kitāb Ṣuwar al-Kawākib →『星座の書』(スーフィー)
Kitāb Yashtamilu 'alā Dhikr man Dufina bi-Miṣr wa al-Qāhira min al-Muḥaddithīn wa al-Awliyā' wa al-Rijāl wa al-Nisā' →『フスタートとカイロに埋葬されたハディース伝承者,聖者,善男善女についての記述を含む書』(シュアイビー)
Kitab-ı Bahriye →『海洋の書』(ピーリー・レイス)
al-Qudūrī / Mukhtaṣar →『クドゥーリー(提要)』(クドゥーリー)
Kul Ahmed →『クル・アフメド』(クル・アフメド)
Külliyat-ı Katibi →『キャーティビー詩集』(キャーティビー)
Künhü'l-Ahbār, Kunh al-Akhbār →『歴史の真髄』(アーリー)
Laṭā'if al-Ma'ārif →『知識の冗言』(サアーリビー)
Līlāvatī →『リーラーヴァティー』(ファイズィー訳)
Lisān al-'Arab →『アラビア語辞典』(イブン・マンズール)
Majma' al-Baḥrayn →『二つの海の集まるところ』(イブン・サーアーティー)
Mahābhārata →『マハーバーラタ』(ナキーブ・ハーン他訳)
al-Majisṭī →『アルマゲスト』(プトレマイオス)
al-Maḳsūd →『意図』
al-Mamālik wa al-Masālik →『諸国と道程の書』(ジャイハーニー)
al-Manār →『マナール(灯台)』
Manāzil al-Sā'irīn →『旅人たちの宿駅』(アンサーリー)
al-Manhal al-Ṣāfī wa al-Mustawfī ba'da al-Wāfī →『清らかなる泉』(イブン・タグリービルディー)
Mappa Mundi →『マッパ・ムンディ』
al-Maqāmāt →『マカーマート』(ハリーリー)
Maṣābīḥ al-Sunna →『スンナの灯火』(バガヴィー)
Mashāriq al-Anwār al-Nabawiyya →『預言者の光の夜明け』(サーガーニー)
Masnavī →『マスナヴィー』(モウラーナー・ジャラーロッディーン・ルーミー)
Mathematicians, Astronomers & other Scholars of Islamic Civilization and their Works (7th–19th c.) →『イスラーム文明の数学者,天文学者,その他の学者,およびその著作(7~19世紀)』(ローゼンフェルト/イサノール)

Mathnawī →『マスナヴィー』(ルーミー)
al-Mawāqif fī ‘Ilm al-Kalām →『神学教程』(イージー)
Mawrid al-Ẓam’ān fī Rasm wa Ḍabṭ al-Qur’ān →『マウリド・ザムアーン(渇きの源泉)』(ハッラーズ)
Mecelle, Medjelle →『メジェッレ(オスマン民法典)』
Menākıb-ı hünerverān →『芸術家列伝』(ムスタファ・アリー・エフェンディ)
Miftāḥ al-Falāḥ wa Miṣbāḥ al-Arwāḥ →『救いの鍵と霊の灯』(イブン・アター・アッラー)
Miftāḥ al-‘Ulūm →『学問の鍵』(サッカーキー)
Minhāj al-Sunna al-Nabawīya →『預言者スンナの方法』(イブン・タイミーヤ)
Mīzān al-Ḥaqq →『正義の秤』(キャーティブ・チェレビー)
al-Mudkhal fī Ṣinā‘a Aḥkām al-Nujūm →『占星術入門』(クーシュヤール)
Mu‘jam al-Buldān →『諸国誌』(ヤークート)
Mufākaha al-Khillān fī Ḥawādith al-Zamān →『友人たちの戯れ言』(イブン・トゥールーン)
Mughnī al-Labīb →『智を富ませるもの』(イブン・ヒシャーム)
Muḥīṭ al-Muḥīṭ →『大海』(ブトルス・ブスターニー)
al-Muḥkam fī Naqṭ al-Maṣāḥif →『ムフカム(決定的な書)』(ダーニー)
Mu‘jam al-Udabā’ →『文人事典』(ヤークート)
al-Mukhtaṣar →『短編』(タフターザーニー)
Multaqā al-Abḥur →『海の交点』(ハレビー)
Muqaddima Ibn Khaldūn →『歴史序説』(イブン・ハルドゥーン)
al-Muqni‘ fī Rasm Maṣāḥif al-Amṣār →『ムクニウ(納得の書)』(ダーニー)
Murshid al-Zuwwār ilā Qubūr al-Abrār →『恭順なる墓々への参詣者の導き(ムルシド)』(イブン・ウスマーン)
Murūj al-Dhahab →『黄金の牧場』(マスウーディー)
al-Musnad →『ムスナド』(イブン・ハンバル)
al-Muṭawwal →『長編』(タフターザーニー)
al-Muwaṭṭa’ →『ムワッタア』(マーリク・イブン・アナス)
Na Drini Ćuprija →『ドリナの橋』(イヴォ・アンドリッチ)
Nafaḥāt al-Uns →『親交の息吹』(ジャーミー)
Namrūd Malik Bābil →『バビロンの王ニムロド』
Nefer Talimi →『ムハンマド常勝軍のために編まれた兵の訓練の書』
Ni‘mat Nāma →『歓びの書』
Odysseia →『オデュッセイア』(ホメロス)
Pādshah Nāma →『パードシャーフ・ナーマ』(アブドゥルハミード・ラーハウリー)
Phainomena →『パイノメナ』(アラトス)
Qābūs Nāma →『カーブースの書』(カイ・カーウース)
al-Qalā’id al-Jawharīya fī Ta’rīkh al-Ṣāliḥīya →『サーリヒーヤの歴史』(イブン・トゥールーン)
Qānūn al-Ṣuwar →『絵画の規範』(サーデキー・ベグ)
al-Qānūn fī al-Ṭibb →『医学典範』(イブン・スィーナー)
Qaṣr al-Shawq →『欲望の裏通り』(ナジーブ・マフフーズ)
Qawānīn al-Dawāwīn →『省庁の法』(イブン・マンマーティー)
Qiṣṣa Ḥayy ibn Yaqẓān →『ハイユ・イブン・ヤクザーン物語』(イブン・トゥファイル)
Qiṣṣa-yi Amīr Ḥamza →『アミール・ハムザ物語』
Rā’īya Ibn al-Bawwāb fī al-Khaṭṭ wa al-Qalam →『ラーイーヤ』(イブン・バウワーブ)
Rāmāyaṇa →『ラーマーヤナ』(バダーウニー訳)
Ravzatü’l-ebrarī →『美点の園』
al-Rawḍ al-Bāsim fī Ḥawādith al-‘Umr wa al-Tarājim →『生涯の出来事と諸伝記における微笑む庭園』(アブドゥルバースィト・ハナフィー)
Rawzat al-Sifāt →『百様苑』(アブディー・ベク・シーラーズィー)
Risāla al-Ghufrān →『赦しの書簡』(マアッリー)
al-Risāla al-Qushayrīya →『クシャイリーの論攷』(クシャイリー)
Risālah-i dar Tārīkh-i Khatt u Naqqāshī →『序文:書と絵画の歴史に関する書』(コトゥブッディーン・モハンマド・ゲッセホーン)
Safīna al-Raghīb →『セフィーナ・ラギーブ』(ラーグブ・メフメト・パシャ)
al-Salsabīl al-Mu‘īn fī al-Ṭarā’iq al-Arba‘īn →『40の道の清らかな泉』(ムハンマド・サヌースィー)
Selim-name →『セリム帝紀』
Şemail-name →『容貌の書』(ロクマン)
Seyahat Nâme →『旅行記』(エヴリヤ・チェレ

ビ）
al-Shāfiya →『満足』（イブン・ハージブ）
Shah-nama →『王書（シャー・ナーメ）』（フィルダウスィー）
Sharḥ al-Mawāqif →『神学教程注釈』（ジュルジャーニー）
Silsile-name →『系譜書』
Ṣināʻa al-Kuttāb / Adab al-Kuttāb →『書記官の作法』（アブー・ジャアファル・ナッハース）
Singhāsan Battīsī →『獅子座三十二話』（バダーウニー訳）
Ṣubḥ al-Aʻshā →『夜盲の黎明』（カルカシャンディー）
al-Sukkarīya →『夜明け』（ナジーブ・マフフーズ）
Süleyman-name →『スレイマン帝紀』
Sur-name →『祝祭の書』
Tajrīd al-Iʻtiqād →『信仰綱要』（ナスィールッディーン・トゥースィー）
Tafsīr al-Qur'ān →『クルアーン解釈』（イブン・アーディル）
Tafsīr Arbaʻa Maqālāt li-Baṭlamiyūs →『テトラビブロス注解』（アリー・イブン・リドワーン）
Tāj al-Ma'āthir →『事績の王冠』（ハサン・ニザーミー）
Takvimü't-tevarih →『歴史暦』（キャーティプ・チェレビ）
Talkhīṣ al-Miftāḥ →『鍵の注釈』（カズヴィーニー）
Talwīḥ →『示唆』（タフターザーニー）
Tanqīh al-Uṣūl →『法源の精査』（サドゥルッシャリーア）
Tarih-i Nişancı →『ニシャンジュ史』（キュチュク・ニシャンジュ）
Tarih-i Selaniki →『セラーニキー史』（セラーニキー）
al-Ṭarīqa al-Muḥammadīya →『ムハンマドの道』（ビルギヴィー）
Tārīkh Ādāb al-Lugha al-ʻArabīya →『アラブ文学史』（ジルジー・ザイダーン）
Tārīkh al-Rusul wa al-Mulūk →『諸使徒と諸王の歴史』（タバリー）
Tārīkh al-Tamaddun al-Islāmī →『イスラーム文明史』（ジルジー・ザイダーン）
Ta'rīkh Baghdād →『バグダード史』（ハティーブ・バグダーディー）
Ta'rīkh Madīna Dimashq →『ダマスカス史』（イブン・アサーキル）
Ta'rīkh Naysābūr →『ニーシャープール史』（ハキーム・ナイサーブーリー）
Tārīkh-i ʻĀlam-ārā-yi ʻAbbāsī →『世界を飾るアッバースの書』（イスカンダル・ベク・ムンシー）
Tārīkh-i Alfī →『千年史』（アフマド・タッタヴィー他）
Tārīkh-i Kashmīr →『カシュミール史』（シャーハーハーディー訳）
Tashrīḥ-i Badan-i Insān →『解剖学』（マンスール・イブン・イリヤス）
Tawḍīḥ, Tavzīh →『説明』（サドゥルッシャリーア）
Telhisü'l-beyan fi Kavanin-i Al-i Osman →『オスマン諸法概要』（ヒュセイン・ヘザルフェン）
Tenkih-i Tevarih-i Müluk →『諸王史提要』（ヒュセイン・ヘザルフェン）
Tercüman-ı Hutut-ı Osmani →『オスマン書体の手引き』（メフメト・イッゼト・エフェンディ）
Tevarih-i Al-i Osman →『オスマン朝史』
Tezakir →『覚書』（ジェヴデト）
Travnićka Hronika →『ボスニア物語』（イヴォ・アンドリッチ）
Tuḥfa al-Aḥbāb wa Bughya al-Ṭullāb fī al-Khiṭaṭ wa al-Mazārāt wa al-Tarājim wa al-Biqāʻ al-Mubārakāt →『愛しき者の贈物と求める者の望み』（サハーウィー）
Tuḥfa Ulī al-Albāb fī Ṣināʻa al-Khaṭṭ wa al-Kitāb →『思慮ある者の宝典』（イブン・サーイグ）
Ṭūṭī Nāma →『鸚鵡の書』（ナフシャビー）
Tūzuk-i Tīmūrī →『ティムール自伝』（アブー・ターリブ・トゥルバティー）
ʻUmda al-Kuttāb wa ʻUdda Dhawī al-Albāb →『書記の支えと見識のある人たちの装備』（イブン・バーディス）
ʻUqūd al-Jumān fī Waqā'iʻ al-Zamān →『真珠の首飾り』（イブン・イヤース）
al-ʻUrwa al-Wuthqā →『固き絆』
Vankulu Lugatı →『ヴァンクル辞書』（メフメド・ヴァーニー）
Wafayāt al-Aʻyān wa Anbā' Abnā' al-Zamān →『人名辞典』（イブン・ハッリカーン）
al-Waqā'iʻ al-Miṣrīya →『官報』
Waraqa u Gulshah →『ワルカとグルシャー』（アイユーキー）
World Survey of Islamic Manuscripts →『イスラーム写本の世界調査』
Ẓafar Nāma →『勝利の書』（シャラフッディーン・ヤズディー）

Zaynab　→『ザイナブ』（ムハンマド・フサイン・ハイカル）
Zenannâme　→『美しき女たち』（ファーズル・エンデルーニー）
Zübdetüt't-tevarih　→『諸史の精髄』（ロクマン）

執筆者一覧（執筆順）

小杉　泰（編者，京都大学大学院アジア・アフリカ地域研究研究科教授）

清水和裕（九州大学大学院人文科学研究院教授）

竹田敏之（京都大学大学院アジア・アフリカ地域研究研究科特任研究員）

小杉麻李亜（ブルネイ・ダルサラーム大学イスラーム研究所客員研究員）

東長　靖（京都大学大学院アジア・アフリカ地域研究研究科教授）

後藤裕加子（関西学院大学大学院文学研究科教授）

ヤマンラール水野美奈子（龍谷大学大学院国際文化学研究科教授）

山本啓二（京都産業大学文化学部教授）

中町信孝（甲南大学文学部准教授）

小笠原弘幸（九州大学大学院人文科学研究院准教授）

林佳世子（編者，東京外国語大学大学院総合国際学研究院教授）

真下裕之（神戸大学大学院人文学研究科准教授）

三浦　徹（お茶の水女子大学大学院人間文化創成科学研究科教授）

大稔哲也（早稲田大学文学学術院教授）

永田雄三（東洋文庫研究員，元明治大学文学部教授）

《編者紹介》

小杉(こすぎ) 泰(やすし)

京都大学大学院アジア・アフリカ地域研究研究科教授，法学博士

著　書　『現代中東とイスラーム政治』（昭和堂，1994 年）
『現代イスラーム世界論』（名古屋大学出版会，2006 年）
『イスラーム帝国のジハード』（講談社，2006 年）
『「クルアーン」——語りかけるイスラーム』（岩波書店，2009 年）
『イスラーム　文明と国家の形成』（京都大学学術出版会，2011 年）
『イスラーム世界研究マニュアル』（共編，名古屋大学出版会，2008 年）他

林(はやし) 佳世子(かよこ)

東京外国語大学大学院総合国際学研究院教授

著　書　『オスマン帝国の時代』（山川出版社，1997 年）
『オスマン帝国 500 年の平和』（講談社，2008 年）
『記録と表象——史料が語るイスラーム世界』（共編，東京大学出版会，2005 年）
『イスラーム世界研究マニュアル』（共編，名古屋大学出版会，2008 年）
The Ottoman State and Societies in Change（共編，Kegan Paul，2004 年）他

イスラーム 書物の歴史

2014 年 6 月 20 日　初版第 1 刷発行

定価はカバーに
表示しています

編　者　小　杉　　泰
林　　佳 世 子

発行者　石　井　三　記

発行所　一般財団法人 名古屋大学出版会
〒 464-0814　名古屋市千種区不老町 1 名古屋大学構内
電話(052) 781-5027/FAX(052) 781-0697

印刷・製本 ㈱太洋社　　ISBN978-4-8158-0773-3